U0138365

自笑平生爲口忙，幸虧是個大胃王。

既煮食經以療饑，又品萬家定高低。

一心訪求好滋味，可惜當下罕佳味。

絕對欣賞新創菜，怎奈時人重口采？

學貫中西本癡夢，專精一藝已難能。

看來想要登大雅，舞文弄墨是生涯。

劍南春
產地：四川綿竹
特質：酒液清澈透明，酒
味醇厚回甜，酒體豐滿飽
合，入口清洌淨爽。

五糧液
產地：四川宜賓
特質：酒液無色透明，開
瓶噴香撲鼻，酒味醇厚諧
調，入口甘綿淨爽。

瀘州老窖
產地：四川瀘州
特質：酒液晶瑩透明，窖
香濃郁持久，入口清洌甘
爽。

口子酒
產地：淮北
特質：酒液無色透明，香
氣芬芳濃郁，入口柔綿甘
爽，後味回甜。

全興大麴
產地：四川成都
特質：酒液透明晶瑩，窖
香濃郁協調，酒質醇和雅
正，餘味綿甜悠長。

洋河大麴
產地：江蘇泗陽縣洋河鎮
特質：酒液澄澈透明，酒
香濃郁清雅，酒質醇厚純
正，入口鮮爽甘甜。

西安特麴

產地：陝西西安

特質：酒液清澈透明，酒香馥郁強烈，酒質醇厚純正，入口綿甜爽淨。

古井貢酒

產地：安徽亳州

特質：酒液清澈透明，酒香醇如幽蘭、回味經久不息，飲後黏稠掛杯。

雙溝大麴

產地：江蘇泗洪

特質：酒液清澈透明，酒香濃郁撲鼻，酒體豐滿醇厚，入口綿甜純正。

安酒

產地：貴州安順

特質：香氣諧調、醇和不燥、淨爽甘洌、餘香綿長、極易入口。

鴨溪窖酒

產地：貴州鴨溪

特質：酒液清澈透明，無沈澱懸浮物；窖香濃郁優雅，醬香餘味細膩。

高溝特麴

產地：江蘇漣水

特質：酒液無色透明，氣味芳香濃郁，入口綿順醇甜，尾爽而淨。

宋河糧液

產地：河南鹿邑

特質：酒液無色透明，酒
香濃郁芬芳，酒體醇和厚
滿，確為燒酒上品。

杜康酒

產地：河南汝陽、伊川

特質：酒液清澈透明，酒
質柔綿醇淨，酒香濃郁不
散，入口甘爽不烈。

景陽春

產地：山東安邱

特質：酒液無色清亮，入
口清爽甘洌。

津酒

產地：天津

特質：酒液清亮透明，酒
香濃郁不浮，酒味醇而不
烈。

林河特麴

產地：河南商丘

特質：酒液清亮透明，整
體窖香濃郁，具有強烈的
蘋果香氣。

張弓酒

產地：中國

特質：酒液清澈，落口爽
淨，後味甜長；以不烈不
暴、餘香悠長、飲後怡暢
著稱，具有獨特風味。

平壩窖酒

產地：貴州平壩

特質：酒色清亮透明，酒質醇和優雅，藥香濃郁綿甜，回味清爽芬芳。

隴南春

產地：甘肅徽得

特質：酒液清澈透明，窖香濃郁顯著，入口綿甜甘爽，尾淨悠長回甘。

寧城老窖

產地：內蒙古寧城

特質：酒液清澈透明，窖香馥郁芬芳，尾淨而回味長。

孔府家酒

產地：山東曲阜

特質：酒液透明晶瑩，酒質醇綿純正，甜柔清爽，餘味長。

八達嶺特麴

產地：北京市延慶

特質：酒液清亮透明，無任何懸浮物，濃不釅、淡不薄。

習水大麴

產地：貴州習水

特質：酒液無色透明，飲後餘香纏繞，而且經久不散。

貴州醇

產地：貴州興義

特質：酒液清亮透明，入口低而不淡，飲後不會刺喉。

神仙酒

產地：上海

特質：酒液無色，清亮透明，窖香濃郁，香醇諧調。

貴陽大麴

產地：貴州貴陽

特質：酒液清澈透明，窖香濃郁純正，入口醇甜爽淨，回味餘香悠長。

夢酒

產地：四川宜賓

特質：無色透明，酒味醇厚且十分甘美，回味舒暢且餘味不盡。

伊力特麴

產地：新疆新源

特質：酒液清澈透明，酒味芳香濃郁，入口甜，落口綿。

洮兒河特麴

產地：吉林白城

特質：酒液清亮透明，餘味顯著悠長。

通靈液

產地：四川宜賓

特質：澄清無色，入口甜潤，落口淨爽。

沱牌麴酒

產地：四川射洪

特質：酒液無色透明，既甜且淨，極易上口。

湄窖

產地：貴州湄潭

特質：酒液無色透明，酒香濃郁諧調，入口醇甜甘爽。

陳麴酒

產地：內蒙古赤峰

特質：酒液清亮透明，主體香尤突出，綿甜醇厚。

笛女大麴

產地：四川大足

特質：酒液透明清亮，窖香濃郁，諸味諧調，爽淨順口。

百年孤獨

產地：江西南昌

特質：酒液清亮透明，酒質濃郁純正，酒香清芬郁馥。

茅台酒
產地：貴州仁懷

特質：酒液微黃晶亮，醬香撲鼻突出，酒體豐厚，口味幽雅細膩。

富裕老窖
產地：黑龍江富裕

特質：酒色清澈透亮，兼且飲時不刺喉，飲後不上頭。

劉伶醉
產地：河北徐水

特質：酒液甚清，晶亮透明，酒香撲鼻。

武陵酒
產地：湖南常德

特質：酒香濃郁優雅，酒質細膩純正。

郎酒
產地：四川古蘭縣

特質：酒液微黃清澈，醬香濃郁噴湧，空杯留香味長，優雅細膩。

珍酒
產地：貴州龍壙村

特質：酒香色清，醬香突出，飲不上頭，食不口乾。

北大倉酒
產地：黑龍江齊齊哈爾
特質：酒液微黃透明，醬香純正突出，聞之幽香撲鼻，入口柔軟甘潤。

黔春酒
產地：貴州貴陽
特質：酒液呈微黃色，醬香優雅細膩，入口甘潤味爽。

習酒
產地：貴州習水
特質：酒液微黃透明、酒香優雅細膩，空杯留香不息。

寶豐酒
產地：河南寶豐
特質：酒液無色透明，酒香清逸芬芳，酒質純淨綿柔。

汾酒
產地：山西汾陽
特質：酒液無色透明，餘味清爽悠長。

特釀龍濱酒
產地：黑龍江哈爾濱
特質：酒液略呈微黃，望去清澈透明，醬香濃郁特殊，酒味醇厚細緻。

特製衡水老白乾

產地：河北衡水

特質：清香味濃而不艷，度低綿軟而不淡。

六麴香

產地：山西祁縣

特質：酒液無色透明，香氣清厚純正，入口醇和爽冽，味道綿軟回甜。

特製黃鶴樓酒

產地：湖北武漢

特質：酒液清澈透明，酒香清雅純正，入口綿甜爽淨，飲後怡悅提神。

老白乾酒

產地：黑龍江哈爾濱

特質：酒液清澈透明，入口和順爽快，回味帶有棗香。

丹鳳高粱酒

產地：福建廈門

特質：酒液澄亮透明，酒香清馨芬芳，酒質醇和純正。

北京二鍋頭

產地：北京

特質：酒香諧調，酒性鮮明，落口爽淨，最宜乾杯

酒鬼

產地：湖南吉首

特質：酒液清澈透明，酒香馥郁芬芳，酒體豐滿醇厚，入口綿甜舒適。

瀏陽小麴酒

產地：湖南瀏陽

特質：酒液清亮無比，蜜香清雅純正，入口醇甜爽淨，餘香回味怡暢。

桂林三花酒

產地：廣西桂林

特質：酒液清亮透明，蜜香濃郁優雅。

白雲邊酒

產地：湖北松滋

特質：酒液清亮透明，芳香細膩優雅，酒體醇和質厚，入口圓潤甜爽。

白沙液

產地：湖南長沙

特質：酒液無色透明，麴香濃郁、醬香突出。

滇酒

產地：湖北安陸

特質：酒液澄亮透明，酒香清逸諧調，風味甘爽醇永。

董酒

產地：貴州遵義

特質：酒液清澈透明，酒香濃郁優雅。

西陵特麴

產地：湖北宜昌

特質：酒液無色透明，酒體豐滿醇厚。

文君酒

產地：四川邛崍

特質：酒香濃中帶醬，窖香馥郁諧調。

杜康酒

產地：陝西白水

特質：酒液清澈透明，入口甘潤清洌。

四特酒

產地：江西樟樹

特質：酒液無色透明，回香獨特。

西鳳酒

產地：陝西鳳翔

特質：酒液清亮透明，涵蓋清、濃優點。

沛公酒

產地：江蘇沛縣

特質：酒液無色透明，香介濃醬之間。

太白酒

產地：陝西眉縣

特質：酒液清亮透明，香氣芬芳諧調。

特級景芝白乾

產地：山東安邱

特質：酒液無色透明，芝麻香氣襲人。

紹興元紅酒

產地：中國

特質：酒液橙黃透明，入口甘爽微苦。

天津大麴

產地：天津

特質：酒液無色透明，兼具清香、濃香、而且略帶醬香。

豉味玉冰燒

產地：廣東佛山

特質：酒液色清透明，含有濃烈豉香，透著純正米香。

封缸酒
產地：江蘇丹陽
特質：酒液色呈紅棕，酒
體質醇豐厚，酒香馥郁芬
芳，入口鮮甜突出。

紹興香雪酒
產地：浙江紹興
特質：酒液色呈金黃，酒
體豐滿醇厚。

紹興加飯酒
產地：浙江紹興
特質：酒液呈琥珀色，入
口醇和甘鮮。

蘭陵美酒
產地：山東蒼山
特質：酒液呈琥珀色，具
有光澤，酸甜適度。

福建老酒
產地：福建福州
特質：酒液紅褐透明，入
口鮮美爽適。

龍巖沉缸酒
產地：福建龍巖
特質：酒液色呈紅褐，酒
香馥芳四溢。

杏花村竹葉青
產地：中國
特質：酒液金黃微綠，酒味綿甜微苦，無刺激性感覺。

東江糯米酒
產地：廣東惠州
特質：酒液色澤紅褐，現光澤顯透明，酒質醇和柔綿。

即墨老酒
產地：山東即墨
特質：酒液呈黑褐色，晶亮中顯紫紅，酒香有焦糜味，入口甘爽微苦。

青梅煮酒
產地：河北沙城
特質：酒液色澤翠綠，藥香、酒香諧調，酒質細膩純正。

菊花白酒
產地：北京
特質：酒液透明無色，香氣融入菊花香和高藥材香。

蓮花白酒
產地：北京
特質：酒液清澈透明，藥香芬芳諧調。

至寶三鞭酒
產地：山東煙臺
特質：酒液呈淺紅色，至
爲晶亮透明，餘香餘味綿
長。

貴州天麻酒
產地：貴州安順
特質：酒色棕紅透亮，入
口甘香綿軟。

三游春
產地：湖北宜昌
特質：酒液清亮透明，色
澤自然艷美。

玫瑰露酒
產地：雲南昆明
特質：酒色清澈透明，玫
瑰花香突出。

參茸三鞭酒
產地：吉林長春
特質：酒液呈暗棕色，酒
質醇厚柔和，入口鮮甜爽
洌。

三蛇酒
產地：廣西梧州
特質：酒液呈茶紅色，酒
香、藥香諧調。

貴妃稠酒
產地：陝西西安
特質：酒液呈乳色，帶有
桂花芳香。

張裕味美思
產地：山東煙臺
特質：酒液棕色透明，有
葡萄酒的酯香和草藥特有
的藥香。

北京桂花陳
產地：北京
特質：酒液色澤金黃，清
澈明亮，味感醇厚。

民權紅酒
產地：河南民權
特質：酒色棕紅而明亮，
具有鮮葡萄特有的果香和
酒本身的醇香。

王朝紅酒
產地：天津
特質：桃紅葡萄酒呈桃紅
色，香氣甚為濃郁。乾紅
葡萄酒則色呈寶石紅，香
氣怡雅。

張裕紅葡萄酒
產地：山東煙臺
特質：酒液艷賽紅寶石，
透明似晶體，甜中微帶酸
澀。

朱振藩 談 食 說 藝

痴酒

頂級中國酒品鑑

朱振藩/著

朱振藩談食說藝　08

痴酒—頂級中國酒品鑑

作　　者———朱振藩
責任編輯———曾敏英
美術編輯———陳健美

發行人———涂玉雲
出　版———麥田出版
台北市信義路二段213號11樓
電話：(02) 2356-0933 傳眞：(02) 2351-9179
發　行——英屬蓋曼群島商家庭傳媒股份有限公司城邦分公司
台北市民生東路二段141號2樓
電話: (02) 2500-0888　24小時傳眞: (02) 25170999
讀者服務專線: 0800-020-299
網址：www.cite.com.tw　Email: cs@cite.com.tw
郵撥帳號——19833503
英屬蓋曼群島商家庭傳媒股份有限公司城邦分公司

香港發行所——城邦 (香港) 出版集團
香港灣仔軒尼詩道235號3F
電話：(852) 2508-6231 傳眞：(852) 2578-9337
馬新發行所——城邦 (馬新) 出版集團
Cite (M) Sdn. Bhd. (458372U)
11, Jalan 30D / 146, Desa Tasik, Sungai Besi,
57000 Kuala Lumpur, Malaysia.
電話：(603) 9056-3833 傳眞：(603) 9056-2833
印刷：中原造像股份有限公司
初版：2006年1月
售價：499元
ISBN　986-173-024-9

樽前自獻自爲酬（自序） 朱振藩

唐人盧仝的七言古詩〈走筆謝孟諫議寄新茶〉（註：又名〈七碗茶詩〉），對自家連飲七碗茶的感受，寫得精采動人，描述十分傳神，像「一碗喉潤；兩碗破孤悶；三碗搜枯腸，唯有文字五千卷；四碗發輕汗，平生不平事，盡向毛孔散；五碗肌骨輕；六碗通仙靈；七碗吃不得也，唯覺兩腋習習清風生！」直把喫茶神髓，發揮得淋漓盡致，千古以爲絕唱。

比較起來，陳後主詠酒詩〈獨酌謠〉，其四首之一的「一酌豈陶暑，二酌斷風飆。三酌意不暢，四酌情無聊。五酌盂易覆，六酌歡欲調。七酌累心去，八酌高志超。九酌忘物我，十酌忽凌霄」，就殊少高人風致，顯得小家子氣。這或許即是茶、酒二大飲料界之王，在國人心目中的評價吧！

我好茶，亦好酒，尤愛以珍饌搭配佳釀而食。記得以前讀到一副土地公廟的對聯，上聯寫著——「白酒黃酒都不論」，下聯則是「公雞母雞只要肥」。此聯甚對我的脾胃，是以歷三十年猶難忘。而這三十年來，我亦因緣際會，得以遍嚐中外旨酒，此中之樂，夫復何求！

且先從洋酒說起。老實說，其白酒方面，我甚愛伏特加，曾飲過十數款精釀，但最好喝的，乃李昂一俄籍朋友自莫斯科攜來者，包裝極平常，好似小瓶裝的高粱酒，但酒醇而和，香氣沁人外，喉韻尤特別，據說這是俄國珍釀，向爲酒徒所重，我一次在「無雙」用此品涮牛肉，另一次在「美麗」用它搭配佛跳牆及烏魚膘，皆甚妙，故留下深刻印象。而黃（指顏色）酒方面，飲最多

者，爲蘇格蘭威士忌，其次是法國干邑白蘭地。所喝的，無一不是高級品，像約翰走路BLUE系列（一說是三十五年精釀），十餘年前，每與前台大經濟系教授、玉山銀行董事長林忠雄一起用餐時，他必攜二瓶此酒，約莫算來，入口者不下三十瓶，另，近些年來，吾友黃賢富君亦喜用此款烈酒佐膳，一次必購數十箱，以致我們在享用美味的當兒，他常攜兩瓶這種酒共襄盛舉，初步估計，亦數十瓶落肚矣。其他如百齡罈、奇瓦士等陳年上貨，亦過口無數。至於干邑白蘭地，飲各廠牌的X.O、extra，對我而言，只是小兒科，光是路易十三，我還只兩、三人共享後暢飲過兩瓶哩！

此外，在其葡萄酒及啤酒方面，我飲過者，亦甚可觀，一支幾千元以至上萬元的葡萄系列佳釀，也曾飲過十來瓶；啤酒則只要有在台灣上架者，包括罕見且量少的各式比利時區域啤酒，無不一一過口。而我的內人任職「施格蘭治亞」時，公司代理的奇瓦士、馬爹利等五十幾種各式各樣酒品，我無不遍飲。因而，若論飲洋酒的資歷及品味，雖尚不得列行家之林，但也稱得上見識不凡。

洋酒（包括日本的大吟釀，我也飲過十餘個品牌）固無足論矣。畢竟，我個人的最愛還是中國的白酒、黃酒及配製酒。酒量還不壞，即使要硬拚，也招架得住。但我的專長卻是品其優劣，識其真假好歹，熟諳背景文化，能說得出個所以然來。

大陸出產的白酒，我至少喝過四百種。所謂的名、優酒，我幾乎都喝過，有的還飲過幾十瓶，像洋河大麴、景陽春、杜康酒、瀘州老窖、劍南春、五糧液、酒鬼、紅星二鍋頭等，皆是。

而飲過十來瓶的，則有雙溝大麴、西鳳酒、沱牌麴酒、茅台酒、汾酒、津酒、孔府家酒等。至於幾瓶的，則屈指難數。並非我在托大，身處海角一隅，從未走訪大陸，竟有此一奇緣，實屬難能可貴。

黃酒亦深獲我心，所飲過的酒品，當在百種之上。其中，紹興的花雕（包含仙雕、太雕）酒及加飯酒，喝得最多，各達數十瓶，以此搭配最合我胃口的江浙菜或上海菜，堪稱絕配。至於配製酒方面，過口最多者，乃竹葉青、五加皮及蓮花白，一再品享，沉醉其中，樂此不疲。

近十幾年來，大陸的酒業勃興，已轉向企業化經營，其品目之繁多，讓人眼花撩亂，目為之眩。僅就白酒的基本香型而言，已從過去的濃香型、醬香型、清香型、米香型、兼香型、其他香型這六種，擴充至十種（註：新加者為豉香型、芝麻香型、特香型及鳳香型）。又，豉香型、芝麻香型係從濃香型分出；特香型、鳳香型則自其他香型區隔開來。冶絲益棻，徒亂人意，頗不足取。是以本書在白酒香型的分類上，仍採用既往之成例，只列出基本的六種。更何況目前大陸的品酒專家們，亦認為白酒在香型上應傾向「少香型，多流派，有個性」，並提出「淡化香氣，強化口味，突出個性，功能獨特」的發展方向。我個人對後三者頗然其說，但就「淡化香氣」而言，倒是不敢苟同。此麴香如成自天然，強調其香尚恐不及，假使全來自添加之物，那就只好退避三舍了。

在此值得一提的是，自五年前結識李昂，承她不棄，認作老師後，她便多方設法，以讓我多嚐佳釀為己任。像一趟絲路之

旅，她即白天隨團遊覽，晚上獨自尋酒，帶回了十三瓶白酒，內含青稞十年陳釀「酒霸」、「伊力特麴」、「伊力老窖」、「隴南春」等，讓我好生受用一番。後來，她還央請大姊施淑女攜回五年陳釀的「口子窖」、曹雪芹「家王酒」等多支，近則再帶回河南「淇河大麴」、河北「燕嶺春」及十年陳釀的「老白汾酒」等，盛情著實可感。而，在她的帶動下，于美人攜三款「津酒」及多支白酒歸贈；吳淡如則提供雲南的「版納白酒」；王大川教授亦提供多款黃、白精釀；而陳思的內蒙「馬王酒」等多支白乾，現仍置酒櫃中，備我不時之需，得結無上酒緣，內心感激不已。

而最令我動容者，乃《歷史月刊》的社長虞炳昌先生。他本籍浙江紹興。一日，曾問我最愛何酒？我答以紹興「沈永和酒坊」的花雕酒、善釀酒或香雪酒。他即委請鄉親，在紹興市蒐尋，前後出動數回，一直沒有下文。老先生不死心，於是親自出馬，找遍大街小巷，終以兩罈餽遺，那酒十分沉重，他卻親自攜歸，令我誠惶誠恐，不敢輕易啓嚐。他日若得珍饈侑酒，一定細心品玩，方不辜負虞老厚愛。

走筆至此，益對大陸許多當下白酒業者緊抓市場、媚俗迎合、不求品管、「拚命廝殺」的做法，至感憂心。如果他們仍停留在這個戰術層面，流於浮濫混戰，尋不著戰略置高點的話，一旦其以酒文化為核心的價值失落，將如曇花一現，最後在劫難逃。

【目錄】

【目錄】

【目錄】

【目錄】

濃香型白酒類

其主體香爲巳酸乙酯和適量的丁酸乙酯。以酒香濃郁，綿柔甘冽，入口甜，落口綿，尾子乾淨、回味悠長及飲後尤香著稱。代表產品爲瀘洲老窖特麴，故又稱爲「瀘香型」或「窖香型」。

瀘州老窖特麴
一杯老窖笑顏開

酒名：瀘州老窖
產地：四川瀘州
特質：酒液晶瑩透明，窖香濃郁持久，入口清洌甘爽。

【來源】

　　瀘州古稱江陽，位於川南長江與沱江匯流之處。根據其出土的文物，釀酒的歷史可追溯至秦漢之時，所釀之酒，品質甚佳，遂博得「江陽盡道多佳釀」的令譽。據《宋史‧食貨志》上的記載，太宗太平興國七年（九八三年）以來，瀘州等地已出現了「小酒」和「大酒」等釀造工藝。「自春至秋，酤成即鬻，謂之小酒。臘釀煮鬻，候夏而出，謂之大酒。」其中的大酒，即是燒酒。宋神宗熙寧年間（一○六八至一○八五年），此地的酒課爲「一萬貫」以下。當詩人兼書法家的黃庭堅被貶瀘州時，見此地五穀豐登，感慨之餘，便寫下「江安食不足，江陽酒有餘」的詩句。

　　明代詩人楊愼（升庵）及清代經

世致用學者王夫之（船山）皆好飲此酒，分別留下「瀘州龍泉水，流出一池月。把船抒情懷，橫舟自成趣」及「城下人家水上城，酒樓紅處一江明。銜杯卻愛瀘州好，十指寒香給客橙」的詩句。而清乾隆年間（一七三六至一七九五年）的詩人張問陶，亦是瀘州老窖的擁護者，當他離開瀘州時，亦曾賦詩留念，詩云：「暫貯冰盤開窖酒，銜杯清絕故鄉天。」

明神宗萬曆十三年（一三二四年）時，瀘州「以高粱、小麥合釀」的大麴酒工藝初步成型，是當地釀酒史上的重要一頁。而明末時，瀘州武舉舒某，在陝西略陽做官，嗜飲甘醴。解甲歸田之際，便聘請當地酒師，在清世祖順治十四年（一六五七年）前後，開設了「舒聚源糟坊」，其酒膾炙人口，因而聲譽大振。穆宗同治八年（一八六九年），「舒聚源」糟坊易手，由溫宣豫購得，改名「溫永盛糟坊」，擁有十個陳年酒窖，釀製「百年大麴老窖」。清末時，瀘州的白燒酒糟戶達六百餘家，酒的年產量則超過十噸。

民國以來，瀘州的白燒酒糟戶「減至三百餘家」，大麴酒糟戶可考者，有「溫永盛」、「天成生」、「協泰祥」、「春和榮」、「永興成」、「鴻興和」、「義泰和」、「愛人堂」、「大興和」暨「新華」等十餘家，「窖老者，尤清冽，以『溫家盛』、『天成生』為有名」。所產佳釀，除自給外，尚遠銷至南洋，酒窖逐年遞增，產量節節上升，到抗戰前，瀘州計有酒坊三十六家，年產量高達一千八百噸，是當時全中國產酒最多的城市，乃一個名實相副的超級酒城。

一九六○年時，中共當局將公私合營酒廠及地方國營酒廠合

併爲「瀘州麴酒廠」，一九九〇年易名爲「瀘州老窖酒廠」，其系列產品註冊的商標爲「瀘州牌」，所打的廣告詞兒則爲「請君認準『瀘州牌』，一杯老窖笑顏開。」現廠內擁有百年窖三百六十四個，系列產品十六種和四十餘種包裝，年產在二萬噸以上，是眞正的老牌名酒。目前以號稱「王者風範」的國窖酒品級最高，係始建於明神宗時的老窖釀製，分醉翁瓶、古浪瓶及水晶瓶等包裝，具有蒐藏價值。另，瀘州牌瀘州老窖特麴與山西的汾酒、貴州的茅台酒並列爲中國僅有的三種連五屆蟬聯國家名酒封號的白酒，素有「濃香正宗」之美譽。

【釀造】

本酒用優質糯高粱（當地人稱「紅糧」）爲原料，用小麥製麴爲糖化醱酵劑，汲取龍泉井水及沱江水爲釀造用水。其釀造工藝極爲繁複，除講究踩糟，回馬上甑，續糟混蒸外，亦注重滴窖減水，加回減糠，低溫入窖，經細密的評嘗及勾兌後，方能出廠，風格獨特。

【口感與入菜】

瀘州老窖特麴爲濃香型大麴白酒的代表，故濃香型又稱瀘香型。酒度分60°、52°、45°及38°四種。酒液晶瑩透明，窖香濃郁持久，入口清冽甘爽。回味悠長尤香。難怪著名數學家華羅庚在品嘗之餘，歡欣踴躍，題下「何以解憂？惟有杜康；而今無

憂，特麴是嘗；產自瀘州，甘洌芬芳」的名句。

　　品嘗瀘州老窖特麴，最適合酥脆爽口的食品，像無錫脆鱔、炸三角，炸響鈴、爆雙脆、炸春捲、瓦塊魚等是。另，此酒價廉物美，自飲最宜。而今大陸所流行的口頭禪：「自飲要飲瀘州老窖，送禮要送五糧液。」內中已隱喻深意，頗值您借鑑參考。

　　本酒夙負盛名，早在一九一五年即於美國舊金山所舉辦的巴拿馬萬國博覽會上，「溫永盛老窖」大麴即奪得金獎，此後獲獎無數。在國內方面，以一九五二年、一九六三年、一九七九年、一九八四年及一九八九年在中國第一、二、三、四、五屆評酒會上蟬聯國家名酒稱號及金質獎章。一九八四年和一九八八年則分獲商業部優質產品稱號及金爵獎最著。在國外方面，亦指不勝屈，得獎依序為一九八七年榮獲在泰國曼谷所舉辦的國際飲料食品展覽會金獎，一九八八年獲香港國際食品展金品獎，一九九○年又獲巴黎國際食品博覽會金獎。它於一九九二年攀上頂峰，先後獲得布達佩斯國際食品博覽會金獎、莫斯科國際名酒展覽會特別金獎和洛杉磯太平洋博覽會金獎。目前，外銷海外一百多個國家及地區，後勢無窮無盡。

五糧液

一滴沾唇滿口香

酒名：五糧液
產地：四川宜賓
特質：酒液無色透明，開
瓶噴香撲鼻，酒味醇厚諧
調，入口甘綿淨爽。

【來源】

五糧液，顧名思義是由五種穀物釀製而成。其前身則是明初位於宜賓城北門「溫德豐酒坊」的傲世精品——「雜糧酒」。

宜賓古稱戎州、敘州。早在漢代時，即有釀酒業。據《華陽國志》和《太平御覽》的記載，當地的荔枝甜郁多汁，極宜釀酒。而唐代的「重碧」酒與宋代的「荔枝綠」、「綠荔枝」、「姚子雪麴」等，均是名重一時的佳釀。宋哲宗元符年間（一○八六至一一○○年），黃庭堅寓居戎州三年，遍嘗境內美酒。曾賦詩曰：「王公權家荔枝綠，廖致平家綠荔枝；試傾一杯重碧色，快剝千顆輕紅肌；潑醅葡萄未足數，堆盤馬乳不同時；誰能品此勝絕味，惟有老杜（指杜甫）東樓

詩。」他又撰《綠枝綠頌》，其詞爲「王墙東之美酒，得妙用於三物，三危露以爲味，荔枝綠以爲色，哀白頭而投裔，每傾家以繼酌。」他更在《安樂泉頌》中云：「姚子雪麴，杯色爭玉。得湯郁郁，白雲生谷。清而不薄，厚而不濁；甘而不噦，辛而不螫。老夫手風，須此神藥。」其推崇由此可知。

雜糧酒是由這些名酒發展而來的佳釀，以大米、糯米、蕎麥、高粱、玉米等五種糧食混合爲原料，其口訣爲：「蕎子半成黍（玉米）半成，大米糯米各兩成，川南紅糧（糯高粱）用四成。」這個當時人所謂的《陳三秘方》，一向傳子不傳女，外人無由知悉，直到清穆宗同治年間（一八六二至一八七四年），陳家最後一位傳人陳三因膝下無子，始傳予徒弟趙銘盛。趙銘盛在繼承「溫德豐」的產業後，改酒坊之名爲「利川永」。趙銘盛的傳人鄧子均對配方再加以改良，各料的比例由此確定。分別是：高粱36％、大米22％、糯米18％、小麥16％、玉米8％。其風味更勝於昔，令「酒客爲之垂涎」。此酒更於一九一五年在美國舊金山巴拿馬萬國博覽會上掄元，榮獲金獎，舉世知名。

一九二六年時，嗜飲此酒的遜清遺老楊惠泉，嫌此酒之名不雅，乃在一次宴會中，向酒坊主人鄧子均提議，改雜糧酒之名爲「五糧液」。鄧子均欣然接納，五糧液之名遂沿用至今。

一九五二年，地方政府乃在北門「利川永」、東門「長發升」和馬家巷「張萬和」等名糟坊的基礎上，建成「五糧液酒廠」，承襲傳統工藝，恢復此一歷史名酒的生產。同時亦生產這一系列的優質麴酒——尖莊、翠屏春及全家福等。又，一九八八年成立的「五糧液集團公司」，年產酒十萬噸以上，爲當下的「中國酒業大

王」。其在二十世紀九○年代，尤注重品牌開發。它以五糧液爲中心，形成五糧春、五糧醇、五糧神、五湖液等「五字號集團軍」，並以此爲基礎，成功開發了京酒、瀏陽河、金六福等一大批系列酒，己有上百個品牌，因市場占有率高居第一，在業界是名副其實的龍頭老大。

【釀造】

本酒的原料自不待言。再以小麥製成的「包包麴」爲糖化醱酵劑，引用岷江江心清洌之江水爲釀造用水。其醱酵窖爲陳年老窖，採「雙輪底醱酵法」，其醱酵期可延長至一百六十天。經人工取糟，單甑蒸餾、分層堆放及量質摘酒後，再回酒醱酵，勾兌調味而成。

【口感與入菜】

五糧液屬濃香型大麴白酒，酒度分39°、52°及60°三種。酒液無色透明，開瓶噴香撲鼻，酒味醇厚諧調，入口甘綿淨爽，多味協調，恰到好處。有人以「三杯入腹渾身爽，一滴沾唇滿口香」之句，喻其超凡入聖。

宜賓人嘗五糧液時，喜先食荔枝，並佐以苦筍。事實上，噴香濃酒，最宜重味，來幾個麻辣菜，像麻辣火鍋、麻辣燙、麻婆豆腐等，就可以喝得不亦樂乎了。

此外，五糧液價格既昂，僞冒又多，大可不必非飲此酒不

可。同酒廠出品的「尖莊麴酒」即是佳釀，亦屬濃香型白酒，酒度分38°及52°兩種，酒液無色透明，以濃香、醇和、味甘、尾淨著稱。曾於一九八五年先後獲四川省優質產品獎暨牛年群眾最喜愛產品的榮譽稱號，並於一九八八年榮獲商業部優質產品獎。這種物超所值，「出類拔萃的佳品」（此係夫子自道，乃酒廠的宣傳辭），您何不買來好好地品味呢？

　　五糧液於一九一五年迄今，所獲國內外獎牌，總數已居中國第一。其要者，國內部分為：一九八五年榮獲商業部優良產品稱號及金爵獎，另在一九六三年、一九七九年、一九八四年及一九八九年的中國第二、三、四、五屆評論會上榮獲國家名酒稱號及金質獎章。國外部分則為：一九八八年獲香港國際食品展覽金龍獎、一九八九年獲日本關西國際食品展金質獎、一九九〇年獲泰國國際酒類博覽會金獎、一九九一年先後獲保加利亞國際展覽會金獎及德國萊比錫國際博覽會金獎、一九九二年獲美國國際名酒博覽會金獎、一九九三年又獲俄羅斯聖彼得堡國際博覽會特別金獎。其銷售網除遍及神州大陸外，亦觸及到四海五洲的一百餘國。價格已凌駕茅台之上，正與「酒鬼」互爭雄長。

劍南春

三日開甕香滿城

酒名：劍南春
產地：四川綿竹
特質：酒液清澈透明，酒
味醇厚回甜，酒體豐滿飽
合，入口清洌淨爽。

【來源】

　　四川省綿竹縣位於天府之國的邊
緣，北依龍門山，南臨石停江，景色
清幽絕美，自古即是天下七十二個洞
天福地之一。舉世聞名的「劍南春酒
廠」，即坐落其間。所出產之佳釀，
業已獨步西川。

　　綿竹古屬綿州，隸屬劍南道，早
在唐高祖武德年間（六一八至六二六
年），即以出產美酒著稱。據李肇
《唐國史補》上的記載，玄宗開元年
間（七一二至七五五年）至穆宗長慶
年間（八二一至八二四年），這兒所
釀的「劍南燒春」（又稱燒香春），已
是貢品。而詩人李白在此解貂贖酒的
故事，更平添了一段佳話。宋代已釀
有「蜜酒」，《綿州志》稱：「楊世
昌，綿竹武都山道士，字子東，善作

蜜酒，絕醇釃。東坡既得其方，作『蜜酒歌』以遺之。」得與蜜酒齊名的則是當地所釀，號稱「蜀中無能及者」的「鵝黃」酒。

清康熙初年，陝民大量入川，移居綿竹的有朱、楊、白、趙四家，皆從事釀酒業，至清末已發展至十八家。最先在此開設酒坊的，為陝西三原縣人朱煜。據其六世孫朱治安云：「吾先祖是釀酒工人，一見綿竹水好，便移居至此開辦大麴作坊，自己操作釀酒。」其酒坊名「朱天益釀坊」，所釀製的大麴酒，即成為綿竹名產。另，照《綿竹縣志》的說法：「大麴酒，邑特產，味醇香，色潔白，狀若清露。」美食家李調元亦在《函海》中指出：「綿竹清露大麴酒，夏消暑，冬禦寒，能止嘔瀉，除濕及山嵐瘴氣。」並謂：「天下名酒皆嘗盡，卻愛綿竹大麴醇。」對其推崇備至，是以光緒年間（一八七五至一九〇八年）被列入貢酒，供皇室成員及王公大臣享用。

一九一九年，綿竹酒業進一步發展成三十餘家，有酒窖一百一十六個，年產量可達三百五十噸。一九二二年時，綿竹大麴獲四川省勸業一等獎；翌年，再獲該省國貨展覽會獎章及獎狀。一九二八年時，以「紫岩春」為首的十餘家大麴作坊，同獲四川省實業廳所頒發的「優良產品獎憑」，從此聲名鼎盛，一直到抗戰時，已攀至最高峰。其酒坊計有二百多家，產酒二百萬公斤，以「朱天益」，「乾天泰」，「大道生」，「天成祥」等三十八家最負盛名，所擁有的酒窖皆在二百個以上。遂享有「十里聞香綿竹酒，天下何人不識君」的令譽。

一九五一年，當地政府在「朱天益」、「積玉鑫」、「裕川通」等二十多家燒房的基礎上建成「綿竹酒廠」，繼續生產具有「無色

透明、窖香適口、綿柔甘洌、尾味淨爽」等特色的大麴酒，曾在一九八三年被評為四川省優質產品；一九八四年被評為商業部優質產品及銀爵獎，其38°綿竹大麴，以物美而廉，甚受消費者的歡迎。

一九五八年時，廠方覺得綿竹大麴酒應有成長空間，乃投產高檔白酒，用料大幅增加，與「五糧液」所使用的相同，惟比例略有不同。為求一炮而紅，公開徵求酒名。後由詩人龐石帚，於一九六一年取的「劍南春」入選。一九八五年時，索性將酒廠易名為「劍南春酒廠」。

現在的「四川劍南春集團有限責任公司」，年產量已在五萬噸以上，其系列產品除前述之外，尚有劍南豪、劍南福、劍南特麴、劍南醇、綿竹頭麴、綿竹二麴等多種。又，自古名泉出佳釀，劍南春也不例外。《綿竹縣志》云：「惟西南城外一線泉脈可釀此酒」，並具體指出「用城西外區井水蒸烤成酒，香而洌，若別處則否。」這井即是大名鼎鼎的「諸葛井」，為諸葛亮之子孫諸葛瞻與諸葛尚，在堅守綿竹城抗拒魏兵時，汲水所掘之井。

【釀造】

劍南春用高粱四成、大米二成、糯米二成、小麥一成半、玉米半成為原料，以小麥製成的大麴為糖化醱酵劑。其製作工藝採用雙輪底醱酵，低溫入窖，回沙回酒等方法，再經過貯存老熟，最後由勾兌師進行勾兌調味而成。

【口感與入菜】

　　劍南春屬濃香型大麴白酒，酒度分28°、38°、52°及60°四種。酒液清澈透明，酒香濃郁協調，酒味醇厚回甜，酒體豐滿飽合，入口清冽淨爽，回味餘香不盡，號稱「恰到好處」。目前有白色異形瓶珍品、激光寶石瓶盒、水晶珍品盒等包裝。有人賦詩讚道：「香飄劍南春送暖，李白如在應忘歸。」而作家劉心武所寫的「人間有酒香滿杯，難得劍南春滋味。艱辛獨留自己嘗，幸福贈予天下醉」最耐人尋味。

　　品嘗劍南春及綿竹大麴，甚宜風味小炒或蒸燜入味的菜色。我個人覺得北方家常味的炒三鮮、炸小丸子、軟炸里肌或粵菜的豉汁蒸魚頭、腐乳羅漢齋、鹹魚蒸肉餅或台菜的桂花炒翅、雞捲等都很合適。既可把盞痛飲，亦可小杯淺嘗。前者痛快淋漓，後者回味悠長，都是人生樂事。

　　劍南春獲獎無數，載譽海內。先於一九六三年被命名為四川省名酒，並在一九七九年、一九八四年和一九八九年的中國第三、四、五屆評酒會上榮獲國家名酒稱號及金質獎章，一九八四年及一九八八年迭獲商業部優質產品稱號及金爵獎。此後則揚名海外，先後在一九八八年獲香港第六屆國際食品展覽會金花獎、一九九二年獲德國萊比錫秋季博覽會金獎。並於一九七四年開始出口，銷往東南亞及歐美各國，唯大陸本身一直供不應求，外銷只是虛應故事罷了。

酒名：洋河大麴
產地：江蘇泗陽縣洋河鎮
特質：酒液澄澈透明，酒
香濃郁清雅，酒質醇厚純
正，入口鮮爽甘甜。

洋河大麴
味占江南第一家

【來源】

　　有道是「酒氣沖天，飛鳥聞香化
鳳；糟糠落地，游魚得味成龍」。有
人硬改成「酒味沖天，香飄五洲四
海；糟粕落地，豬肥萬戶千村」。但
不論如何，他們一致認為它「福泉酒
海清香美，味占江南第一家」。這款
讓人「聞香下馬、知味停車」的佳釀
為誰？「洋河牌洋河大麴」是也。

　　江蘇省泗陽縣的洋河鎮，位於泗
陽、泗洪與宿遷三縣的交界處，居白
洋河與黃河古道之間，水陸交通暢
達，自古即是兵家必爭之地。明朝
時，曾有九個省的商人在此設立會
館，客商雲集，釀酒糟坊達十五家之
多。詩人鄒輯曾賦詩以誌其盛，詩
云：「白洋河中多沽客。」

　　據研究，洋河製酒「始於兩漢，

興於唐宋」。清初時，一山西白姓商人在此經營糟坊，為壓倒群芳，乃從家鄉聘來釀酒名師，使其酒的品質大為提高。依《宿遷縣志》上的記載，清乾隆第二次下江南時，曾駐蹕宿遷的皂河行宮，在飲過洋河大麴後，讚道：「酒香味醇，真佳酒也。」

清穆宗同治十二（一八七三）年編纂的《徐州府志》上稱：「洋河大麴酒味美」另《中國實業志·江蘇省》則云：「江北之白酒，以產於泗陽之洋河鎮者著名，國人所謂『洋河大麴』者，即此種白酒也。考洋河大麴行銷於大江南北者，已垂二百餘年之歷史，厥後漸次推展，凡在泗陽城內所產之白酒，每以洋河大麴名之，今則『洋河』二字，已成為白酒之代名詞矣。」

一九一五年「三義酒坊」所釀之酒，獲中國名酒展覽會評比一等獎，同年亦獲在美國舊金山舉行的巴拿馬賽會上獲金牌獎。一九二三年，在南洋國際名酒賽會上獲「國際名酒稱號」，從此蜚聲國際，暢銷海外。一九二九年「裕昌酒坊」的大麴酒在工商部中華國貨展覽會上獲二等獎。一九三二年時，泗陽縣共有八家酒坊，年產白酒約六千零四十擔。其中，又以洋河鎮的「聚源涌」、「逢泰」、「南王人」和其他鄉鎮的「樹泉」、「潤泉酒坊」最為世人稱道。另，一九三四年所舉辦的江蘇全省物品展覽會上，泗陽高粱酒則以「特產」參展。

一九四九年時，當地政府在舊糟坊的基礎上，建成「江蘇洋河酒廠」，沿襲傳統工藝，使人工培養老窖的新技術繼續大量生產。九○年代初期，它已躍升為中國年產量最高的大麴酒廠。

【釀造】

本酒精選優質的黏高粱為原料，用小麥、大麥、豌豆培養的高溫大麴為糖化醱酵劑，以聞名遐邇的「美人泉」之水釀造，並使用清蒸混吊，低溫緩慢醱酵等新工藝釀成。此外，它又進行科學釀造，合理降低酒度，使其「低而不渾」、「低而不清」，成功地生產28°和18°酒，與原來的38°低度酒共同形成「三八低度」系列產品，廣受消費者的歡迎。一九八五年五月在日本「三得利」（即三多利）公司舉辦的博覽會上，洋河大麴備受世界各大酒廠矚目，日本酒類專家譽之為「中國洋酒」。

【口感與入菜】

洋河大麴屬濃香型大麴白酒，酒度除「三八」系列之外，尚有55°及60°兩種。酒液澄澈透明，酒香濃郁清雅，酒質醇厚純正，入口鮮爽甘甜，口味細膩悠長。具有「甜、綿、軟、淨、香」的獨特風格。名書法家啓功在品嘗後，詩興大發，寫下了「早聞佳釀出洋河，一飲瓊漿發浩歌；添得少陵詩料富，仙人第九席中多」的浪漫詩句。

品嘗洋河大麴，自以揚鎮菜和南京菜最正點，舉凡金陵烤鴨、叉烤桂魚、酥方、酒凝金腿、雙皮鯽魚（蔥燒鯽魚亦可）、拆燴鰱魚頭、蛤蜊劙肉、扒燒整豬頭、大煮干絲、鹽水鴨、肴肉等，皆可擇肥而噬，舉杯暢飲。此中之樂，固不待言。

本酒先於一九七二年被評為江蘇省名酒。接著在一九七九

年、一九八四年、一九八九年的中國第三、四、五屆評酒會上榮獲國家名酒稱號及金質獎章。另於一九八四年獲輕工業部酒類質量大賽金杯獎、一九九○年獲香港中華文化名酒博覽會特獎和金杯獎。一九九二年時，又在美國紐約舉行的首屆國際博覽會金獎。現已暢銷至美、日、新加坡、馬來西亞等三十餘國。

全興大麴
神仙愛此不歸家

酒名：全興大麴
產地：四川成都
特質：酒液透明晶瑩，窖
香濃郁協調，酒質醇和雅
正，餘味綿甜悠長。

【來源】

　　成都早在秦漢，即已相當繁榮。
根據出土文物，其釀酒業更久，出現
在三代時。漢古辭《蠶叢國詩》所詠
的「川崖惟平，其稼多黍，旨酒嘉
穀，可以養父。野惟阜丘，彼稷多
有，嘉穀旨酒，可以養母」。即生動
地刻劃出春秋時期先民辛勤耕種、黍
稷豐收，佳釀敬老的淳樸民風。

　　自漢代以來，成都佳釀極多，此
從成都城郊出土漢代畫像磚中有〈釀
酒圖〉、〈宴飲圖〉、〈酤酒圖〉、
〈酒肆圖〉等，已可見其端倪。當時
的酒品，包括米酒類的甘酒、「一醉
累月」的清醴酒、以竹筒為之的郫筒
酒、以酴醾花和小麥釀製的酴醾酒和
以五加皮浸製的文章酒等，種類繁
多，美不勝收。由古文家暨唐詩人張

028

籍的「萬里橋邊多酒家，遊人愛向誰家宿」詩句，便可看出唐代成都市容的興盛與需酒的孔殷。另，才子佳人的推波助瀾，亦造成釀酒業的空前繁榮。如杜甫云：「酒憶郫筒不用酤」；李商隱云：「美酒成都堪送老」及「酒是蜀城燒」；雍陶云：「自到成都燒酒熟，不思身更入長安。」；薛濤則云：「濃酒屬閒人。」當時他們所飲的，以充作貢品的「生春酒」最爲高級。

宋時，成都成爲全國第二大產酒區，神宗熙寧年間（一○六八至一○八五年）的酒課竟高達「四十萬貫以上」，所產名酒以「三月成都府忠臣堂、又玉髓、又錦江春、又浣花堂。」最著（見張能臣《酒名記》）。明代則以「白酒」及「萬里春」知名。清初時，陝西王姓客商在此開店售自釀酒。乾隆五十一年（一七八六年），王姓三代孫在東門外水井街建「福升會酒坊」，引用號稱東郊第一井的「薛濤井」之水，釀製出被李汝珍列入全國五十五種名酒之一的「薛濤酒」。此酒頗受時人歡迎。詩人馮家吉寫的「枇杷深處舊藏春，井水留香不染塵。到底美人顏色好，造成佳釀最薰人」詩句，尤膾炙人口。宣宗道光四年（一八二四年），「福升全」在城內水花街另闢分號，名喚「全興成」，所出的佳釀，統稱爲「全興酒」。

一九五一年時，當地政府以贖買方式收購了「全興成酒坊」和另兩個酒廠，成立了「國營成都酒廠」，並承襲傳統工藝、沿用原商標，繼續生產全興大麴。一九八九年時，將該酒廠易名爲「全興酒廠」。一九九九年，廠方通過與「四川製藥股份有限公司」資產重組，借殼上市，此即「四川全興股份有限公司」。由於它是唯一擁有甲Ａ足球隊的酒公司，加上一九九八年八月，在廠址生

產車間挖掘出古「水井街酒坊」遺址，據初步推斷，此酒坊歷經明清發展至今，連續不斷，且出土遺跡豐富（包括酒窖、晾堂、灶坑等），堪稱中國濃香型白酒釀造工藝的一部無字史書。有此兩大利器，從此廣受矚目。其除全興酒系列外，又推出「水井坊酒」，第一批品質極佳，自量產後，品質已下降矣。

【釀造】

本酒用優質高粱為原料，以小麥製成中溫大麴（按：其暮春所產者為「桃花麴」、盛夏所製者稱「伏麴」，兩麴於存放三個月後，再混合而成）汲取薛濤井水為釀造用水。而在釀造時，採用傳統老窖分層堆糟法工藝，經老窖（須三十年以上）醱酵，並在符合窖熟糟醇、酯化充分的情形下，即續蒸潤糧、翻沙醱酵、混蒸混入、掐頭去尾、量質摘酒、分罈陳貯。最後再勾兌裝瓶出廠。

【口感與入菜】

全興大麴屬濃香型大麴白酒。酒度分38°、52°及60°三種。酒液透明晶瑩，窖香濃郁協調，酒質醇和雅正，入口甘洌淨爽，餘味綿甜悠長。端的是好酒，贏得行家讚。有人填《西江月》一闋，對其讚譽備至，詞云：「釀得玉液流霞，香甜味美甚佳。開罈隔壁醉十家，行人停車駐馬。洞賓曾留寶劍，太白當過烏紗。神仙愛此不歸家，醉倒錦江河下。」

品嘗全興大麴，在成都當地是以名菜「鄒鱅魚」，號稱蜀中絕

配。其實，成都的名食極夥，無一不是下酒妙味，像麻婆豆腐、蒼蠅頭、鹽煎肉、蟲草鴨、豆芽排骨湯、乾煸四季豆、金鉤肉丁、樟茶鴨、魚香茄子等俱宜，其他如水煮魚片、水煮牛肉、麻辣魚湯、麻辣火鍋等，亦是好搭擋，足以將您的味覺提升至更高的境界。

另，郭沫若曾於一九五九年，來到成都，應邀赴名館「帶江草堂」用餐，飲的就是全興大麴。他吃得滿意極了，欣然命筆。詩云：「三洞橋邊春水生，帶江草堂百花明。烹魚斟滿延齡酒，共祝東風萬里程。」茲附記於此。

本酒名氣極響，但價格甚廉，故廣受消費者的歡迎。一九五八年及一九五九年先後被商業部及四川省相中，分獲優質酒稱號及名酒頭銜。並且在一九六三年、一九八四年及一九八九年的中國第二、四、五屆評酒會上榮獲國家名酒稱號及金質獎章。此外，又在一九八八年獲商業部金爵獎及香港第六屆國際食品金鐘獎。目前正積極投放海外市場中。

口子酒
名馳淮北三千里

酒名：口子酒
產地：淮北
特質：酒液無色透明，香
氣芬芳濃郁，入口柔綿甘
爽，後味回甜。

【來源】

　　淮北口子酒，自古即揚名；一在
濉溪縣，一在淮北市。前者旺於前，
後者顯於後；不論今與昔，皆是上乘
酒。

　　春秋時，宋國遷都相山。宋侯歃
血盟諸侯於渠，此乃距濉溪縣口子酒
廠八公里，與距淮北市口子酒廠一點
五公里的渠溝。北宋時，二地均屬
「宿州」，釀酒業頗盛。熙寧年間（一
○六八至一○八五年），宿州的酒課
達「十萬貫以上」，是當時淮北的大
產區之一。另，據《宿州志》的記
載，早在十三世紀的元代，此酒已大
量生產，並設酒監於渠，課以酒稅。

　　清仁宗嘉慶年間（一七九六至一
八二○年），位於濉河渡口的濉溪鎮
（當地人習慣上稱之為「口子」），已

有酒坊三十餘家，儼然成為釀酒重鎮。抗戰前，因津浦鐵路通車，烈山煤礦開採，釀酒作坊劇增。在一九三二年時，竟達七十四家之多，進入全盛時期。但見酒坊星羅棋布，酒香數里得聞，到處欣欣向榮。再加上此酒於一九三一年及一九三四年，曾兩獲全國鐵路沿線土特產展覽會甲級名酒優等獎。「口子酒」更加聲名大噪，遂「名馳淮北三千里，味佔黃淮第一家」。

一九四三年，當地政府在濉溪縣老城小酒坊的基礎上，建成「濉溪人民酒廠」，一九七〇年易名為「濉溪縣酒廠」，一九七〇再更名為「濉溪縣口子酒廠」，所生產的「口子牌口子酒」大大知名。另，淮北市的「口子酒廠」，亦出佳釀，以「濉溪口子牌口子酒」蜚聲國際，號稱「隔壁千家醉，開罈十里香」。

【釀造】

兩種口子酒同以優質高粱為原料，以大麥、小麥和碗豆製成高溫大麴為糖化醱酵劑，秉承傳統工藝，加上吸取其他名酒的釀製經驗，經老窖醱酵，長期精釀，精心勾兌而成。原料和手法，幾如出一轍。

【口感與入菜】

這兩款口子酒，均屬濃香型大麴酒。酒度同為54°，酒液無色透明，香氣芬芳濃郁，入口柔綿甘爽，後味回甜且餘味悠長，其些微的差別，非行家莫能辨。相傳乾隆皇帝南巡，於品嘗後，

曾題詞「惠我南黎」，只不知有幸入御口的，是產自那個糟坊？

　　品嘗口子酒，最宜大口飲。佐符離集燒雞、油淋乳鴿、抓炒魚片、煎豆腐、潮州滷水鵝、琵琶鴨、黃魚煨麵、蠔油鵝掌而飲，尤其妙絕，每讓人意難忘。

　　口子牌口子酒於一九八一年，在青島舉辦的土特產展覽會上，榮獲全國優等獎。次年，又在北京市蟬聯該獎。一九八四年，獲輕工業部酒類質量大賽銀杯獎。一九七九年及一九八九年，則在中國第三、五屆評酒會上，榮獲國家優質酒稱號及銀質獎章。

　　濉溪口子牌口子酒亦於一九七九年及一九八九年，在中國第三、五屆評酒會上，榮獲國家優質酒稱號及銀質獎章。一九八四年，獲輕工業部酒類質量大賽金杯獎。一九八八年，獲首屆食品博覽會金獎。一九九二年，獲北京第二屆國際博覽會金獎。又，一九九二年時，一舉攀至頂峰，分別榮獲巴黎國際名優酒展評會特別金獎和曼谷國際名酒博覽會金獎。

雙溝大麴
不愧天下第一流

酒名：雙溝大麴
產地：江蘇泗洪
特質：酒液清澈透明，酒
香濃郁撲鼻，酒體豐滿醇
厚，入口綿甜純正。

【來源】

　　江蘇省泗洪縣的雙溝鎮，號「醉猿
之鄉」。其能得此名，係一九五三年考
古工作者在這一帶發現了猿人的化石。
據專家鑑定後證實，此乃距今五萬年
前，猿人飲下已醱酵含酒精的野果汁醉
倒後，經演變而成的化石，遂將它命名
爲「雙溝醉猿化石」。

　　雙溝的釀酒史，依日人西園寺公一
的考證，已有四千年了。早在唐代即有
人以釀酒爲業，名頭甚爲響亮，像「南
街到北巷，三步兩酒坊，酒館林立，酒
香醺透腸」，即是其寫照。宋代酒業興
盛，神宗熙寧年間（一○六八至一○八
五年），泗州的酒課達「十萬貫以上」，
是東方的大酒區之一。另，此地之所以
酒業興旺，酒館林立，實與其優越的地
理位置有關。因其位於淮河與洪澤湖的

交匯處,「地勢廣阜,河面既闊,支港暢流,亦無壅塞沖突之患。居中控馭,地扼淮湖」。故其暢旺的商機,乃得自便捷的交通及其一等一的酒質。

宋代大文豪蘇軾在被貶官途中,全家在除夕夜路過雙溝。他的好友、泗州刺史章某聞訊,特地帶邑中名產「酥酒」前去探望。蘇軾在百感交集下,賦詩以誌此事。詩云:「暮雪紛紛投碎米,春流咽咽走黃沙,舊遊似夢徒能說,逐客如僧豈是家?冷硯欲書先自凍,孤燈何事燭成花,使君夜半分酥酒,驚起妻孥一笑嘩。」另北宋御史唐介,明代詩人黃周星,亦分別留下了《渡淮》及《醉月》的名詩。

清世宗雍正十年(一七三二年),山西太谷縣的釀酒名師賀全德抵此後,見水甜穀茂,適合釀酒,乃設立「全德糟坊」,並釀出「香飄十里,知味息船」的美酒。與原有的「廣盛」、「湧源」兩家糟坊,鼎足而三。號稱「酒味沖天香千里,淮河行船喜洋洋,船到雙溝靠了岸,上岸買酒成罈裝」。清宣統二年(一九一〇年),「全德糟坊」釀製的美酒參加南洋勸業會比賽,被評為名酒第一,榮獲金質獎章。而對日抗戰時,陳毅轉戰淮北,經常駐足「全德」,讚其為「不愧天下第一流」。

一九五一年時,當地政府將「全德」、「湧源」及「廣盛」這三家糟坊合併,建成「雙溝酒廠」,繼承傳統工藝,沿用已歷兩個半世紀之久的老窖,不斷推陳出新,生產「雙溝大麴」。

【釀造】

本酒以優質高粱爲原料，以大麥、小麥和豌豆製成的高溫大麴爲糖化醱酵劑。採用熟糠分層、穩準配料、緩火蒸餾、分段截品的方法，於分級貯存後，再回沙醱酵，進行合理勾兌而成。

【口感與入菜】

雙溝大麴屬濃香型大麴白酒，酒度分60°、53°、46°、39°和33°五種。酒液清澈透明，酒香濃郁撲鼻，酒體豐滿醇厚，入口綿甜純正，回味悠長不盡。今人陳昊蘇飲罷，曾題詞寫下感受，其詞云：「古泗州，醉猿州，特液釀成淮水頭，濃香品質優。爭上游，再上游，不愧中華第一流，舉世讚雙溝。」

我甚愛雙溝酒，嘗過不下十回，多半是在江、浙館子或北方館子享用。覺得用冰糖肘子、無錫排骨、北平烤鴨、煮燴肉、紅燒圈子、山東燒雞、清燉牛肉這幾味下酒，特別順暢愜意，耐人尋味。諸君何妨一試，以驗吾言不謬。

雙溝大麴自一九五五年在中國第一次釀酒會議上，被評爲甲等佳酒第一名後，得獎不斷，廣受矚目。先於一九六三年及一九七九年的中國第二、三屆評酒會上獲致國家優質酒稱號及銀質獎章。再於一九八四年及一九八九年的第四、五屆評酒會上榮膺國家名酒稱號及金質獎章。又，一九八四年獲輕工業部酒類質量大賽金杯獎，一九八七年再榮獲優秀營養食品熊貓獎，一九八八年則獲輕工業出口商品優秀獎金牌，亦在首屆中國食品博覽會上，

榮獲金質獎。一九九〇年，它在中國濃香型的酒分級評比中，雙溝大麴產品全被列為Ａ級產品。一九九一年時，在第二屆北京國際博覽會上，再獲金質獎。此外，一九九二年時，於美國加州舉行的聖地牙哥國際貿易博覽會上更大放異彩，53°及46°雙溝大麴榮獲紐約「自由女神」金杯大獎，39°及33°雙溝特液則勇奪佛羅里達「帆船」金杯大獎，從此蜚聲國際，響徹酒林。目前除暢銷中國各地外，並遠銷美、日等二十餘國。

古井貢酒
酒中牡丹沁肌骨

酒名：古井貢酒
產地：安徽亳州
特質：酒液清澈透明，酒
香醇如幽蘭、回味經久不
息，飲後黏稠掛杯。

【來源】

「亳州市古井酒廠」位於安徽省亳
州城西北二十一公里的減店。亳州市曾
稱亳縣。亳州古稱譙陵、譙城，是曹操
和華佗的故鄉。早在漢朝時，即有名酒
問世。據《魏武帝集·上九醞春法
奏》，即有曹操向漢獻帝獻酒的記載。
文云：「臣縣故令南陽郭芝，有九醞春
酒。……臣得法釀之，常善；其上清澤
亦可飲。……今謹上獻。」

在酒廠內的一口古井，係南北朝梁
大通三年（五三二年）時，所建造的二
十四口水井之一，素有「天下名井」之
稱。現存的這口井，依《亳州志》的說
法，梁鎮北將軍元樹與魏名將獨孤如願
（又名獨孤信）於譙城中激戰，獨孤信
不能取勝，憤投金鎖長戟於井中而死。
而受封咸陽王的元樹，死後亦葬於此井

附近，故地名「咸塚店」，並發展成「咸店集」。因咸、減相訛而稱「減店集」。

古井之水清澈透明，飲之微甜爽口，極宜釀酒。所產之酒，因位於減店集，號稱「減酒」。北宋時，亳州的釀酒業已很發達，神宗熙寧年間（一○六八至一○八五年）的酒課達「十萬貫以上」。明朝時，減店集的釀酒業更盛，「減酒」通行四方，諺云：「渦水鱖魚黃河鯉，胡芹減酒宴佳賓。」其推重可知。在當時釀酒作坊中，以懷姓所經營的「公興糟坊」最負盛名，產量最大，品質最佳。神宗萬曆年間（一五七三至一八一九年），內閣大學士沈理以家鄉特產的減酒進獻皇帝，深簡帝心。此後的三、四百年間，減酒遂被列入貢品，人們習稱為「古井貢酒」。

一九二五年，亳縣的縣城內有五十四家糟坊，以「三盛」、「天源」、「永糟坊」最具規模。一九五二年，歷經九世的「公興糟坊」歇業。一九五八年時，亳縣張集鄉第十一人民公社在「公興糟坊」的舊址上，辦起「減店酒廠」，產量甚微，日產一百公斤。一九五九年，在安徽省輕工業廳的策劃下，酒名「古井貢酒」，廠稱「安徽亳縣古井酒廠」，大張旗幟，努力經營。後因改制，名為「亳州市古井酒廠」，唯建廠二十年來，連年虧損。一九八六年後，漸步入坦途，由於「安徽古井集團有限責任公司」挹注大筆資金，現擁有三十多個直接投資或控股的子公司。其核心企業「安徽古井酒股份有限公司」，並於一九九六年在深圳掛牌上市。

【釀造】

本酒選用上等高粱為原料,以大麥、小麥、豌豆製麴,沿用陳年老醱窖池,並以傳統的「老五甑」操作法為基礎,融入現代釀酒科技,在博采眾長後,釀製成獨具一格的新產品。夙有「酒中牡丹」之譽。

【口感與入菜】

古井貢酒屬濃香型大麴酒。酒度分38°、45°、55°及60°四種。酒液清澈透明,酒香醇如幽蘭、入口甘美醇和,回味經久不息,飲後黏稠掛杯。其主力產品為十年陳釀古井貢酒及五年陳釀古井貢酒。評酒專家們一致認為「古井貢酒色、香、味,均屬上乘」;讚譽為「一杯下肚,香沁肌骨」。

我曾六度品嘗古井貢酒,覺得搭配燒、滷、炒、炸之類的菜色最宜。像煮燴肉、無錫排骨、東坡肉、貴妃雞、滷水鵝、滷肥腸、九轉肥腸、乾烹肉、乾烹雞、炒螺絲肉、酥炸溪蝦、軟炸蝦仁等,都很下酒。即使只是幾碟小菜,或炸些乾果亦佳。此外,本酒亦可用於烹飪。譬如徽中名菜合肥逍遙雞,據傳曾治癒曹操的頭疾,故有「曹操雞」之稱。此菜即用古井貢酒,與天麻、杜仲、茴香等十八種開胃健身的輔料製成。倘若這道菜去掉古井貢酒,而改用其他的白酒,吃來似乎不太對味,少一分逍遙的韻致。

本酒自問世後,品質不斷提升,備受各方矚目。曾於一九六

三年、一九七九年、一九八四年及一九八九年在中國第二、三、四、五屆評酒會上榮獲國家名酒稱號及金質獎章。另於 一九八四年，獲輕工業部酒類質量大賽金杯獎。一九八七年，除被評爲安徽省優質產品外，於杭州舉辦的中國旅遊協會低度酒評比中，38°的古井貢酒榮獲金樽獎。一九八八年，則在法國第十三屆巴黎國際食品展覽上，勇奪金獎。此外，一九九二年，又在國際酒市大放異彩，連連告捷，先後獲美國首屆酒類飲料國際博覽會及香港國際食品博覽會金獎。

西安特麴

長安高讌重刁酒

酒名：西安特麴
產地：陝西西安
特質：酒液清澈透明，酒香馥郁強烈，酒質醇厚純正，入口綿甜爽淨。

【來源】

　　西安即六大古都之一的長安，曾是西周、秦、西漢、新莽、西晉、前趙、前秦、後秦、西魏、北周、隋、唐等十二個王朝的京城，釀酒史極爲悠久。早在周代時，便置「酒官」督釀御酒。《周禮・天官》上記載的：「酒正，掌酒之政令，以式法授酒材」，即是指此。其所釀的酒品，分成「事酒、昔酒、清酒」三種。自秦、漢以迄隋、唐，這兒所釀製的美酒，實在細數不盡，但都是些配製酒、葡萄酒、稠酒、清酒及黃酒等，皆與本酒無關。

　　宋代酒業頗盛，神宗熙寧年間（一〇六八至一〇八五年），西安的酒課達「二十萬貫以上」，是一個大型的產酒區。到了明末清初時，其燒酒崛起，以魏酒最著，且與刁、易之稠酒並稱。錢

謙益的飲酒詩使云：「長安多美酒，酒人食其名，酒旗蔽馳道，車轂相摩爭。刁酒非治水，味薄甜如餳，易酒釀天壇，市沽安得清？魏酒銷芬芳，勁正乖典刑。」此刁酒乃稠酒，時人有詩謂「長安高讌重刁酒」，錢氏自己的詩注：「燕市酒人，獨稱南和刁酒爲佳。」可見出身江南的大才子錢謙益，實品不出刁酒的好處何在？與在地人有別。

清代所纂修的《陝西通志稿》載：「酒，有三種，一曰高粱酒，又稱燒酒，由燒鍋蒸出。一曰黃米酒，每歲冬季居民家家釀之。」一九二八年時，西安已出產的酒品極多，除了燒酒、黃酒外，另有葡萄酒及各式各樣的配製酒。有的酒品，便在當年陝西省地方農工出品展覽會上獲二、四等獎。

一九五六年，當地政府在舊酒坊的基礎上，建成「西安酒廠」，出產了一些燒酒，惟難登大雅之堂。一九三三年時，爲了提升水準，乃學習瀘州老窖麴酒的工藝，再與本地傳統技術結合，試釀出一款好酒，乃以酒廠之名命名，稱爲「西安特麴」，並於是年投放市場。

【釀造】

本酒選用優質的高粱爲原料，以大麥、小麥、豌豆製成的大麴爲糖化醱酵劑，採用老窖長期醱酵，於緩慢蒸餾、按質摘酒後，再定期陳貯，然後精心勾兌而釀成。

【口感與入菜】

　　西安特麴屬濃香型大麴白酒，酒精度甚高，可達60°，亦有50°者，但未生產低度酒，顯不符時代潮流。酒液清澈透明，酒香馥郁強烈，酒質醇厚純正，入口綿甜爽淨，餘香回味悠長。目前流行西北各地，並且銷往日、韓兩國。

　　品嘗西安特麴，和其他濃香型白酒無別，其下酒菜應重油厚味或有些嚼頭，如此才帶勁兒。像炙骨頭、燒雞、炸核桃腰、香酥鴨、宮保雞丁、川蒜燒鯰魚、五更腸旺、麻辣火鍋、白煮牛肉、蝦醬空心菜、麻婆豆腐等，都是侑酒佳品。最好在寒冬暢飲，喝罷再來一口熱湯，方能彰顯出美味。

　　本酒亦有來頭，曾於一九八一年被評為陝西省優質產，一九八六年再被命名為陝西省名酒。另，在一九八四及八八年時，榮獲商業部優質產品稱號及銀爵獎。

湯溝麴酒

嘉賓未飲已醺醺

酒名：湯溝麴酒
產地：江蘇灌南
特質：成品色清透明、窖
香濃郁、甘醇綿柔、回味
較長。

【來源】

遠在北宋年間，隸屬海州的湯溝鎮（今位於江蘇省灌南縣）已有釀酒業。直到明朝末年，山西著名的酒師黃玉生在此創設「玉生糟坊」後，開始引用「鱉大汪」池水旁、掘井而出的「香泉」釀酒。因泉水甘洌美甚，故成品濃郁醇芳，具有獨特風格，立刻風行淮上。從此酒匠雲集，競設釀酒糟坊，展現繁華景象，儼成釀酒重鎮。

清代以寫《長生殿》著名的劇作家洪昇，於路過此地並品嘗佳釀後，即興吟出「南國湯溝酒，開罈十里香」的佳句，更使湯溝美酒揚名江北。

清朝末年時，當地的糟坊已擴展至十三家。其中，又以「義源永記酒坊」的產品最佳。其產品透過濱海縣

「殷福記商號」的推廣，曾暢銷於日本及南洋群島。一九一五年，湯溝麴酒以其卓越的品質，榮獲德國萊比錫國際博覽會銀質獎，正式成爲世界名酒。

　　一九四九年，地方政府爲增加競爭力，更進一步將僅餘的七家糟坊，組建成「國營湯溝酒廠」。由於釀酒歷史悠久，廠房設施先進優良、技術實力雄厚、檢驗手續齊全，質量嚴格控管，不光物美，而且價廉。故上市以來，馬上贏得消費者的喜愛，譽滿海內外。有人打趣地說——此酒不僅開罈十里香，而且瓶啓蜂蝶醉，杯盡體膚香哩！

【釀造】

　　湯溝麴酒與湯溝特液均選取優質高粱爲原料，以高溫大麴爲糖化醱酵劑，採用傳統的老五甑工藝，分級貯存，精心勾兑而成。成品色清透明、窖香濃郁、甘醇綿柔、不但回味較長，同時尾子乾淨，長飲口不渴，醉後頭不暈，果然是上等佳釀。以致大陸名書法家啓功飲罷此酒，大爲欣賞，揮筆寫下「嘉賓未飲已醰醰，況復天漿出灌南，今夕老饕欣一飽，不徒過癮且療饞」的七絕。

【口感與入菜】

　　湯溝酒廠出產四款白酒——湯溝麴酒系列，均屬濃香型大麴白酒，酒度53°及38°的湯溝特液亦屬之。此外，還有45°與

39°的優質湯溝大麴皆然。此四款酒，全適合配菜下酒，炸、烤、煎、炙，無一不佳。當然，您若想嘗出眞正的上好滋味，亦只有自斟獨酌、小啜細品，才能完全領略其風味了。

一九八四年，湯溝酒廠生產的湯溝特液及湯溝特麴參加中國輕工業部酒類質量大賽時，分別獲得金杯獎和銀杯獎。一九八八年乃湯溝酒廠最風光的一年，湯溝特液率先獲頒中國旅遊系統金樽獎，緊接著湯溝特液與特麴同獲第五屆國家評酒會「國家優質酒」及銀質獎章；最後，雙酒齊出，又榮獲首屆中國食品博覽會金質獎，從此聲名赫奕，響遍八荒。然而，該廠並不以此自滿，另開發出新品種——優質湯溝大麴，酒度分45°及39°兩種，這兩種酒在一九九一年均獲江蘇省優質產品獎。而45°優麴更因其品質出類拔萃，竟在所有評比的白酒中，名列第一，獨享盛名。

高溝特麴
美酒香飄雲天外

酒名：高溝特麴
產地：江蘇漣水
特質：酒液無色透明，氣
味芳香濃郁，入口綿順醇
甜，尾爽而淨。

【來源】

　　位於江蘇省漣水（古稱安東）縣的
高溝酒廠，坐落於高溝鎮。該地釀酒可
溯源至西漢，小成於北宋，大成於明
清。而釀酒業則肇始於北宋，據《熙寧
酒課》上的記載：宋神宗熙寧年間（一
○六八至一○八五年），漣水的酒課達
「四萬貫以上」，粗具規模；清代則釀有
「燒酒」、「黃酒」，名聞遠近。

　　歷來讚美高溝佳釀的詞章，爲數不
少，最著者有唐韋應物往遊花果山，途
經高溝鎮，留下了「三月開甕香滿城，
甘露微濁醍醐清」的名句。明誠意伯劉
基在巡視洪澤湖大堤時，曾暢飲高溝美
酒，即席賦詩，云：「六塘河上漁樵
子，一壺天泉喜相逢。」清代女詩人劉
古香在路過高溝時，題詩曰：「桃紅柳
綠春開甕，細雨斜風客到門。此地何人

留玉珮，對門有客換金貂。」寫來蘊藉有味。另陳毅率新四軍抵此間後，亦吟詩一首，詩云：「美酒香飄雲天外，南征北戰壯我行。我軍痛飲高溝酒，定叫中華屬人民。」直抒胸臆，豪氣干雲。

「高溝酒廠」是由「天泉」、「裕源」、「永泉」、「公興」等八個糟坊，於一九四九年集中合併而成的，占地極廣，一廠五址。一九八四年時，開始投產低度酒。現在共有四個系列，三十多個品種，已成酒林新貴，備受各界愛酒人士歡迎。

【釀造】

本酒選用優質高粱爲原料，以麥麴爲糖化醱酵劑，汲取「天泉」爲釀造用水，再結合濃香型麴酒傳統工藝和現代科技，經低溫緩慢醱酵，分層蒸餾，量質摘酒，分級貯存及仔細勾兌等過程，精心釀製而成。

【口感與入菜】

高溝特麴屬濃香型大麴白酒。酒度分53°、46°及39°三種。酒液無色透明，氣味芳香濃郁，入口綿順醇甜，尾爽而淨，回味悠長。品酒名家朱銘勛對此佳釀，因情有獨鍾而感懷賦詩，詩云：「名酒高溝九百年，史書記載更爲先。安東釀製從西漢，古往今來翰墨傳。」

品嘗本酒，妙在淺斟細品，不宜大口牛飲。搭配的菜色，宜

選爽脆，不應油膩。故來些宿遷的五香大頭菜、宜興和橋鎮的老油豆腐乾、津津的滷汁豆腐乾、炒龍腸、炒旗魚肚、白灼禁臠等下酒，必能巧為烘托，深得其中滋味。

本酒一經推出，即於一九八四年被評為江蘇省優質產品。一九八四年獲輕工業部酒類質量大賽金杯獎。一九八八年在中國第五屆評酒會上榮獲國家優質酒稱號及銀質獎章。一九九二年，高溝優質大麴榮獲首屆曼谷國際名酒博覽會特別金獎。一九九三年時，更達到顛峰，佳譽頻傳。先獲在美國紐約舉辦的第二屆世界名酒評比會金獎，再於香港所舉辦的第二屆國際名酒博覽會榮獲金獎，39°及46°更獲特別金獎。一舉成名天下知。

醉流霞

碧筒一酌駐童顏

酒名：醉流霞
產地：北京
特質：酒液晶瑩透亮，酒
香濃郁噴芳，入口綿甜爽
淨，回味悠長不盡。

【來源】

　　據《金史》上的記載，金世宗（一一六一至一一八九年）在位期間，曾下詔令大興少尹，招徠酒戶，釀製美酒，以供御用。到了清聖祖康熙二十三年（一六八八年），在北京近郊分設東、西、南、北四路同知，分管順天府二十四州縣。南路廳駐大興縣黃村鎮，設巡檢司，俗稱「南路飛虎廳」，管轄賈州以及固安、永清、東安、文安、大興、保定六縣。而大興縣境的黃村、禮賢、宋育三鎮，因所產的燒酒尤爲人所稱頌，故有「南路燒酒」之稱。

　　當時，黃村鎮內的幾家燒鍋，其所釀製的燒酒，以其味辛而甘、醇香濃郁著稱，將此運銷京師，獲利甚豐。而在這幾家裡面，又以位於海子

角的「裕興燒鍋」最負盛名，專爲皇城釀製御酒。然而時過境遷，後竟盛極而衰，依一九三二年的統計，整個大興縣僅存二個製酒作坊；但過不了好久，便都奄奄一息。

一九四九年時，河北省任邱縣的「溢泉涌」酒廠喬遷至黃村鎮，選在「裕興燒鍋」的舊址上，建了「黃村酒廠」。一九五八年初，大興縣劃歸北京市，改名爲國營「北京大興酒廠」。到了一九九三年，再易名爲「北京二鍋頭酒廠」。該廠自一九七七年起，開始試製新酒——醉流霞，前後共試產出十三批，均不甚滿意；再經過三年的努力之後，最後才定型，並正式投產。

此酒名「醉流霞」，典出東漢王充的名著《論衡》。其文云：「河東項曼都好道學仙，委家亡去，三年而返。家問其狀，曼都曰：『有仙數人，將我上天……口饑欲食，仙人輒飲我以流霞一杯；每飲一杯，數月不饑。』」唐詩人孟浩然曾援引此典，寫下「金灶初開火，仙桃正發花。童顏若可駐，何惜醉流霞。」的詩句。明、清之時，流連北京酒坊的騷人墨客，亦常在詩句中，以醉流霞借稱酒品，如梁綱《荷花酒詩》云：「共君曾到美人家，池有涼亭荷有花。折取碧筒一以酌，爭如天上醉流霞。」即是一例。

【釀造】

本酒在原料的選用和釀造的方法上，參考了「五糧液酒廠」的生產工藝，再根據北京地區的具體條件，予以靈活運用。其法是先建造人工泥窖，提供香源條件，接著以小麥製的高溫大麴爲

糖化醱酵劑，經固態醱酵、量質接酒、分罈貯存等工序後，再經勾兌即成。

【口感與入菜】

醉流霞屬濃香型大麴白酒，酒度分為38°及55°兩種。酒液晶瑩透亮，酒香濃郁噴芳，酒質醇厚雅正，入口綿甜爽淨，回味悠長不盡。除具有五糧液的基本品質外，另有自己的特點，因而被譽為「北京酒壇的一枝新秀」，號稱「香溢四座」。

品嘗醉流霞，以「重油厚味、酥脆Q美」的菜色最為搭配；像它似蜜、炸三角、香酥鴨、糖醋鯉魚、沙嗲、腐乳肉、鍋巴蝦仁、怪味花生等，都很對味。事實上，這些菜只是信心拈來，有待發掘的仍多，讀者要是掌握住前面的「八字訣」，相信雖不中亦不遠了。

本酒的出道較晚，曾在一九八三年榮獲新產品金龍獎，翌年先被評為北京市名酒，再獲得輕工業部銅杯獎，因其廣為消費者所喜，故後勢相當看好。

鴨溪窖酒
酒中美人奪月色

酒名：鴨溪窖酒
產地：貴州鴨溪
特質：酒液清澈透明，無
沈澱懸浮物；窖香濃郁優
雅，醬香餘味細膩。

【來源】

貴州省遵義市西南約四十公里的鴨溪鎮，是遵義通往仁懷的要道，亦是清代川鹽入黔的必經之地。清宣宗道光年間（一八二一年至一八五〇年），隨著商品經濟的拓展，使得鴨溪鎮成為黔北貨物的重要集散地之一，客商雲集，川流不息，釀酒業亦適時崛起，酒坊遍佈。所釀之酒，味美醇和，自稱「雷神水」。

德宗光緒年間（一八七五至一九〇八年），來自成都的商人賴廣興，在定居鴨溪後，開設「廣祥興」酒坊，引進先進工藝，結合當地技術，釀成「回沙雷泉大麴」，又名「賴記雷泉酒」，以品質精良，為酒徒所珍。二十世紀二〇年代時，其子賴雲峰更學習茅台之一的「賴茅」工藝，以該鎮雷家坡山腳下的

泉水爲釀造用水，釀製出色、香、味俱佳，得茅台眞髓的「雷泉窖酒」，問世之後，聲名大噪，並在香港等地被稱爲「二茅台」。一九三三年，鴨溪鎭的何淸榮、何淸華兄弟倆開設「榮華酒坊」，聘請「賴茅」的技師，釀製質量更勝一籌的「榮華窖酒」。照《遵義新志》上的說法，到四○年代末期，鴨溪鎭已有酒坊二十五家，年產量達十一萬七千公斤。而在眾多的酒坊中，又以「雷泉」、「榮華」兩家最有盛譽，深得茅台釀製之法，其產品有「次茅台」之稱。

一九五一年時，當地政府在「榮華酒房」的舊址上，集合原「雷泉」，「榮華」兩坊的酒師，成立公私聯營的「鴨溪窖酒廠」，將所投產的高檔酒品，逐稱爲「鴨溪窖酒」。一九五六年初，該廠轉歸國營，以迄於今。

【釀造】

本酒選用優質高粱爲原料，以適量的糯穀、小麥在中溫下所製成的大麴爲糖化醱酵劑，汲取雷山之泉水爲釀造用水，採用老窖作糖化醱酵池，再利用萬年糟釀製。經混蒸混糟，多蒸多釀後，再續渣配料、量質摘酒、分期窖藏，然後精心勾兌而釀成。

【口感與入菜】

鴨溪窖酒屬濃香型大麴白酒，酒度分爲54°及38°兩種。酒液清澈透明，無沈澱懸浮物；窖香濃郁優雅，醬香餘味細膩；入

口綿柔爽淨，口感甜而不膩。深爲消費者所喜，被譽爲「酒中美人」，並以「質量第一，信用至上，金字招牌，當仁不讓」揚名。釀酒專家周恆剛飲罷，題詩讚道：「老窖澄清奪月色，鴨溪味美借梅香」，可謂持平之論。

品嘗鴨溪窖酒，無須佳肴下酒，也能杯杯痛飲。但要搭配的話，倒也無拘無束，可以任意爲之，而且效果不錯。我個人喜歡和油燜筍，玫瑰油雞、燒肉、夫妻肺片、九轉肥腸、四喜丸子（即南丸子）、元寶烏參等菜肴一起受用，其味至醇，其香至永，深得酒菜俱臻化境之妙。

本酒一向披金不戴銀，每每名列前茅，令人刮目相看。曾於一九五六年、一九八三年被命令爲貴州省名酒，一九八〇年被評爲貴州省優質產品。一九八六年起，則專拿金獎，集榮耀於一身。是年獲貴州省名酒金樽獎；一九八八年，獲輕工業部優秀出口產品金獎；一九八九年起，傲視寰宇酒壇，先在該年獲保加利亞普羅夫迪夫國際博覽會金獎。再於一九九二年，獲曼谷國際博覽會特別金獎。現已成神州大地炙手可熱的酒品之一，同時也列名爲出口的強勢酒種。不但在日、美及東南亞各國的酒市中，皆可見其蹤跡，並且還是暢銷的搶手貨哩！

安酒

瀑布美酒醉群芳

酒名：安酒
產地：貴州安順
特質：香氣諧調、醇和不
燥、淨爽甘冽、餘香綿
長、極易入口。

【來源】

距離中國第一大瀑布——黃果樹瀑布僅五十公里的安順市，是古夜郎國的首邑。因此，位於此地寧谷的「安順市酒廠」，即將其所出產的安酒，用該瀑布為註冊商標，向有「瀑布美酒」之譽。

安順是座歷史古城，四季如春，地靈人傑，為前貴州省政府主席谷正倫（按：谷氏三兄弟，均是國民黨要人）的老家。四周瀑布縱橫，湧泉遍佈，井水清亮見底，晶瑩無塵，極適宜釀酒。依一九六五年本地區出土的飲酒器推定，早在漢代，即在此釀有美酒。根據史料記載，夜郎人常持酪聚飲。到了元朝時，安順盛產米酒，並有「九月九日，是日造酒味佳，終年不淡」的傳統。此後，釀酒業雖稱

發達，充其量只是些應景品，質量不高，名號不響。

二○年代初，出身自六代中醫世家，手上擁有祖傳製麴秘方的周紹成遷入安順後，認為當地風土水質皆宜，能夠製造一等佳釀，便從一九三○年開始建灶挖窖，合成百味散麴，引用雙眼井軟水試製釀酒。經過十年的努力，終於創造出風味獨特的醬香窖酒，隨即於一九四○年開設「醉群芳酒坊」，以「周茅」上市。此酒一經推出，立刻遠近馳名，響徹了大後方，無奈時局不佳，未能永續經營。

一九五一年時，當地政府在「醉群芳」舊有的基礎上，投資擴建，易名為「安順縣酒廠」。一九五三年起，恢復「周茅」生產，初以「安茅」命名，最後定為「安酒」。

酒廠成立之初，由於藥材短缺，導致無法量產。廠方為謀出路，只好放棄原有的醬香製法，另學新式的濃香製法因應。不意改弦更張，反而廣獲好評，竟成出口大宗，訂單源源不斷。

【釀造】

該酒選用優質高粱和上等糯米為原料，以小麥製成陳麴為糖化醱酵劑，另以萬年糟作配料，老窖醱酵；採用混蒸混燒工藝，經由量質接酒、分級貯存、精心勾兌等工藝釀製而成。

【口感與入菜】

安酒屬濃香型大麴酒，酒度分55°及38°兩種，成品晶瑩透

明，香氣諧調、醇和不燥、淨爽甘冽、餘香綿長、極易入口，深受大眾喜愛。因此有人譽爲：「銀河倒掛三千尺，安酒開地十里香。此酒只應天上有，人間能得幾回嘗？」

我每飲用安酒，倍覺怡神舒爽，現已嘗過六次，老是念念不忘。以此搭菜配飯，深感無所不宜，獨不利於煲菜，因能盡奪其芳馨。既然顯不出互相烘托的效果，未免就以紫奪朱了。

安酒自量產後，備受行家肯定。在一九六三年首獲貴州名酒稱號，此後蟬聯四次。其姊妹產品「夜郎村窖酒」亦於一九八六年獲得貴州名酒銀樽獎。一九八八年，則在中國第五屆評酒會上榮獲國家優質酒稱號及銀質獎章。一九九二年進入其全盛時期，在美國大放異采，連獲洛杉磯國際酒類展評交流會好萊塢金杯獎及吉尼斯金杯獎。一舉成名天下知。又，安酒系列產品近十種，行銷極爲成功。早在八〇年代，就在中國本土、港、澳及東南亞各地十分暢銷，而今更是炙手可熱，在西歐各國及北美洲尤其熱門。

德山大麴酒

瀟湘第一濃香酒

酒名：德山大麴酒
產地：湖南常德
特質：酒液清亮透明、酒香濃郁突出，約略帶有醬香，酒體豐滿醇和。

【來源】

　　湖南省常德市古稱武陵、鼎州，其釀酒史源遠流長。早在先秦時期，當地人即有擺「春台席」，置酒「與之合飲」的習俗。晉人陶淵明的曠世奇文《桃花源記》，地點應在這一帶，文內便有「先世避秦時亂」及「設酒，殺雞，作食」。到了漢代時，已有「元月元日飲春酒，五月五日切菖蒲葅，和雄黃泛酒飲之，九月九日飲菊花酒」的風俗，可見其所能釀製的酒品甚多。

　　五代十國之際，武陵以「崔家酒」（又名神仙酒）聞名，傳遍湖、廣地區。據《酒譜》上的記載：「五代時，有張逸人常題崔氏酒爐云：『武陵城裡崔家酒，地上應無天上有。雲遊道士飲一斗，醉臥白雲深洞口。』自是沽者愈眾。」崔姥姥從此側身「釀酒名家」之

列，其汲水釀酒的井，被呼為「崔婆井」，已是個上千年之久的古蹟。

宋代釀酒業興盛，神宗熙寧年間（一〇六八至一〇八五年）的酒課達「五萬貫」以上，是當時湖南的兩大酒產地之一。產品則以「鼎州白玉泉」及「桃源酒」著稱，躋身全國名酒之中，另據朱翼中《北山酒經》上說，釀桃源酒用神麴（優質麴）和好糯米，以五酘法精釀而成。此酒「熟後三五日，甕頭有澄清者，先取飲之，蠲除萬病，令人輕健。縱令酩酊（大醉）無所傷」。清代民間釀酒極為普遍，以「黃酒、燒酒」居多。如《武陵竹枝詞》所云：「村村畫鼓澆春酒」，即為明證。

一九五二年時，地方政府在舊酒坊的基礎上，建成「常德市酒廠」。在一九五九年當兒，繼承其傳統工藝，集各酒廠之大成，投產「德山大麴酒」。一九七九年，再生產另一款新酒，以地名為酒名，稱「武陵酒」。而在一九八七年分家之後，廠內的武陵酒車間獨立，改稱「武陵酒廠」。原先的舊廠則易名為「德山大麴酒廠」。

【釀造】

德山大麴酒選用優質糯高粱為原料，以純小麥為糖化醱酵劑，採用老五甑工藝，醱酵期達兩個月。並且採取高溫製麴，低溫循環醱酵，雙輪底醅，多層封泥等舉措而釀成。因其生產較早，為能獨樹一格，乃博採眾家之長，到處學習取經。它採擷了「古井貢酒廠」的製麴操作；吸納了「瀘州老窖廠」的釀製工藝，

發揚了「五糧液酒廠」的勾兌技巧，仿照了「杏花村酒廠」的儲存方式等等。因而使酒的香味、純度及出酒率等都大為提高，一躍而為瀟湘第一佳釀。

【口感與入菜】

德山大麴酒屬濃香型大麴酒，酒度分38°、55°、58°三種。酒液清亮透明、酒香濃郁突出，約略帶有醬香，酒體豐滿醇和，入口綿甜爽冽、回味優雅悠長。因有一己風格，深受酒徒歡迎。

品嚐德山大麴酒時，以搭配鹹鮮重味為宜。須像臘味合（配大蒜或青蒜吃）、左宗棠雞、乾煸鱔背、麻辣子雞、怪味雞翼、麻辣燙、瓦塊魚和客家小炒等，才能相得益彰，曲盡其妙哩！

本酒在一九六三年、一九八四年及一九八九年的中國第二、四、五屆評酒會上，均獲國家優質酒稱號及銀質獎章。另，一九九二年時，獲美國紐約首屆國際首屆白酒、葡萄酒、飲料博覽會銀獎。現暢銷神州各地，正積極度投入國際市場中。

景陽春
壯士豪飲十八觴

酒名：景陽春
產地：山東安邱
特質：酒液無色清亮，入口清爽甘洌。

【來源】

山東省安邱縣的景芝鎮，為山東四大鎮之一。安邱縣古屬密州，北宋時已有釀酒業。明太祖洪武年間（一三六八至一三九八年），景芝鎮「商業繁盛，產酒頗著」，每年納酒稅「一百錠四貫」（按當時一錠合十兩紋銀）。由此可見其釀酒業已甚具規模。據清人所撰的《山東通志》，即記載著——「酒，各縣皆有……燒酒，即高梁酒，以安邱縣景芝鎮為最盛」。

一九二○年，當時人已寫著「景芝之白酒，為吾邑著名物產」。到了一九三四年時，景芝鎮最著名的六戶老燒鍋，分別是同治六年（一八六七年）建的「藝泰燒鍋」、「豫泰燒鍋」、「義祥燒鍋」及光緒十五年

（一八八九年）建的「復興德燒鍋」、「荊茂燒鍋」和宣統二年（一九一〇年）建的「德生成燒鍋」。一九四八年後，當地政府在這些老燒鍋的舊址上闢建成「景芝酒廠」，繼續傳統工藝，精釀上品的酒。一九五〇年命名爲「景芝白乾」，後再加「特級」二字，表示與眾不同。一九七二年更推出新產品——「景陽春」。

景陽春係用「松下古井」之水釀造。此眼井水清涼甘芳，取之不竭。所釀成之酒不僅酒味醇，而且出酒多。據前人的經驗，用同樣的製酒工藝和製酒班子，離開景芝到別處釀酒，其質量皆大爲失色，故當地一向就流傳著「景芝水裡含三份酒」的說法。

【釀造】

景陽春選用優質高粱、大米、糯米、玉米、小麥爲原料，以麥麴爲糖化醱酵劑，採用五糧液的雙輪底醱酵法工藝，經老窖發酵、緩火蒸餾、分級入庫、長期陳釀等工序，再精心勾兌而釀成。

【口感與入菜】

景陽春屬濃香型大麴白酒，酒度分39°及54°兩種。酒液無色清亮，窖香濃郁協調，酒質柔和醇厚，入口清爽甘洌，回味悠長不盡。此外，景陽春還有其漂亮的圓梯形仿古酒壺式瓷瓶，上繪有武松打虎圖，並有詩云：「景陽芳酎透瓶香，壯士豪飲十八觴。酒助神威降猛虎，誰道三碗不過崗？」

在品嘗方面，景陽春宜濃香口味，用九轉肥腸、宮保雞丁、德州扒雞、醬爆青蟹、香酥鴨、鰲燻排骨，炙骨頭等下酒，更能襯托酒香，共臻相輔相成之境。

本酒在一九八七年時，被評為山東省優質產品；另，一九○年時榮獲在比利時布魯賽爾所舉辦的二十八屆世界優質產品質量評選會金獎。現已遠銷至美、日等二十餘國，在國際享有極高聲譽。

杜康酒

酒池芳香醉人心

酒名：杜康酒
產地：河南汝陽、伊川
特質：酒液清澈透明，酒
質柔綿醇淨，酒香濃郁不
散，入口甘爽不烈。

【來源】

河南杜康酒，一在汝陽縣，一在伊川縣，同打「杜康牌」。

在中國，常以杜康代酒名。像曹操〈短歌行〉的「何以解憂？唯有杜康」。皮日休〈酒床詩〉的「滴滴連有聲，空疑杜康語。」蘇軾〈止酒〉的「從今東坡室，不立杜康祀。」等即是。

傳說中，杜康是中國釀酒的發明人。他到底是何許人也？有人謂杜康即中興夏代的英主少康。如漢人許慎的《說文解注》即持此說。他指出：「古者少康初作箕帚、秫酒。少康，杜康也。」他到底是如何釀酒？依晉人江統《酒誥》中的說法，乃「有飯不盡，委之空桑，郁積成味，久蓄氣芳，本出於此，不由奇方」。至於他在何處釀酒？

自古即鬧雙胞案。至今仍爭執不休。

第一說出自汝陽。這汝陽縣古稱伊陽，屬汝州管轄。根據《伊陽縣志》和《汝州全志》上的記載：「杜康趴，在城北五十里，俗傳杜康造酒處，弟茅柴傳其法。」當地現在仍有杜康村、杜康祠、杜康仙莊、杜康河等名勝古蹟。

第二說出自伊川。伊川縣位於伊河（洛陽龍門）的兩岸，因其土沃泉甘，盛產五穀，具有得天獨厚的釀酒條件。支持杜康在此地釀酒的有二書。酈道元的《水經注》云：「杜水源出牛山，會於伊，長十里，俗傳杜康酒出于此。」另《河南府志》載：「杜康伊水造酒」。而今城郊尚有皇地村和上皇古泉兩處，相傳即是杜康釀酒的遺跡。

姑不論他老兄究竟在何處釀酒？且談談此二地的佳釀。

汝陽縣的伊河一帶，在一九三八年時，曾有數家釀酒燒鍋，其所釀製的酒，俗稱杜康酒。一九七四年時，乃在杜康村所謂的杜康造酒遺址上，建成「汝陽縣杜康酒廠」。爲了互別苗頭，即在繼承前人傳統工藝的前提下，走訪「茅台」、就教「古井」，取經「瀘州」、請益「全興」，集眾家之長，創一己風格，並於一九七五年正式投產杜康牌「杜康酒」。

伊川縣上古泉有青石門樓，其上有一副對聯。聯云：「千里溪山最佳處，萬年古泉釀醱芳。」已拈出此爲釀酒的絕佳所在，過去，伊河一帶亦有數家釀酒小燒鍋，所釀出的酒，亦以杜康名之，銷往中原各地，頗受時人歡迎。一九六八年時，當地政府請來原小燒鍋的傳人，在其擘劃下，建立了「伊川杜康酒廠」。爲了獨具一格，乃在一九七一年成立了「杜康酒研製小組」，並致力於

其復興工程。他們除收集總結歷史傳說和傳統釀造工藝外，另走訪名酒廠家，博採名優酒之長，尤得力於「古井」及「林河特麴」的釀製經驗。終於完成「水、土、窖、糧、麴、輔、酵、醅、吊、儲、管、調」的十二字訣，作為新酒的指導原則。再經過上百次試驗後，遂在一九七一年時正式量產上市。一九七二年，日本前首相田中角榮訪問大陸時，曾點名品嘗，一時傳為佳話。

【釀造】

汝陽杜康酒選用優質高粱為原料，以純小麥製成的大麴為糖化醱酵劑。採取水質味甜純淨、硬度甚低的天然泉水為釀造用水。其釀酒工藝為高溫製麴，混蒸混燒，老窖續渣、低溫入池、多輪取醅、分層回酒、量質接酒，按類貯存等一連串的工序後，再精心勾兌而成。

伊川杜康酒係選用優質高粱、小麥作原料，以中、高、低溫麴混合使用，擷取廠畔的虎泉為釀造用水，經香醅泥坯老窖醱酵（即新窖老熟）、緩慢發酵、量質摘酒、陳放老熟、精心勾兌等工序釀成。

【口感與入菜】

汝陽杜康酒屬濃香型大麴白酒。酒度為52°。酒液清澈透明，酒質柔綿醇淨，酒香濃郁不散，入口甘爽不烈，回味悠長不盡。是以名書家舒同飲罷，大呼過癮，並題詩云：「杜康佳釀傳

古今，酒池芳香醉人心。」

伊川杜康酒亦屬濃香型大麴白酒，酒度為55°。酒液無色透明，酒質甘綿醇正，酒香至為濃郁，入口柔潤清洌，尾淨而有餘香。詩人艾青飲後題詩，謂其：「早聞杜康名，今聞杜康香。」

大陸知名老作家李榮儒稱「怡情悅性，有我杜康」。那麼杜康酒要如何品嘗呢？書家鍾靈所提的《酒功讚》應最具代表性。詞云：「曹公有佳句，解憂唯杜康。造法久失傳，今日得重光。伊川泉清洌，精工遵古方。晶瑩如玉液，醇正似瓊漿，酒渴思豪飲，且宜細品嘗。甘流徐下咽，回味自芳芳。溫熱增柔潤，冷啜亦無傷。」請君思其最後數語，即得品嘗此酒的竅門了。

汝陽杜康酒先在一九八三年被評為河南省優質產品，續在一九八五年及一九八八年選獲商業部優質產品金爵獎。最後在一九八九年的中國第五屆評酒會上榮獲國家優質酒稱號及銀質獎章。

伊川杜康酒先於一九七九年被評為河南省名酒，此後接連獲獎。一九八四年先在輕工業部舉行的酒類質量大賽中獲銀杯獎，接著在中國優秀旅遊產品評比中獲得優產旅遊產品「景泰藍杯」獎。一九八五年，獲河南省「金龍杯」錦旗。一九八九年，則在中國第五屆評酒會上榮獲國家優質酒稱號及銀質獎章。

比較起來，伊川縣的杜康酒品質與汝陽縣的佳釀實不分上下。現二者均已遠銷到歐亞、美洲，計五十餘國。

宋河糧液
天賜名泉封祭酒

酒名：宋河糧液
產地：河南鹿邑
特質：酒液無色透明，酒香濃郁芬芳，酒體醇和厚滿，確爲燒酒上品。

【來源】

　　鹿邑縣的棗集鎮是道教始祖李耳（即老子、老聃）的故里，也是「宋河酒廠」坐落的所在。據故老相傳，孔子曾在此問禮於老子，老子取酒相待，孔子不勝酒力，竟大醉於棗集。孔子因而悟道，留下「唯酒無量，不及亂」的箴言。可見遠在春秋時期，鹿邑已能生產佳釀。

　　唐朝以道教爲國教。天寶二年（七四三年），玄宗到鹿邑縣的太清宮祭拜，即用此地佳釀，特封「皇王祭酒」。宋大中祥符七年（一○一四年），眞宗親臨太清宮致祭，亦用棗集美酒。明初，山西釀酒師曾來此地釀酒，融入晉省釀法，品質愈見提昇。根據《鹿邑縣志》上的記載，清代「民間以黍爲釀酒用」和「秫以爲酒，名爲蒸酒」，並

普及於各鄉鎮。又，太平軍北伐時，兆山王率一支人馬駐紮在棗集鎮西南二十五里的馬場寨。一天晚上，他在處理完軍務後，忽聞陣陣酒香，不覺詩興大發，留下「夜坐軍帳聞酒香，極目棗集望糟坊」的佳句。但他是否取此而飲，就不得而知了。

一九六八年時，當地政府在二十餘家釀酒作坊的基礎上，建成「鹿邑酒廠」，生產「鹿邑大麯」。質量均屬上乘，頗爲酒徒所重，後因酒廠坐落於古宋河之濱，釀酒用水取自其清流，再加上是用當地優質高粱所釀，爲使名號響亮，另取名「宋河糧液」，並於一九八八年更爲現在的廠名。

【釀造】

本酒選用優質高粱爲原料，以小麥、大麥、豌豆製成中溫大麯爲糖化醱酵劑。在釀造上，不盡採用固態泥地醱酵及老五甑續渣混蒸等傳統工藝，另結合現代先進技術，再定期貯存，精釀製成。

【口感與入菜】

宋河糧液屬濃香型大麯酒，酒度分爲38°及54°兩種。酒液無色透明，酒香濃郁芬芳，酒體醇和厚滿，入口綿甜清冽、回味悠長不絕，確爲燒酒上品，名書家歐陽中石曾賦詩云：「老聃鹿邑家鄉水，孔子師徒不敢強；天賜名泉封祭酒，至今醉柏不成行。」

品嘗宋河牌宋河糧液，最宜中州美食。像溜魚焙麵、兩做魚、鐵鍋蛋、扒猴頭、洛陽燕菜、桂花皮絲等皆宜。如能弄個道口燒雞佐酒，那就更妙啦！

　　本酒絕非泛泛，在一九七九年及一九八四年時，即獲河南省名酒稱號。一九八四年再獲輕工業部酒類質量大賽銀杯獎。經不斷地改進後，在一九八八年舉辦的中國第五屆評酒大賽中榮獲國家名酒稱號及金質獎章。此後另闢蹊徑、進軍國際酒壇，先在一九九一年，獲日本東京國際飲料酒類博覽會金獎。接著又在一九九二年雙喜臨門，既獲得墨西哥國際工業博覽會金獎，又榮獲法國巴黎國際名優酒展評會特別金獎。今在世界酒市中，已獲致極高聲望。

張弓酒
捨得寶馬和貂裘

酒名：張弓酒
產地：中國
特質：酒液清澈，落口爽
淨，後味甜長；以不烈不
暴、餘香悠長、飲後怡暢
著稱，具有獨特風味。

【來源】

　　張弓酒爲河南省寧陵縣張弓酒廠
出品的歷史名酒，以廠址設在張弓鎮
而得名。

　　寧陵縣古屬應天府、南京管轄，
釀酒歷史悠久，可溯至兩千年以前。
相傳在新莽時，劉秀舉兵起義，兵敗
落荒而逃，僥倖在此脫險。人困馬乏
之際，忽聞陣陣酒香，旋即沽酒痛
飲，並賦詩云：「香遠兮隨風，酒仙
兮鎮中，佳釀兮解憂，壯士兮塡
胸。」其後東行三十里到落虎橋上，
酒湧喉頭，餘香繞舌，不禁豪興大
發，立刻撥轉馬頭，回首遙望張弓，
揚鞭賦一首。詩曰：「勒馬回頭望張
弓，喜謝酒仙餞吾行，如夢翔雲三十
里，濃香酒味陣陣衝。」劉秀後來登
基爲帝，不忘昔日苦難，特命將張弓

酒列爲貢酒，充做宮宴酒品。張弓酒因而名播海內，遠近皆聞。

北宋時，寧陵的釀酒業盛況空前，神宗熙寧年間（一〇六八至一〇八五年）南京的酒課即達「五萬貫以上」，是中原的重要產區之一。清朝時，以釀「黃酒、燒酒」爲主。一九四九年時，即在舊釀酒作坊的基礎上，建成「張弓酒廠」，繼承傳統工藝，釀製成大麴酒。一九七五年後，再就張弓大麴的體質和賦味改造，大量投產張弓酒系列的佳釀。

【釀造】

本酒選用當地優質小麥、高粱、大米及古井泉水爲原料，以大、小麥所製成的大麴爲糖化醱酵劑，將傳統老五甑工藝與新技術相結合後，精心釀製而成。現在的酒廠不但品種增加，產量也不斷激增。目前的品牌計有張弓特麴、張弓大麴、康樂酒、吉祥酒和低度張弓酒等。其中，一九七五年釀製完成的38°張弓酒和一九八五年研究應市的28°張弓酒，雖然酒精濃度大降，然而濃香不減，反而綿柔適口，仍能保持烈酒風味，已爲中國白酒的發展史上，樹立一塊新里程碑。

【口感與入菜】

張弓酒屬，酒度分54°、38°及28°三種。酒液清澈，窖香濃郁，入口綿軟，落口爽淨，諸味協調，後味甜長；以不烈不暴、餘香悠長、飲後怡暢著稱，具有獨特風味。故自推出以來，

深受大眾歡迎，贏得「香飄萬里，名揚四海」的令譽。作家李英儒對張弓酒極為喜愛，所撰「為飲一杯張弓酒，捨得寶馬和貂裘」一語，轟傳酒林。

飲用本酒，能得佳肴固佳，但不須特意措辦。只要搭配些乾果（如核桃、花生、腰果、榛果之類），斟酒一杯慢嘗，最能品出美味。此外，張弓酒還有食療功能，倘適量飲用，能健胃活血。如拿這酒猛乾杯，真個是糟蹋佳釀，令人扼腕而歎了。

本酒在一九七六年即被冠以河南省名酒。一九八三年，獲中國輕工業科技成果獎，一九八四年，先被評為河南省優質產品，再獲輕工業部酒類質量大賽銀杯獎，最後在第四屆中國評酒會上獲頒國家優質酒稱號及銀質獎章。一九八八年則在第五屆中國評酒會上蟬聯國家優質酒稱號及銀質獎章。一九九二年，大放異采，榮獲第三十屆阿姆斯特丹世界優質產品評選會金獎。

張弓低度酒不僅暢銷大陸各大城市，而且行銷到歐、亞、非、拉丁美洲等四十多個國家和地區，是目前中國外銷量最大的酒種之一，舉世知名。

林河特麴

香列名酒數第一

酒名：林河特麴
產地：河南商丘
特質：酒液清亮透明，整體窖香濃郁，具有強烈的蘋果香氣。

【來源】

商丘古稱宋城、南京及應天府，是中原的一大重鎮，其釀酒史十分久遠。早在春秋戰國之時，「宋城沽酒」，便是天下聞名的佳釀。「漢初三傑」之一的蕭何，受封爲酇侯。在其衣錦還鄉的途中，路經林河，當地官員呈獻美酒數斛。蕭何欣然下馬，乘興開懷暢飲，飲罷讚不絕口，稱「美哉林酒也」。後人便賦詩以詠其事，詩云：「酇侯還鄉馬蹄疾，路經林河清香溢。瓊漿洗卻征人憊，香列名酒數第一。」

漢末，曹操獻給漢獻帝《九醞春》的釀酒法，據云就是總結中原這一地區的釀酒經驗和釀酒方法而寫成的，號稱「醴自鄉流甘如蜜」。唐玄宗天寶三年（七四四年），李白在宋城飲酒賦詩後，更傳下「人生達命豈暇愁？且飲美酒登

高樓」的佳句。

北宋時，商丘的釀酒業大盛，釀製的名酒有「桂香」、「北庫」、「瓶香」等數種。神宗熙寧年間（一〇六八至一〇八五年），此地的酒課，已達「五萬貫以上」，為一重要產區。明清時期，這兒的釀酒業益發興旺，此種榮景，一直持續至民國初年。據一九三四年的文獻記載：「酒類頗多，用高粱釀成者燒酒，又名白乾，色白味香，性烈。『阿湖鎮』、『碾莊』、『八義集』、『商邱』等處亦有出品，年產萬斤至數十萬斤不等。」雖然無大型糟坊，但累積產量仍多。

一九六九年，中共當局在商丘縣東南四十五公里的林河村建立了「國營林河酒廠」，並開始生產「林河牌林河特麴」。

【釀造】

本酒以紅高粱為原料，用小麥、大豆、豌豆所製的大麴為糖化醱酵劑。汲取古井之水，採泥地醱酵、緩慢蒸餾、分類陳貯等步驟，再加以精心勾兌而釀成。

【口感與入菜】

林河特麴屬濃香型大麴白酒，酒度為54°。酒液清亮透明，整體窖香濃郁，具有強烈的蘋果香氣。酒質醇和純正，入口甘冽淨爽，回香綿密悠長。今人有詩為證：「昔日鄴侯開懷飲，今日林酒醉中原。」

品嘗林河特麴，中州美食必不可少。舉凡鐵鍋蛋、紫酥肉、貴妃雞、道口燒雞、炸麥穗（一稱核桃）腰、洛陽滑肉等皆是不錯的選擇。此外，河南的驢肉等皆是。您在痛啖恣飲之後，如再來個奶汁驢湯及胡辣湯落肚，那種快活滿足感，雖萬戶侯不易也。

本酒後勢十足。先於一九七九年被命為河南省名酒，再於一九八二年被評為河南省優質產品，一九八四年，獲輕工業部酒類質量大賽銅杯獎。一九八九年，則在中國第五屆評酒會上，膺選國家優質酒稱號，並獲銀質獎章。一九九二年時，更鷹揚寰宇，獲法國巴黎國際名優酒展評會特別金獎。現已銷售至新加坡、泰國及馬來西亞等東南亞國家。

津酒
勾兌技巧超絕倫

酒名：津酒
產地：天津
特質：酒液清亮透明，酒香濃郁不浮，酒味醇而不烈。

【來源】

　　天津市在明、清時期，盛產燒酒，尤以高粱酒著稱。質量俱優，名播遠近，評價極高。史載：「燒高粱酒之燒鍋多家，每年製額甚巨。」一九五一年時，在九個小燒鍋的基礎上，建成「天津釀酒廠」。該廠一直是以生產出口白酒、藥酒及內銷各種白酒為主的釀造工廠，產品起先是繼承傳統工藝釀製的高粱酒。一九七一年為提升檔次，生產大麴酒，以產地命名，稱「天津大麴」，以後再降度成功，遂以「津酒」名世。

【釀造】

　　津酒以優質高粱為原料，用大麥、小麥和豌豆製成的中溫大麴為糖

化醱酵劑，在工藝上，一方面吸取全國名酒之長，一方面結合直沽酒的傳統特色，將兩者融爲一體後，經原料破碎、蒸煮、冷卻、加麴入池醱酵，尤在泥窖培養和堆積增香的關鍵上著力，接著按質蒸酒、陳貯老熟等工序，再精心勾兌而成。

【口感與入菜】

本酒屬濃香型大麴白酒，其酒度爲38°。酒液清亮透明，酒香濃郁不薄，酒味醇而不烈，入口綿甜爽潤，回味純淨悠長，其「色、香、味三美」，實有獨到風格。釀酒專家秦含章飲罷，即塡《憶江南》詞讚道：「談勾兌，技巧超群倫，口味香醇風格純，中華美酒出天津，外國也迎珍。」

又，生產此酒一公斤要耗糧三公斤，出酒率極低，故成本甚高，但富含營養。如能適量飲用，可增加胃液分泌，促進血液循環，還可增強食慾。其五年陳釀，俗稱「藍津」，十年陳釀，俗稱「彩津」，尤膾炙人口。

而在品嘗時，津酒不拘一格，但以爽脆夠味爲上。後者像乾炸鮮筍、蔥爆田雞腿、鹽煎肉、窖烤鮭魚首、左宗棠雞、薑絲炒大腸、豉蒸魚雲、香酥鴨、冷糟缽頭等，都是下酒珍品，酒菜相輔相成，讓人樂不可支。

津酒先在一九八四年時，集天津市優質產品、輕工業部酒類質量大賽銀杯獎及第四屆中國評酒會獲國家優質酒稱號及銀質獎章三者於一身，大放異彩。又，一九八九年時，在中國第五屆評酒會上，則蟬聯國家優質酒稱號及銀質獎章；此後進軍國際，於

一九九二年，榮獲法國巴黎國際名優酒展評會金桂獎，現已銷售至東北亞及北美洲各國。

御河春
舊家世族的精釀

酒名：御河春
產地：河北滄州
特質：酒液清亮透明，窖香馥郁芬芳，瓶啓則滿室飄香。

【來源】

滄州古稱麻姑城，宋代酒業已興盛，神宗熙寧年間（一〇六八至一〇七七年）的酒課，已達「十萬貫以上」，成爲北方的一大主要產酒區。明末時，滄州吳氏、劉氏、戴氏諸家的產品，酒味清冽，行銷四方。據阮葵生《茶餘客話》的說法，其酒味特佳，因「滄州城外酒樓，北城面河，列屋而居。明末有三老人至樓上劇飲，不與值（不給錢）；次日復來飲，酒家不悅也。三老復醉，臨時以餘酒瀝欄桿外河中，水色變，以之釀酒，味芳冽」，而且「僅數步地耳，過此，南北水皆不佳。」充滿了神話色彩，不足探信。不過，他另提出「餘地盡佳。蓋藏至十年者，味始清冽。」至於其釀酒用水，則「以南川樓前者爲上，味醇而烈」這種觀點，另，

紀昀在《閱微草堂筆記》的記載，可為旁證。

事實上，滄州酒好壞的差別甚大，一般「沽於岸上肆中」的，只是「村釀薄醨而已」，根本談不上美味。根據《閱微草堂筆記》得知，上等佳釀「其酒非市井所能釀。必舊家世族，代相傳授，始能得其水火之節候」。至於釀造之用水與陳釀之時間，倒是與阮氏的說法相同。其價錢令人咋舌，一罌（一種腹大口小的容器）這樣的滄州酒值四、五金，但多互相贈送而不賣。更可貴的是，他們「相戒不以真酒應官，雖笞捶不肯出，十倍其價亦不肯出。」當時滄州知府董思任曾想盡辦法勸諭。因釀酒的大姓「不肯破禁約」，故在其任內，總無法如願。等到他罷官後，以客人的身份住進李進士家，遂嘗到他家珍藏的真正滄州酒。董前知府於是感慨地說：「吾深悔不早罷官。」

一九一七年時，滄州境內有燒鍋十三家，年產酒六十三萬餘斤。據一九三三年的資料指出，燒酒「為本境大宗出品，鄰邑多飲之者，歲產約五十餘萬斤。」一九四七年，在八家小燒鍋的基礎上，建成「滄州市製酒廠」。先於一九五七年投產「滄州白酒」，再於一九八二年生產高檔的「御河春」。此酒因滄州臨古運河畔，該河又稱「御河」，且古人多以春稱酒，遂以此得名。

【釀造】

御河春係選用高粱為原料，以麩麴和產酯酵母為糖化醱酵劑。在工藝上，則採用人工老窖、清蒸混燒、低溫醱酵、蒸餾取酒、分級貯存等工序，再精心勾兌而成。

【口感與入菜】

御河春屬濃香型麩麴白酒，酒度為55°。酒液清亮透明，窖香馥郁芬芳，入口綿柔甘冽，尾淨而回味長。滋味較前者尤勝，瓶啓則滿室飄香。

御河春雖可用湯菜及小菜來下酒，但可再提升檔次。據我往日的經驗，應以台灣的川、湘菜較能凸顯其特有風味，名菜如宮保雞丁、大千子雞、回鍋肉、蒜泥白肉、彭園豆腐、豆酥龍鱈、蒜苗臘肉、苦瓜肥腸等，以此侑酒，其樂無窮，倘再有鍋揚州大菜金銀蹄雞，那就棒得不得了啦！

本酒在一九八二年時，被評為河北省優質產品。一九八四年，又獲輕工業部酒類質量大賽銀杯獎。一九八五年，再被命為河北省名酒稱號，現主要銷售海河流域，並出口日韓等十餘國。

寧城老窖

醉舞八仙亭

酒名：寧城老窖
產地：內蒙古寧城
特質：酒液清澈透明，窖
香馥郁芬芳，尾淨而回味
長。

【來源】

我第一次看到「塞外茅台」這個
詞兒，內心便有一嘗為快的念頭。及
至入口一嘗，分明是濃香型白酒，怎
麼會標示茅台之名呢？在百思不得其
解後，便仔細地看其說明，寫的亦是
濃香型。我想這可能是「廠方的宣傳
手法」，故意打出這莫名其妙的字
眼，讓人丈二金剛——摸不著頭腦，
更利行銷。

寧城縣古稱大定府，為遼代的中
京。釀酒歷史悠久，可追溯至春秋時
期。當曹操揮師北征烏桓之時，曾在
此留下不少關於酒的傳說。宋真宗太
中祥符元年（一○○八年），宋朝使
節路振抵此，即受到遼聖宗耶律隆緒
的熱情款待，喝了不少「御酒」。到
了明、清時期，酒業甚為興盛，民間

有承自金、元時期的「造酒、製麴」風俗，雖無耀眼酒品，卻有大量出產。一九五八年，在原燒鍋的舊址上，建成「八里罕酒廠」。一九七八年，另投產麩麴酒，用產地命名，並以「大明塔牌」為註冊商標。

【釀造】

本酒選用本地優質高粱為原料，以河內白麴製成的麩麴及多種生香酵母為糖化醱酵劑，汲引「隆盛泉」、「景泰泉」、「天聚泉」這三個古泉之水為釀造水，採用新式工藝，經人工泥窖醱酵、按質摘酒、分級陳貯等工序後，再予合理勾兌，精心調配而成。

【口感與入菜】

寧城老窖屬濃香型麩麴白酒，酒度分55°及39°兩種。酒液清澈透明，窖香馥郁芬芳、酒體醇厚純正，入口綿甜爽冽，尾淨而回味長。蒙族詩人安柯沁夫飲罷，不禁讚不絕口，隨即賦詩一首，詩云：「縱橫天下飲美酒，李白無緣到寧城；今日有人飲老窖，定會醉舞八仙亭。」

品嘗寧城老窖，菜肴的脆爽腍糯缺一不可。像紅燒大腸、紅燒下巴、炒桂花翅、鹽焗雞、燒肉、烤乳豬、蔥燴鯽魚、雀巢雙脆、紙包雞、青蟹粉絲煲等，全是下酒好物，在兩相烘托下，酒菜各臻其極，好生讓人難忘。

寧城老窖剛一上市，酒徒蜂湧而至，隨獲評審青睞，充分予以肯定。曾在一九七九年至一九八八年，五次被評爲內蒙古自治區優質產品。一九八四年獲輕工業部酒類質量大賽金杯獎。一九八六年被命名爲內蒙古治區名酒。一九八九年則在中國第五屆評酒會上榮獲國家優質酒稱號及銀質獎章。一九九二年時，挺進國際舞台，獲在日本東京所舉辦的第四屆國際博覽會金獎，從此馳名神州，邁向世界各地。現專出口北美及日、韓等國，亦曾在台灣流行一時。

隴南春
絲路上的極品

酒名：隴南春
產地：甘肅徽得
特質：酒液清澈透明，窖
香濃郁顯著，入口綿甜甘
爽，尾淨悠長回甘。

【來源】

徽縣古屬鳳州，位於秦嶺南麓，嘉陵江畔，因山俊水美，風景如畫，素有甘肅「小江南」之稱。加上它氣候溫和，土壤肥沃，水質甘潔，自古即出佳釀。據出土的文物中，已有四千年前的古陶酒器和西周的青銅器，即是其釀酒史源遠流長的明證。

到了唐、宋時期，當地酒業有了進一步的發展，徽酒隨著巴蜀棧道和絲綢之路銷往四川及新疆等地。北宋神宗熙寧年間（一〇六八至一〇八五年）的酒課達「四萬貫」以上，算是一個不算小的酒區。又，南宋大將吳玠曾在此用金盔飲酒，因而大破金兵，故有「金盔酒」之譽。明朝時，徽縣釀酒習俗形成，《徽縣志》亦載有「家家清酒幔」的詩句。

清宣宗道光三年（一八二三年），當地釀酒業興盛，有「晉紳坊」、「永盛源」、「寬裕成」、「金隆魁」、「公信福」、「天錫永」、「萬盛魁」、「全隆聚」、「慶號」等數十家酒坊，其中的「永盛源」因獨用水質甜淨的「神泉海眼」佳泉，以致釀製的酒醇香雅郁，質冠群芳。據傳清聖祖巡視寧夏時，途經此地，即飲過此坊佳釀，盛稱酒品極佳，故「永盛源酒坊」，又稱「康慶酒坊」。

一九五一年時，地方政府先在「公信福」舊址建成「徽縣酒廠」，一九五四年，又在「永盛源」舊址建成「徽縣第二酒廠」。不久之後，將兩酒廠合併，成立地方國營酒廠，再先後將「寬裕成」、「金隆魁」等酒坊併入。一九六五年時，將酒廠遷往伏家鎮新址。一九六七年正式投產隴南春酒。次年為利於行銷，將原廠名易為「隴南春酒廠」。

【釀造】

隴南春用精選的優質高粱為原料，以新鮮福皮為填充料，並以中溫麴為糖化醱酵劑，採用傳統的老六甑操作法，經老窖醱酵、緩慢蒸餾、按質接酒、分級貯存、定期陳釀後，再精心勾兌而成。

【口感與入菜】

本酒屬濃香型大麴白酒，酒度54°。酒液清澈透明，窖香濃

郁顯著，入口綿甜甘爽，尾淨悠長回甘，確有獨特風格。難怪詩人林家英飲罷，賦詩云：「隴山隴水隴南春，玉碗玉杯玉爲魂；明月清風歌一闋，香飄萬里品眞醇。」

品嘗隴南春，以燒烤類最能得其風神，像燒小豬、燒鴨、燒肉、烤羊小排、窯烤鮭魚首、鹽烤魚等，皆是不錯的選擇，他如東坡肉、煎烏頭魚、炭烤牛排、乾炸鮮筍等，亦爲可以相輔相成，達到加分效果的佳餚。

本酒先於一八九四年獲輕工業部酒類質量大賽銅杯獎，一九八七年被評爲甘肅省優質產品。一九九二年再接再勵，獲泰國曼谷國際名酒展覽會金獎，次年更上層樓，榮獲法國巴黎首屆名酒展評會金獎。現流行於西北邊區並銷至中亞諸國。

平壩窖酒

黔西神品美名揚

酒名：平壩窖酒
產地：貴州平壩
特質：酒色清亮透明，酒質醇和優雅，藥香濃郁綿甜，回味清爽芬芳。

【來源】

平壩意即一個較平坦的壩子。平壩縣城自古即屬安順府，歷代釀有呷酒。境內布儂族人則釀米酒、甜酒，並有釀一次酒，四季皆可飲的風氣。據《安順府志》的記載，民間有「端午節飲雄黃酒，重陽節造酒味佳，終年不淡」的習俗。

到了清代，一些文人墨客飲罷其酒，題有贊酒詩句。如陳法云：「誰家春酒喧，蠟賓延野服」、「遙知釀春酒，介壽酌流霞」。黃都亦云：「樹間烟泄茶初熟，窗外花香酒自溫」等，皆是明顯的例子。

及至一九三七年至一九四五年間，貴陽人劉潤群在城南偏馬山下建一糟房，引蚰蛇洞泉水（素有「佳泉」之稱）釀酒，取名「壩酒」，又名

「劉家酒」。一九五八年時，當地政府在劉姓糟房舊址建成「平壩酒廠」。並於次年沿襲傳統工藝，恢復生產壩酒，且正式易其名為「平壩窖酒」，號稱「平壩奇葩，酒國精英」。

【釀造】

平壩窖酒以優質高粱、稻穀為原料，用小麥、大米以及三十餘味和七十二味名貴中草藥製成的大、小麴為糖化醱酵劑，其生產工藝頗為獨特，係在貴州釀酒業傳統的大麴、小麴串香的基礎上，兼容並蓄，汰蕪存菁。採用原料分別清蒸，先加小麴糖化，再加大麴生香，混合一起，低溫入窖，經分層蒸餾、量質取酒等工序後，然後把釀好的窖酒，分底糟酒與中糟酒，經過一年以上的陳貯，再予精心勾兌即成。

【口感與入菜】

本酒屬濃香、清香兼而有之的兼香型白酒，酒度為56°。酒色清亮透明，酒質醇和優雅，藥香濃郁綿甜，回味清爽芬芳。獨樹一幟，自成一格，向為酒客所珍。評酒名家周恆剛題詩云：「黔境佳釀有金壺，杜康品後盡折服，質地兼優春常在，群英酒中出諸侯。」

品嘗平壩窖酒，甚宜用獨山鹽酸菜、陳年道菜或黔大頭菜炒肉絲，亦可用草果牛肉、咖哩牛腩、月亮蝦餅、煎糍粑、三鮮雞樅、油炸蜂蛹、脆膳、宮保雞、牛肉炒百合、豆腐圓牛肉火

鍋、竹筒烤魚、烤乳豬、椒麻雞等雲貴及泰式佳餚佐酒，荣香酒洌，能使人心神俱爽。

　　本酒自推出後，即受各界肯定。先於一九六三年、一九八三年被評爲貴州省名酒。一九八四年，獲輕工業部酒類質量大賽金杯獎。一九八六年，獲貴州省名酒金樽獎。一九八八年再獲輕工業部出口優質產品金獎。一九九二年時，蜚聲國際，榮膺美國洛杉磯國際酒類展評交流會林肯金杯獎。目前已出口銷往日本、馬來西亞及西歐諸國。又，新近推出的「平安酒」，則是平壩窖酒的精釀品。

夏王龍酒

龍泉香酎萬家嚐

酒名：夏王龍酒
產地：山東夏津
特質：酒液清亮透明，窖香濃郁突出，入口綿軟爽淨，回味悠長不盡。

【來源】

　　山東省夏津縣城東北三十里的段家莊（古名竇家莊），是竇建德的故里。竇建德是隋末河北起義軍的領袖，嘗言：「文皇帝時，天下殷盛，發百萬之眾以伐高麗，尚為所敗。今水潦為災，百姓困窮……天下必大亂，丈夫不死，當立大功，豈可但為亡虜耶！」遂反。於煬帝大業十三年（六一七年）稱夏王（自稱長樂王），建號五鳳。翌年於七里井大捷，重挫隋軍，動搖國本。鄉人乃以佳釀「龍泉香酎」進獻夏王，留下「夏王醉香酎」的美談。

　　夏津縣民秉承既有技藝，在唐代時，所釀製的「龍泉香酎」，品質更佳，已是河間名酒。到了北宋時，其釀酒業興盛。神宗熙寧年間（一○六八至一○八五年），夏津縣所在的「大名

府」，其酒課已達「十萬貫以上」，是當時重要的產酒區之一。清代則以釀製燒酒爲主。民國以後，依然如此。另，一九三一年在夏津縣境所建成的「聚興厚燒鍋」及「裕興隆燒鍋」，其所釀的燒酒，以品質出眾，頗負時望。一九四六年時，乃在舊燒鍋的基礎上建成「夏津酒廠」，先於一九八七年投產此酒。並在一九八九年更名爲「山東夏王酒飲料有限公司」，繼續生產夏王龍酒。其內銷用爲「夏王龍牌」，出口則打著「中國俱樂部牌」。此中的差異，消費者不可不識。

【釀造】

本酒選優質高粱爲原料，以小麥製成的大麴爲糖化醱酵劑，汲引九龍口泉水爲釀造用水，採用古代獨特的釀製工藝，結合現代科學的釀造技術，以雙輪底醱酵爲主，經老窖醱酵，量質摘酒、長期窖藏等工序後，再精心勾兌而成。

【口感與入菜】

夏王龍酒屬濃香型白酒，酒度爲54°。酒液清亮透明，窖香濃郁突出，入口綿軟爽淨，回味悠長不盡。遜清皇弟溥傑在品嘗之後，讚不絕口，即興吟七言絕句一首。詩云：「夏津東北竇氏莊，樂壽（宮名，竇建德登極處）曾誇醉夏王。人傑地靈今勝昔，龍泉香酎萬家嘗。」

品嘗夏王龍酒，應以魯菜爲主。濃重如德州扒雞、九轉肥

腸、糟溜魚片、醋溜魚、蔥燒烏參等；馨逸如三美豆腐、雞汁乾貝、燒黃香管等，均無不可。惟著名的餚點像臨沂雞糝、糖醋鯉魚、賽蟹羹等，吃來硬是不對味。謹錄一己心得，聊供諸君參考。

本酒出道甚晚，無由參加早期評酒大賽，只能自力救濟，轉往國外發展。曾於一九九○年榮獲在法國巴黎所舉辦的第十四屆國際食品博覽會金獎。另，一九九二年時獲在泰國曼谷舉行的國際名酒博覽會金獎。聲譽既已在外，外銷甚有斬獲，目前暢銷於東南亞地區及歐、美諸國。

習水大麴

酒鄉瓊漿多醇厚

酒名：習水大麴
產地：貴州習水
特質：酒液無色透明，飲後餘香纏繞，而且經久不散。

【來源】

習水原屬仁懷縣，一九一五年析出置鰼水縣，一九五九年改稱習水縣，據云此處為古習國的所在地，故名。其釀酒歷史甚久，漢代且以「蒟醬」酒名世。另，此地居民自古即釀「咂酒」。又因地處赤水河中游岸邊，河道暢通，故明代酒業日漸興盛。清代更以「燒酒」著稱。

一九五六年在二郎灘邊舊酒坊的基礎下，改建成「貴州郎酒廠」，起初釀製回沙郎酒及玉米白酒，產量及質量均不甚高，自一九五九年停產後，隨即進行改組，並於一九六二年將酒廠易名為「習水縣紅衛酒廠」。

為提升其品質，遂多次到四川的「古藺郎酒廠」和「瀘州大麴酒廠」等取經，在博採各家之長後，經一連

串的探索、試驗及改進，終於在一九六六年試製成功，並於翌年投入市場。初名「紅衛白酒」，不久就易名爲「習水大麴」。向有「國防酒」及「壯行酒」之美譽。其後亦將廠名改爲「習水酒廠」。其出口之酒商標爲「飛天牌」，內銷則以「習水牌」爲註冊商標。

【釀造】

習水大麴也選用當地優質糯高粱爲原料，以小麥製成的中、高溫大麴爲糖化醱酵劑，並以人工老窖做糖化醱酵池。其傳統工藝爲混蒸混燒、續糟醱酵、高溫量水、低溫入窖、滴窖降酸，回酒及雙輪底醱酵，分層堆糟，燒火蒸餾，量質析酒，然後密封貯存，精心勾兌調味。在符合廠方的質量標準後，方能裝瓶出廠。

【口感與入菜】

習水大麴爲濃香型大麴白酒，酒度有55°及60°兩種。酒液無色透明，窖香馥郁諧調，酒體醇厚純正，入口綿甜柔潤，飲後餘香纏繞，而且經久不散，不但博得「百步香」之美譽，並以「不上頭」、「不辣喉」、「多飲不易醉，醉了也易醒」著稱。作家杜岩滿撰歌唱道：「……習水人勤佳釀美，酒鄉瓊漿多醇厚。一杯喝下肚，日晶月耀心暖透；兩杯喝下肚，豪情滿懷歌湧喉……」另，書法家啓功亦題詞讚道：「習水長流，有酒如油；飲和益壽，樂我仙儔。」

而在品嘗方面，習水大麴與貴陽大麴類似，宜用重口味者，依我個人經驗，可選擇大千子雞、回鍋肉、瓦塊魚、麻辣火鍋、魚香茄子、茄子肥腸煲等，兩相激盪，更顯海量。

　　習水大麴自一九八○年起，披金戴銀無數，令人目不暇給。最先於一九八三年被命名為貴州省名酒，再獲中國對經濟貿易出口榮譽獎。其後在一九八四年獲商業部優質產品稱號，此後更兩次（即一九八五年及一九八八年），均榮獲商業部優質產品金爵獎。一九八九年則獲香港中華文化名酒博覽會銀獎。九○年代後，則翱翔世界。先於一九九二年在美國洛杉磯國際酒類展評交流會，獲拉斯維加斯金杯獎，又於一九九二年獲香港國際名酒博覽會金獎，現已出口至日本、義大利、俄羅斯及新加坡等國。

八達嶺特麴
塞上佳釀出劉伶

酒名：八達嶺特麴
產地：北京市延慶
特質：酒液清亮透明，無
任何懸浮物，濃不釅、淡
不薄。

【來源】

　　北京市延慶縣古稱隆慶、嬀川，釀
酒歷史甚早。遠在唐玄宗開元年間（七
一○至七四○年），蔡鄰就曾撰一碑文
上說：「嬀川之陽曰龍山水谷，黃粱之
粟、玉液之醞、丘園之果、仙原之藥，
爲天下之最。」約略算起來，迄今已有
一千二百年以上的歷史了。

　　明清之際，這裡所釀的高粱酒成爲
地方的四大物產之一，明人謝廷桂編纂
的《隆慶州志》即謂：「杏仁，藥材，
香麴，生酒、以高粱製之。」到了清初
康、雍、乾的太平盛世，其釀酒業發展
甚速，酒坊林立，酒旗招展，計有大小
廠坊八十八家，「每歲陸運銷京北一
帶，約十五萬斤。」只是當地經本世紀
二○至四○年代的戰亂後，呈現百業蕭
條的景象，釀酒業亦不能免。

一九六八年時，當地政府在位於八達嶺山麓、黃龍潭畔舊酒坊的基礎上，興建延慶釀酒廠。起初品質平平，未有驚人之處。後來學習河北名酒「劉伶醉」的釀造工藝，並結合本身釀酒技術，從而產生精良新品。一九八○年，新酒試製成功，由於酒廠坐落於八達嶺，故稱「八達嶺特麴」。目前，酒廠除特麴外，亦釀有老白乾及二鍋頭等系列產品。後來爲名實相副，乃易酒廠之名爲「八達嶺酒廠」。

【釀造】

本酒選用優質高粱爲主要原料，另配上大米、小米、糯米、玉米等輔料，以小麥製成的大麴爲糖化醱酵劑，汲取「黃龍潭」中甘冽之清泉水，採用老窖爲醱酵池，經清蒸續麴、低溫入窖、長期醱酵、分層取酒、陳年貯存等工序等，然後精心勾兌釀成。

【口感與入菜】

八達嶺特麴屬濃香型大麴白酒，酒度爲54°。酒液清亮透明，無任何懸浮物；酒香濃郁諧調，芬芳持久悅人；濃不釅、淡不薄，入口綿柔爽淨，麴香回味悠長。實爲北京市酒壇的後起之秀，號稱「塞上佳釀」。

品嘗此酒，不拘佳肴、小食，只要配合得宜，均爲下酒妙物。小食如薄脆、饊子、麻花、炸三角、焦圈、褡褳火燒等俱可，至於佳肴的選擇，可就多啦！以乾煸、宮保等菜系最合。不

然，來些醬爆蟹、鍋塌豆腐、桶子雞、烤鴨、糟煎鴨肝、油爆雙脆、炸裏脊肉等，亦很得宜。只要用這些來搭配，均能將酒、菜之精髓、發揮得非常徹底。

本酒出道以後，甚獲各界好評。一九八五年時，被評為北京市優質產品；而一九九三年十月，又榮獲中國白酒精品獎。現已銷往神州各地，並出口東北亞及東南亞諸國。後勢持續看好，潛力不容忽視。

孔府家酒

醇香引出洞中仙

酒名：孔府家酒
產地：山東曲阜
特質：酒液透明晶瑩，酒質醇綿純正，甜柔清爽，餘味長。

【來源】

　　山東省曲阜縣是至聖先師、萬世師表孔子的故里。其釀酒歷史甚久，早在春秋、戰國之時，當地已能釀酒，但質量均比不上同時期的趙國，由於陰錯陽差，以致兵戎相見。《經典釋文》和《莊子》等書，都記載了此一「魯酒薄而邯鄲圍」的典故，千古引為笑談。

　　唐玄宗天寶四年（七四五年），詩仙李白和詩聖杜甫暢遊石門山後，在魯郡（今曲阜）分手，李白觸景生情，留下「醉眠秋共被，攜手日同行，飛蓬各自遠，且盡手中杯」的千古名句。杜甫亦和以「痛飲狂歌空度日，飛揚跋扈為誰雄」的詩句。清代時，曲阜盛行釀製燒酒。按《曲阜縣志》的說法，直到德宗光緒二十六年

（一九○○年），清廷始徵酒稅，足見其生產有限。而一九二三年建成的「洪順源燒鍋」與一九二六年建成的「義和順燒鍋」，是當地最有聲譽的作坊，所釀燒酒，質量均優。截至一九三四年時，曲阜一地共有燒鍋九戶，爲一小型的產酒區。

一九五八年時，當地政府在「潘氏燒鍋」的基礎上建成「曲阜酒廠」，開始生產燒酒，此即是以「三香三正」（即聞香、口香、回味香；香正、味正、口體正）著稱的「曲阜大麴」。到了一九八四年，該廠不因此自滿；爲突破現狀，乃積極挖掘孔府家釀造技術，並結合現代釀酒科技，投產出嶄新產品，並命名爲「孔府家酒」。

事實上，衍聖公府（孔子後人封衍聖公）號稱「天下第一家」，不僅其餚饌豐美精緻，而且釀有頂級好酒。惟其自釀旨酒，始於明代中葉，起初供祭孔用，後因走訪的貴客日多，乃逐漸轉爲宴席用酒。因其工藝獨特，酒香質醇，遠超凡品，深爲達官貴人及皇親國戚所稱道。自乾隆將稚女下嫁孔府後，此酒成爲貢品，累受天子褒獎，其名逐顯於世。

打著孔府旗號的，不只是曲阜酒廠。魚台縣釀酒廠出品的「孔府宴酒」，也拿聖人做品牌。很多人不明就裡，還以爲宴酒的等級比家酒高，鬧出不少笑話。

【釀造】

孔府家酒選用優質高粱的原料，以小麥製成的大麴爲糖化醱酵劑，汲引老龍頭泉水爲釀造用水，採用傳統濃香型工藝，經清

蒸續渣、老窖醱酵、低溫入池、增酯蒸餾，按質摘酒，分級陳貯，降度除濁等工序後，再精心勾兌而成。

【口感與入菜】

孔府家酒屬濃香型白酒，酒度分別為39°、54°。酒液透明晶瑩，窖香濃郁芬芳，酒質醇綿純正，入口甜柔清爽，尾淨而餘味長。夙有「孔府佳釀，儲醇激義」之譽。該廠除生產此酒外，亦有孔府老窖酒，以香濃、綿甜、爽淨及特點鮮明等，為其金字招牌。

孔府宴酒的釀法與家酒大同小異，亦屬濃香型白酒，酒度分別為38°及52°兩種。酒質、酒香、酒液顏色等比孔府家酒來，大致無別。有詞讚云：「濃郁抬來天外客，醇香引出洞中仙。」

品嘗孔府兩款精釀，自以搭配孔府菜最佳，但宜口味濃重者，如燒秦皇魚骨、醬汁鴨方、帶子上朝、茶乾炒芹菜、茶燒雞，窖烤鮭魚首、西瓜雞等皆妙，甚值一嚐。

一九八五年時，新加坡總理李光耀在參觀完孔府、孔廟之後，亦曾策馬孔林，再嘗孔府佳餚、佐飲孔府家酒，頗為欣然自得。請君可試為之，體會聖人種種，留供美好回憶。

孔府家酒自問世後，先於一九八七年被評為山東省優質產品，再於一九八八年在中國第五屆評酒會上榮獲國家優質酒稱號及銀質獎章。此後則鷹揚寰宇，分別於一九八九年及一九九〇年在比利時布魯塞爾所舉辦的第二十九、三十屆世界優質產品評選會上獲取最高金獎。一九八〇年初，它成為走私台灣的熱門酒之

一，旺到不可收拾。此外，更遠銷新加坡及美、日等十餘國。

　　孔府宴酒則於一九八七年被評為山東省優質產品，又在一九
八九年於比利時布魯塞爾所舉辦的第二十九屆世界優質產品會上
榮獲金獎。現主要銷往日、韓二國。

貴陽大麴

風味特色成一家

酒名：貴陽大麴
產地：貴州貴陽
特質：酒液清澈透明，窖
香濃郁純正，入口醇甜爽
淨，回味餘香悠長。

【來源】

　　貴陽市爲貴州省省會，是西南地
區最大的鐵路樞紐。當地氣候溫和濕
潤，冬無嚴寒，夏無酷暑，而有第二
春城之美譽。清代小說家李汝珍在
《鏡花緣》中，列有五十五種當時天
下名酒。現隸貴陽市的「貴筑縣夾
酒」，便是其中之一。除了夾酒外，
清代亦以釀燒酒及仿紹酒著名。

　　一九三六年時，貴陽市「經營釀
製及販賣酒業者，亦達六十家之
多」，「酒類之釀造，亦隨之甚爲普
遍，如包穀酒，糯米酒及黃酒等釀製
者亦頗多」。到了一九五〇年，集全
市一百四十家大小釀坊的技術力量，
組建成「貴陽市聯營酒廠」，後經數
度改易，最後於一九五八年定名爲
「國營貴陽酒廠」。起初生產的是屬其

他香型的「貴陽窖酒」，後因原料取得困難而被迫停產。文革時期，勉強生產普通白酒來維持生計，一九三六年時，該廠研製貴陽大麴成功。並在一九八四年再徹底改造，與「軍工七七一廠」聯合開發微波老熟的新技術，既縮短了生產週期，又加速了資金周轉，從而使質量穩定上升，風味特色自成一家。

【釀造】

貴陽大麴選用優質高粱爲原料，以小麥製成的中、高溫大麴爲糖化醱酵劑，採用低溫入窖、混蒸混燒、人工老窖、多層泥化、分層蒸餾、回酒醱酵、量質摘酒，分級貯存等工藝，再精心勾兌而成。

【口感與入菜】

本酒屬濃香型大麴白酒，酒度爲54°。酒液清澈透明，窖香濃郁純正，入口醇甜爽淨，回味餘香悠長。

基本上，貴陽大麴較宜重油厚味，像宮保雞、辣子雞、鹽煎肉、蔥燒海參、松鼠魚、糟砵頭等都宜佐飲。酒菜齊落肚，過癮在心頭。

貴陽大麴在黔省內獲獎無數，囿於篇幅，僅舉其在國內的大獎。先於一九八八年獲輕工業部出口優質產品金獎；再於一九九一年獲法國布爾熱國際酒類博覽會特別獎；又於一九九二年比利時布魯塞爾第七屆世界名酒博覽會金獎。

現除暢銷於神州各大城市外，亦強力出口，現已遠銷至日本、西歐、美國、俄羅斯及東南亞諸國。深受顧客喜愛，允稱酒林佳釀。

神仙酒

故人一笑杯自空

酒名：神仙酒
產地：上海
特質：酒液無色，清亮透明，窖香濃郁，香醇諧調。

【來源】

　　上海釀製白酒的歷史可追溯自明朝。當時當地的人就已開始生產用白麴、白高粱米及白水所製成的白酒。《天香樓偶得》一書即云：「近來造酒家，以白麴（指麥子麴）為麴，並舂白秫，和潔白之水為酒。久釀而成，極其珍重，謂之『三白酒』。」到了清朝時，除了乾隆元年（一七三六年）所撰《江南通志》記載著：「上海有清酒，曰：『燒清』外，另松江府（今上海吳淞江以南地區）用三白酒法所釀製的『松江三白』，更是名揚全國」外，另據《清稗類鈔》所記，在嘉慶年間（公元一七九六至一八二〇年），名士梁晉竹品評當時的天下佳釀時，便云：「其中矯獨出者，則有松江之三白，酒色微黃，極清，香沁肌膚，唯稍烈耳。」可

見三白酒確有其獨到之處。

　　民國成立之後，上海的「燒清」及「三白酒」，依然亮麗耀眼，並持續發揚光大。如一九一五年在北京舉辦的國貨展覽會上，就有三家酒坊膺獲一等、二等獎；同年在美國舊金山所舉辦的巴拿馬萬國博覽會上，亦有一家獲名譽獎，二家獲金牌獎，四家獲銀牌獎。他如一九二九年在工商部舉辦的中華國貨展覽會上，則有六家酒坊分獲一、二等獎，戰果之豐碩，獨步大中華。此外，據一九三二年當地政府所做的調查統計，光是上海一地，就有酒坊五十四家，真是潢哉其盛，興隆到了極點。

　　一九五八年時，上海市的奉賢縣為了恢復往日舊觀，便在其東南沿海，創建了「四團酒廠」，專門生產神仙系列的美酒，其最早揚名者，乃神仙牌神仙大麴酒。

　　至於其所產之酒，何以名為「神仙」？依故老相傳，此一地區的河水原本又鹹又苦，人們長久以來，均以捕魚、曬鹽維持生計。約在明初之際，有名漁夫捕獲一尾大魚，魚兒淚眼汪汪，懇求漁夫放生。漁夫依言而行，將它投入河裡。從此之後，這兒的河水變得潔淨甘甜，宜於釀酒。以上即當地所謂「神仙魚」的傳說。故取此河水釀製出來的酒，自然就冠上「神仙」之名了。

【釀造】

　　神仙大麴酒係選用優質的高粱為原料，以大麥、小麥製成的中溫大麴為糖化醱酵劑，採用傳統的混蒸老五甑工藝及人工老窖，經一連串低溫醱酵、緩慢蒸餾、量質摘酒、分類陳貯等工序

再精心勾兌始能釀成。

【口感與入菜】

神仙大麴屬濃香型大麴白酒，酒度分別為53°、45°及40°。具有酒液無色，清亮透明，窖香濃郁，香醇諧調，入口綿甜爽淨，回味悠長不絕的風格，實為酒中之佳品。又神仙系列最新一代的產品名「神仙酒」，號稱「神仙無一事，坐看落花開，閑愁如飛雪，入灑即消融，好花如故人，一笑杯自空。」酒瓶呈葫蘆狀，附帶四個紫砂陶杯，望之頗有美感。其酒度為52°，其香醇濃郁，較先前已成名的神仙大麴酒，似更勝一籌。

要使神仙大麴酒及神仙酒的特色完全發揮，自以搭配上海菜及江浙菜為宜。小菜如燻魚、烤麩、肴肉、發芽蠶豆、糟豬尾、燉芥菜等，大菜如白斬雞、清炒蝦仁、八寶鴨、清炒鱔糊、松仁魚米、蝦子烏參、糟缽頭、楓涇丁蹄、下巴曳水、醃燉鮮、禿肺、煙燻鯧魚、冰糖甲魚等，皆為相得益彰之侑酒珍品，聊供諸君參考。

神仙大麴酒曾於一九八二年被評為農牧漁業部優質產品。一九八八年再被評為上海市優質產品。一九九三年則更上層樓，榮獲在香港舉辦的國際名酒博覽會銀牌獎。從此聲名遠播，廣為世人所知。

紅川特麴
酒罈路過十里香

酒名：紅川特麴
產地：甘肅成縣
特質：酒色透明，狀若清露，醇香四溢，味長回甜。

【來源】

　　成縣距徽縣二十多公里，古稱成州，釀酒歷史達千年之久。宋代時，其酒業嶄露頭角，神宗熙寧年間（一〇六八至一〇八五年）的酒課，已達「三萬貫以上」。元末明初，山西楊姓商人在橫川鎮建燒房，引鎮東「珍珠龍泉井」之清冽甘甜泉水，按汾酒工藝釀製燒酒，甚受人們喜愛，譽之為「橫川燒酒」，又因第一代釀酒師傅所釀之酒，其香可飄十里，被封為「十里香」。

　　清代中葉，橫川鎮酒坊廣設，有「蔚豐海」等數十家，遍布該鎮四鄉。因此酒由駱駝馱銷各地，故有「酒罈過路，十里飄香」的說法。一九一二年後，當地以「春和涌」等燒鍋最負盛名。一九五一年，橫川鎮易

名爲紅川鎮，遂在「春和涌」燒鍋的基礎上，建成「紅川酒廠」，並於一九七八年投產此酒。

【釀造】

本酒以優質紅高粱爲主料，加上以小麥、大麥、豌豆、燕麥諸成份培育成的高溫大麴爲糖化醱酵劑，再用稻殼爲輔料，汲取珍珠龍泉水，採用傳統的老六甑續渣混蒸法，結合瀘州老窖特麴釀酒工藝，經置於地庫或地窖「回味」後，精釀製成。

【口感與入菜】

紅川特麴屬濃香型大麴白酒，酒度爲55°。酒色清亮透明，酒質綿甜醇厚，酒濃泛著窖香，入口甘洌爽淨，回味悠長帶甘。向以「酒色透明，狀若清露，醇香四溢，味長回甜」而著稱於甘、陝、川三省。

品享紅川特麴，只要有碗清燉牛肉麵，外加海帶、花生、豆乾、豬頭肉等滷味，即可其樂融融，如想進入深奧層次，依據我個人的體驗，用上海本幫菜的鰲燴圈子、蝦籽大烏參、雞骨醬、三黃雞、油豆腐細粉、禿肺、鰲蛤蜊雞盅等搭配，亦有相乘效果，諸君不妨一試。

本酒於一九八八年雙喜臨門，先被評爲甘肅省優質產品，再獲商業部優質產品稱號及銀爵獎，現以內銷爲主。

龍泉春

鎮龍古井亭極品

酒名：龍泉春
產地：吉林遼源
特質：酒液無色透明，窖香濃郁吐芳，尾淨餘香持久，實爲酒中極品。

【來源】

遼源市原名西安縣，釀酒業始於清代，以釀製「高粱燒酒、黃酒」著稱。德宗光緒三十四年（一九〇八年），已有燒鍋七戶；到了遜帝宣統二年（一九一〇年）時，增至十一戶，成爲該縣重要的財稅收入之一。此據《西安縣志略》所載的徵酒稅計「年收銀九千六百八十八兩三錢二分二厘」，即可看出其盛況。

一九四八年時，當地政府在老燒鍋的舊址上，建成「西安縣製酒廠」；經數度改易後，始定名爲「遼源市龍泉酒廠」。一九五八年時，該廠爲使原質量均不高的燒酒脫胎換骨，向四川著名酒廠取經，習得濃香型白酒的釀製工藝，並於一九五八年投產。因酒廠位於龍首山麓，其山下

有「鎮龍古井亭」，其井水色清如泉，聞有郁香，實爲釀酒好水。故將此酒命名爲「龍泉春」。

【釀造】

本酒選用松遼平原所產的優質高粱爲原料，以河內白麴製成的麩麴及生香產酯酵母爲糖化醱酵劑，汲取「鎮龍古井亭」內古井之水爲釀造用水，結合新舊釀法，經清蒸混醅蒸燒、熱水噴漿、低溫入窖、老窖雙輪底醱酵、分層蒸餾、按質摘酒、分級陳貯後，再精心勾兌而釀成。

【口感與入菜】

龍泉春酒屬濃香型麩麴白酒，酒度分成59°、54°、39°三種。酒液無色透明，窖香濃郁吐芳，酒質醇和綿潤，入口甘甜爽冽，尾淨餘香持久。實爲酒中極品，獲致獎牌甚多。

品嘗龍泉春，不獨可用重油厚味的菜肴來促進食慾，亦可選清爽菜肴以增添其香味。前者以宮保、魚香菜製法的菜肴爲主，亦可搭配酥烤大方、罎子肉、回鍋肉、麻婆豆腐、五更腸旺、奶油津白、合菜戴帽、蔥爆牛肉等佐酒；後者則以涼拌耳絲、糟溜魚片、蟹黃什錦豆腐、素拉皮、梨山芹片、螞蟻上樹、蒜泥白肉、三下鍋等，較能凸顯酒香。而在寒冬季節，能有個涮羊肉鍋或酸菜白肉鍋侑酒更妙。於口乾舌燥之際，飲盡濃湯，再喝個一杯酒，那種暢適感覺，不啻飄飄欲仙。

本酒長期保持吉林省地方名酒和東北地區優質酒的名號。一
九八四及一九八九年的全國第四、五屆評酒會上獲國家優質酒稱
號。一九九二年時，則更上層樓，榮獲在法國巴黎舉辦的國際名
優酒展評會特別金獎。現除暢銷神州各城市外，亦謀出口國外，
攻占海外市場。

貴州醇
飲後舒暢神怡

酒名：貴州醇
產地：貴州興義
特質：酒液清亮透明，入
口低而不淡，飲後不會刺
喉。

【來源】

珠江源流之一的南盤江，有一段是
貴州與廣西的界河。而位在這界河上
端，近黔、滇接壤處的一座山城，此即
黔西南布儂族苗族自治州的首府——興
義市。自古即有「滇黔鑰匙」或「西南
屏障」之稱。

這兒的居民既善釀酒，亦能豪飲。
南盤江畔布儂族的傳統習俗，每逢風調
雨順之年，家家釀米酒，戶戶腌臘肉。
次年元月，即邀親朋好友聚飲「豐收
酒」。屆時，賓主依次入座，頻頻舉碗
乾杯，輪流唱著酒歌，歡慶人壽年豐。
所有酒歌當中，最有名的是「開缸
歌」，其詞為：「米酒綠中央，開缸十
里香，下河洗罈子，醉倒老龍王。」此
俗由來久遠，應可溯自明代。

據清文宗咸豐四年（一八五四年）

編纂的《遵義府志》載，邑人的「黃糯穀、紅糯穀，爲釀之具」，其釀製的酒品有「竹葉酒、米酒、包穀酒、刺梨酒」等，但最有名的首推大麴酒，此大麴酒產自府親轄之爛木廠，爲郡之名酒。

　　一九五一年，在舊燒房的基礎上，建成「興義縣酒廠」，起初只生產些普通的白酒。一九七三年時，推出高檔的「南盤江窖酒」。一九八二年時，廠方有鑑於日本清酒極爲暢銷，以及國際市場日趨低度化，乃以酒度55°的南盤江窖酒爲基礎，經過上百次的試驗，終在翌年試製「貴州醇」成功。一九八八年，因興義由縣升格爲省轄市，遂易名爲「興義市酒廠」。一九九二年時，爲利於行銷，再把廠名改爲「貴州醇酒廠」。

【釀造】

　　本酒選用優質高粱、小麥爲主要原料，以大麴爲糖化醱酵劑，汲取清洌甘爽的地下泉水爲釀造用水，採用傳統釀造工藝，並以多年泥窖進行固體醱酵，經續糟配料、混蒸混燒、低溫醱酵、量質摘酒、貯存老熟、降度除濁等一連串工序後，再以精湛祕法，精心勾兌而成。

【口感與入榮】

　　貴州醇屬濃香型大麴白酒，酒度爲35°。酒液清亮透明，酒香濃郁持久，酒質醇和綿軟，入口低而不淡，飲後不會刺喉，回味舒適悠長，《歐洲時報》對其讚譽有嘉，撰文盛稱：「飲前香

味四溢，飲後舒暢神怡，飯後飲貴州醇，神仙自嘆不如。」

這酒的最大好處，在於加冰水和冰塊之後，其顏色不變，且不渾不濁。碰上乾杯劇飲的場合，應付起來，比較輕鬆裕如，不虞被人放倒；再加上其酒度本低，即使不勝酒力的人，也能雅上個兩杯，更讓人覺得如魚得水，一下子功力陡增。因而備受歡迎，成為酒國新寵。勸君把握分際，必然妙用無窮，化干戈為玉帛，實不可無此君。

本酒一經上市，旋受各界矚目。翌年（一九八四年）即相繼獲得貴州省科技成果獎、貴州省優秀新產品獎和輕工業部酒類質量大賽銅杯獎。一九八六年，被評為貴州省名酒，並與南盤江窖酒雙雙獲得銀樽獎。目前擴充甚速，產量激增，不僅得意於中國各地，而且正暢銷於法國、德國、美國、日本及東南亞各國。實力之「強」，後勢之「勁」，一時罕出其右。

陳釀頭麴

龍吐天漿玉液湧

酒名：陳釀頭麴
產地：遼寧瀋陽
特質：酒液清澈透明，酒
體豐滿醇正，入口甘潤爽
冽。

瀋陽市原名奉天、盛京，曾是後
金國的首都，能釀上好的高粱酒。據
《奉天通志》上的記載：「關東高粱
酒著名全國，行銷外埠。」即是明
證。

清德宗光緒八年（一八八二
年），來自山西太谷縣的富商孟香甫
抵此，建「萬隆泉」燒鍋，因地處盛
京東門龍城之口，故俗稱「老龍口燒
鍋」，並以龍泉古井釀製燒酒。此水
清澈透明，甘甜適口，飲後沁人肺
腑，號稱「龍潭水」，故其燒酒質量
均優，號稱「龍吐天漿」或「泉湧玉
液」。

在光緒三十四年（一九○八年）
所舉辦的「華產商品陳列所」，已將
「奉天省燒酒」列入名產之中，足見

名不虛傳。而在遜帝宣統二年（一九一○年）編纂的《承德縣志》已記載著「燒酒房十三戶，酒局子五十四戶」。一九三三年時，「瀋陽市內燒鍋現有『永春生』、『義盛泉』、『醴泉湧』、『永成源』、『聚隆泉』、『萬隆泉』、『東興泉』等家，瀋陽四鄉燒鍋有『東興泉』、『晉泉公』十戶」。其燒鍋林立，已臻於鼎盛。另在一九二八年舉辦的工商部中華國貨展覽會上，奉天「醴泉湧記白酒」獲得「二等獎」，成為當時國內名酒。一九四九年時，當地政府在「萬隆泉」燒鍋的基礎上，改建成「老龍口酒廠」。並於一九五五年投產「陳釀頭麴」。

【釀造】

本酒選用東北出產的優質高粱為原料，以高、中溫混合大麴為糖化醱酵劑，汲引「龍潭水」為釀造用水，採用傳統濃香型酒醸製工藝，在清蒸混入人工老窖後，經續配料、蒸煮糊化、入窖醱酵、緩火蒸餾、按質摘酒、及陳貯勾兌的工序而釀成。

【口感與入菜】

陳釀頭麴屬濃香型大麴白酒，酒度分為48°及54°兩種。酒液清澈透明，窖香濃郁芬芳，酒體豐滿醇正，入口甘潤爽洌，尾子乾淨舒適，餘香回味久長。

早在清代時，即有「一杯老龍口、一盤童子雞」之諺。事實上，在品嘗陳釀頭麴時，亦以童子雞為上選。此外，像道口燒

雞、北平烤鴨、蒸臘味合、烤方、燒肉、紅椒牛肉絲、樟茶鴨、黃燜雞塊、宮保雞丁、魚香茄子、粉蒸肥腸、麻婆豆腐等，都是佐酒妙品，如在寒冬時節，於酒足飯飽之際，來客連鍋羊肉湯，暖流順喉而下，感覺通體舒泰，那種爽快勁兒，等閒不易獲致。

　　本酒是披金戴銀的名酒。曾於一九五八年及一九八七年分別被評為遼寧省質優酒或優質產品。一九八四年則獲輕工業部酒類質量大賽銀杯獎。另在一九九一年榮獲比利時布魯塞爾第三十屆世界優質產品評比會金獎。現已暢銷中國各地，並出口日、韓及東南亞諸國。

洮兒河特麴

白城精釀酒香濃

酒名：洮兒河特麴
產地：吉林白城
特質：酒液清亮透明，餘味顯著悠長。

【來源】

　　吉林省白城市原名白城子，清代時，其燒鍋即開始釀製燒酒。惟質劣量微，實不堪聞問。一九二四年時，邑民萬福霖開設了「福豐達燒鍋」，在精益求精後，其質量皆大幅提高，慢慢打出知名度，並遠銷至省城等地。一九四六年將其收歸國有，並於一九五九年易名為「白城市釀酒廠」，後來因規模日益擴大，使加個「總」字，改稱為「白城市釀酒總廠」。

【釀造】

　　本酒於一九五八年試製成功，因白城位於洮兒河畔，遂命名為「洮兒河酒」，其最高級品，為陳年特麴。此酒選用優質高粱為材料，而在釀製時，採

用多種麥麴和產酯酵母，人工老窖，並用己酸菌醱酵。醱酵期爲一到兩個月。經清蒸混入、雙輪底醱酵、緩慢蒸餾、量質摘酒、分級貯存等工序，然後精心勾兌，即成一般白酒。若在此基礎上，萃取其精華，另於貯存過程中，高頻陳釀，綜合處理，加速酒質老熟過程，即是陳年特麴酒，等閒不易釀成。

【口感與入菜】

洮兒河特麴屬濃香型大麴酒，酒度分爲54°及51°兩種。酒液清亮透明，酒香馥郁芬芳，酒質醇厚純正，入口綿潤回甘，餘味顯著悠長。酒瓶美觀大方，經常推陳出新，造型新穎雅致，贏得群眾喜愛，蒐藏大有人在。

我甚愛此酒，喝過不下五瓶，印象最深刻的一次是在台北的天然台湘菜館，那天點了東安雞、左宗棠雞、燜青紅椒、苦瓜肥腸、炒羊肚絲等，四人暢飲一瓶，無不大呼痛快。飲罷，服務人員爭索酒瓶，場面極爲熱鬧。我個人以爲洮兒河特麴與醇厚重味的佳肴最合，像栗子元菜、紅燒牛尾、�烤肉、醬鴨等都是下酒妙品。不過，奇庖張北和的自創菜戀戀風塵和燻羊蹄兩味，菜奇絕，酒醇釅。在杯觥交錯下，酒香菜香調和，最是引人入勝。

本酒自一九六三年起，三十餘年來一直被評爲吉林省名酒。另於一九八一及一九八三年被吉林省政府評爲優質產品，並榮獲著名商標證書。現除暢銷中國各地外，亦積極南進，已出口至東南亞各國，尤以新加坡、馬來西亞及泰國爲大宗。

伊力特麴

塞外江南的美酒

酒名：伊力特麴
產地：新疆新源
特質：酒液清澈透明，酒味芳香濃郁，入口甜，落口綿。

【來源】

　　伊犁地區是新疆維吾爾自治區的大酒鄉之一。由於區內有伊犁河、喀什河及特克斯河等貫穿，加上群山環抱，所以區內水源充沛、草原廣闊、森林茂密，加上氣候溫和，土地肥沃，居民富裕，故有「塞外江南」的美譽。

　　新源縣位於伊犁河上游美麗富饒的鞏乃斯河畔、天山腳下，因山青水秀、土壤肥沃、五穀豐登，是個天然的糧倉。第一代軍墾戰士於一九五六年創建「伊犁大麴酒廠」，同年投產此酒，名為「伊犁特麴」。一九八九年時，為加強競爭力，易名為「伊力特麴」。

【釀造】

　　伊力特麴以高粱、玉米為原料，用

小麥、豌豆製麴爲糖化醱酵劑，汲取深井之水爲釀造用水，採用傳統老五甑混燒續渣法，人工老窖醱酵，以雙輪底增香，接著輔料清蒸、斷花擇酒，最後分級入庫。於定期陳貯後，再精心勾兌而釀成。

【口感與入菜】

本酒屬濃香型大麴白酒，酒度爲54°。酒液清澈透明，酒味芳香濃郁，入口甜，落口綿，醇厚甘洌，回味悠長，尾淨而有餘香。

品嘗伊力特麴，用烤全羊、烤肉串、薄皮包子、烤包子、饢、雪蓮雞及大盤雞等新疆風味佐酒，自然相得益彰，但用蒸臘肉、酸菜白肉火鍋、砂鍋魚頭、粉蒸牛肉、黃燜雞塊等搭配，鐵定有加分效果。

伊力牌伊力特麴先後於一九七九年、一九八三年、一九八八年被命名爲新疆維吾爾自治區名酒，並於一九八二年、一九八四年、一九八八年獲農牧漁業部優質產品稱號。一九九二年時，更飛上枝頭變鳳凰，獲美國首屆國際酒類展評會特別金獎，現外銷至日本、南韓及美國等國家。

夢酒、通靈液

名士無酒不風流

酒名：夢酒、通靈液
產地：四川宜賓
特質：夢酒--無色透明，酒
味醇厚且十分甘美，回味
舒暢且餘味不盡。
通靈液--澄清無色，入口甜
潤，落口淨爽。

【來源】

《紅樓夢》一書的背景是江南，成
書則在北京。看來都和天府之國的四
川，非但八竿子打不到，而且一點也扯
不上邊。又，曹雪芹在書裡所提及的佳
釀，壓根兒也沒有白酒。然而，四川的
一些白酒廠，卻打著《紅樓夢》的旗
號，進軍海內外廣大的酒市，極有斬
獲。

一九八四年，在四川宜賓市成立的
「宜賓地區五糧液公司」，為打響知名
度，乃以紀念古典文學家曹雪芹為幌
子，號稱結合歷史資料及宜賓獨特的傳
統釀酒工藝，投產《紅樓夢》系列之一
的「通靈液」。通靈液成品經「中國曹
雪芹研究會」鑑賞後，認為「瀟湘解愁
弦歌雅，怡紅醉意詩興濃。曹公有靈當
痛飲，名士無酒不風流」。確實是上乘

麴酒，乃頒賜「紅樓夢名酒」封號。訂單遂如雪片飛來，生產量直線上升。

此舉令先五年設廠，位於宜賓縣喜捷鎮下堂村的「宜賓岷江酒廠」得到啓發。在廠長陽國治的奔走下，聘請著名的紅學家周汝昌、吳世昌等當廠方顧問，大張旗鼓，猛打宣傳。首先將酒廠易名爲「紅樓夢酒廠」，接著又把原先用「丹山碧水」泉水釀製的「碧泉大麴」，改名爲「夢酒」，搞得十分火熱。

爲了推廣夢酒，廠方還陸續推出「十二金釵酒」等二十多個夢酒系列產品。每生產一種「夢酒」系列新酒，都先請這些「紅學家」品嘗，並請輕工業部釀酒專家鑒定，迭獲好評。名釀酒師朱梅認爲：夢酒是中國釀酒工業新出土的一株鮮花，色、香、味可與五糧液媲美。周汝昌則逕稱夢酒爲「石頭名記如佳釀」。在大家的鼓吹下，夢酒遂如日中天，由年產量不足一噸發展到五千噸以上。使得下堂村一躍而成爲四川省第一個年產值突破二千萬元的「富翁村」。

【釀造】

通靈液與夢酒，在原料（優質大米、糯米、玉米、小麥及高粱）及水源（來自岷江畔）均與五糧液相同，採用的工藝亦與五糧液無別，皆是精培老窖，續糟醱酵，緩火混燒摘酒，分級長期陳貯，加以精心勾兌等工序釀成。製法上的差異相當有限。

【口感與入菜】

夢酒和通靈液均屬濃香型大麴酒。通靈液的酒度爲52°，酒液澄清無色，窖香濃郁，香味諧調，入口甜潤，落口淨爽，回味悠長。夢酒的酒度則分別爲38°與52°，酒液無色透明，窖香濃郁，酒味醇厚且十分甘美，入喉爽淨，諸味諧調，回味舒暢且餘味不盡，皆是上乘佳釀，高貴而不貴。

品嘗這兩款美酒，最宜搭配四川菜，尤以熱炒最來勁兒。像用蒼蠅頭、鹽煎肉、回鍋肉、宮保雞丁、南爆雞丁等下酒甚妙。此外，軟炸斑指、樟茶鴨、夫妻肺片、一品酥方、燈影牛肉、怪味雞、鹹燒白等亦佳，鐵定讓您樂在其中，大有「千紅萬艷引瓊觴」的快感。

通靈液曾於一九八八年獲商業部優質產品銀爵獎。行銷手法保守，名氣不甚響亮。夢酒則不然，甫推出後，即到處參賽，獲獎盃無數。一九八七年及一九九〇年被評爲四川省優質產品。一九八七年亦於杭州舉辦的中國旅遊低度酒評比中，38℃的夢酒獲得金標獎。且在一九八八年的首屆中國食品博覽會先獲金獎，並榮膺農業部名酒稱號。一九九〇年時，再獲香港中華中國文化名酒博覽會金杯獎。戰果相當輝煌，現已暢銷至美、日等十幾個國家。

沱牌麴酒

泉香酒洌味甚美

酒名：沱牌麴酒
產地：四川射洪
特質：酒液無色透明，既
甜且淨，極易上口。

【來源】

　　四川省射洪縣，早在唐代時即釀
有甘醴。詩人杜甫宦遊此地，便於
《野望》一詩中，吟「射洪春酒寒仍
綠」之句。又，當地的習俗為「六月
六日造麴，九月九日釀酒謂之重陽
酒」。而民間所釀的，則以「㕭酒」
為多。至清代時，當地所釀的酒品主
要為「大酒、紹醪、惠泉」。

　　依《射洪縣志》的說法，「射洪
春酒，擅名前代。工部（指杜甫）詩
稱之。又費密（清初學者）稱謝公東
山得釀酒法，歸射洪造釀甚美。蜀人
謂之『謝酒』。今人糟坊味甚香美，
其遺製也。」事實上亦是如此，今日
的沱牌麴酒的釀製工藝確來自謝酒。

　　一九一一年時，該縣柳沱鎮釀酒
世家的後人李吉安，為了自創品牌，

乃闢建「吉泰祥糟坊」，引龍澄山沱泉之水爲釀造用水，承繼謝酒工藝，另發展出一種大麴，遂以泉水命名，稱爲沱牌麴酒。因其品質絕佳，便聞名川內外，引起客商爭購，經常供不應求，乃贏得「泉香酒冽」之美譽，名噪八方，好不風光。

一九五一年時，當地政府在「吉泰祥糟坊」的基礎上，成立「國營射洪縣麴酒廠」，沿襲傳統工藝，投產「沱牌麴酒」。爲使酒廠之名如一，便於一九八八年改名爲「沱牌麴酒廠」。

【釀造】

本酒使用優質高粱及糯米爲原料，以優質小麥及大麥所製成的大麴爲糖化醱酵劑。汲取沱泉之水爲釀造用水，使用老窖作醱酵池，並採用高、中溫麴，續糟混蒸混燒，經陳貯後，再行勾兌等工藝釀製而成。絕非凡品可及。

【口感與入菜】

沱牌麴酒屬濃香型大麴白酒，酒度分38°及54°兩種。酒液無色透明，窖香濃郁純正，酒質綿軟醇厚，入口清冽甘爽，尾淨餘味甚長。其特殊的風格在既甜且淨，極易上口。

品嘗沱牌麴酒，最宜川菜下酒，口味不能太重。以水煮牛肉、開水白菜、芙蓉雞片、香酥鴨子、鹹燒白、砂鍋雅魚、金鈎肉丁、崩山豆腐等最宜。如您搭配的是濃重的菜肴，必盡掩其甜淨特色，嘗不出好滋味了。

本酒走俏在八○年代時期。一九八○年，首被命名為四川省名酒；其後在一九八一年及一九八三年再被評為四川省優質產品。一九八一年、一九八四年及一九八八年，三度獲得商業部優質產品稱號及金爵獎。又，一九八八年更是大綻光芒，除上揭金爵獎外，再於第五屆中國評酒會上，榮獲國家名酒稱號及金質獎章。此外，它亦揚名海外，接連告捷。先在瑞士日內瓦所舉辦的國際博覽會獲新發明銅牌獎，然後在香港獲國際食品展覽會金杯獎。從此打進海外市場，聲勢扶搖直上。

湄窖
人到百年不忘情

酒名：湄窖
產地：貴州湄潭
特質：酒液無色透明，酒香濃郁諧調，入口醇甜甘爽。

【來源】

「湄潭太好了，湄潭太好了，山美、水美、人美、酒香」。這嘹亮的歌聲，透過女歌手劉淑芳的口中，傳進數以萬計的湄潭鄉親耳朵內，應該十分受用才是。

湄江在湄潭縣境內，逶邐流入烏江。早在漢朝時期，湄江兩岸的居民就開始釀製米酒。依據近代史料記載，清聖祖康熙年間（一六六二至一七二二年），當地人們就以稗子米為原料，取湄江水釀酒。是以康熙二十六年（一六八七年）編纂的《湄潭縣志》，即載有「釀熟便置罈中，召飲，插桿糟上沃以水，人就竿吸飲之，賓主起立揖讓，禮甚備」的習俗。而太平天國的翼王石達開，也曾在黔西飲過似此的「咂酒」，其咂酒詩云：「萬顆明珠一甕收，王侯

到此也低頭。烏龍抱起擎天柱，吸得烏江水倒流。」詩境開闊，氣象萬千。比起邑人的「開樽堪避暑，杯酒碧爲筒」詩句，高明不知凡幾。

除哂酒之外，清代亦以「高粱釀酒絕佳」，而聞名於世。一九三○年，縣內釀製的「燒酒、穀酒、棗酒」等，已成黔省名產，曾參加該省的實業展覽會，分別被評爲甲、乙等獎。一九五二年，當地政府在舊燒坊的基礎上，組建成「國營湄潭酒廠」，起初規模甚小，一九六二年，將「湄潭酒廠」，「餘慶熬溪酒廠」，「眉溪糖廠」及「織布廠」四合一之後，始得大力發展，其小麴白酒，年產六百噸，質劣不堪飲。一九七六年後，才投產高檔的「湄江窖酒」，後易名爲「湄窖」。有人飲後賦詩云：「山環水秀酒旗風，未曾舉杯醇朦朧；今日飲過湄潭酒，人到百年不忘情。」頗能道出此酒魅力。

【釀造】

本酒選用優質高粱爲原料，以小麥製成的中、高溫大麴爲糖化醱酵劑，採用傳統工藝，經人工老窖、混蒸混燒、續糟醱酵、蒸餾得酒等工序後，再按質陳貯，精心勾兌而釀成。

【口感與入菜】

湄窖屬濃香型大麴白酒，酒度分55°及38°兩種。酒液無色透明，酒香濃郁諧調，入口醇甜甘爽，飲罷回味悠長。倍受各方

好評，題詞讚譽者不勝枚舉。如「湄窖香萬家」、「貴州湄窖，酒中佳釀」、「湄窖香飄萬里」等，都是些陳腔爛調，不值識者一哂。惟一詩云：「山環水秀酒旗風，未曾舉杯醇朦朧；今日飲過湄潭酒，人到百年不忘情。」總算略有點意思，不是無病呻吟。

品嘗湄窖，仍以重油厚味為優先考量，像麻婆豆腐、腐汁肉排、魚香茄子、蒜薹臘肉、宮保雞丁、柱侯雞、咕咾肉、香酥鴨、醬爆田腿等，都很合宜。當然啦！如用北京烤鴨或香酥鴨佐酒，那絕對是錯不了的。

本酒自上市後，頗受群眾歡迎，一九八九年時，與習酒、習水大麴等同被評為貴州省名酒金樽獎。一九八八年時，大放異彩，先獲輕工業部出口優秀產品金獎，再獲德國萊比錫國際博覽會金牌獎。翌年，又在中國第五屆評酒會上榮獲國家優質酒稱號及銀質獎章。一九九二年時，則獲在美國洛杉磯所舉行的國際酒類展評交流會金獎。目前暢銷海內外，曾被列入各國駐北京使館專用酒之一，並與「北京友誼商店」、「天安門商業服務公司」及「全聚德烤鴨店」簽立長期供貨契約，且出口日本、法國、俄羅斯及新加坡等國。

陳麴酒

位居北疆第一家

酒名：陳麴酒
產地：內蒙古赤峰
特質：酒液清亮透明，主
體香尤突出，綿甜醇厚。

【來源】

赤峰市位於老哈河上游，居內蒙古自治區的東部。附近穀物豐茂，品質優良，極宜釀酒。釀酒業雖至今只有百餘年的歷史，但燒酒卻一直有著不錯的口碑。其中，以建於一八七八年的「乾豫興燒鍋」的歷史最早，所出之燒酒，品質亦最精。一九一二年時，「縣街內燒鍋共十八家，外鄉尚有八家」，其「高粱多製酒，酒亦醇」。

到了一九三三年，赤峰已成原熱河省的重要燒酒產地之一，行銷至東北、華北各地。可惜好景不常，酒業因連年戰亂而蕭條，技師則流散四方。一九四七年當地政府在乾豫興燒鍋的舊址上，建成「赤峰市製酒廠」。一九八四年改稱「赤峰市第一

製酒廠」。所產之「陳麴酒」，遠近馳名，並以「向陽牌」爲註冊商標。

【釀造】

本酒在一九七九年開始投產。選用優質高粱爲原料，以河內白麴製成的麩麴爲糖化醱酵劑，另以五種產酯酵母爲醱酵劑，採用先進工藝，經人工老窖醱酵，量質摘酒，陳貯老熟的工序後，再精心勾兌、品評檢驗，須俟其色、香、味均達到高水平後，方可裝瓶出廠。

【口感與入菜】

陳麴酒屬濃香型麩麴白酒，酒度58°及55°兩種。酒液清亮透明，窖香濃郁諧調。主體香尤突出，入口綿甜醇厚，尾淨而餘香長。謝德萍有詩讚道：「名存草原四千里，位居北疆第一家。」

品嘗陳麴酒，以香脆味厚爽口之菜肴最宜，像脆鱔、炸響鈴、香酥鴨、咕咾肉、煎帶魚、烤鮭魚頭、醬爆青蟹、醋炒藕片、荸薺雞丁、麵托龍魚、左宗棠雞等，都是下酒妙品。若問其中誰最佳？似乎非脆鱔莫屬。

本酒自問世後，即受行家青睞，選獲各類獎項，訂單雪片飛來。曾於一九八一年、八五年、八六年及八九年先後被評爲內蒙古自治區優質產品及命名爲內蒙古自治區名酒。再於一九八四年獲輕工業部酒類質量大賽銀杯獎；另於一九八四年及八九年的中

國第四、五屆評酒會上，榮獲國家優質酒稱號及銀質獎章。目前以內銷爲主，銷售長城內外地區。

叢臺酒

清高宗千醉不辭

【來源】

　　叢臺是趙武靈王爲觀賞騎射及歌舞所建，此臺建築奇特，至今仍然矗立，現爲邯鄲市著名的古蹟。坐落其東側的「叢臺酒廠」，所出品的佳釀，即以叢臺命名。

　　邯鄲的釀酒史甚久，而且在戰國時便釀美酒。《淮南子》中，「魯酒薄，趙酒厚，而圍邯鄲」的典故，即出於此。趙酒何以獨厚？據《邯鄲縣志》上的記載，「酒務泉，在城西十里，其水甘洌，昔趙王於此釀酒，今其地名酒務樓。」明人曹瓚也曾讚此泉：「一脈甘泉灩玉肥，釀成佳釀世應稀。」可見「水爲酒之血」這話，確實千眞萬確，一點也假不來的。

　　宋代時，邯鄲屬磁州，張能臣的《酒名記》，即有「磁州風麴法酒」記

酒名：叢臺酒
產地：河北邯鄲
特質：酒液無色透明，酒香芬芳濃郁，入口綿軟甜淨。

載。筆者按：釀此酒用的是風麴。另據《北山酒經》所言，造風麴用糯米粉和川芎、防風、白朮、天南星等中藥。麴踏好後，「用桑葉裹盛於紙袋中，用繩繫定，即時掛起，不得積下」。且此麴經「掛透風處四十日，取出曝乾，即可用。」

到了明、清時期，邯鄲的釀酒業更盛。清高宗下江南時，曾於此飲在地酒，飲罷甚歡，乃乘興揮毫，寫下「有鞠呼盧侍羅綺，美酒十千醉不辭」的詩句。從此，邯鄲酒成爲貢酒，專供給大內享用。

民國元年（一九一二年），邯鄲城內有十家酒坊，以「貞元增」所產的最爲知名；一九四五年時，已發展至十五家，皆釀製燒酒。待神州沉淪後，乃在此基礎上，建成「邯鄲市酒廠」。沿用傳統工藝，生產出口碑不惡的「邯鄲大麴」。一九七二年時，廠方有意突破現狀，便派員學習外地名酒經驗，試製出一款色、香味俱優於原酒的佳釀，命名爲「叢臺酒」，並在一九七七年投放市場。

【釀造】

本酒選用華北特產的優質紅高粱爲原料，另用福皮做輔料，以小麥製麴，採取人工老窖，經高溫製麴、清蒸輔料、回醅醱酵、分批蒸燒後，再緩慢蒸餾，分級摘酒。隨即封罈入庫，貯存陳釀，然後精心勾兌而釀成。

【口感與入菜】

叢臺酒屬濃香型大麴白酒，酒度為53°。酒液無色透明，酒香芬芳濃郁，入口綿軟甜淨，回味餘香不絕。自其問世以來，即廣受消費者的歡迎，銷售量直線上升。書法家歐陽中石有詩讚曰：「古藝弘千載，新芳香四海；燕趙多慷慨，叢臺有酒泉；三杯寒易水，一年劫秦川。」

品嘗此酒，應以北京的小吃及小菜最為搭配，像白羊頭肉、奶油炸糕、炸三角、爆肚、油煎餛飩、烙韭菜盒、腰子餅等都還不錯。此外，如金鉤肉丁、小魚乾炒豆乾花生、粉肝、滷口條、松柏長青、醬爆核桃雞丁、炒木須肉、泡菜炒肉絲等，更能引發酒味，喝得盡興，那種痛快勁兒，雖南面王不及。

叢臺酒實非泛泛，先後在一九七九年及八九年的中國第三、五屆評酒會上榮獲國家優質酒稱號及銀質獎章，目前以內銷為主，正謀積極出口中。

笛女大麴
天府新星寓石刻

酒名：笛女大麴
產地：四川大足
特質：酒液透明清亮，窖
香濃郁，諸味諧調，爽淨
順口。

【來源】

在大陸細數不盡的白酒當中，不乏後起之秀。其中，廣被各方看好，後勁十足的耀眼新星，屈指算來，應以川東大足縣生產的笛女大麴最具代表性。

大足縣位於「天府之國」的東部，是中國著名的「石刻之鄉」，與雲崗、龍門鼎足而三。早在唐、宋時期，其石窟內的石刻，即是藝術珍品，散布於四十多處。這裡面，又以北山及寶頂山的摩崖造像最為集中，規模亦最宏大。一直到一九七六年始建廠的「大足縣麴酒廠」即設於寶頂山附近。起先研製生產「龍崗酒」，兩年後，正式投量生產。

由於寶頂山石刻「六師外道」裡的吹笛女，是在酒後於悠揚律聲中翩

翩起舞，寓有先民生活氣息在內，刻來十分生動，因而馳名中外。廠方為充分與地區特色結為一體，將酒改以酒後翩翩起舞的笛女命名，稱為「笛女大麴」。一九八八年時，更將酒廠易名為「笛女酒廠」，藉以增加競爭力。

　　追溯大足縣的釀酒起源，可以位於寶頂山大佛灣北崖的一組「醉酒圖」雕像為代表。不僅能真實反映宋代人民的生活面貌，並且說明了早在八百多年前、當地已有釀酒業。另據史料記載，大足縣自古即是產酒之鄉，釀酒歷史悠久，「城內有酢房兩家，東關鎮、珠溪鄉、龍水鎮、擁溪鎮，雙河鄉均有酢房，以珠溪鄉最多。」

　　又，大足縣民一向能飲，酒國英雄甚多，最有名的則是在一八九〇年於龍水鎮揭竿反洋教的余棟臣。其「性嗜酒，顧不喜獨飲，每飲輒呼朋引類，先給酒值，賭量以為豪」的遺風，促進釀酒業的興隆，糟坊廣設，銷量激增，為日後的笛女大麴，打下深厚的基礎。

【釀造】

　　本酒選取優質高粱為原料，以上等小麥製成優良大麴為糖化醱酵劑，引用寶頂山澗流入化龍水庫的清泉水為釀造用水。此水本質微甜，呈弱酸性，硬度適宜酵母繁殖，極利於糖化及醱酵。而在製作時，先等新窖老熟，再以糟養窖、以窖養糟，然後採用混蒸連續醱酵法，不光以熟糠拌料，雙輪底醱酵，而且滴窖降酸，量質摘酒。末了，則是分級貯存，精心勾兌而成。既結合傳

統工藝與現代科技，同時符合「水優、料精、麴好、窖熟」的釀酒高標準。

【口感與入菜】

笛女大麴屬濃香型大麴白酒，酒度為60°，近因市場的大量需求，亦出品38°低度酒。酒液透明清亮，窖香濃郁，醇香回甘，諸味諧調，回味悠長。以香氣持久及爽淨順口著稱。故自問世以來，深受消費者的喜愛及評酒家的青睞。

飲用此酒，以燒烤最為對味，其低度酒尤宜在居酒屋飲用。而在吃燒烤時，搭配海鮮（尤其是魚類、貝類）最妙，其次是內臟及禽獸之肉。華燈初上，細品濃香的酒味，咀嚼噴香的食材，彼此搭襯、互為烘托，不僅相得益彰，而且相輔相成，讓人陶醉其中，不知老之將至。

一九八○年笛女大麴即被評為四川省優質酒。一九八四年首度獲選商業部優質產品。一九八五年再度獲頒商業部優質產品及銀爵獎。一九八八年更上層樓，三度獲得商業部優質產品及金爵獎。行情節節上漲，公認實至名歸。

本酒原以內銷為主，近年來為開闢廣大的國外市場，不斷投石問路，一度頻頻在衛視中文台上猛打廣告。

百年孤獨

智直者孤獨百年

酒名：百年孤獨
產地：江西南昌
特質：酒液清亮透明，酒質濃郁純正，酒香清芬郁馥。

【來源】

南昌市古屬豫章郡，故古稱豫章、洪都、洪州，釀酒歷史甚久，晉代釀有「豫章竹葉，馳名各地。到了唐代時，又盛產糯米黃酒，尤以南昌附近的丁坊村所釀之酒，最爲世所稱。《江西通志》上記載著：「惟丁坊有井水重於地，汲井以釀，名丁坊酒。」詩人白居易曾留戀此一丁坊的醇醪，寫下了「故國無此味，何必苦思苦」的詩句。及至宋代，酒品更精，張能臣在《酒名記》即指出：「洪州酒之佳者曰雙泉、曰金波。」均成當時舉國知名的佳釀。另，宋神宗熙寧年間（一〇六八至一〇七七年）的酒課，已達四萬貫以上，成爲當時江西省產酒最大地區之一。此後民間所釀製的酒，多半是甜酒和小麴土燒酒。等到距今三百餘年前，才開始釀製大麴酒。

據說南昌起初有個釀酒作坊，於明末清初之際，派人赴山西學藝，大麴酒的釀法因而傳入江西。由於製作得法，南昌「大麴酒」之名，遂名聞遐邇，聲播遠近。

　　國民政府遷台前，「丁坊酒作坊」因民生凋敝，相繼倒閉四十多家，工人大半改行換業，僅存「工農」、「八達」等幾個較大的作坊。一九五二年，中共當局便在這幾家釀酒作坊的基礎上，成立國營南昌市酒廠。運用先進科技和經驗，更新傳統操作工藝，先後釀製出優質大麴酒和傳統糯米酒。以其品質精良，陸續被評爲江西省名酒、優質酒。

　　不過，在此要提的不是這已列爲江西省八大名酒之一的百花洲大麴酒，而是「中」日合資南昌藍星製酒有限公司所生產的優級白酒「百年孤獨」。

【釀造】

　　本酒選用優質的小麥、高粱爲原料，以大塊麥麴爲糖化醱酵劑，經老窖醱酵、分層蒸酒、按質取酒、陳貯老熟、勾兌調配等工序釀製而成。又因其長期貯藏於木桶之中，有如修行老道，故名百年孤獨。

【口感與入菜】

　　百年孤獨屬濃香型大麴白酒，酒度爲38°。酒液清亮透明，酒質濃郁純正，酒香清芬郁馥，入口甘爽不烈，回味悠長不盡，

具有獨特風格。其特色正如廣告詞上所說的：「有人說難得糊塗，我們說難得孤獨；孤獨是情緒的低谷，也是情緒的巔峰；有時孤獨難以忍受，有時孤獨難得享受、孤獨是身邊的人太少，也是因爲身邊的人太多。」

　　品嘗此號稱「本格陳釀」的美酒，甚宜兩江（註：指江蘇、安徽及江西）佳肴，諸如三杯雞、小炒魚、文山肉丁、符離集燒雞、金銀蹄雞、清炒蝦仁、肴肉、脆鱔、鹽水鴨、拌乾絲、松鼠魚、東坡肉等，能收相輔相成之功。

　　眾所周知，《百年孤獨》（註：台灣譯成《百年孤寂》）乃獲得諾貝爾文學獎的哥倫比亞作家馬奎斯的代表作，同時也是南美魔幻現實主義文學的代表作。此酒問世不久，其以「百年孤獨」爲酒名，雖不致驚世駭俗，卻是個神來之筆。遠的不說，北京大學百年校慶、清華大學88周年校慶，本酒均被指定爲宴會唯一用酒。另，香港酒協會亦特地訂購一批「百年孤獨」酒珍藏版珍藏。而它一如北大某教授所稱：「智者孤獨，直者痛苦，百年校慶，痛飲百年。」頗能引人入勝。

　　此外，其酒盒及酒瓶外的牛皮商標，既酷且炫，頗受大學生喜愛，還常被剪下來縫在牛仔褲上，堪稱爲酒林的另類奇觀。

劉伶醉
一盞芳醪天下春

【來源】

竹林七賢之一的劉伶，以嗜飲如命著名，常「借杯中之醇醪，澆胸中之塊壘」，曾撰《酒德頌》，留下「兀然而醉，豁然而醒，靜而不聞雷霆之聲，熟視不睹泰山之形，不覺寒暑之切肌，利欲之感情」的名句。他有次乘鹿車到遂城（今河北省徐水縣）去拜訪博物學者張華，張華以家中精釀款待。劉伶辭歸後，即醉倒村外，一醉即三日，留下「張華造酒劉伶醉」這個典故，載入晉人干寶所著的《搜神記》中，至今仍膾炙人口。

徐水縣的古稱除「遂城」外，又名「安肅」。釀酒歷史極早。遠在一千七百多年前的晉代，即有佳釀名世。此後，釀酒業一直很興盛。清康熙年間（一六四四至一六六一年），

酒名：劉伶醉
產地：河北徐水
特質：酒液甚清，晶亮透明，酒香撲鼻。

縣城南門建有「潤泉涌燒鍋」，以產「乾酒」著稱。道光年間（一八二一至一八五〇年），城內已有七家燒鍋。一九一七年之《直隸省商品陳列所第一次實業調查記》中記載：安肅「城內及留東營地方以本境高粱製造燒酒，每年約產三萬斤。」另據《徐水縣新誌》，亦述及造酒「原料爲高粱、大麥麴，經人工造成，名曰『燒酒』，味辛而甘，出品最美。遠銷北平、保定、石家莊、順德一帶」，以「潤泉涌燒鍋所產『徐水原酒』（即乾酒），最負盛名」。

　　一九四八年地方政府即在舊有的燒鍋基礎上，建立「徐水縣製酒廠」，繼承傳統工藝，恢復「徐水原酒」的生產。一九七一年又以該酒爲基礎，投產濃香型的保定大麴。一九七四年時，再將保定大麴改良工藝，穩定品質；並於開始投產後，爲一砲打響其知名度，乃以劉伶的典故命名，酒稱「劉伶醉」，酒廠亦改名爲「劉伶醉酒廠」。

【釀造】

　　劉伶醉選用當地優質高粱，配以大米、糯米、小米爲原料，再以大麥、小麥和豌豆所製成的大麴爲糖化劑，並汲取太行山下古流瀑河河畔清澈甘洌之泉水爲釀酒用水。在工藝上，除保有傳統製法的優點外，亦採用人工老窖的新技術，經陳年釀製而成。由於風格特殊，頗受北地歡迎。

　　此外，廠方亦用劉伶醉做基酒，繼續開拓配製酒，前後計推出「貴妃醉」及「九九王鞭酒」兩項產品。前者浸以人參、黃蓍、當歸、砂仁、白豆蔻等二十多種名貴中藥和冰糖一起釀製而

成，具有開胃健脾、滋腎養心的補益作用。後者則是根據祖傳秘方，浸泡虎鞭、鹿鞭、人參、鹿茸等幾十種名貴之藥材，精工釀製而成。此酒質濃郁，藥香宜人，對補氣、補血及壯陽等方面，甚具功效，酌量飲用，可收延年益壽之功。

【口感與入菜】

本酒屬濃香型大麴酒，因其香濃近醬，故俗稱「小茅台」，酒度為54°。酒液甚清，晶亮透明。香氣至為濃郁，注滿杯中不飲，酒香撲鼻；飲後空杯，香氣猶存。入口則綿甘醇和，回味悠長。號稱「五斗美酒劉伶醉，一盞芳醪天下春」。

品嘗劉伶醉，實不需搭配名貴食材，只要有花生、滷味等便可。飲時宜細斟慢酌，千萬別大口乾杯。畢竟，以「劉伶飲酒不留零」的豪飲方式，是體會不出其特有風味的。

劉伶醉分成劉伶牌及青竹牌兩個品牌，只是河北名酒（僅在一九七九年被命名為河北省地方名酒，一九八四和一九八七年連續被評為河北省優質產品），未能暢銷中國，反而出口日、韓、新、馬、德、法等國，想來是個異數。酒廠為利於行銷，乃以同樣的工藝條件，釀製出酒度高至58°而價格更為低廉的姊妹品「張華酒」一起投入市場，藉以滿足北方消費者的需要。

富裕老窖
特技白酒天下名

酒名：富裕老窖
產地：黑龍江富裕
特質：酒色清澈透亮，兼
且飲時不刺喉，飲後不上
頭。

【來源】

　　黑龍江省富裕老窖酒廠，位於嫩江左岸，大興安嶺南端，爲齊北齊加鐵路線的中樞。境內江河縱橫，土地肥沃，水質優良，是一個富饒的好所在。早在數百年前，此地即有一些釀酒作坊和小燒鍋，聲聞遠近。其中的「鴻源涌」燒鍋尤負盛名。「富裕老窖酒廠」便以它爲基礎，逐漸發展成型的。

【釀造】

　　本酒的釀造法，乃繼承傳統工藝，運用現代科學方法，選用多菌種醱酵，採用一種高粱，二種麴霉，三種酵母，五個除雜，七項增香的工藝，適溫控水、長期醱酵、分層蒸燒、按段取酒、分質保管、合理貯存、精心勾兌而釀

成。

　　富裕老窖屬濃香型大麴白酒，酒度分爲55°及38°。酒色清澈透亮，酒香濃郁醇正，入口甘美清爽，落喉芳馥平順，尾淨醇厚餘香。兼且飲時不刺喉，飲後不上頭，概括而言，即是「香、甜、順、淨」這四字訣。難怪一問世後，備受消費者好評。日本協和醱酵公司技術部長粟原一夫飲罷，即席賦詩云：「特技白酒天下名，香飄千里隔海聞，暢飲桂花精神振，再見櫻花又想酩。」口氣縱然不小，確也符合實情。

　　我僅品嘗過富裕老窖酒一次，地點在「竹林小館」，當晚的菜色極爲豐富，有黃魚卷、烤芥菜心、醉雞、海蜇頭、脆鱔、清炒蝦仁、雞火干絲、東坡肉、乾燒魚頭、蛤蜊角瓜及砂鍋醃鮮等，菜好酒佳，相得益彰，吃到杯盤皆空方休。

　　本酒於一九七二年試製生產。一九七三年、一九七六年陸續被評爲省優質酒；一九七八年更上層樓，在省優質酒評比中獨占鰲頭，命名爲地方（指黑龍江省）名牌產品。一九八四年、一九八八年又先後被評爲省優質產品。一九九○年時，再獲輕工業部優質產品稱號，現主要銷往俄羅斯及日、韓等國。

北京特麴
名產神京第一流

【來源】

北京市是中國最早的釀酒區之一，遠在三代前，便釀有酒類。自三代以降，亦盛行釀酒。此從密雲、昌平、平谷等地出土的文物，如尊、三羊銅罍、卣、爵和觶等陶製及青銅所製的酒器，即足以說明一切。

順義縣隸北京市管轄，境內的牛欄山鎮，適位於東臨潮、白二河匯流處，據《昌平山水記》上的說法，「牛欄山，山上有瀾，俗言有金牛出焉，至今瀾前石壁爲小槽形，名飲牛池也。」而且「冬夏池水不竭」，適合用來釀製美酒。此外《順義縣志》又謂：「清代，釀酒最盛時，全縣計有三十餘家燒鍋，僅是個牛欄小鎮，便有十一家之多，其盛況可見一斑。」而在這當中，又以「洪義燒鍋」最爲有名，所釀之酒，以

酒名：北京特麴
產地：北京
特質：酒液無色透明，感覺醇甜圓潤。

「醇洌甘爽」著稱，聞名京師各地，並遠銷至南洋，迄今已上百年。

　　一九五一年時，在原「公利」、「順福成」、「洪義」等燒鍋的基礎上，成立「國營牛欄山酒廠」。該廠在保持傳統工藝及獲四川瀘州酒廠的大力協助下，於一九七○年間始試製濃香型大麴酒，歷經三年時間，徹底改善品質，終於宣告成功，為北京地區最早問世的濃香型白酒，亦是首都酒苑中最負盛名的香醇佳釀。由於此酒深受北京各界人士喜愛，同時，也最具代表性，故命名「北京特麴」，酒廠也易名為北京市麴酒廠。

【釀造】

　　北京特麴酒選用優質的高粱為原料，以小麥製成的高溫大麴為糖化醱酵劑，採用熟糠配料，熱水打漿、泥窖低溫醱酵，老五甑混燒等工藝，經中溫流酒，分級貯存及科學勾兌等工序而釀成。

【口感與入菜】

　　北京特麴屬濃香型大麴白酒，其酒度分55°及39°兩種。酒液無色透明，酒香馥郁突出，入口綿柔甘美，感覺醇甜圓潤，尾子乾淨尤香，回味悠長不絕，以「不苦、不辣、不刺喉」為正字標記，包裝禮盒很考究，是送禮的好手信。名書法家啓功曾經題詞讚道：「何用上樊樓，美酒如刀已斷愁，今日老年多樂事，為

牛！大業無窮幹不休，特麴味醇柔，四座朝霞滿頰浮。處處牧童遙指引，村頭！名產神京第一流！」

在品嘗本酒時，我個人用上海本幫菜搭配，確實絕妙，像糟缽頭、油豆腐雞、三黃雞、鰲爆肉、紅燒圈子、兩斤一（油麵筋百頁）、醬鴨、蝦籽大烏參、雪菜黃魚等，均佳。當然啦！佐以醬羊肉、醬肘子、燒雞等北味，也是好到無以復加。

本酒曾於一九六三年，被命名為河北省地方名酒。又於一九八五年，被評為河北省優質產品。現在以內蒙、華北為主要行銷地區，正有意打開國內南方通路，並向國際市場挺進。

滄州白酒

深悔不早罷官飲

酒名：滄州白酒
產地：河北滄州
特質：酒液無色透明，酒
質濃厚清淨，入口爽洌帶
勁。

【來源】

滄州古稱麻姑城，宋代酒業已興
盛，神宗熙寧年間（一〇六八至一〇
七七年）的酒課，已達「十萬貫以
上」，成為北方的一大主要產酒區。
明末時，滄州吳氏、劉氏、戴氏諸家
的產品，酒味清洌，行銷四方。據阮
葵生《茶餘客話》的說法，其酒味特
佳，因「滄州城外酒樓，北城面河，
列屋而居。明末有三老人至樓上劇
飲，不與值（不給錢）；次日復來
飲，酒家不悅也。三老復醉，臨時以
餘酒瀝欄桿外河中，水色變，以之釀
酒，味芳洌」，而且「僅數步地耳，
過此，南北水皆不佳。」充滿了神話
色彩，不足採信。不過，他另提出
「餘地盡佳。蓋藏至十年者，味始清
洌。」至於其釀酒用水，則「以南川

樓前者爲上，味醇而烈」這種觀點，另，紀昀在《閱微草堂筆記》的記載，可爲旁證。

　　事實上，滄州酒好壞的差別甚大，一般「沽於岸上肆中」的，只是「村釀薄醨而已」，根本談不上美味。根據《閱微草堂筆記》得知，上等佳釀「其酒非市井所能釀。必舊家世族，代相傳授，始能得其水火之節候。」至於釀造之用水與陳釀之時間，倒是與阮氏的說法相同。其價錢令人咋舌，一罋（一種腹大口小的容器）這樣的滄州酒值四、五金，但多互相贈送而不賣。更可貴的是，他們「相戒不以眞酒應官，雖笞捶不肯出，十倍其價亦不肯出。」當時滄州知府董思任曾想盡辦法勸諭。因釀酒的大姓「不肯破禁約」，故在其任內，總無法如願。等到他罷官後，以客人的身份住進李進士家，遂嘗到他家珍藏的眞正滄州酒。董前知府於是感慨地說：「吾深悔不早罷官。」

　　一九一七年時，滄州境內有燒鍋十三家，年產酒六十三萬餘斤。據一九三三年的資料指出，燒酒「爲本境大宗出品，鄰邑多飲之者，歲產約五十餘萬斤。」一九四七年，在八家小燒鍋的基礎上，建成「滄州市製酒廠」。先於一九五七年投產「滄州白酒」，再於一九八二年生產高檔的「御河春」。此酒因滄州臨古運河畔，該河又稱「御河」，且古人多以春稱酒，遂以此得名。

【釀造】

　　滄州白酒用紅薯乾爲原料，以麩麴加酒母爲糖化醱酵劑。在工藝上，採取熱醅燜料，清蒸混燒、掐頭去尾、回酒醱酵、分級

貯存等工序釀成。酒無乾薯味，不遜糧食酒。

【口感與入菜】

在成品方面，滄州白酒屬其他香型麴白酒，酒度為60°。酒液無色透明，酒質濃厚清淨，入口爽冽帶勁，回味餘香綿綿。

滄州白酒口感較辣，與熱湯及小菜同嘗，最稱絕配。熱湯可來自火鍋及砂鍋等，我個人以為它與連鍋羊肉湯尤合，小菜則豆乾、海帶、花生已足。

滄州白酒因出道早，曾在一九六三年的中國第二屆評酒會上，獲國家優質酒稱號及銀質獎章，再於一九八五年被評為河北省優質產品。現主要銷售於黃淮流域，並出口日、韓等國家。

醬香型白酒類

主體香的成分目前尚無一致，極有可能是麴類的衍生物。以酒香柔和幽雅，香而不艷，柔而不淡；入口醇厚柔綿，回味綿長不絕；倒入杯中過夜，香氣持久不失及飲後空杯留香著稱。此香類似醬坊所發出來的香氣，由醬香、窖底香和醇甜三種成分融合組成。代表產品為茅台酒，故又稱為「茅香型」。

茅台酒
空杯尚留滿室香

酒名：茅台酒
產地：貴州仁懷
特質：酒液微黃晶亮，醬香撲鼻突出，酒體豐厚，口味幽雅細膩。

【來源】

被人譽為「國酒」的「茅台酒」，產於貴州省仁懷縣「茅台酒廠」，此酒「風來隔壁三家醉，雨過開瓶十里香」，而且「空杯尚留滿室香」。與蘇格蘭威士忌及干邑白蘭地齊名，合稱世界三大名酒。

茅台地區的釀酒可遠溯至新石器時代，西漢時，即以「蒟醬酒」聞名。其後，乃以「蘆酒多還醉」著稱。此蘆酒即「咂酒」，或稱「雜麻酒」，又叫「雜糜酒」，乃以高粱、米、小麥、或小米等煮爛混製而成，有其獨特風味。

茅台酒之所以聲譽鵲起，與其特殊的地理位置有關，茅台鎮位居水陸要衝，為貴州四大鎮之一，是川鹽入黔的門戶。貴州因缺鹽，夙賴川鹽供

應。起初的鹽商多為晉、陝籍，對當地「辣口刺喉，並不受吞」的劣酒，自然喝不習慣。又因路遠迢迢，不能經常喝到家鄉上好的汾酒或西鳳酒，乃自力救濟，請來家鄉的釀酒司務選在水質特佳的楊柳灣設坊製酒。據一九三九年編的《貴州經濟》，即記載著：「在滿清咸豐以前，有山西鹽商某，來茅台地方，仿造汾酒製法，用小米為麴藥，以高粱為原料，釀造一種燒酒，後經陝西鹽商宋某、毛某先後改良製法，以茅台為名，特稱『茅台酒』。」

這種茅台酒「極清洌」，清代大儒鄭珍飲罷，讚歎不已，稱其「酒冠黔人國」。當時的燒房甚多；產量著實可觀。依《田居蠶室錄》的說法，「茅台燒房不下二十家，所費山糧不下二萬石，青黃不接之時，米價昂貴，民困於時，職是故也。」

光緒年間（一八七五至一九○八年），輔佐川督丁寶楨整頓鹽務有功的華聯輝，「取得銷鹽四岸之永岸、仁岸經營權」，在楊柳灣設立「成義燒房」。釀成之回沙茅台，因「入口不辣，入喉不燥，醉後不渴，飲多頭不昏痛」，立刻風靡西南，並且進貢宮廷。民國十年前後，西南軍閥在黔混戰。此輩武夫，尤嗜茅台，「不惜重金，只求佳釀；自奉之外，敬客送禮，需要量甚大」。此乃「華茅」的全盛時期。

自來任何產品，一受歡迎，便出現倣製品，「賴茅」、「王茅」乃適時崛起，與「華茅」鼎足而三，惟品質略遜，仍不失為佳釀，尚屬正宗茅台。尤有甚者，「自是茅台之酒」，人們不辨真偽，只求一膏饞胎，在水漲船高下，已「無酒不茅台」，售價一元一瓶，貴得讓人咋舌。

一九三五年初，紅軍赤水河急遁，兵掠茅台村。華、王、賴

三茅之窖藏盡乾，從此品質下降，不復當年「香氣襲人，軟滑如油，好比一股冷流」的水準。

一九五一年時，中共當局在「成義燒房」的基礎上，創建了「國營貴州茅台酒廠」。並於次年，陸續將「恆興」（賴茅）、「榮和」（王茅）併入，沿襲傳統工藝，繼續生產此酒。

一九五五年，國務院總理周恩來在瑞士日內瓦出席國際會議時，即以茅台招待外賓，贏得賓客歡心，一致給予好評。二十世紀七〇年代初，美國總統尼克森訪問北京，喝的即是茅台，隨行的國務卿季辛吉猛飲、尼氏一句別喝過頭，引起媒體注意，大肆報導，全球於是掀起「茅台熱」，茅台酒大漲特漲，由港幣二十五元狂飆至九十八元，漲幅幾達四倍。此酒在供不應求下，開始大量生產，品質隨即大降。而今成立的「茅台酒廠集團公司」，其核心企業為「中國貴州茅台酒廠有限責任公司」，年產茅台酒逾五千噸，產品有茅台酒、漢帝茅台酒、茅台女王酒、茅台不老酒、貴州特醇、茅台醇、茅台液、茅台魂、九月九的酒等。其主導產品的茅台酒，分「金輪牌」及「飛仙牌」二種。

【釀造】

本酒以優質高粱為原料，用小麥製成高溫麴，其用麴竟比原料還高，須經過兩次加沙（生糧），八次發酵、九次蒸餾，生產週期長達七個月，再以陳釀四年以上的原酒與八年以上的陳釀酒混合勾兌，精釀製衣。

【口感與入菜】

茅台酒屬醬香型大麴白酒,酒度為43°、38°、33°。酒液微黃晶亮,醬香撲鼻突出,酒體豐厚,口味幽雅細膩,回味悠長不絕。清代記述仁懷風物的一首竹枝詞,最能體現此酒的韻味,詞云:「茅台香釀曬於油,三五呼朋買小舟,醉倒綠波人不覺,老漢喚醒月針鉤。」

品嘗茅台酒,口味多變化,可直接飲用,可添入冰塊,可加冰淇淋(周恩來式飲法),也可製雞尾酒,可謂五花八門。在當地,有的人佐以豆乾、花生、炸胡豆及滷蘭花乾,就能喝上一夜。考究的人,會再來些酸湯魚、醬醃菜、雞肉湯圓、鹽酸菜燒魚等菜式。我個人以為用宮保雞、道菜扣肉、牛肉炒百合、燒烤香豬等,更能得其神韻。此外,如能添個汽鍋烏骨雞或清湯蹄筋,那就更受用不盡了。

本酒遠在「華茅」時,即在一九一五年,美國舊金山所舉辦的巴拿馬萬國博覽會上獲二等獎狀獎章(即銀質獎);並在一九五二年、一九六三年、一九七九年、一九八四年及一九八九年的中國第一、二、三、四、五屆評酒會上,全獲國家名酒稱號及金質獎章;戰果至為彪炳,另於一九八四年時,亦獲輕工業部酒類質量大賽金杯獎。

自一九八九年以後,雄踞酒林。一九八五年,獲法國國際美食及旅遊委員會金質獎。一九八六年,在法國巴黎所舉辦的第十二屆國際食品博覽會上獲金獎。一九九二年時,又蓮開並蒂,分別獲美國國際名酒博覽會金獎及日本第四屆白酒與飲料國際博覽

會金獎。此外，它在一九六○年初開始銷往香港後，現已遠銷到
五大洲六十餘國，堪稱「玉液之冠」。

珍酒
易地茅台賽茅台

酒名：珍酒
產地：貴州龍壙村
特質：酒香色清，醬香突
出，飲不上頭，食不口
乾。

【來源】

提起中國白酒，無人不知茅台。然
而，其產量甚有限，一直供不應求。爲
解決這一問題，二十世紀七○年代初，
中共國務院總理周恩來下達「茅台酒生
產要發展到萬噸」的指示，此即所謂的
「六五計畫」。

囿於「茅台酒廠」本身的格局及主
客觀條件，十年寒暑，幾經試驗，依舊
無法大規模擴建及量產。不得已乃退而
求其次，遂於一九七四年開始探索易地
生產的可行性。皇天不負苦心人，探勘
人員終於在遵義市北郊的龍壙村，找到
了水質、風土合宜的所在，隨即闢建
「貴州省茅台酒易地試驗廠」。這就是現
今「珍酒廠」的前身。

龍壙村是貴州省通往四川省的鐵公
路必經之地，交通運輸方便，自古便是

酒鄉。早在唐代以前，即以啤酒名世。明人張道凝的《詠龍壙詩》云：「或賣癡來或賣顛，誰能識我是神仙。有人問我家何處？酒醉北郊龍壙邊。」詩中的龍壙，即是而今用來釀酒的「龍壙泉」；此泉清澈甘洌，極宜釀酒。而龍壙村更以其北依婁山，南臨烏江，冬無嚴寒，夏無酷暑，雨量充沛，無霜期長的有利條件，為酒麴的微生物提供了良好的生長環境。

「易地茅台試驗廠」為了完成上級交付的任務，於一九七五年與「遵義釀造研究所」合作，他們在中央和省方的支持下，從仁懷縣「茅台酒廠」調來一批有經驗的技師和管理人員，採用先進的儀器和設備，經過十個年頭、九個週期、六十三個輪次及三千多次的分析試驗，終於在一九八五年釀製成功，起初命名「貴酒」。

同年十月，貴州省科委會邀請專家學者鑒評，一致認為「接近市售茅台酒質量水平」，而且「酒香色清，醬香突出，酒體醇厚，回味悠久，飲不上頭，食不口乾，具有茅台酒風格」。兩個月後，在國務院召開的鑒定會報上，時為國務委員的方毅歎為「酒中珍品」，並予題詞。此酒於是改名「珍酒」，原廠易以今名，正式投入量產。

【釀造】

珍酒，採用優質高粱為原料，以小麥進行高溫製麴，經二次投料、堆積增香、回酒入窖、八次醱酵、七次蒸酒、分次入庫、陳貯勾兌等工序釀成。其系列產品另有珍窖，38°低度珍酒等，

年總產量已達萬噸。

【口感與入菜】

　　珍酒屬醬香型大麴，酒度高達54°。品嘗珍酒，最宜配菜。雖不拘其煮法，待酒足飯飽後，莫忘舉杯聞香，這可是人生一大享受哩！另，以此製雞尾酒，亦有獨到風味。就我個人體驗，如能搭配各式滷菜、富貴牛三件、椒麻雞、檸檬鱸魚、草果牛肉、咖哩牛腩、梅菜扣肉、酸辣魚湯等佳餚，鐵定大快朵頤、渾不知今夕何夕。

　　為求一炮而紅，珍酒選用湖南醴陵聞名的蔚藍色瓷器製成酒瓶，瓶呈圓球狀，酷似起瓦二十一年威士忌的「沙露」，包裝新穎，外型大方。故自問世以來，立即在酒市廣獲好評，首先在一九八六年，獲貴州省名酒銀樽獎；接著在一九八八年大放異彩，不僅獲輕工業部出口優秀產品金獎，同時在中國第五屆評酒會，榮獲國家優質酒及銀質獎章。一九九二年更獲得美國洛杉磯國際酒類展評交流會金杯獎，一躍而成世界名酒。現已暢銷於中國各地，另遠銷至日本、新加坡、馬來西亞、朝鮮半島、法國及德國等處，非但是大陸一些高級賓館和飯店宴會上的佳釀，而且是行家眼中的精品，尤受日本人的歡迎，珍藏品享者眾。

酒名：郎酒
產地：四川古藺縣
特質：酒液微黃清澈，醬
香濃郁噴湧，空杯留香味
長，優雅細膩。

郎酒
當驚美酒噴醇香

【來源】

　　古藺縣古屬夜郎國，在「酒河」
赤水河（一名赤虺河）畔，爲古僚人
聚居之地。遠在先秦之時，以農耕爲
業的僚族已能釀酒。北宋大觀至宣和
年間（一一〇七至一一二五年），土
著即用郎泉之水釀製優質麴酒，史稱
「風麴法酒」。一直到清世宗時，配合
著「川鹽入黔」政策的實施，頓使古
藺縣二郎灘繁榮起來，與茅台鎮同爲
鹽、酒集散地，貨棧廣置，商號林
立，酒肆鹽號，櫛比鱗次。這種「家
唯儲酒賣，船只載鹽多」的欣欣向榮
氣象，被詩人鄭珍形容成「酒冠黔人
國，鹽登赤虺」。及至乾隆時期（一
七三六年至一七九五年），二郎鎮上
的大小酒坊，糟坊已有二十餘家，以
釀製「風麴法酒」著稱。

光緒三十年（一九〇四年），四川榮昌人鄧惠川在二郎鎮建「絜志酒廠」，夫妻倆均善釀酒，經不斷改良後，終於一九二四年運用「風麴法酒」中的回沙工藝，釀成品質精良，「開甕噴香、入口呈醬」的「回沙郎酒」，並將廠名改成「惠川糟坊」，其規模之大，為二郎鎮之冠。

一九三三年邑人雷紹清集資創辦「集義糟坊」，高薪禮聘茅台鎮「成義酒坊」技師鄭銀安及「惠川糟坊」技師莫紹成為釀酒司務，研發出品質更高檔次的沙郎酒，為求一炮打響，雷紹清特將產品命名為「郎酒」。這酒確實不凡，據《四川經濟志》的說法，「有人曾試以郎酒、茅酒對飲，雖善飲者不能辨別，蓋其品質原因相若也。」其身價亦非同小可，同書又指出「每罐裝（郎）酒一斤，抗戰前一、二年在當地之價，每罐大洋六、七角，銷售重慶、成都等地則值一元。」（按：尚時一斗米值銀六分）只是在一九四四年時，「惠川糟坊」解體，接著在一九四九年「集義糟坊」散夥。以致紅極一時的郎酒便消聲匿跡了。

一九五七年，在國務院總理周恩來的指示下，於二郎灘成立「國營郎酒廠」，恢復郎酒生產。由當年「惠川糟坊」的鄭大清及「集義糟坊」的沈國均這兩位老酒師負責生產和技術，品質直追當年，廣獲各界好評。

【釀造】

本酒用高粱和小麥為原料，以純小麥製成的高溫大麴為糖化醱酵劑，引用郎泉之水，其釀造工藝與茅台酒大同小異，即高溫

製麴、兩次投糧、涼堂堆積、回沙醱酵、九次蒸釀、七次取酒、三年陳貯及工藝最巧的盤勾勾兌。其最妙的是，將週期九個月的七次取酒，按質貯於天然溶洞的「天寶洞」和「地寶洞」內，使「山泉釀酒，深洞貯藏；泉甘酒冽，洞出奇香。」，進而達到「郎泉酒釀瓊漿液，寶洞貯藏酒飄香」的境界。

【口感與入菜】

郎酒屬醬香型大麴白酒，酒度分成39°及53°兩種。酒液微黃清澈，醬香濃郁噴湧，酒體豐滿醇和，入口淨爽回甜，空杯留香味長，以優雅細膩著稱。當地民謠云：「上流是茅台，下游望瀘州。船過二郎灘，又該喝郎酒。」有一詩人酷嗜此酒，曾賦詩一首以誌其美。詩云：「蜀中盡道多佳釀，更屬郎酒回味長。太白如今渡赤水，當驚美酒噴醇香。」極為傳神有味。

盛名之下，仿冒必多。古藺縣居然有二十多家酒廠將所釀的酒，全取名為「郎」酒，造成廠方困擾。最後確立圖案，大書一個郎字，表明正字標記。另評酒會上常出現「郎」冠「茅」戴的現象，這也是因兩種名酒風味太近所使然。故茅台酒在尼克森訪華、身價大漲後；知味之士便棄「茅」飲「郎」，不會一窩蜂的去追逐新高。花最少的金錢，獲最大的享受。

品嘗郎酒，飲法及配菜與茅台酒相去不遠，在此便不多贅述了。

另，值得一提的是，郎酒廠不以生產醬香型白酒而滿足，便在兼香型和濃香型的白酒上動腦筋。前者的產品為郎泉酒，曾在

一九八四及一九八五年的中商部的酒評比中，連續被評為優質酒並獲銀爵獎，以「醬頭濃尾」的特色而深受消費者的喜愛。後者的產品為古藺大麴，號稱「酒林中的佼佼者」，其妙為「一滴甘露落入口，千粒珍珠滾下喉」，雖只在一九八五年被評為四川省優質酒，卻是行家眼中的珍品，以其產量有限，往往供不應求，倒是值得一嘗。

郎酒起初在一九六三年被命名為四川名酒。一九八四年及一九八八年兩獲商業部優質產品稱號及金爵獎。一九七九年，在第三屆中國評酒會上獲國家優質酒稱號。此後，更上層樓，於一九八四年和一九八八年的第四、五屆中國評酒會上榮獲國家名酒稱號及金質獎章。並在一九八九年於香港所舉行的第三屆國際旅遊博覽會上，勇奪金杯獎。

武陵酒

湘江水巧釀香醪

酒名：武陵酒
產地：湖南常德
特質：酒香濃郁優雅，酒質細膩純正。

【來源】

　　湖南省常德市古稱武陵、鼎州，其釀酒史源遠流長。早在先秦時期，當地人即有擺「春台席」，置酒「與之合飲」的習俗。晉人陶淵明的曠世奇文《桃花源記》，地點應在這一帶，文內便有「先世避秦時亂」及「設酒，殺雞，作食」。到了漢代時，已有「元月元口飲春酒，五月五日切菖蒲菹，和雄黃泛酒飲之，九月九日飲菊花酒。」的風俗，可見其所能釀製的酒品甚多。

　　五代十國之際，武陵以「崔家酒」（又名神仙酒）聞名，傳遍湖、廣地區。據《酒譜》上的記載：「五代時，有張逸人常題崔氏酒爐云：『武陵城裡崔家酒，地上應無天上有。雲遊道士飲一斗，醉臥白雲深洞口。』

自是沽者愈眾。」崔姥姥從此側身「釀酒名家」之列，其汲水釀酒的井，被呼爲「崔婆井」，已是個上千年以上的古蹟。

宋代釀酒業興盛，神宗熙寧年間（一〇六八至一〇八五年）的酒課達「五萬貫」以上，是當時湖南的兩大酒產地之一。產品則以「鼎州白玉泉」及「桃源酒」著稱，躋身全國名酒之中，另據朱翼中《北山酒經》上的說法，釀桃源酒用神麴（優質麴）和好糯米，以五酘法精釀而成。此酒「熟後三五日，甕頭有澄清者，先取飲之，蠲除萬病，令人輕健。縱令酣酊（大醉）無所傷」。清代民間釀酒極爲普遍，以「黃酒、燒酒」居多。如《武陵竹枝詞》節云：「村村畫鼓澆春酒」，即爲明證。

一九五二年時，地方政府在舊酒坊的基礎上，建成「常德市酒廠」。在一九五九年當兒，繼承其傳統工藝，集各酒廠之大成，投產「德山大麴酒」。一九七九年，再生產另一款新酒，以地名爲酒名，稱「武陵酒」。而在一九八七年分家之後，廠內的武陵酒車間獨立，改稱「武陵酒廠」。原先的舊廠則易名爲「德山大麴酒廠」。

【釀造】

武陵酒選用優質高粱爲原料，以小麥製成的高溫大麴爲糖化醱酵劑。釀製工藝則是整粒高粱以水浸透，接著進行清蒸清燒。於八蒸七吊得酒後，經三年以上貯存，再勾兌裝瓶出廠。

　　武陵酒屬醬香型大麴酒，酒度分48°、53°兩種。酒香濃郁優雅，酒質細膩純正，入口綿甜爽冽，飲罷味長舒適。前清皇弟溥傑在品嘗之後，有詩讚云：「千秋澄碧湘江水，巧釀香醪號武陵。」

　　品嘗武陵酒時，以缽菜最爲相得，像湖南地區冬天民間常吃的白菜缽子：「一層白菜、一層肉、一層豆腐，煨燉至白菜酥爛、豆腐成蜂窩狀，連鍋上桌，逐層抓而食之。」最妙，此外如銀魚雞絲、清燉水魚、銀芽鱈魚、金鉤掛玉牌、油豆腐雞等亦佳。

　　本酒先於一九七二年，被命名爲湖南省名酒；一九八四年，再獲輕工業部酒類質量大賽金杯獎。又，一九七九年及一九八四年中國第三、四屆評酒會上，獲得國家優質酒稱號及銀質獎章。一九八九年時，更上層樓，在第二屆評酒會上榮獲國家名酒稱號及金質獎章。此外，另在一九九二年獲美國紐約首屆國際白酒、葡萄酒、飲料博覽會銀獎。現暢銷神州各地，正積極投入國際市場中。

習酒
赤水河畔酒飄香

酒名：習酒
產地：貴州習水
特質：酒液微黃透明、酒香優雅細膩，空杯留香不息。

【來源】

習水原屬仁懷縣，一九一五年析出置鰼水縣，一九五九年改稱習水縣，據云，此處為古習國的所在地，故名。境內之「習水酒廠」，位於二郎灘畔，距仁懷縣的茅台鎮僅五十公里，並與四川省古藺縣的「郎酒廠」，隔赤水河相望，共飲一河之水。而在其醬香型的習酒問世後能分庭抗禮，與茅台酒及郎酒鼎足而三，全是釣魚台賓館及人民大會堂的上等佳釀。

一九五六年在二郎灘邊舊酒坊的基礎下，改建成「貴州郎酒廠」，起初釀製回沙郎酒及玉米白酒，產量及質量均不甚高，並於一九五九年停產。一九六二年，將廠名易名為「習水縣紅衛酒廠」，為提升其品質，逐多次到四川的「古藺郎酒廠」和「瀘州大麴酒廠」等

取經，在博採各家之長後，經一連串的探索、試驗及改進，終於在一九六六年試製成功，並於翌年投入市場。初名「紅衛白酒」，不久就易名為「習水大麴」。向有「國防酒」及「壯行酒」之美譽。其後亦將廠名改為「習水酒廠」。其出口之酒商標為「飛仙牌」，內銷則以「習水牌」為註冊商標。

【釀造】

一九七六年時，廠方決定恢復並改進，曾因原料緊缺而被迫停產的回沙郎酒，集中組織力量，開始試製優質醬香酒。在一九八一年研製成功後，隨即投產問世，稱之為「習酒」。

習酒選用優質糯高粱為原料，以小麥製成的大麴為糖化醱酵劑。其工藝上以「四高」著稱。此即高溫製麴、高溫堆積、高溫醱酵和高溫蒸餾。並採用一年為一回的生產大週期。經伏天製麴，重陽下沙，兩次投料，露地糖化、老窖醱酵，清蒸回燒，七次蒸餾及七次取酒等工序後，先按質裝罈，再陳釀三年，然後精心勾兌而成。

【口感與入菜】

習酒屬醬香型大麴白酒，酒度為53°。酒液微黃透明、酒香優雅細膩、酒體豐滿醇厚，入口綿甜爽適，空杯留香不息，號稱「酒中皇冠」。

至於在品嘗方面，習酒與黔春酒下酒菜看相類，宜醇厚及清

淡兼具者。我個人喜以此搭配冬菜鴨、鞭尖火腿燉全雞、油豆腐雞、蔥煎牛肉、潮州滷鵝、麻辣腰花、蟹粉魚肚及西滷蹄筋等，醬香繞齒際，珍饌能爭輝，真的很正點。

習酒一經上市，翌年即被評為遵義地區名酒，亦榮獲省優新秀產品獎、省評研成果獎，名列食品類第一。一九八五年，在廣州秋季貿易會上竟作宴會專用酒，並被指名參加北京國際貿易博覽會，一飛沖天，委實難擋，已被目為「中國食品的新秀」。一九八八年時，獲商業部優質產品金爵獎，次年則在中國第五屆評酒會上，榮獲國家優質酒稱號及銀質獎章，並獲香港中華文化名酒博覽會金獎。此後，則鷹揚於海外，先於一九九二年在美國洛杉磯國際酒類展評交流會，獲金鷹金杯獎。後在一九九三年獲香港國際名酒博覽會特別金獎。現除暢銷中國各地外，亦出口日本、俄國及東南亞諸國。

黔春酒

飄香西南品質佳

酒名：黔春酒
產地：貴州貴陽
特質：酒液呈微黃色，醬
香優雅細膩，入口甘潤味
爽。

【來源】

　　貴陽市爲貴州省省會，是西南地
區最大的鐵路樞紐。當地氣候溫和濕
潤，冬無嚴寒，夏無酷暑，而有第二
春城之美譽。清代小說家李汝珍在
《鏡花緣》中，列有五十五種當時天
下名酒。現隸貴陽市的「貴筑縣夾
酒」，便是其中之一。除了夾酒外，
清代亦以釀燒酒及仿紹酒著名。

　　一九三六年時，貴陽市「經營釀
製及販賣酒業者，亦達六十家之
多」，「酒類之釀造，亦隨之甚爲普
遍，如包穀酒，糯米酒及黃酒等釀製
者亦頗多。」到了一九五○年，集全
市一百四十家大小釀坊的技術力量，
組建成「貴陽市聯營酒廠」，後經數
度改易，最後於一九五八年定名爲
「國營貴陽酒廠」。其起初生產的是屬

其他香型的「貴陽窖酒」，後因原料取得困難而被迫停產。文革時期，勉強生產普通白酒來維持生計，一九三六年時，該廠研製貴陽大麴成功。接著並在一九八二年正式投產高檔的「黔春酒」，此酒乃該廠高檔化、低度化、多樣化及名優化的典型代表。

【釀造】

黔春酒選用優質高粱、小麥為原料，選取茅台酒分離的六株細菌、七株酵母，另加河內白大麴為糖化醱酵劑，借鑒「茅台」工藝，經清蒸續渣、加麴堆積、老窖醱酵、按質摘酒、分級陳貯、精心勾兌等一連串工序而釀成。

【口感與入菜】

黔春酒屬醬香型麩麴白酒，酒度分54°及38°（另稱黔春特醇）兩種，酒液呈微黃色，醬香優雅細膩，酒體醇厚綿柔，入口甘潤味爽，尾淨而餘香長。基本上，黔春酒在品嘗時，宜醇厚及清淡兼具的佳餚，像冬菜鴨、汽鍋雞、黃芽菜煨火腿、金銀蹄雞、蛤蜊劗肉、清炒鱔糊、煎餛飩、水鋪牛肉、炸蝦球、砂鍋魚頭豆腐等，都能提升酒味，讓您受用不盡。

黔春酒初試啼聲，即獲好評。一九八三年，先獲國家經委優秀新產品金龍獎。一九八六年獲貴州省名酒金樽獎。一九八八年時，獲輕工業部出口優質產品金獎。此後又有斬獲，再於一九八九年中國第五屆評酒會上，榮獲國家優質酒稱號及銀質獎章。

凌川白酒

酒美浮金碗

酒名：凌川白酒
產地：遼寧錦州
特質：酒液清澈透明，另有芝麻香氣，富有自然風韻。

【來源】

錦州城為大、小凌河所環繞，因河水澄澈、質地優良，極宜釀酒，為其釀酒業提供了優越的地理條件。明、清時期，以釀製「燒酒」馳名，號稱「酒美浮金碗，茶香滾玉匙」。此外，亦有「黍、高粱、糯、稗、山渣、葡萄」等酒品。

據《錦縣志》上的記載，當地的佳釀首為「東關燒鍋」釀製的燒酒，另建於清仁宗嘉慶六年（一八〇一）的「益隆泉燒鍋」亦有精品，均載譽於大、小凌河流域。

一九四八年時，「益隆泉燒鍋」收歸國有，易名為「利華燒鍋」，繼續釀製燒酒。後為提升品質，始學習現代釀酒科技，改進傳統釀酒工藝，遂使老酒新生，大放光采。一九五五

年遂定名爲「凌川白酒」，一九五九年易廠名爲「凌川酒廠」，隨即獲選爲中華人民共和國十週年國慶的獻禮酒。

【釀造】

本酒選用東北所產的優質高粱爲原料，以麩麴爲糖化醱酵劑，汲引河中清流爲釀造用水，並添入生香酵母、醱酵二十一天，再繼續緩慢蒸餾，九月陳貯，然後勾兌而成。操作過程嚴格，地方風格明顯。

【口感與入菜】

凌川白酒屬醬香型麩麴白酒，酒度分55°及60°兩種。酒液清澈透明，酒香醬中帶清，另有芝麻香氣，酒質醇厚雅正，入口柔和綿甜，飲後爽淨適口，回味餘香不絕，富有自然風韻，實屬上乘佳釀。

品嘗凌川白酒，應以清爽不油膩的菜肴爲主，方能領略到其各種不同之香氣。如以清湯哈士蟆、氽西施舌、湯爆肚片、氽黃管、清燉甲魚、雞糝、白肉血腸、冬菜鴨、涮羊肉、砂鍋津白、蒜泥白肉、鯊魚煙、鮝蛤蜊雞湯、水晶肴蹄、冬瓜或西瓜盅、鹽焗雞、芙蓉雞片等侑酒，菜清而酒洌，細品其滋味，人生之至樂，亦不過如此。

本酒一出道，果然不同凡響，先後在一九六三、八四及八九年的中國第二、四、五屆評酒會上，榮獲國家優質酒稱號及銀質

獎章，並於一九八四年獲輕工業部酒類質量大賽銀杯獎，且在一九八七年被評爲遼寧省優質產品。因其風味特殊，能合洋人胃口，故曾在巴西及敘利亞展出，且用來招待美、日等國訪華嘉賓。現除暢銷神州各地外，亦出口美、日、韓及英、法、德等二十餘國。

千山白酒

笑傲白山黑水

酒名：千山白酒
產地：遼寧遼陽
特質：酒液澄清透明，濃郁帶芝麻香，飲後餘香綿綿。

【來源】

位於遼陽市東南的一座名山，人稱千山，又名積翠山，千華山或千朵蓮花山。是東北地區的三大名山之一，以其有九千九百九十九座峰巒而得名。山中奇峰迭起，塔寺棋布，亦是一大觀光勝地。原「遼陽縣酒廠」於一九五六年所投產的白乾，即以千山命名，播譽白山黑水。

遼陽在前清時，已是今遼寧省最大的產酒區。據《奉天通志》上的記載，遼陽「本境高粱產額最富，大麥、小麥、豌豆亦足供製麴之資，而泉水甘美，造酒芳洌，實為全省之冠，故境內燒鍋多於各縣。」

當地第一家燒鍋所出產的燒酒，始於清世祖順治十五（一六五八年）。穆宗同治年間（一八六二至一八七四

年），已發展至六家；到了遜帝宣統年間（一九○九至一九一一年），計有十一家之多，民國以後，釀酒業持續穩定上升。及至一九三三年時，更高達三十五戶燒鍋。其中，又以「玉升涌」最大，行銷關內、外。另，文獻亦記載：「遼陽其釀造之高粱酒，在三省（指遼寧、吉林及黑龍江）實首屈一指，出品年達五百餘萬斛。」

一九四七年時，地方政府將境內分散的各燒鍋，合併為三家。一九五三年時，再來個三合一，成立「遼陽釀酒廠」；到了一九八○年，為求與產品一致，易名稱「千山酒廠」。

【釀造】

本酒選用遼寧當地特產的優質高粱為原料，以河內白麴和生香酵母為糖化醱酵劑，醱酵期為一個月，於蒸餾得酒後，再分類貯存，精心勾兌，然後陳貯半年以上才出廠。

【口感與入菜】

千山白酒屬醬香型麩麴白酒，酒度分60°及55°兩種。酒液澄清透明，酒香風味奇特，濃郁帶芝麻香，酒質醇厚柔和，入口甘潤爽適，飲後餘香綿綿，註冊商標為「千山牌」及「紅梅牌」。

品嘗千山白酒，甚宜雅上兩杯。在東北菜方面，以扒豬臉、人參燉烏雞、白肉血腸等較為對盤。其他如粉蒸肉、炒鱔魚絲、蔥爆牛肉、鍋巴蝦仁、乾炸響鈴及叫化雞等亦是佐酒佳品，倘再

有個腐乳肉、東坡肉或無錫肉骨頭，那就更惹味了。

　　本酒曾在一九五八年被評爲遼寧省優質酒；另於一九八一年及八七年被評定爲遼寧省優質產品。而九三年至九四年及九四年至九五年的世界名酒年鑑，均將其列入，成爲國際名酒。現除銷往各城市、港市及港、澳等地外，亦出口美、法、日、新等十餘國。

北大倉酒
風城美酒譽邊關

酒名：北大倉酒
產地：黑龍江齊齊哈爾
特質：酒液微黃透明，醬
香純正突出，聞之幽香撲
鼻，入口柔軟甘潤。

【來源】

在台灣，提到「竹風蘭雨」，可謂無人不知，無人不曉。只是竹風雖勁，但比起齊齊哈爾來，那可是小巫見大巫了。

齊齊哈爾，舊稱卜奎城。每到春天，風勢野大，有時風捲黃沙，塵土飛揚，遮天蔽日，樹木摧折，其大不亞颱風，其強直追颶風，故有「風刮卜奎」之諺。

又齊齊哈爾坐落在千里沃土的嫩江平原上，這裡開墾甚遲，一直是野獸出沒之所。號稱「天蒼蒼，野茫茫，人煙稀少，一片荒涼」。唯在漢人大量移墾後，但見農舍林立，觸目莊稼，盛產大麥、小麥、大豆、高粱、玉米等穀物，儼然成一超級大穀倉，不復當年北大荒景象。酒以北大

倉爲名，其寓意即在此。

【釀造】

本酒選用當地特產的「大蛇眼」高粱爲原料，以大麥、小麥、大豆、玉米合製而成之大麴爲糖化醱酵劑，取法茅台酒的釀製工藝，並結合北地氣候及地理等特殊條件，經過不斷的試驗與改良，形成一套自己的工藝體系，進而有一己獨特的風格。其工藝乃採取一次投料、池上堆積、持續加麴、按質摘酒、分級入庫。於長期貯存後，再精心勾兌釀成。

【口感與入菜】

北大倉酒屬醬香型大麴白酒，酒度爲53°，酒液微黃透明，醬香純正突出，聞之幽香撲鼻，入口柔軟甘潤，回味餘香綿長，近似茅台風味。

品嘗北大倉酒，應以砂鍋、汽鍋、涮涮鍋等烹飪出來的各式菜最宜。此外，像鍋塌豆腐、鐵鍋蛋、糖醋魚、紅燒肉、鹽水羊頭、熘黃菜、客家鹹魚、麻辣酥小鯽等下酒，亦是佳品。不然，弄些滷豬頭肉、滷大腸、胡桃仁、夏威夷火山果等小點，或對月獨酌，或三、五好友共飲，都能吃得盡興，喝得過癮，悠哉遊哉，好不快活。

本酒於一九五八年試製成功，一九六○年投產上市。曾在一九六二年的東北地區釀酒協作會議上，名列當時東北十二名酒之

冠。一九八七及一九八○年被評爲黑龍江省地方名酒。一九八四年時，雙喜臨門，先被評爲黑龍江省優質名產，再獲輕工業部酒類質量大賽銅杯獎。目前它的高知名度，皆在北方，除東北和華北之外，部分亦出口日、韓及俄羅斯等國。

大連老窖酒

落腹回味香更舒

酒名：大連老窖酒
產地：遼寧大連
特質：酒液晶瑩透亮，醬香濃郁突出。

【來源】

　　大連遲至清代，始有釀酒業。其酒品主要爲「黃酒、燒酒」，甚爲詩人墨客所喜，所賦詩句不少如「隻手提壺問酒家」、「酌罷黃花酒數升」及「蓬收船泊岸，沽釀煮新蟹」等均是。

　　據《奉天通志》上的記載：「奉省地寒，故飲者多也。黃米亦可釀酒，曰黃酒又曰元酒，味稍薄。農家亦自爲之。」另，《中國近代實業志》亦載有於一九一六年所建的「雙興泉燒鍋」，以釀製「燒酒」著稱。一九四八年時，當地政府在原燒鍋舊址上，建成「大連釀造廠」。一九五〇年即繼承傳統工藝，先恢復投產「黃酒」。一九六四年易名爲「大連酒廠」，再於一九七五年投產「老窖酒」。

【釀造】

大連老窖酒則選用優質的在地高粱爲原料，糖化醱酵劑以麩麴爲主，大麴爲副。其工藝有別於茅台，但香氣相近。在合理配料、精神操作、加強老熟、嚴格管理的程序下，經科學勾兌精釀而成。

【口感與入菜】

本酒屬醬香型麩麴白酒，酒度爲55°。酒液晶瑩透亮，醬香濃郁突出，酒質純正醇厚，入口甘潤爽適，回味餘香綿長。有評語讚道：「聞酒香沁肺腑，喝其酒香滿口，落腹回味香更舒。」而最關鍵的一句，則是「味美價廉合心願」。

在品嘗時，大連老窖酒以燻、扒、爆、炒、煎、炸等菜餚，無一不合，而且以牛、羊、鹿肉爲佳，像炸里脊、爆雙脆、客家小炒、煎馬頭魚、蔥爆牛肉、蔥爆羊肉、蠔油牛肉、沙茶羊肉等俱可。搭配範圍甚廣，諸君不妨試試。

大連老窖酒後勢強旺，首先於一九七八年及一九八〇年均被命名爲遼寧省名酒稱號；一九八四年亦獲輕工業部酒類質量大賽銀杯獎；並在一九八四年和一九八九年連獲中國第四、五屆評酒會之國家優質酒稱號及銀質獎章。目前均銷往中國各大城市，並積極著手出口中。

特釀龍濱酒

哈爾濱逸酒香

酒名：特釀龍濱酒
產地：黑龍江哈爾濱
特質：酒液略呈微黃，望
去清澈透明，醬香濃郁特
殊，酒味醇厚細緻。

【來源】

　　黑龍江省哈爾濱市古屬阿勒楚喀，
在東三省釀酒業中，起步算早。據《吉
林通志》上的記載：清代釀酒業興盛，
清德宗光緒十七年（一八九一年）「雙
城廳燒鍋票稅與阿勒楚喀、拉林、賓州
共徵額稅銀二萬兩。」四者並論，可見
是前清吉林省的四大產區之一，惟現已
劃歸黑龍江省了。

　　民國初年(一九一五年至一九三〇
年間)，哈爾濱的釀酒業發展甚速，已有
二十幾家酒坊。又因地理位置極佳(位於
松嫩平原東部)，新興工業激增，酒類產
品多樣，令人目不暇給，截至一九三四
年止，酒坊計有黃酒四十一家，葡萄酒
九家，果實酒十四家，藥酒六家，尚不
包括燒酒，便有七十家之多。燒酒作坊
更是多如繁星，指不勝屈，應在其總和

的兩倍以上，蔚爲一時之盛。惟在兵燹之餘，酒坊逐年減少，產量急遽下降，已非昔日舊觀。一九一九年建成的「增盛燒鍋」與一九二九年建成的「興泰永燒鍋」便在這樣的情況下，肩負著啓後重位。前者於一九四六年改爲公營酒廠，一九五二年改稱「哈爾濱製酒四分廠」，一九六七年易名爲「龍濱酒廠」。其於一九五八投產的龍濱酒，曾在一九六三年榮獲中國第二屆評酒會國家優質酒稱號及銀質獎章。爲了提升品質，遂在一九七五年在舊有的基礎上，投產特釀龍濱酒，因其確實不同凡響，立刻傳遍赤縣神州。

【釀造】

特釀龍濱酒是選用於松嫩平原特產的黃殼高粱爲原料，以小麥製成的中、高溫大麴爲糖化醱酵劑，所採用的工藝爲了與眾不同，乃在仿製茅台酒的工藝基礎上，結合自家獨特的傳統釀造技術。經高溫潤料、堆積增香、適溫入窖、回酒醱酵的工序後，再多輪底醱酵、窖底增香，並且運用老香醅增酯的方式緩慢蒸餾。然後分級貯存，精心勾兌釀成。

【口感與入菜】

特釀龍濱酒屬醬香型大麴白酒，酒度分39°、50°及55°三種。酒液略呈微黃，望去清澈透明，醬香濃郁特殊，酒味醇厚細緻，入口柔和潤軟，餘香持久不散。以其無強烈刺激，倍受消費

者歡迎。

　　特釀龍濱酒曾於一九八三年和一九八六年被評為黑龍江省優
質產品，亦在一九八四年獲輕工業部酒類質量大賽金杯獎。接著
在一九八四年、一九八九年的中國第四、五屆評酒會上榮獲國家
優質酒稱號及銀質獎章。自其問世後，即廣受好評，目前著重內
銷，出口則以東北亞居多。

　　品嘗特釀龍濱酒時，其搭配的菜餚與吉林省的古林茅酒雷
同，諸君可自行翻檢參考。

古林茅酒
茅台酒的妙分身

酒名：古林茅酒
產地：吉林榆樹
特質：酒液無色透明，醬
香明顯而諧調。

【來源】

　　仿製酒一直在中國大行其道。清
朝時，因皇室看重紹興酒，滿朝文武
及平民百姓，莫不以此為貴。南方的
仿紹酒遂適時崛起，其中以湖北的楚
酒最為亂真。而位於東北吉林省的白
酒廠，則求其水質與原料之近似，遂
推出仿茅酒及仿汾酒，因其質量甚
佳，已為仿酒上品。

　　榆樹縣古屬伯都訥廳，於清代
時，釀酒業勃興，尤以燒酒著稱。依
《吉林通志》上的記載，「光緒十七
年（一八九一年）的燒鍋票稅銀達一
萬六千兩之多，已是吉林三大產酒地
區之一。」尤以宣統年間（一九〇九
至一九一一年）所建的「德聚永」燒
鍋最負盛名。一九六五年時，當地政
府在這老燒鍋的舊址上建立榆樹縣新

立酒廠，一九八○年，易名爲「榆樹縣第三造酒廠」，開始投產特
釀茅酒。一九八五年，將產品之名改爲吉林茅酒，並將酒廠改登
記爲今名。一九八八年，再將酒名更換成「古林茅酒」。

【釀造】

　　古林茅酒選用優質高粱、玉米爲原料，以麩麴、酵母爲糖化
醱酵劑，完全採用茅台酒的工藝，經高溫潤料、堆積、醱酵、蒸
餾、陳貯、勾兌等工序，所釀製而成。

【口感與入菜】

　　古林茅酒屬醬香型麩麴酒，酒度分55°、40°及38°酒液無
色透明，醬香明顯而諧調，酒體醇厚豐滿，飲罷回味悠長，空杯
仍存餘香，甚爲酒徒所珍，名揚四海五洲。

　　品嘗本酒時，除了用蘭花乾、豆乾、花生、牛肚、牛腱等滷
味外，可用梅干扣肉、烤乳豬、燒方、西湖醋魚、蔥椒魚、蔥爆
牛肉等佐酒，末了再來個像汽鍋雞一類的好湯，鐵定喝得心滿意
足。

　　古林茅酒曾於一九八三年及一九八八年被評爲吉林省優質產
酒，並被列入一九九四年至九五年及一九九五年至九六年的世界
名酒年鑑，一度遠銷至日本、美國、加拿大及泰國等國家。

清香型白酒類

參

主體香是乙酸乙酯和乳酸乙酯。以酒氣清香馥郁，醇厚軟綿，甘洌爽口，氣味純正，回味悠長著稱。代表產品為汾酒，故又稱為「汾香型」。金門高粱酒、北京二鍋頭等均屬於這一香型。

酒名：汾酒
產地：山西汾陽
特質：酒液無色透明，餘味清爽悠長。

汾酒
三杯入口已銷魂

【來源】

清代著名神怪小說《鏡花緣》中，曾列舉當時五十五種中國佳釀，排名第一的即是汾酒，它的魅力到底在哪兒呢？

汾酒計有「古井亭牌」、「長城牌」、「汾牌」、「老白汾牌」四種，均產自山西省汾陽縣杏花村汾酒廠。其名之盛，天下第一。

汾陽縣古稱汾州，在距今一千五百年前的南北朝就已出產「汾清」酒。據《北齊書》上的記載，武成帝高湛在飲汾清後，覺其味甚美，便手書給皇侄河南康舒王高孝瑜。他在信中寫道：「吾飲汾清二杯，勸汝於鄴酌兩杯。」到了唐代，汾州的杏花村，出現了空前的繁榮，業臻「味微中邊蜜樣甜，甕頭青更色香兼。長街

恰付登瀛數，處處街頭揭翠簾」的盛況，吸引了不少文士墨客到此一遊。大詩人李白相傳曾醉倒於此。他當時所飲的，可能就是「汾州之甘露堂」酒，後來，這地方的「乾榨酒」和「乾和酒」也甚有名。

據說闖王李自成揮師至此，在飲了村民獻上的瓊漿後，心懷一暢，倚馬作書「盡善盡美」，從此杏花村亦稱盡善村。故《汾陽縣志》云：「汾酒以出自盡善杏花村者最佳。」

汾酒之所以好，與釀造用水出自「神井」有關。當地至今仍流傳著「馬踏神泉湧」、「醉仙居神井」等美麗傳說，這口井「其味如醴，河東桑洛不足比其甘馨，祿裕梨春不足方其清洌」（註：桑洛、梨春，皆是甘泉之名。）大學者傅山曾在井旁壁上題寫「得造花香」四字，一時傳為美談。而這井水，甚為神奇，用它煮飯，水不溢鍋；盛入容器，不蝕不鏽；洗滌衣衫，柔軟乾淨，簡直好到無以復加。

清德宗光緒元年（一八七五年）開的「寶泉益酒坊」，與一九一二年前後開設的「崇盛永」和「德厚城」酒坊，鼎足而三，質量俱佳。一九一五年「寶泉益」易名「藝泉涌」，併了另外二家，於一九三二年再與成立在太原的「晉裕汾酒股份有限公司」合併。一九四七年晉裕公司破產。雖翌年又投入小型生產，始終未見起色。一九五一年，當地政府在杏花村的舊酒坊基礎上建成「杏花村汾酒廠」，以後逐年擴建，早就成大陸規模最大的白酒廠之一，也是中國出口量最大的名酒之一。近改制為「山西杏花村汾酒（集團）公司」。其轄下之「汾酒廠股份有限公司」已在上海證券交易所掛牌上市，號稱「山西第一股」、「白酒第一股」。

【釀造】

　　汾酒用晉中平原特產的「一把掀」高粱為原料，以大麥；豌豆製成的「青茬麴」為糖化醱酵劑，其醱酵方式仍沿用傳統的地缸醱酵法，而醱酵工藝則是大名鼎鼎的「清蒸二次清」。在經一系列精心處理後，勾兌方為成品。其配選的七大口訣為：人必得其精，糧必得其實，水必得其甘，麴必得其時，器必得其潔，缸必得其淫，火必得其緩。

【口感與入菜】

　　汾酒屬清香型大麴白酒，酒度分53°、48°兩種。酒液無色透明，酒香清雅馥郁，酒質醇厚純正，入口綿柔甘冽，餘味清爽悠長。其高檔精品為「青花瓷汾酒」，向有「色、香、味，三絕」之譽。近代名人的品題不斷，如謝覺哉詩云：「逢人便說杏花村，汾酒名牌天下聞。草長鶯飛春已暮，我來仍是雨紛紛。」范增則云：「飄飄短夢到汾陽，萬樹杏花擁酒坊。潑墨從人欣得助，何妨酒後發清狂。」另，其53°、48°「老白汾酒」及38°「小紅帽低度汾酒」，頗受酒客垂青。

　　又，詩人喬吟道：「勸君莫到杏花村，此地有酒能醉人。」這種「甘泉佳釀」，務須小口淺嘗，方能體會其妙，倘用來猛乾杯，風雅之趣盡失，基本上，品嘗汾酒，更宜燻、滷、燒烤。燻菜以燻雞、燻鵝、燻龍鱈、千層風等最佳；滷味如豆乾、花生、蘭花乾、豬頭肉、牛肚、牛腱、牛筋、雞胗、雞翅、鴨翅、海帶

等均佳；燒烤類的菜餚，像燒肉、燒小豬、燒鴨、叉燒肉、烤下巴、烤香魚、烤海魚等，都是佐酒珍饌。此外，用鹽水鴨、煎馬頭魚、炒蝦仁、鐵鍋蛋、紅糟肉、白斬雞等來搭配，亦可得其風神。看來這款金門高粱酒的本尊，其可塑性甚高，幾無菜不包容。

「義泉涌」汾酒先於一九一五年的國貨展覽會上獲二等獎，同年又在美國舊金山所舉辦的巴拿馬萬國博覽會上獲甲等大獎章。再於一九二八年工商部中華國貨展覽會上獲一等獎，戰果相當輝煌。「杏花村汾酒廠」的佳釀，其成績更是耀眼，出盡鋒頭。首先於一九五二年中國第一屆評酒大會上，榮膺八大名酒之一，並蟬聯以後的一九六三年、一九七九年、一九八三年及一九八九年所舉辦的第二、三、四、五屆評酒會上的國家名酒稱號及金質獎章。一九九二年更上層樓，榮獲在法國巴黎所舉辦的國際名優酒展評會特別金獎。今已遠銷至五大洲四十餘國。一直是國際酒市上的搶手貨。

寶豐酒
快意還須三百杯

酒名：寶豐酒
產地：河南寶豐
特質：酒液無色透明，酒香清逸芬芳，酒質純淨綿柔。

【來源】

　　河南省寶豐縣古稱龍興、龍山，屬汝州管轄。釀酒歷史極久。曾於此出土大量的陶製釀酒器及飲酒器，經證實爲商、周時期應國的遺物。戰國時，秦、魏兩度會盟於此。到了隋、唐時期，寶豐已有釀酒業。唐代李白遊此地，曾即席賦詩云：「元子合逸趣，而我飲清芳。」

　　北宋初年，寶豐的酒業呈現「萬家立灶，千村飄香，煙囪如林，酒旗似蓑」的繁榮景象。據其縣志載，宋神宗熙寧年間（一〇六八至一〇八五年），被後人尊爲「北宋五子」之一的理學家程顥曾在此監酒及講學，留下了「酒務春風」的佳話。金代詩人元好問，家住在寶豐附近，常到此會友把盞，見糟酒作坊林立，即賦「遠

近旗簾如上箸」之句。他有次還在送別友人並暢飲此酒後，揮毫寫下了「春風著人不覺醉，快意還須三百杯」這膾炙人口的詩篇。

一九四八年時，當地政府在民間作坊的基礎上，建成「寶豐酒廠。其產品命名為「寶豐牌寶豐酒」。這酒另稱「蓮花酒」，據說它點燃後，其焰一如蓮花。有人則謂，此乃酒香清逸遠揚，有類蓮花的芳馨，是以得名。

寶豐酒的香氣如何？自古即流傳著「南不過汝，北不過沙」。這話怎麼講呢？原來縣城前濱汝河，後臨沙河。人在城內或許不覺酒香，但一過這二條河，就會聞到城內陣陣酒香襲來，忍不住酒香的，便會打道回府，再去痛飲兩杯。

【釀造】

本酒是用當地優質高粱為原料，再以大麥、小麥、豌豆製成的大麴為糖化醱酵劑，採用世代相繼的清蒸二次清傳統工藝，經續渣操作，泥窖醱酵，甌桶蒸餾，量質摘酒，長貯陳釀等工序後，再精心勾兌而成。其蒸餾的甌桶和冷卻器，至今仍沿用古老的設備。

【口感與入菜】

寶豐酒屬清香型大麴酒，酒度分54°及63°兩種。酒液無色透明，酒香清逸芬芳，酒質純淨綿柔，入口甘潤爽口，回味悠長

綿延。有詩贊道：「太白飄然舉寶豐，會須一飲三百杯。」

我曾在「奇庖」張北和那兒，大啖絕佳肴，暢飲寶豐酒。美食美酒當前，更顯相得益彰。那天有臭鱖二做、五爪金龍、海陸清供、鮑魚之肆、無韁羊肉、將軍戲鳳、水鋪牛肉、蟲草鳩脯、斑鳩湯餃等十餘道珍饈。舉杯痛飲，恣啖佳肴，那種痛快勁兒，畢生永難忘懷。

本酒早在一九五六年即被命名為河南省名酒。一九八四年獲輕工業部酒類質量大賽金杯獎。另，一九七九年及一九八四年的中國第三、四屆評酒會上膺國家優質酒稱號與銀質獎章。一九八九年則更上層樓，在第五屆評酒會上榮獲國家名酒稱號及金質獎章。一九九二年時，揚名海外，在比利時布魯塞爾所舉辦的第三十屆世界優質精品評選會上獲得金獎。

潞酒

入口綿綿永難忘

酒名：潞酒
產地：山西長治
特質：酒液無色透明，酒
香清雅純正，透出沁人梨
香，酒質醇厚柔綿。

【來源】

位在山西省東南部濁漳河上游的長
治市，古稱潞州、潞安府，一直是中國
的釀酒重鎮。約在宋徽宗年間（一一○
一到一一二五年），以地名為號的「潞
酒」，已是知名美酒。又，現為山西省
陵川縣與河南省林河縣界山的小南天
山，自來即是山西、河南兩省往來太行
山區的必經之地，這兒因而酒旗招展，
客商雲集。在一些酒肆內，常有潞酒出
賣，透出陣陣酒香。過往的行人，經不
住誘惑，便沽來一醉。因此，附近方圓
數百里內，一直流傳著「潞酒一過小南
天，香飄萬里醉半山」的歌謠。

元代宋伯仁的《酒小史》中，列名
天下百種佳釀，「潞州珍珠紅」酒，即
是其中之一。清人梁紹壬所著的《兩般
秋雨庵隨筆》內，載有其品酒結語，

謂：「此外不得不推山西之汾酒、潞酒，然稟性剛烈，弱者惡焉，故南人勿尚也。」另，《山西通志》則逕稱「汾、潞之火酒盛行於世」，並予「酒之美者」的封號。此外，李汝珍在《鏡花緣》所列的五十五種天下名酒，亦記有「山西潞安酒」。

由以上的資料顯示，長治市釀酒的歷史悠久，一向與汾酒並稱佳釀，且持續銷往晉、冀、魯、豫各省，維持著極高的聲譽及甚大的影響力，儼然是晉中美酒的代言人。

一九四五年時，中共當局集長治市、長治縣、陵川縣、平順縣、壺關縣、潞城縣、屯留縣和長子縣等八縣市二十餘個小酒坊的技師，成立「長治市潞酒廠」，繼續釀製燒酒。到了一九五八年，為了恢復此一歷史名酒，在一連串的調查整理歸納後，總結出傳統釀法，並試製成功。

【釀造】

本酒選用當地優質高粱為原料，以大麥和豌豆製成的大麴為糖化醱酵劑，採用地缸分離、適溫醱酵、清蒸續渣等工藝，並經分段接酒，貯存老熟等工序，再進行勾兌、精釀而成。其操作的要領，在於掌握住「穩、準、細、淨、冷、熱、潮、燥」等環節。

【口感與入菜】

潞酒屬清香型大麴白酒，酒度分為65°、60°及53°三種。

酒液無色透明，酒香清雅純正，透出沁人梨香，酒質醇厚柔綿，入口味厚回甜，餘香延續較長，有人題詩讚道：「一壺潞酒三年香，入口綿綿永難忘。」對其絕妙滋味，給予極高肯定。

品嘗潞酒，根據我的經驗，應以清鮮自然的口味為主，絕不宜重油厚味。否則，馨逸清遠的梨花香就體會不出來了。故肉宜白片肉、黑白切；素菜宜金鉤掛玉牌、崩山豆腐、炒素什錦等；火鍋則以酸菜白肉火鍋或涮羊肉為主；先呷些酒，再吃飯菜，此中之樂，妙不可言。

本酒自問世後，僅享有地方上的聲譽，一直未在外披金戴銀，除非知味識味，無由一嘗其妙。它先在一九七四年被命為山西省地方名酒；接著在一九八一到一九八八年間，屢被評為山西省優質產品。目前暢銷華北地區，尚未投放海外市場。

特製黃鶴樓酒
跨鶴乘雲盡一醉

酒名：特製黃鶴樓酒
產地：湖北武漢
特質：酒液清澈透明，酒
香清雅純正，入口綿甜爽
淨，飲後怡悅提神。

【來源】

　　武漢三鎮本是指武昌市、漢口市
及漢陽鎮三者，今已合爲而一，稱武
漢市。遠在東漢時，武昌稱江夏，漢
口稱夏口，漢陽則屬漢陽郡，均以釀
酒及飲酒而聞名。三國期間，吳大帝
孫權曾在武昌釣台，留下了「酒醉水
淋群臣」的故事。另，據南朝梁人蕭
子顯所撰的《南齊書》記載：「夏口
城據黃鵠磯，世傳仙人子安乘黃鶴過
此上也。」這則典故，迄今留傳。

　　至於黃鶴樓的由來，其間充滿著
神話色彩，相傳它建於吳大帝黃武年
間（二二二至二二九年）。江夏人辛
氏在此開酒肆，有仙道費子安常至此
飲酒，幾年來都不付酒錢。後爲償酒
債，仍取桔皮在壁間畫一鶴，「客來
飲，但令拍手歌之，鶴必下舞」，遊

人聚觀，生意大好，十幾年下來，辛氏竟成巨富。後子安在酒樓跨鶴乘雲而去，辛氏即於飛升處建黃鶴樓。

唐朝時，黃鶴樓成為名勝之一，文人墨客登樓攬勝日多，吟詩贊酒之作不少，更使武漢之酒，馳名天下。名作如羅隱《憶夏口》詩，云：「漢陽渡口蘭為舟，漢陽城下多酒樓，當年不得盡一醉，別夢有時還重遊。」李白《江上吟》曰：「木蘭之枻沙棠舟，玉簫金管坐兩頭；美酒樽中置千斛，載妓隨波任去留。仙人有待乘黃鶴，海客無心隨白鷗；屈平詩賦懸日月，楚王台榭空山丘；興酣落筆搖五嶽，詩成笑傲凌滄州；功名富貴若長在，漢水亦應西北流。」至於崔顥的《黃鶴樓詩》，更是千古絕唱，詩仙亦歎弗如。

宋神州熙寧年間（一○六八至一○八五年），鄂州（即武漢）的酒課達「五萬貫以上」，算是個中小型的產酒區。歷代騷客遷人更震於黃鶴樓之名，紛紛前來遊覽，暢飲當地佳釀，宋、明、清三代的名士計有真德秀、蘇軾、晁無咎、張耒、楊子善、沈宜、雷楚材、程東等數十人，均賦有飲酒詩，蔚為千古盛事。

到了清末，光個漢口，就有百餘個酒坊，釀有諸般酒品，其名目之多，令人目為之眩，雖以釀製黃酒居多，但「漢汾」業已問世，《湖北通志》即載：「近通行者，惟汾酒，南酒。汾酒以高粱為貴，仿山西製法，用大麴釀之。南酒亦以高粱或大麥為料，其釀則專用小麴，故酒皆清辣。而汾酒味較醇厚，價亦倍昂。」又《武昌府志》亦記載著：「夏口人劉某，……康熙元年（一六六二年），以高粱為料，作藥釀酒，時人亦稱漢汾酒。」其歷史則更早個二百年。又，在眾多釀漢汾酒的糟坊中，公推「天

成糟坊」所釀的品質最佳，亦最負盛名。

　　民國以後，漢汾酒的聲勢更盛。在一九一五年的北京國貨展覽會上，「羅恆仁酒坊」所產高粱酒獲三等獎。一九二九年時，「德泰源酒坊」的漢汾酒在工業部中華國貨展覽會上獲一等獎。另，一九三三年編撰的《近代中國實業通志》中，「康成造酒廠」及「協康汾酒廠」均被列入全國名酒廠之林。

　　一九五二年時，地方政府在「老天成」等幾家糟坊的基礎上，建成「武漢酒廠」。沿襲傳統工藝，持續生產漢汾酒；一九六二年在學習汾酒的釀製工藝後，品質大為提升，改稱「特製漢汾酒」。到了一九八四年，該廠為打出自己的品牌，乃以黃鶴樓古蹟做酒名，一九九二年再改廠名為「黃鶴樓酒廠」。

【釀造】

　　特製黃鶴樓酒選用優質高粱為原料，以大麥和豌豆踩製的清茬麴、紅心麴、後火麴為糖化醱酵劑。釀製時，採地缸分離醱酵，石板封缸等工藝，再經量質摘酒、分級貯存等工序，再精心勾兌而成。

【口感與入菜】

　　特製黃鶴樓酒屬清香型大麴白酒。酒液分39°、54°、62°三種。酒液清澈透明，酒香清雅純正，酒質醇厚諧調，入口綿甜爽淨，飲後怡悅提神。詩人秦含章飲罷，題詩讚道：「數江邊勝

迹，看龜蛇兩山，無意修仙閣；滄海內風物，推武漢一廠，有酒
馳芳名。」

品嘗特製黃鶴樓酒，應以口味略帶鹹鮮的荥餚爲主，如麒麟
石斑、謙記牛肉，過油肉、冬瓜鱉裙羹，炒螺絲肉，臭鮮肉絲、
東坡蛋等味；便很適合，倘一清到底，反而兩者相抵，領略不出
其清逸馨永，未免太可惜了。

本酒是漢汾酒的正宗，備受酒界矚目，曾於一九八四年獲輕
工業部酒類質量金杯獎。另於一九八四年、一九八九年的中國第
四、五屆評酒會上榮獲國家名酒稱號及金質獎章。目前流行於神
州大地，此刻正積極尋求出口中。

六麴香
釀造風格獨一枝

酒名：六麴香
產地：山西祁縣
特質：酒液無色透明，香氣清厚純正，入口醇和爽冽，味道綿軟回甜。

【來源】

　　山西省是清香型白酒的首要產區，自古即是酒國。境內佳釀極夥，麓山牌六麴香酒無疑是其後起之秀的佼佼者。

　　祁縣位於晉中，水源豐富，土壤肥沃，盛產小麥、高粱等作物，品質甚為優良，具備釀酒的有利條件。據《祈縣志》上的記載，當地人們有「春分日釀酒」和「六月六日造麴」的風俗。清代時，這兒所釀製的燒酒及黃酒，已是地方的主要生產之一。惜無名師的指點，成品未臻上乘，只能自家喝喝，無法推廣他鄉。

　　一九五○年時，地方政府在燒鍋舊址上，建成「祈縣酒廠」，為求一炮而紅，乃改變既往釀製土法，積極研發新式釀法，並於一九七三年開始

投產。此舉果然收效甚宏，不僅成本至爲低廉，而且經濟效益奇高，成果豐碩，震驚酒壇。

【釀造】

釀製六麴香的主要原料是當地出產的優質高粱，品種雖然不錯，卻無特異之處，其能奮出崛起，進而名列前茅。所倚仗的主要是獨門釀酒技術，並不光是水好，料好，即可奏功。本酒在用麴上特別用心，盡取大麴釀酒和麩麴酒母兩者的優點。此法即先遴選一株較優的糖化菌和醱酵菌作爲釀酒的基礎微生物，在保證出酒率的基本前提下，另大量引進汾酒大麴和酒醅中的有益菌種，同時培養麩麴和菌液。因其突破傳統使用六株霉菌製造麩麴，廠方爲彰顯其特色，遂將此酒命名爲「六麴香」，並於一九八六年時將該廠易名爲「六麴香酒廠」。

六麴香在工藝操作上，爲使清香更爲顯著，乃採用悶渣配醅，延長醱酵期等規程，使酒質更臻完善。此外，亦運用「原料清蒸、輔料清蒸、清蒸配醅、清蒸流酒」等一清到底的特殊釀酒工藝，予以精釀而成。故其雖是麩麴白酒，卻有相應的大麴酒質量，成分特殊，手法翻新，已爲中國白酒的釀造工藝提供了一個新的方向。今人有「釀造風格獨一枝，清香蟬聯狀元榜」一詩，可資佐證。

【口感與入菜】

本酒屬清香型麩麴酒，酒度分成65°、62°、55°及38°四種。酒液無色透明，香氣清厚純正，入口醇和爽冽，味道綿軟回甜，飲後餘香不盡，不愧上等佳釀。

品嘗六麴香，不須也不用大菜，最好是有碗太原頭腦湯，不然來碗撥魚、刀削麵或貓耳朵亦可。如再點些可口小菜，像芙蓉雞片、熘黃菜、椒鹽排骨、脆鱔或醬爆雞丁等，就受用不盡啦！其酒度共有四種，宜分四季享用。總不外夏用低度，冬則選高度酒嘗。這酒入口極順，可大口飲，再小口嚐。如此，必滿嘴生香，意氣風發，大有「兩腋習習清風生」之妙。

六麴香一經上市，即受高度推崇，引發評審注意，隨即於次年首獲山西省地方名酒稱號。一九七九年再度獲選優質產品獎。自此而後，身價扶搖直上，飛上枝頭變鳳凰。一九八四年先在輕工業部酒類質量大賽上贏得金杯獎。然後於一九七九、八三及八九年的中國第三、四、五屆評酒會上，連續榮膺國家優質酒稱號及銀質獎章。成為中國知名的白酒。

特製衡水老白乾

桃城美酒醉人香

酒名：特製衡水老白乾
產地：河北衡水
特質：清香味濃而不艷，
度低綿軟而不淡。

【來源】

衡水縣位於冀中平原滏陽河畔，古稱桃縣，隸冀州管轄。漢代時，縣城四周遍植桃林，每逢花季盛開，文士得便群趨品酒賦詩，後人曾寫下「桃城十里酒味香，醇厚甘甜好佳釀」的詩句，以記其盛況。到了東漢時，釀酒業萌芽，打著「桃城美酒」的名號，亦稱「滏陽之花」。

明世宗嘉靖三十二年（一五五三），衡水縣城內，有十八家酒店。其中的「德源涌」酒店，因造橋工人常在此聚飲，飲罷，則讚其酒道：「真潔、好乾」。後為人引用，特稱「老白乾」。老即歷史久，白指酒色清，乾乃酒度高。待知名度打響後，遂有「到了桃城不喝酒，白在市上瞎胡走」的民諺。

清人李汝珍在《鏡花緣》中，所寫

的天下名酒，「冀州衡水酒」即是其一。其代表之酒品，仍出自「德源涌」。遜帝宣統三年（一九一一），城內的酒坊增至三十餘家，並遠銷至新加坡。一九二九年時，「福興隆」所出的佳釀，獲河北省國貨陳列館二等獎。

　　抗戰之後，衡水縣的釀酒業由盛轉衰，到了一九四六年，只剩下德源涌等十六家酒坊。當地政府遂於該年將其合併，建成「衡水製酒廠」，恢復老白乾的生產。一九六八年，改名為「衡水地區製酒廠」，又在產品上，冠上了地名。一九七六年試製降度酒成功，命名為「衡水特製老白乾」。一九九三年，酒廠再易名為「衡水老白乾酒廠」。

【釀造】

　　老白乾酒以聞著清香、入口甜香、飲後留香著稱，酒度為67°，雖高而不烈，飲後不刺喉，且有「透節通關、注血和顏、解暑溫寒」之效，確是酒中佳品。杜子端曾詩曰：「酒仙能飲衡水酒，詩聖不再醉他鄉。」終究是酒度太高，量淺者懷有戒心。本酒沿襲其工藝，保持其風格。選用優質高粱為原料，以小麥踏製的清茬大麴為糖化醱酵劑，採用三排淨工藝，經低溫入缸，地缸醱酵，酒頭回沙、緩慢蒸餾，分段掐酒，按質貯存在精心勾兌等工序後，陳貯一至三年而釀成。

【口感與入菜】

衡水特製老白乾屬清香型大麴白酒。酒度為38°。其特點為：清香味濃而不艷，度低綿軟而不淡，入口甜美而冽甘，回味悠長而不散。自投放市場之後，頗受消費者歡迎。王學信賦詩讚道：「桃城美酒醉人香，十里橋頭話知長；古來多少杯中客，綠蟻新醅共舉觴。」

品嘗這款清香白酒的極品，菜宜清馨淡雅，方能相得益彰。像青豆蝦仁、大煮乾絲、清蒸肥蟳、銀芽雞絲、白煮豬腳、白斬雞、釀豆腐、扒三素、玉燕羹、生菜蝦鬆等，都是下酒好菜。如一時無法備辦，改用花生、榛果、核桃、松子或腰果等佐飲，亦能其樂融融。

本酒曾於一九七八、七九及八九這三年，分別獲得河北省優質酒、名酒及優質產品。一九八四年榮獲輕工業部酒類質量大賽銅杯獎；一九九三年時，再攀至頂峰，獲香港國際食品博覽會金獎。現主銷神州各大城市，並有意進軍國際市場。

北京二鍋頭

勁爽飆洌一杯盡

酒名：北京二鍋頭
產地：北京
特質：酒香諧調，酒性鮮
明，落口爽淨，最宜乾杯

【來源】

　　北京二鍋頭可說是中國白酒中相
當經濟實惠的選擇。根據考證，它應
為北宋時所發明。

　　一九七八年左右，河北省青龍縣
出土了一套金世宗大定年間（一一六
一至一一八九年）生產的銅製燒鍋，
配合北宋人朱翼中《北山酒經》記載
的「火迫酒」一迸研判，這套燒鍋的
出土使得中國燒酒（即烈性白酒）發
明的時間，確定為北宋，是世界考古
史上的重大發現之一。

　　金朝時，北京為「中都」，其釀
製白酒的歷史，迄今已超過八百年。
據史書上的記載——「燕中暑月於冰
稍御酒」，其酒「甚清洌」，深受時人
歡迎。明人則將白酒稱為「燒刀」，
謝肇淛所著《五雜俎》上說：「京師

之燒刀，與棣之純綿也，然其性凶憯（即慘也），不啻無刃之斧斤。」他把這種天子腳下人俗稱的「燒刀子」，說成是品質暴烈，入口辣，無異利斧。原來在那時候，釀製過程中所蒸餾出來的白酒，由於混合存放，因而酒質不純，刺激性甚強，雖流行於市井，但不為文人雅士所喜。

直到清朝中葉，京師的燒酒作坊，為了純淨燒酒品質，便進行工藝上的改革。他們在蒸酒時，先用「天鍋」（以錫製造之燒酒鍋）將首次流出的酒頭和第三次流出的酒尾，另做其他處理。然後把第二次所流出的酒液，專供大眾飲用，稱之為「二鍋頭」。現在中國各白酒廠在生產蒸餾白酒時，其「掐頭去尾」、「按質取酒」等工序，即是沿襲二鍋頭的製作原理而來。

【釀造】

北京市各白酒廠幾乎都有生產二鍋頭。它們全選用優質高粱為原料，以麩麴和酵母為糖化醱酵劑，再採用傳統的「老五甑」工藝，亦即將原料及輔料清蒸後，經低溫入池，適當醱酵，緩火蒸餾，掐頭去尾，貯陳等工序精釀而成。

【口感與入菜】

本酒屬清香型白酒，酒液清亮透明，香氣清芬，酒質醇厚，酒力強勁，入口勁爽飆冽，令人回味不盡，酒度分成65°、60°、56°及55°四種，無一不是酒徒眼中的珍品。難怪有人撰

詩讚揚稱：「京城古釀二鍋頭，歷盡滄桑譽名傳，傳統工藝酒清洌，勸君飲用陶陶然。」

二鍋頭酒香諧調，酒性鮮明，落口爽淨，最宜乾杯。切點滷菜，來碟花生，幾個小炒（像客家小炒、蔥爆牛肉、京醬肉絲等），另添上一海碗打滷麵，就夠幾個人逍遙快活了。如果想吃得講究些，九轉肥腸、北京烤鴨、山東燒雞、松鼠黃魚、無錫脆鱔和川丸子湯等，都是可選之列。保證酣暢淋漓，感到通體舒泰。

目前的北京二鍋頭，以十三陵牌、永豐牌及紅星牌的品質最佳，均曾在一九九一年被評為北京優質產品，不僅知名度高，而且銷售量大，竟躍居為北京白酒類的首席地位。再加上物美而廉、遠超所值，因而除了在神州各地可見其蹤跡外，亦銷往朝鮮半島、俄羅斯及東歐各國，是市場上有名的搶手貨。近幾年來，隨著大陸「新移民」大量湧入香港，港九地區的各「國貨公司」中，北京二鍋頭貨源供應充足，已搖身變成酒類市場上的新寵。

桑落酒
色比瓊漿甘露香

酒名：桑落酒
產地：山西永濟
特質：酒液無色透明，酒香芬芳悅人。

【來源】

　　一九八○年時，在山西省永濟縣（古名蒲州）建成的「桑落酒廠」，是為恢復歷史名酒——「桑落酒」而建成的。在酒廠成立的前一年，該縣的相關單位便組織了科技人員，廣泛收集失傳已久的古方，從而在賈思勰的《齊民要術》一書中尋得。其法為：「麵末一斗，熟米二斗。其米令精細淘淨，水清為度。用熟水一斗。限三酘便止。」不過，這種酒並不是蒸餾酒，該廠遂以此為準則，自行研發救濟，經過幾年努力，終於釀成了另一型式的桑落酒。

　　桑落酒之得名，是因此酒在桑葉凋落之時，方能釀熟。這種說法，來自北魏的酈道元，其曠世名著《水經注·河水》內云：「民有姓劉名白墮者，宿擅工釀。采挹河流，醞成芳酎。懸食同枯

枝之年，排於桑落之辰，故酒得其名。」並指此「最佳酌矣」。這種選料、用水、釀造皆精的名酒，迄唐代而不衰。白居易有詩云：「桑落氣薰珠翠暖，柘枝聲引筦弦高。」而郎士元在《寄李袁州桑落酒》一詩更讚道：「色比瓊漿猶嫩，香同甘露仍春。十千捉攜一斗，遠送瀟湘故人。」由此亦可見此酒的名貴。

宋代時，桑落酒被列入御酒，但當時人稱其爲「蒲州酒」。朱弁的《曲洧舊聞》一書裏，記載著「内中供御酒，蓋用蒲州法也。太祖（指趙匡胤）微時至蒲，飲其酒而甘，喜之。即位後，令蒲州進釀酒方，至今不改」。陸游亦嗜此酒。曾賦五言律詩一首，詩云：「忽忽流年恨，悠悠獨夜情。向人燈欲語，繞含露如傾。夢再輕千里，愁偏去五更。殷勤桑落酒，好爲解餘酲。」

明穆宗隆慶年間（一五六七至一五七二年），馮時化曾將此酒收錄於《酒史》中，稱「桑落酒，河中桑落坊有井，每至桑落時，取其寒暄得所，以井水釀酒甚佳。庾信詩曰：『蒲城桑落酒』是也。」從此之後，這種千古名釀，便不見諸史料，竟從人間消失，好像蒸發一般。

爲了解決釀造用水這個大問題，永濟縣的科技人員根據古書上所提供的線索，多方鑽研打探，遂在蒲州鎮東南二十里處、中條山下的巨石廟旁，尋到了一眼深井，此井水甘洌純淨，在經過化驗比較後，其質實不亞於杏花村的古井亭之水，極適合釀製美酒。

【釀造】

本酒用優質高粱爲原料，以大麥、豌豆及綠豆製成的青茌大麴爲糖化醱酵劑；釀造工藝則由汾酒製法演進，採用清蒸原輔料，清渣醱酵及清蒸二次清的方法操作，再經品評、勾兌、包裝等工序釀成。

【口感與入菜】

桑落酒屬清香型大麴白酒，酒度分爲39°、55°及58°三種。酒液無色透明，酒香芬芳悅人，酒質醇厚純正，入口綿柔甘甜，餘香回味淨長。雖非古釀原貌，仍是一款精品，甚受各界好評。

品嘗桑落酒，以菜肴爽脆酥爛爲主；豬肉及下水黑白切、白雲豬手、菊花火鍋、沙茶火鍋、砂鍋魚頭豆腐、醃雞、白斬雞、清炒蝦仁、燙軟絲等均可。但要記住均是味走清靈，就相去不遠了。

本酒自上市後，迭獲行家青睞。曾於一九八一、八五、八七這三年，均被評爲山西省優質產品。一九八四年則在輕工業部酒類質量大賽上獲銀杯獎，目前行銷於北方各省、市、自治區。

凌塔白酒

朝陽名釀源三泰

酒名：凌塔白酒
產地：遼寧朝陽
特質：酒液澄清透明，酒香清雅馨逸，入口綿甜柔和，餘味爽淨悠長。

【來源】

朝陽的興盛，竟來自燒鍋；這椿人文史上的趣事，倒是值得一提。亦可見城鎮之興起，其途徑多端，釀酒業的發達，亦能居其一。

據《朝陽縣志》上的記載：「燒鍋，直魯人（指河北省、山東省來屯墾之移民）之此來者，皆事耕種，不諳經營。朝境之初有商業，自晉（山西省簡稱）人始。晉人悉知蒙族無分貴賤，皆嗜酒；而邊塞所產高梁、筱（小）麥價廉，且多。俗傳先有『三泰號』晉人燒鍋，後有喇嘛廟。由於直魯人之營商者，亦相繼而起。自有燒鍋之後，臺吉之平地、山荒始有轉兌。於漢族之舉，是燒鍋與香火會二事於遺跡中國一最有價值者也。」

清世祖順治年間（一六六四至一

六六一年），是「三泰號燒鍋」建成並販售自釀燒酒之時。到了清朝末年，發展已甚迅速，依遜帝宣統年間（一九〇一至一九一一年）的統計，「燒鍋本城有七家，外鎮尚有四十餘家，每口每家能燒酒五百餘斤，每年共出酒約八百餘萬斤，均銷本地。」二十年後（公元一九二九年），「全境燒戶二十家」，比起全盛時期，實已大不相如。

　　一九五二年在老燒鍋的舊址上，建成「朝陽油酒廠」；一九五九年改為「朝陽食品化工廠」；並於是年投產燒酒，因廠房位於鳳凰山下；大陵河畔，而山上亦有一遼代古寺「凌霄塔」，故命名為「凌塔白酒」。一九六五年再易名為「朝陽酒廠」。

【釀造】

　　本酒係用高粱糠為主料，稻皮為輔料，麩麴和產酯酒母為糖化醱酵劑，結合新、舊工藝，採用清立、清燒釀法，操作嚴謹精細，醱酵期為二十天，於按質接酒後，即分別貯存，再陳釀一年後，精心勾兌釀成。

【口感與入菜】

　　凌塔白酒屬清香型麩麴白酒，酒度甚高，分成53°、60°兩種。酒液澄清透明，酒香清雅馨逸，酒質醇厚純正，入口綿甜柔和，餘味爽淨悠長，飲後絕不上頭。目前流行於北地，其出口亦在東北亞地區。

品嘗凌塔白酒，菜肴宜質濃味厚之外，而不失清爽韻致為上。數來數去，應以黃芽菜煨火腿、醃燉鮮、砂鍋醃三鮮、火腿鮮筍湯、金銀蹄雞等最為對味，既可引發酒香，又可飲湯助興，實與焦孟之交無異。

　　本酒於一九八〇年，始被評為遼寧省優質產品。一九八四年不僅獲輕工業部酒類質量大賽銀杯獎，而且揚眉吐氣，在中國第四屆評酒會上榮獲國家優質酒稱號及銀質獎章。一九八九年則續在第五屆聯連國家優質酒稱號及銀質獎章，聲譽及評價均高。

直沽高粱酒

香如琥珀白如酥

酒名：直沽高粱酒
產地：天津
特質：酒液無色透明，酒
香清芳馥郁，入口甘洌柔
和。

【來源】

　　天津市是北京的門戶，海路必經之
所。其釀酒歷史甚早，大盛於明、清之
時。所釀燒酒甚美，文人雅士路過，皆
以得飲為樂，留下不少名句，像「五雲
北望是皇都，且買爐頭酒一壺」、「白
酒同稱大直沽，香如琥珀白如酥」等即
是。

　　據《天津志略》上的記載，「天津
酒業尚稱發達，大直沽一帶尤為最富之
區，所製白乾酒質良味醇，堪稱佳
釀。」其實，天津市內的釀酒作坊不
少，除大直沽外、小樹林、南市、雙廟
街、西沽一帶亦多分布。其中，又以大
直沽的「義聚永糟坊」的生意最為興
隆。自一九一六年就行銷東南亞、大洋
洲及歐美等二十多個國家。人們為了區
別，便把大直沽地區所釀的燒酒，均稱

爲「直沽老白乾」。

一九五二年，天津市政府將大直沽附近的九個小燒鍋改建成天津釀酒廠，繼續釀製直沽老白乾，後來爲了加深消費者的印象，更名爲「直沽高粱酒」。又因其質地純淨、清香柔和，適合當配製酒的酒基，乃售此「五加皮酒」及「玫瑰露」。另玫瑰露更因其色、香、味俱臻上乘，頗受法國人的喜愛，譽之爲「中國白蘭地」。

此外，金星牌玫瑰露及五加皮酒，它們均是以直沽高粱酒當酒基所釀製而成的美酒。

玫瑰露是「燒酒以花製成」（見《天咫偶聞》），天津所釀尤佳，《津門雜記》謂其曾「暢銷上海、廣東、福建、香港及南洋群島」，以「廣興居」、「歧豐玉」所出的尤爲精品。先後在一九二九年北京工商部中國國貨展覽會，和一九三〇年廣州國貨展覽會上獲一等獎及特等獎。

一九五六年時，中國糧油食品進出口公司，天津食品分公司成立食品加工廠，繼承傳統工藝，並開始量產玫瑰露。自投放市場後，即受酒林側目。

五加皮酒則是中國最早的補酒之一。清代時，即流行於京、津地區。依《津門雜記》的說法、光緒十五年（一八八四），天津已釀有五加皮酒，並於宣統初年「輸出外省」，成爲天津名酒，以「歧豐玉」、「義聚永」所釀的品質最佳。一九五六年後，該廠便與玫瑰露一同推出，開始大出風頭。唯近十年來，五加皮酒與玫瑰露因不符成本效益，均已停產，令人太息。

【釀造】

直沽高粱酒採用優質高粱為原料，以大麥、小麥、豌豆製麴，輔助材料選用無損於酒味的填充物——稻皮或高粱殼。釀製工藝續保持傳統的續渣混蒸五甑法，依低溫醱酵、緩慢蒸餾等工序，精心勾兌而釀成。

【口感與入菜】

直沽高粱酒屬清香型大麴酒，酒度為53°。酒液無色透明，酒香清芳馥郁，入口甘洌柔和，回味綿長清爽，具有特殊風格。

品嘗直沽高粱酒，光是豆乾、海帶、鹹水花生、滷豬頭肉等小菜，就足以盡興。既喝得開懷，又吃得過癮，應是三、五好友把酒言歡的最佳選擇。

直沽高粱酒早在六〇年代即被列為華北名酒。一九六〇年獲得天津市質量先進獎。一九七七、一九八〇及一九八八年均被評為天津市優質產品。一九九二年時更上層樓，榮獲法國巴黎國際金桂獎。現行銷網遍及各華人地區。

吉汾酒

北地仿汾蘊清香

酒名：吉汾酒
產地：吉林遼源
特質：酒液透明晶亮，清
香突出且細膩，入口醇和
厚實，飲後純淨清爽。

【來源】

　　仿製酒一直在中國大行其道。清
朝時，因皇室看重紹興酒，滿朝文武
及平民百姓，莫不以此為貴。南方的
仿紹酒遂適時崛起，其中以湖北的楚
酒最為亂真。而位於東北吉林省的白
酒廠，則求其水質與原料之近似，推
出真假難辨的仿汾酒，以其質量頗
佳，成為仿酒上品。

　　遼源市古稱西安縣，坐落於遼河
平原上，夙以清澈、甘潔著稱的遼河
則流經其旁，盛產高粱等農作物，釀
酒的環境得天獨厚。據《西安縣志略》
的說法，光緒三十四年（一九〇八年）
有燒鍋七戶，徵得的酒稅銀計有九千
六百八十八兩三錢二分二厘，為數已
頗可觀。宣統二年（一九一〇年），
燒鍋更增至十一戶，乃該縣最重要的

財稅收入。一九六四年，在舊燒鍋的基礎上建立「遼源市第二酒廠」，生產一般燒酒，不為世人所重。其後該廠為了提高其品質，樹立商譽及良好風格，乃於一九七八年向山西汾陽縣的「杏花村汾酒廠」習得汾酒工藝，並將產品命名為「吉汾酒」。

【釀造】

本酒選用優質高粱為原料，另從汾酒麴中篩出微生物所培育成的麩麴及產酯酵母為糖化醱酵劑，採用清蒸二次清與六甑操作法等工藝，經地缸醱酵，緩火摘酒，陳貯勾兌等程序，精釀而成。

【口感與入菜】

吉汾酒屬清香型大麴酒。酒度為62°，酒液透明晶亮，清香突出且細膩，入口醇和厚實，飲後純淨清爽，亦為行家眼中的精品，專門從事內銷。

又，品嘗此酒時，可考慮用晉省名菜半爐雞、栗子燒大蔥、鍋燒全鴨、過油肉、黃芪柏子羊肉等，亦可用罈子肉、烏魚子、薄片火腿、新風鰻鯗、三杯雞、脆鱔、鍋巴蝦仁、燒雞等搭配，能讓閣下吃到口泛馨香，興味盎然。

吉汾酒在一九八六年被評為吉林省優質產品，並和古林茅酒一樣，在一九九四年至九五年及一九九五年至九六年的世界名酒年鑑上均被獲選，頗具發展潛力。

丹鳳高粱酒
廈門白酒之精品

酒名：丹鳳高粱酒
產地：福建廈門
特質：酒液澄亮透明，酒香清馨芬芳，酒質醇和純正。

【來源】

廈門原名嘉禾嶼，鷺江、鷺島，唐屬南安縣地。明洪武二十七年（一三九四年）建廈門城於島上，為中左所。古屬泉州，在北宋時期，已有釀酒業。清代則以釀製「黃酒、桔酒、燒酒」馳名。宣宗道光年間（一八二一至一八五○年），永春籍拳師郭信春開設「郭春生堂藥酒局」，釀製傳統藥酒，擁有不錯聲譽。另，一九二○年時，當地酒坊運進北方高粱和天然大麴等，按傳統方法製成高粱酒，成為福建佳品，與春生堂的藥酒，同時暢銷海外，遍及南洋各地。一九二六年時，廈門市的兩家藥酒，在工商部中華國貨展覽會上獲兩個二等獎，一九五六年時，將郭春生藥酒局等十一家酒坊和兩個麴酒廠合併，組建成

「廈門市釀酒廠」，繼承傳統工藝，陸續生產丹鳳高粱酒、春生酒及固本酒等酒品。

【釀造】

丹鳳高粱酒選用當地生產的高粱為原料，以大麥和豌豆合製成的大麴為糖化醱酵劑，採用固體醱酵續渣工藝，經混蒸混燒，分層醱酵，按質取酒，陳貯老熟等工序後，再予精心勾兌，然後裝瓶出廠。

【口感與入菜】

丹鳳高粱酒屬清香型大麴白酒，酒度分55°及60°兩種。酒液澄亮透明，酒香清馨芬芳，酒質醇和純正，入口綿洌甘爽。自其生產至今，雖未達一百年，但因僑民推廣，早已名揚海外。

品嘗丹鳳高粱酒，自以閩、台菜為宜，像炒桂花翅、金錢蝦餅、枸杞燉河鰻、魩仔魚煎、蓮子煨豬肚、紅蟳米糕、雞湯永海蚌、蝦卷、紅糟羊肉、淡糟炒香螺片、太平肉燕、香腸、花生豬腳、麻油雞、肝花、煎虱目魚、醬燒赤鯮、炸花枝丸、烤烏魚子、蜂巢蝦、煎馬頭魚、小魚花生豆乾等，都是下酒好菜，休輕易放過了。

本酒曾於一九六三年及一九八六年，先後被命名為福建省名酒和評為福建優質產品，現流通八閩地區，並出口澳門及美國兩地，因地利之便，曾走私至台灣，成為金門高粱酒的替代品。

老白乾酒
嘯傲北大荒佳釀

酒名：老白乾酒
產地：黑龍江哈爾濱
特質：酒液清澈透明，入口和順爽快，回味帶有棗香。

【來源】

黑龍江省哈爾濱市古屬阿勒楚喀，在東三省釀酒業中，起步算早。據《吉林通志》上的記載：清代釀酒業興盛，清德宗光緒十七年（一八九一年）「雙城廳燒鍋票稅與阿勒楚喀、拉林、賓州共徵額稅銀二萬兩」。四者並論，可見是前清吉林省的四大產區之一，惟現已劃歸黑龍江省了。

民國初年（一九一五至一九三〇年），哈爾濱的釀酒業發展甚速，已有二十幾家酒坊。又因地理位置極佳（位於松嫩平原東部），新興工業激增，酒類產品多樣，令人目不暇給，截至一九三四年止，酒坊計有黃酒四十一家，葡萄酒九家，果實酒十四家，藥酒六家，尚不包括燒酒，便有

七十家之多。燒酒作坊更是多如繁星，指不勝屈，應在其總和的兩倍以上，蔚為一時之盛。惟在兵燹之餘，酒坊逐年減少，產量急遽下降，已非昔日舊觀。一九一九年建成的「增盛燒鍋」與一九二九年建成的「興泰永燒鍋」便在這樣的情況下，肩負著啟後重位。前者於一九四六年又改為公營酒廠，一九五二年改稱「哈爾濱製酒四分廠」，一九六七年易名為「龍濱酒廠」。其於一九五八投產的龍濱酒，曾在一九六三年榮獲中國第二屆評酒會國家優質酒稱號及銀質獎章。為了提升品質，遂在一九七五年在舊有的基礎上，投產特釀龍濱酒，因其確實不同凡響，立刻傳遍赤縣神州。

後者則是在一九五一年改建為「國營哈爾濱製酒二分廠」，利用東北高粱的副產品「高粱糠」為原料，投產高粱糠白酒。一九六二年時，酒廠在擴建後易名為「哈爾濱市白酒廠」，翌年則將酒名改為「老白乾酒」，打的商標是「勝洪牌」。

【釀造】

老白乾酒以松嫩平原特產的黃殼高粱為原料，用小麥製成的中、高溫大麴為糖化醱酵劑，為保證水質，乃在廠內打深水井，汲取那清涼潔淨的井水為釀造用水，而在釀造時，於本身傳統的工藝外，又引進其他酒廠的經驗，遂以「清蒸五次清」為主，形成一套完善的操作方法，使其質量大幅提升，從而嘯傲北大荒，廣受酒徒們歡迎。

【口感與入菜】

本酒則屬清香型麩麴白酒，酒度分55°及62°兩種。酒液清澈透明，酒香清芳雅純，酒質純淨綿潤，入口和順爽快，回味帶有棗香，飲後舒適味長，實為高粱糠白酒中的佼佼者。

而在品嘗老白乾酒時，由於搭配的菜餚與吉林省的吉汾酒無殊，在此就不贅述了。

品嘗這二款精釀，在下酒佳肴方面，特釀龍濱酒與吉林省的古林茅酒雷同，老白乾酒則和吉汾酒近似。諸君可參考吉林省一章，兩相羅列比較，即能知其趨向，在此不贅述了。

老白乾酒自出道後，備受評審青睞，先於一九六二、一九八四及一九八九年的中國第二、三、四屆評酒會上榮獲國家優質酒稱號及銀質獎章。此外，亦在一九八四年獲輕工業部酒類質量大賽銀杯獎。現已暢銷大陸各地，並在東北亞地區流行。

米 香 型 白 酒 類

肆

主體香是乳酸乙酯和β苯乙醇，亦含有不少的乙酸乙
酯。以酒氣蜜香清柔、優雅、純淨、入口甘綿、回味怡
暢著稱。由於香氣類似蜂蜜，又稱「蜜香型」。代表產
品為桂林三花酒，故又稱為「桂香型」。

桂林三花酒

瑞露能盡酒之妙

酒名：桂林三花酒
產地：廣西桂林
特質：酒液清亮透明，蜜
香濃郁優雅。

【來源】

桂林「山水甲天下」，它不僅山水佳妙，而且氣候溫暖濕潤，四季宜人。詩聖杜甫即讚道：「五嶺皆炎熱，宜人獨桂林。」但對酒徒來說，更重要的是這裡的佳釀，冠絕於廣西，不喝上個兩杯，豈不白走一遭？

「三花酒」流行於嶺南，並非桂林所獨有，習慣上都會冠上產地名稱，像「榕江（秦堤）三花酒」，「橫州三花酒」等皆是。此酒何以名三花呢？原來清德宗光緒年間（一八七五至一九○八年），江西及兩廣地區盛行觀花論酒，以「酒花細、堆花多，留花久」來評鑒酒度的高低及酒質的良窳。於是許多酒坊採用三次回鍋復蒸的蒸酒工藝，使酒度達五十五度以上，搖晃後可泛起無數酒花。其

質佳者，可堆起三層花，再逐次消失，俗稱「堆三花」，故喚此酒為「三花酒」或「三煞酒」。

南宋時，朝廷一度禁民間私釀，為「懷柔遠人」，獨廣西不禁。此地於是好酒紛呈，佳釀競出。南宋四大詩人之一的范成大任廣南西路經略安撫使時，在他所撰的《桂海虞衡志》中說：「余性不能酒，士友之飲少者莫余若，而能知酒者亦莫余若也。」接著又說，他曾到許多王公貴人家作客，卻沒喝到什麼好酒。後來嘗到用金蘭山泉水釀的酒，覺得非常棒。「及來桂林，而飲瑞露，乃盡酒之妙，聲震湖廣，則雖金蘭之勝，宋必能頡頏也」。言下之意，竟然是天下第一。此瑞露出自「帥司公廚酒」，後來流入民間，此即桂林三花酒釀造技術的濫觴。

一九五二年時，當地政府為恢復武史名酒，建成「桂林釀酒廠」；一度改名為「桂林市飲料廠」，一九八七年再易名為「桂林釀酒總廠」。現在的「桂林三花酒」，則後一九五二年時沿襲傳統工藝所投產的。其後，又生產陳釀「老桂林」。

【釀造】

本酒用桂北出產的優質大米為原料，以桂林市郊區特有的香蘭草所製小麴為糖化醱酵劑，汲引漓江上游之江水為釀造用水。釀製時，分成三階段，先將大米蒸熟、攙以酒餅粉，放入酒缸內，使之成甜酒；再經醱酵，便成粗酒，然後蒸餾、冷卻。成品先用大缸盛裝，陳貯於象山岩洞內，歷兩年以上，再勾兌出廠。

【口感與入菜】

桂林三花酒米香型小麴白酒，酒度為56°，酒液清亮透明，蜜香濃郁優雅，入口甘綿爽冽；飲後留香回甜。有詩讚道：「三花香飄雲天外，八仙醉臥煙霞中。」

品嘗三花酒，自以兩廣珍味為佳，諸如黃埔蛋、油淋乳鴿、白斬雞、鹽焗雞、烤乳豬、燒肉、紙包雞、北菇花膠煲、海味佛跳牆、太爺雞、當紅炸子雞、馬蹄燉北菇、芋扣肉等搭配，頗能酒香、菜香合一，好到出人意表。

本酒先於一九六三年被命名為廣西壯族自治區名酒。接著在一九六三年、一九七九年、一九八四年及一九八九年的中國第二、三、四、五屆評酒會上均榮獲國家優質酒稱號及銀質獎章。另，一九八四年時，獲輕工業部酒類質量大賽銀杯獎。目前遠銷於日本、美國及東南亞諸國，不僅是廣西地區的出口名酒，亦是遊罷桂林山水後，觀光客常攜回的手信，名氣如日中天，後勢頗為強勁。

湘山酒

古釀煮酒數全州

酒名：湘山酒

產地：廣西全州

特質：酒質軟綿純淨，入口甘冽淨爽。

【來源】

全州縣在北宋已有釀酒業。宋神宗熙寧年間（一〇六八至一〇八五年），其酒課爲「五千貫以下」，是個袖珍型產酒區。但以開發程度來說，當時已是西陲要地。兩宋的知名詩人，不少飲過此地佳釀。像黃庭堅、范成大等大詩人，都曾賦有讚酒的詩句，如「集雞鬥酒得爲鄰」、「桃花如雨暮春酒」等是。

明代的詩人，也步武往賢，留下了一些品酒、飲酒的詩句。顧璘云：「衰遲自愛茱萸酒」。蔣晃則云：「對酒高吟暮不歸」。不過，他們喝的並不是白酒，而是《全州志》中所載的「糯以爲酒，與粗粳亦可釀」的這種草莽風味酒。一直到清德宗光緒年間（一八七五至一九〇八年），全州才從桂林那裡習

得米香型酒的釀造技術，自此以後，便以製造小麴白酒為大宗，以品優質勝，馳名於西南各地。

一九五四年時，當地所興建的「全州縣酒廠」，已從事白酒生產、惟質量上均不高，未受世人矚目。一九六一年，再將收集得來的民間傳統釀酒工藝，加以改進量產，成了旨酒佳釀，乃以全州境內的名勝湘山寺命名，稱之為「全州湘山酒」。一九七九年再易名為「湘山酒廠」，投產「湘山牌湘山酒」。

【釀造】

本酒用優質大米為原料，以純種小麴為糖化醱酵劑，採用傳統的半固態、半液態醱酵法，及土鍋一次蒸餾的傳統工藝釀製而成。成品須經半年以上的陳釀，才能精心勾兌出廠。

【口感與入菜】

湘山酒屬米香型小麴白酒，酒度為55°。酒液晶亮透明，有著特殊蜜香，酒質軟綿純淨，入口甘洌淨爽，醇美帶有餘香。有詩讚云：「古釀煮酒數全州，湘山三花今之最。」

品嘗湘山酒，以威化紙所裹住的菜肴最佳，像紙包雞、紙包龍蝦等都是不錯的選擇，此外，吃桂林的馬肉米粉、若非此酒，便不能中和其酸性。冬令時節，飲個湘山酒或桂林三花酒，豈不因時、因地制宜？台灣的「奇庖」張北和曾親炙一席佳肴饗我，奇菜如燔禾花雀（取其頭炸酥，在嘴內含一支炸過的冬蟲夏草，

挾數粒松子一齊送口，肉與骨亦如法炮製）、鮮鮑鋪牛肩肉、雞油煎臭豆腐、鹹鳥魚脬與雞膘打漿烙成的煎餅等，讓人大開眼界，佐餐的即是此酒。酒香苶奇、吃得非常盡興。在此記上一筆，聊供諸君取法。

　　本酒出廠不久，立刻嶄露頭角。先於一九六三年被命名為廣西壯族自治區名酒。然後在一九六三年、一九七九年、一九八四年及一九八九年的中國第二、三、四、五屆評酒會上，榮獲國家優質酒稱號及銀質獎章。又在一九八四年時，榮獲輕工業部酒類質量大賽銀杯獎，與桂林三花酒，同為米香型的酒中獲獎最多者。目前湘山酒以兩廣地區的銷量最廣，已積極開拓海外市場。

長樂燒
一滴沾唇滿口香

酒名：長樂燒
產地：廣東五華
特質：酒液色清透明，米香濃郁優雅，具有回甜效果。

【來源】

米酒之中有三魁，兩在廣西一在粵。位於廣西的是「全州湘山酒」與「桂林三花酒」，獨在廣東的則是五華縣的「長樂燒」。其中，長樂燒與桂林三花酒均被中共當局指定為中國小麴米香型白酒的代表酒。

五華縣原名長樂，已有三百餘年的釀酒歷史。早在明神宗萬曆年間（一五七三至一六七九年），當地人發現自玳瑁山流下的泉水清澈甘醇，極宜製酒，且釀造出來的小麴米酒，質精味美甘洌，深受大眾歡迎。到了清高宗乾隆年間（一七三六至一七九五年）時，著名酒坊「祥隆酒記」所釀製的美酒，由於行銷成功，在粵東地區大為流行，通稱「長樂燒」，不光是市井之人垂涎，亦為仕紳才子所樂

飲，留傳下來的讚酒詩詞甚多，而以「一滴沾唇滿口香，三杯入腹渾身泰」及「長樂佳釀仙閣醉，玳瑁涓流瓊漿香」最爲膾炙人口。

一九五六年，當地政府集中各小作坊，建立「五華縣酒廠」，秉承傳統工業，繼續生產此酒。一九七八年時，再予擴充改建，擴大經營規模，進入量產時期。

【釀造】

長樂燒係以優質純淨的糙大米爲原料，小麴用自製的藥餅，釀酒用水一同往昔，仍是取自玳瑁山的優質泉水。而在釀製時，除運用半固體醱酵中的燜飯做飯、轉碗接水、翻醅、封醅等固有的操作方法外，又引進緩火蒸酒、精心勾兌等「二鍋頭」工序原理、遂使酒質不斷提高，遠非舊釀可比。

【口感與入菜】

長樂燒屬典型的米香型小麴酒，酒度爲55°。酒液色清透明，米香濃郁優雅，入口醇厚綿柔，感覺清爽甘潤，具有回甜效果。一經推出上市，即受評審青睞。

品嘗這款美酒，最忌重油厚味，像紅燒蹄膀、油炸圈子、宮保雞丁，客家小炒等，將盡掩其香而增其辛，徒然糟蹋佳釀而已。我認爲最能得其精髓的菜色是沔陽三蒸，若嘗不到，則湖北燒賣、珍珠丸子、梅干蒸餃等這些細點，以及蘿蔔絲牛肉、東坡

蛋等熱炒，亦能發其幽韻，讓人垂涎三尺。

　　米酒在烹飪上的運用極廣。古時候，就常用來揭下焦飯（即鍋巴），現在則可將冷藏過的米飯，先噴灑些許，再蒸個片刻，亦可回復至起先的鬆軟狀，食來備覺可口。又，在調味時，對減輕酸、鹹兩味，尤具功效；於炒、炸時用此，更是妙用無窮。如加些來炒蛋，會增加光澤及鬆軟度；製做麵托魚或糖醋魚之時，先浸米酒後炙，可除去河魚特有的泥腥味，以此燒製三杯菜（如中卷、子雞、鱈魚、河鰻、羊肉等），尤能大增香氣及色澤，諸如此類，不一而足。

　　只是燒菜用上好的米酒——長樂燒佐之，看在酒徒的眼裡，未免暴殄天物了。

　　一九七七年，長樂燒獲選為廣東省優質酒。一九七九年及一九八三年，再膺此譽。其間，並在一九七九年的中國第三屆評酒會上，榮獲「國家優質酒」稱號及銀質獎章。一九八四年，亦獲得輕工業部酒類質量大賽銅杯獎。因其口味獨特，信譽卓著，自始即是僑民返鄉探親或旅遊時，攜回僑居地的名貴手信。而今，它已是東南亞各國酒市上的精釀珍品。

瀏陽小麴酒、岳州小麴

入口清雅綿甜

酒名：瀏陽小麴酒、岳州
小麴

產地：瀏陽小麴酒--湖南瀏
陽、岳州小麴--湖南岳陽

特質：瀏陽小麴酒--酒液清
亮無比，蜜香清雅純正，
入口醇甜爽淨，餘香回味
怡暢。

岳州小麴--酒液晶亮透明，
酒香蜜般優雅，酒質醇正
柔和，入口綿甜爽冽。

【來源】

　　小麴白酒是大陸白酒釀法的小眾，
米香型則是其香型的偏鋒，不僅產量甚
微，而且產地有限。湖南竟有兩款，而
且均是佳釀，此甚為不尋常，在此一併
敘述。首先就從瀏陽河小麴酒談起。

　　瀏陽位於湘東，釀酒向稱珍品。據
《湖南通志》上所載的「昔聞珍酒出於
湘東」，便可知其所從來。而民間則一
直有用「糯、稻、玉米」釀酒的習俗。
明武宗正德元年（一五〇六年），這兒
始釀「小麴酒」，立即馳名遠近。清代
品質益精，墨客賦詩甚多。如史大成
吟：「秋深村酒熟，露重曉花鮮」、
「客思浮雲外，人情濁酒中」。唐瑞賦：
「野火從人燒，村醪聊自斟」之句。趙
嘉程則云：「飲酣柏子酒，踏遍竹枝

春。」等均是。

民國元年（一九一二年），以「美利昌」作坊所釀製的燒酒最精，播譽瀟湘、嶺南。一九三五年時，境內約有燒酒作坊十五家，年產四千五百二十石，算是個小型產酒區。一九五六年，當地政府在舊酒坊的基礎上，建成「瀏陽酒廠」。秉承其傳統工藝，繼續生產小麴酒。

其次，要談的是岳州小麴。

岳州即今岳陽市。古稱巴陵。漢代已能釀酒，而且是「不死酒」。在《博物志》及《湘州記》均記載著——岳陽君山有不死酒，「漢武帝遣人求之，被東方朔飲下，帝怒欲殺，因東方朔狡辯，赦之」的趣聞。

隋唐五代之時，岳陽美酒紛呈，詩人無不歌詠。如李白吟道：「巴陵無限酒，醉殺洞庭秋」；盛鳴世亦賦云：「巴陵壓酒洞庭春，楚女當爐勸客顏」。此外，岳陽濱臨洞庭湖，湖中有君山島，係由七十二個大小山峰構成，佳景天成，秀麗無雙，異竹叢生，古蹟頗多。當他人盛稱八仙之一的呂洞賓，便常至此飲酒，三醉而忘歸。

宋代酒業已盛，神宗熙寧年間（一〇六八至一〇八五年）的酒課，達「四萬貫以上」，已有湖南的第三大產酒區，詩人仍愛醉吟。像陸游即賦詩曰：「聊須百斛酒，往醉庾公樓」。而陳與義亦云：「天意蒼茫裡，村醪亦醉人」之句。

另，《巴陵縣志》記載：「巴陵酒有醇醨、大麴柴酒二種」，此即為「黃酒、燒酒」。而於一九三一年所建的「民生公酒坊」，就以釀製「高粱燒酒」著稱。一九五三年時，乃在舊酒坊的基礎

上，建成「岳陽縣酒廠」，後因改制爲省轄市，易名爲「岳陽市酒廠」。一九八〇年規模日益擴大，再改爲「岳陽市釀酒總廠」。

【釀造】

瀏陽小麴酒選用優質大米爲原料，以特製的藥麴爲糖化醱酵劑，汲引瀏陽河之水爲釀造用水，經過固態糖化、半液態醱酵、清蒸清燒、掐頭去尾，按質陳貯等工序後，再精心勾兌而成。

岳州小麴也選用優良大米爲原料，以小麴爲糖化醱酵劑，採用小缸糖化、大缸醱酵、石甑蒸餾的工藝，再經長期陳貯，然後勾兌釀成。

【口感與入菜】

瀏陽河小麴酒屬米香型小麴白酒，酒度分57°、50°及38°三種。酒液清亮無比，蜜香清雅純正，入口醇甜爽淨，餘香回味怡暢。

岳州小麴亦屬米香型小麴白酒，自不待言。其酒度爲55°。酒液晶亮透明，酒香蜜般優雅，酒質醇正柔和，入口綿甜爽洌，餘味爽淨而長。

品嘗這兩款佳釀，菜肴並沒啥分別，咸以清馨味永爲主。遠的不說，像芹菜鴨條、生菜蝦鬆、干貝無黃蛋、冬瓜雪、竹節雞盅、苦瓜肥腸、炒羊肚絲、三層樓、上湯魚生等台式湘菜，都合得來。若要說哪個最宜，我想莫如哈蜜鴿盅這道菜了。

瀏陽小麴得獎既多且繁，先於一九七二年被命名爲湖南省名酒稱號，一九八五年及一九八八年連續被爲湖南省優質產品。一九八四年時，最爲風光，先獲輕工業部酒類質量大賽銀杯獎，再於中國第四屆評酒會上榮獲國家優質酒稱號及銀質獎章。一九八九年，則在第五屆蟬連國家優質酒稱號及銀質獎章，其獲獎數，較岳州小麴爲多。

　　不過早在一九六四年，岳州小麴即被命名爲湖南省名酒。一九八四年時，亦榮獲輕工業部酒類質量大賽銀杯獎。

兼香型白酒類

由兩種主體香氣組成的香型。如白沙液既有醬香，又有
濃香；凌川白酒則清香顯著而回味有醬香。其代表產品
有酒鬼，以兼有「瀘型之香，茅型之細，濃中帶醬，醬
不露頭」的獨特風格著稱。

酒鬼
無上妙品出湘泉

酒名：酒鬼
產地：湖南吉首
特質：酒液清澈透明，酒
香馥郁芬芳，酒體豐滿醇
厚，入口綿甜舒適。

【來源】

兩岸三地誰最紅？眾口交讚推
「酒鬼」。酒鬼竄起的時間不長，至今
不過十餘年光景。它的前身到底是何
方神聖呢？原來是湘西吉首市的「湘
泉酒」。

吉首市古屬辰州，地處武陵山
區，位於九寨溝邊，是土家族、苗族
和漢族聚居的山城，當地盛產高粱、
稻穀、紅薯、玉米等作物。據《宋史》
上的記載：「酒法荊、湖之辰州，自
春至秋醖成，即鬻，謂之小酒；臘釀
蒸鬻，候夏而出，謂之大酒。」凡醖
用秫、糯、粟、黍、麥等，故當時釀
酒的原料是多種穀物，酒品不外「小
酒」和「燒酒」。此外，亦有「咂
酒」，元人馬端臨的《文獻通考》謂
其「以米、雜草子為之，以火釀成，

以藤吸取」，這法兒迄今仍在流傳中。

清代乾、嘉時期，獸堂卡釀成的燒酒極佳，曾被苗人吳八月取來犒賞隨其「起義」的居民，其效果如何，已不得而知。一九七八年時，「湘西土家族苗族自治州酒廠」建成，兩年後，在獸堂卡另建分廠。一九七八年繼承傳統工藝，恢復「湘泉酒」之生產。當它仍名湘泉酒時，詩人洛夫曾題詩稱：「酒鬼飲湘泉，一醉三千年；醒後再舉杯，酒鬼變酒仙。」該廠由此得到靈感，總經理王錫炳乃以天價請黃永玉教授設計捆口麻袋型的紫砂陶瓶裝酒（註：此瓶似歪還正，似醜實美，拙中寓巧，土中見雅），於一九八九年時，易酒名為「酒鬼」，黃永玉本人亦題詩讚道：「酒鬼揹酒鬼，千斤不嫌贅；酒鬼喝酒鬼，千杯不會醉；酒鬼出湘西，涓涓傳萬里。」廠方為不忘本，仍以「湘泉牌」為註冊商標。一九九二年易名為「湘泉總酒廠」，今則稱「湘泉集團有限公司」。

【釀造】

本酒選用當地雲霧糯高粱、香糯米及玉米等為原料，以陳年的小麥大麴和特種藥麴為糖化醱酵劑，汲引源自武陵水質甘洌的龍、鳳、獸三眼古泉之水為釀造用水、採用民間傳統獨特工藝，經浸泡蒸煮、根霉糖化、陳麴醱酵，緩火蒸餾、量質摘酒，地窖陳釀等工序後，再精心勾兌而成。

【口感與入菜】

酒鬼屬兼香型大麴白酒，酒度分38°、48°及54°三種，酒液清澈透明，酒香馥郁芬芳，酒體豐滿醇厚，入口綿甜舒適，回味乾淨悠長，兼有「瀘型之香、茅型之細，濃香帶醬、醬不露頭」的獨特風格。

這款超級「貴」酒，我曾品嘗過好幾次，發覺要用厚味，才能吊出其香。像用泡菜肉末、宮保雞丁、回鍋肉、豆瓣魚、乾燒魚翅、麻婆豆腐、蒸臘味合、左公牛柳、紅燒羊掌、紅燜牛尾、辣子雞丁、叫化雞等菜肴佐酒，益發甘甜順口，不愧「無上妙品」。

本酒在不斷的炒作下，價格水漲船高，一度飆至神州第一，轟動寰宇酒壇。它雖是不可多得的佳釀，但以行情價人民幣四百元（小瓶）及八百元（大瓶）的價碼喝它，除顯得豪闊外，實在名未副實，殊覺不值。其在易名前，僅是地方佳釀，曾在一九七九年、一九八一年、一九八五年及一九八八年四度被評為湖南省優質酒或優質產品。自其易名後，立即披金戴銀，身價非同小可。曾獲一九九○年北京首屆食品博覽會及中國輕工食品博覽會金獎，在北京首屆國際食品博覽會獲銀獎。現在遍銷全球，無人不知其名，其能大紅大紫，實為酒林異數。

湞酒
八方來客爭著嚐

酒名：湞酒
產地：湖北安陸
特質：酒液澄亮透明，酒
香清逸諧調，風味甘爽醇
永。

【來源】

　　湞酒，古稱「府酒」，是湖北省安
陸市的特產。詩仙李白從唐玄宗開元十
五年（七二七年）起，曾在此待了十
年。他在《秋於敬亭送姪嵩遊廬山序》
裡稱：「酒隱安陸，蹉跎十年」。在這
十年裡，李白對安陸的酒，給予了極高
評價。他於白兆山（又名碧山，為安陸
八景之首）的桃花崖壁題詩云：「山名
曰白兆，似知太白來……欲歌誰則和，
甕頭富春醅，數過呼君起，同飲三百
杯。」又一詩云：「斗酒至今泉亦醉，
年年餘暈染桃花。」便是其明證，歷
宋、元至明、清，文人雅士讚酒之詩甚
多，指不勝屈。

　　到了清高宗乾隆年間（一七三六至
一七九五年），安陸縣內的「楊恆太」、
「滕太和」等作坊，已能生產大量的湞

酒，其後，「周利記」、「徐宏大」、「魏延記」等作坊繼起，釀製之酒品，質量均高，遂有「安陸溳酒海外香，八方來客爭著嘗，男喝三杯杯杯醉，女喝三杯話兒長」之民諺。

民國時期，安陸縣城內的釀酒作坊達三十三家，四境的酒坊竟至四百多個，其中，又以「三公盛作坊」生產的溳酒品質最佳，兩湖之人，無不以得品嘗此酒為快。一九五六年時，當地政府將大、小作坊合併，建成「安陸縣酒廠」。一九七二年時，恢復生產溳酒。後因取「溳水濃於酒，碧山峭似詩」之句，易酒廠之名為「溳酒廠」。

【釀造】

本酒選用上等的高粱、小麥為原料，以稻米、大麥、豌豆為主，另加入海馬、當歸、肉桂、天麻、貝母等三十餘味中藥為輔，再以一起精工製出的藥麴及大麴為糖化醱酵劑，汲取該市西北隅龍頭寺附近水質澄澈、甜淨爽口的龍頭潭清泉水為釀造用水，經清蒸清燒，長期窖藏及精心勾兌而釀成。

【口感與入菜】

溳酒屬兼香型大麴白酒，酒度為55°。酒液澄亮透明，酒香清逸諧調，入口綿甜柔和，風味甘爽醇永，具有特殊風格。如能長期飲用，不但能消除疲勞，而且可心曠神怡，能收驅風溼、舒筋絡、活氣血、補肝腎之功。

品嘗湝酒，最宜鄂省蒸菜，著名的沔陽三蒸及粉蒸牛、羊、豬肉，珍珠丸子等甚好，另，散燴八寶、桂花鮮栗羹、豆油藕卷、酥炸雀首、謙記牛肉、泥鰍鑽豆腐、燒三合、百合蝦仁、炒龍鬚菜等亦佳。此酒甚來勁、飲罷滿口香，菜肴再相配，細啜滋味長。

　　本酒雖無赫赫之名，僅在一九八○年及一九八五年獲湖北省優質產品，並於一九八八年獲中國首屆食品博覽會銀質獎，卻能上邀天眷，進而敦睦邦交。據說中華民國前外交部長周書楷乃湖北安陸人。當他擔任駐美大使時，曾向日本首相田中角榮介紹此一家鄉佳釀。故田相訪問中國時，還特地提及要飲湝酒。中華人民共和國國務院總理周恩來獲悉，下令火速取來，以此款待並滿足這位東瀛嘉賓。

白沙液

松醪一醉與誰回

酒名：白沙液
產地：湖南長沙
特質：酒液無色透明，麴
香濃郁、醬香突出。

【來源】

毛澤東〈游泳〉詩中的名句，
「才飲長沙水，又食武昌魚」，一向為
人所艷稱。畢竟，世上罕有比佳泉美
食更讓人傾心的了。而這長沙水，來
自白沙古井。其水據清代詩人唐仲晃
描述：清可「照見潔士心」；潔至
「纖塵不敢侮」；味則「絕勝斟膏
乳」。夙有「長沙第一泉」之號。以
此泉水所釀製的美酒，即是馳譽九州
的白沙液。

長沙古稱潭州，釀酒歷史悠久。
由馬王堆漢墓出土的文物考證，遠在
西漢之時，這兒便已釀酒；且長沙之
酒，自古知名，歷代詩人名士頌揚不
置。像杜甫詩云：「夜醉長沙酒，曉
行湘水春」、「說詩能累夜，醉酒或
連朝」，可見他常於此被灌醉。案韓

愈詩曰：「聞道松醪賤，何須客錯刀！」戎昱詩曰：「松醪能醉客，慎勿老湘潭」。李商隱詩曰：「松醪一醉與誰回？」足證古稱松醪的長沙酒，其價廉、其勁強，令人難忘。王安石則曰：「自古楚有材，鄱淥多美酒」足見長沙出產的酒品中，美酒不少。遠在宋代之時，長沙酒業興盛，神宗熙寧年間（一〇六八至一〇八五年）的酒課，即達五萬貫以上，成為湖南兩大產區之一。

另據清代編纂的《長沙縣志》記載：民間早已選用高粱為釀酒原料，並有在「六月六日造新米飯釀陳酒」的習俗。一九一二年時，長沙的酒坊以「王德興」、「李乾和」、「湯新茂」、「譚衡春」等的名頭最響。一九三五年之時，酒坊則增至十三戶，年產高粱燒酒達四千三百六十一擔。一九五二年，當地政府乃以各老酒坊為基礎，合建成「長沙酒廠」。其麴酒車間則坐落在自井底湧出「清香甘美，不溢不竭」的白沙古井之畔，故將產品命名為「白沙液」，於一九七三年投入量產。

【釀造】

此酒是以優質高粱和小米為原料，整粒浸泡蒸煮，上箱堆積，二次投料，採用泥窖固體醱酵製法，連續醱酵五次，其醱酵期長達半年；然後混合使用高、中溫麴，分層蒸餾，貯存後再進行勾兌，精工釀製而成。

【口感與入菜】

白沙液屬兼香型大麴酒，酒度為55°，酒液無色透明，麴香濃郁、醬香突出，入口醇正柔和，後味回甜，兼具有茅台酒與瀘州老窖兩種香型之長，號稱「亦瀘亦茅，有瀘有茅」。形成自己的獨特風格。是以釀酒專家周恆剛飲後大為欣賞，揮筆題詩讚美，其詞為——「莫向牧童問酒家，乘車策馬赴白沙。甕開不曉香幾許？蜂蝶飛來誤認花。」

品嘗白沙液時，如搭配燻、煎、爆、炒這方面的食物，最能得其神韻。比方說，台灣一般湘菜館裡的左宗棠雞、麻辣田雞、煙熏黃魚、乾煎白鯧、炒羊肚絲、炸海鮮卷等，都很合宜。最後，再來盆連鍋羊肉湯，趁熱徐送口中，那份爽冽甘美勁兒，只有用迴腸盪氣四字，方足以形容其一二了。

「長沙酒廠」的這款白沙夜佳釀，名震瀟湘，頻受稱譽。曾於一九七四年、一九八〇年及一九八二年三度獲得湖南省名酒稱號；一九八四年，再贏得輕工業部酒類質量大賽銀杯獎，一九八八年，則在中國第五屆評酒會上榮獲國家優質酒稱號及銀質獎章，一躍而成國家級美酒。

白雲邊酒
巧奪天工杯未盡

酒名：白雲邊酒
產地：湖北松滋
特質：酒液清亮透明，芳香細膩優雅，酒體醇和質厚，入口圓潤甜爽。

【來源】

湖北省松滋縣古屬江陵府、荊州，釀酒歷史極久。據考古學家在境內桂花樹鎮所起出的大量新石器時代的釀酒器和酒具觀之，早在五千年前，當地已能釀酒。

本地在晉代已釀有「竹葉」酒，唐代則以「江陵拋青春酒」馳名。詩人如李白、杜甫、韓愈、劉禹錫等，都曾在此飲過，並留下贊酒詩。其中，又以杜甫的「若憶荊州醉司馬，謫官樽酒定常開」，最膾炙人口。宋代酒業興盛。神宗熙寧年間（一〇六八至一〇八五年）的酒課達「十萬貫以上」，是湖北第一大產酒區。所釀佳品不少，以「金蓮酒」和「錦江春」最受世人歡迎，暢銷兩湖地區。著名愛國詩人陸游在《松滋小酌》、《晚泊松滋渡口》等詩中，都曾

提及飲用松滋佳釀，便是明證。

　　清代的《荊州府志》上載：「江陵下鄉有大麴燒春，亦佳。俱名爲荊酒。」又，「高粱、荊郡釀作燒酒；玉米熬酒，較高粱倍釀。」松滋的釀酒情形亦然。一九五二年時，在該地舊酒坊的基礎上，建成「松滋縣酒廠」，開始生產松江大麴酒，惟不甚知名。

　　一九七四年，廠方將投產新酒，乃窮搜典故，得李白在唐肅宗乾元二年（七五九年）與賈至、李曄泛舟遊洞庭湖時所作之五首七絕，其第二首詩云：「南湖秋水夜無煙，耐可乘流直天上；且就洞庭賒月色，將船買酒向雲邊。」（按：松滋當時位於洞庭湖邊，是李白從巫山赴岳陽的必經之道）故敲定以「白雲邊」爲新酒名。一九八一年時，再將原廠易名爲「白雲邊酒廠」。

【釀造】

　　本酒選用精選的糯高粱爲原料，以小麥培製的高溫大麴爲糖化醱酵劑，汲取「酒石甑」山旁的「八眼泉」清澈之水爲釀造用水。特別是在繼承傳統工藝的基礎上，吸收多種名酒的釀製技術，使醬香酒醅與濃香酒醅在醱酵和蒸餾的過程中，進行「串香」作用，進而充分融合。最後再精心勾兌而成。

【口感與入菜】

　　白雲邊酒屬兼香型大麴白酒，酒夜分38°、45°及53°三

種。酒液清亮透明，酒香醬、濃諧調，芳香細膩優雅，酒體醇和質厚，入口圓潤甜爽，飲後不會上頭，嗝噎尚留其香，風味別具一格。詩人秦含章飲罷，賦詩讚道：「醅回八次釀三年，味厚香濃入口綿，巧奪天工杯未盡，行人獨讚白雲邊。」

品嘗白雲邊酒，除黃燜雞塊、羊肉爐外，頗宜湖北蒸菜，像著名的沔陽三蒸、珍珠丸子、粉蒸肉、應山滑肉、太白鴨、節節高等是，如再喝個魚丸湯或瓦罐雞湯，就美不勝收啦！所以，大原則便是菜肴口味盡量清爽，假使重油厚味，那就絕對飲不出味兼醬濃的酒香了。

本酒聲勢不弱。曾在一九八四年獲輕工業部酒類質量大賽金杯獎，另於一九七九年、一九八四年、一九八九年的中國第三、四、五屆評酒會上，榮獲國家優質酒稱號及銀質獎章。目前仍以內銷為主，尚未打開國際市場。

文君酒

酒酣幾度上琴臺

酒名：文君酒
產地：四川邛崍
特質：酒香濃中帶醬，窖
香馥郁諧調。

【來源】

　　四川省邛崍縣位於川西平原上的
邛崍山麓，早在二千多年前，秦惠王
即在此築城置縣。古稱邛州或臨邛，
為西漢富家女卓文君的故里。

　　才女卓文君與大文豪司馬相如相
戀，但卓父以家世懸殊，不許他們結
成連理。遂私奔同往成都，因無以為
生，又回到臨邛，開了家酒肆，「文
君當壚，相如滌器」，成為千古佳
話。歷代詠此事的詩作不少，但以李
商隱的「君到臨邛問酒壚，近來還有
長卿（司馬相如之字）無？」最為傳
神。

　　到了南北朝時，「邛酒」與「邛
陶」並為邑中名產。兩相結合，聞名
巴蜀。唐末五代之際，邛酒尤其有
名，聲播遠近。如牛嶠的《女冠子》

詞「卓女燒春濃美」及韋莊的《河傳》詞：「翠娥爭勸臨邛酒」，即是明證。

宋代時，此地的酒業極為興盛。神宗熙寧年間（一〇六八至一〇八五年）的酒課，即高達「十萬貫以上」，已是天府的大產區之一。當陸游作客成都時，邛州州牧字文紹燮贈以臨邛酒，其酒「絕佳」，陸游即興賦詩，內有「一樽尚有臨邛酒，卻為無憂得細傾」之句。其後，他多次暢遊臨邛，並寫了一首七絕《文君井》，詩云：「落魄西川泥酒杯，酒酣幾度上琴臺。青鞋自笑無羈束，又向文君井畔來。」

明神宗萬曆年間（一五七三至一六一九年），邑人寇氏在與文君井一街之隔處，建立「寇氏燒房」，生產燒酒出售。清朝初年，寇氏燒房歸余氏所有，質量均進一步提升，已有十三個老酒窖。詩人寧湘到此一遊，曾賦「買得文君酒，來尋司馬琴」之詩。及至德宗光緒年間（一八七五至一九〇八年），其所製的佳釀「極品大麴酒」，已聞名長江流域。

民國初年，余氏後人余波臣將此燒房改名為「大全燒房」，所產「邨酒」，名震天下。散文家朱自清曾稱「邛崍邨江酒甚美」，並寫下了「共醉邨江水滿瓢」的詩句。當時，四川的軍政要員深好此酒，譽之為「賽茅台」，從此便改名為「邛崍茅台」。其瓶上所貼的廣告詞為，「大全燒房窖老，開設三百餘年。今又重新整頓，比前精益求精。磚麴固體醱酵，西法走火燻蒸。真正回沙生料，毫無藥料釀成。其味醇厚甘美，甘洌可口清心。醉後口不發渴，過飲頭不眩暈。」

一九五一年時，當地政府在「大全燒房」的基礎上，建成

「邛崍縣國營釀酒廠」，繼續生產麴酒。經過數度更改後，乃於一九八○年定名為「文君酒」，一九八五年更把酒廠易名為「文君酒廠」。

【釀造】

本酒精選上等稻穀為原料，以大、小麥混合製成的製成的大麴為糖化醱酵劑，汲引「通天泉」之水為釀造用水。結合新舊工藝，符合經濟效益，用老窖固態醱酵，經續糟蒸餾，混蒸混燒，儲存一年，再精心勾兌，經反覆檢驗、合格裝瓶等工序後，精釀而成。

【口感與入菜】

文君酒屬兼香型大麴白酒，酒度分54°及39°兩種。酒香濃中帶醬，窖香馥郁諧調，酒體醇厚豐滿，入口甘洌爽適，飲後尾淨香長。何郝矩題詩讚道：「通天家裡水清明，佳釀新成甕上春；休問杜康何處去？撫琴暢飲道文君。」

品嘗文君酒，最宜麻辣湯或麻辣火鍋；不然，來個鴛鴦火鍋、酸辣湯或酸辣魚鍋等亦可。能將其「香、洌、醇、甜」的風味發揮殆盡，不僅舌底生津，而且欲罷不能。

本酒果非泛泛，披金戴銀無數。曾於一九八一年、一九八四年及一九八五年被命名為四川省名酒；再於一九八一年、一九八四年、一九八五年被命名為四川省名酒。並於一九八一年、一九

八四年及一九八五年獲商業部優質產品稱號。一九八八年時，最爲亮麗顯眼，先後榮獲商業部優質產品金爵獎；香港第六屆國際食品展覽會金杯獎暨巴黎第十七屆國際食品博覽會金獎；震撼國際酒壇。此後再接再厲，再於一九九二年雙獎落袋，前後在保加利亞春季國際博覽會，俄羅斯國際文化基金會榮獲金獎與榮譽金獎。一九九三年時，又獲在美國洛杉磯所舉辦的第七屆華人工商大展中的金質特獎，目前已是內銷及出口兩市的搶手，暢銷至歐洲、美洲及西南亞各國。

西陵特麴

明月良宵酒飄香

酒名：西陵特麴
產地：湖北宜昌
特質：酒液無色透明，酒
體豐滿醇厚。

【來源】

　　湖北省宜昌市古稱夷陵、峽州，地處長江三峽的西陵峽口。釀酒史可追溯至唐朝時，當時即有佳釀出品。如夷陵女子所寫所賦的《夷陵歌》即云：「明月清風，良宵會同。星河易翻，歡娛不終，綠樽翠杓，為君斟酌。今夕不飲，何時歡樂？」杜甫亦有詩云：「白髮須多酒，明星惜此筵。始知之雨峽，忽盡下牢邊」。宋神宗熙寧年間（一〇六八至一〇八五年），此地的酒課為「一萬貫以下」，雖是個袖珍型的小酒區；但《酒名記》中，已載有這裡的名酒，稱「峽州重釀至喜泉」。明代則以釀「白醪酒」知名。詩人雷思霈有詩曰：「秦灰漢壘千年跡，白醪紅酺兩岸風。」約在此時，民間已有「十二月初八，人家

釀秫曰臘酒」的習俗。

依清代《宜昌府志》上記載：「玉蜀黍，名玉高粱，土名包穀，釀酒。」故所釀之酒，稱包穀酒。此由詩人楊樹本之詩，「大米珍如珠，高粱亦罕有；祭祀及燕飲，一味包穀酒。」即可瞧出端倪，足見當時當地所流行的是玉米釀成的酒，品質只是一般，不為世人所重。

一九五四年時，地方政府建成「宜昌市七一酒廠」，從事白酒出產。以其品質平平，並無多大名氣。一九七二年初，乃開始投產品質優良的西陵特麴，不久即為酒林所重，遂在一九八〇年易名為「宜昌市酒廠」。

【釀造】

西陵特麴選用優質的紅高粱為原料，以小麥製成的中、高溫麴為糖化醱酵劑，汲引甘潔的高峽泉水為釀造用水。採用傳統工藝，經隔排投料，高溫堆積的工序後，再泥窖醱酵、緩慢蒸餾，然後分期陳貯、精心勾兌而成。

【口感與入菜】

西陵特麴屬兼香型大麴白酒，酒度分38°及55°兩種。酒液無色透明，酒香濃頭醬尾，濃郁諧調適中，酒體豐滿醇厚，入口柔綿甘爽，回味留香悠長。大陸知名的導演謝添除了愛啖錦城的蒜泥白肉外，最嗜飲此酒。曾賦詩曰：「酒仙過宜昌，雲頭飄酒

香。試問誰家酒？西陵正啓缸。」

　　品嘗西陵特麴的要領與「白雲邊酒」同，其菜肴盡量以清淡為主，唯有如此，方嘗得出濃頭醬尾的兼香神韻。西陵特麴自問世後，先於一九七九年被評為湖北省優質酒；一九八三年及一九八八年又被評為湖北省優質產品。以一九八四年最為風光，先獲輕工業部酒類質量大賽銀杯獎，再於第四屆中國評酒會上榮獲國家優質酒稱號及銀質獎章。一九八八年更上層樓，蟬聯第五屆中國評酒會之國家優質酒稱號及銀質獎章。目前積極開拓海外市場。

中國龍泉酒

黑龍江酒兼清醬

酒名：中國龍泉酒
產地：黑龍江賓縣
特質：酒液清澈透明，清
香、醬香、濃香咸備。

【來源】

在冰天雪地的北大荒裡，黑龍江省位置最北，天候最冷。當地所生產的白酒中，阿城的「玉泉酒」與賓縣的「龍泉酒」，皆以泉命名，號稱中國北地雙泉酒。有趣的是，兩者的國際市場，卻有天壤之別。玉泉酒賡行南進政策，得意天南，口徑一致；龍泉酒則東銷日本，西征丹麥等國，另在南方也湊上一腳，像馬來西亞等國亦能見到其蹤跡，可謂兵分數路，三方通吃。

賓縣前屬吉林省管轄。依據《吉林通志》的記載，賓縣的釀酒歷史頗久，早在清代中葉，釀酒業就很興盛。「光緒十七年（一八九一年），賓州廳燒鍋票稅額征銀七千二百兩。」是當時關外重要的產酒地區之一。且經統計後得知，同治元年至光緒十三年（一八六二

年到一八八七年）間，已建有六家燒鍋。到民國十七年（一九二八年），則建有燒鍋十五家，尤以「天發源」、「德盛涌」、「德源恆」、「萬福廣」、「天盛源」及「永盛源」等六家創自清代的老燒鍋最為知名。其所生產的大量白酒和雜酒，一向是賓縣政府的最主要財政收入。

賓縣的釀酒業之所以發達，與當地「立春飲春酒，重九酌茱萸酒，除夕飲辭歲酒」的習俗息息相關。另於宣統二年（一九一〇年）建成的「同發源」燒鍋，名號本不甚響亮，卻在戰火下倖存。一九四五年，地方政府為廣闢財源，乃在「同發源」既有的基礎上，改建成「賓縣白酒廠」。一九八一年易名為「賓州大麴酒總廠」。一九八六年，去大麴二字，正式命名為「賓州釀酒總廠」。

賓縣城西有「二龍泉」，泉水清澈見底，爽洌帶甜，常年噴湧不竭，是釀酒的上好水質。「賓州釀酒總廠」的中國龍泉酒，因用此泉釀製而成的，故取以為名。其自一九八〇年量產以來，旋為酒市珍品，暢銷東瀛與西歐等地區。

【釀造】

本酒是選用東北特產的紅穀高粱為原料，以小麥製成的大塊麴為醱酵糖化劑；採用傳統的操作方式，再結合現代科學技術所精心釀成的旨酒。而在出廠之前，須先貯存一到兩年，經分級後，再行勾兌。由於製作精細，加上品質穩定，遂廣受東三省各界歡迎。

【口感與入菜】

中國龍泉酒屬兼香型大麴白酒。酒度為53°；酒液清澈透明，酒體豐滿，酒氣醇厚；清香、醬香、濃香咸備。差異處在於以清香為主體，略帶些濃香，回口則是醬香，甚有自家風味。入口柔和甘旨、清冽怡爽，不覺酒烈，而且回味綿長，沁人心脾。端的是上等好酒，極宜把杯細品嘗。

在配菜方面，中國龍泉酒因清香突出，反而適宜砂鍋菜。像湘菜的連鍋羊肉湯、北方菜的砂鍋津白、杭州菜的砂鍋魚頭等，都是不錯搭檔，食來各具風味。

本酒一經上市，立刻吸引評審的目光，在一九八三年即被評為黑龍江省優質產品，隨後於一九八四年榮獲輕工業部酒類質量大賽銀杯獎。無奈其後勁不足，未能如中國玉泉酒般的連續安打，一再贏得中國優質酒稱號。故其在中土的知名度不高，行銷量亦相對受限。

中國玉泉酒

晶瑩清冽出玉泉

酒名：中國玉泉酒
產地：黑龍江阿城
特質：酒液清亮、無色透
明，柔和醇正，餘香味
長。

【來源】

在眾多的北地佳釀裡，「南進」
最徹底且大有斬獲的，首推黑龍江省
阿城縣「玉泉酒廠」出品的中國玉泉
酒了。

阿城古稱阿勒楚喀，原屬吉林省
管轄。據《吉林通志》上的記載，其
在清代時，始有釀酒業。除釀製燒酒
外，亦釀有藥酒及雜酒。自民國以
後，阿城的釀酒業才日漸興盛。另由
文獻上得知，在一九三四年間，該地
已有「德泰恆」、「義昌永」和「世
一堂」等酒坊。其後一度沉寂。一直
到一九五九年，地方政府為恢復舊
觀，乃在玉泉鎮闢建「玉泉酒廠」。

鎮上有一泓清泉，名曰「玉
泉」，酒廠即在其畔。此泉四季恆
溫，清冽甘美、晶瑩如玉，入口涼而

微甜。用此泉水釀酒，可謂得天獨厚，故酒廠與產品均以玉泉命名。起先釀製的美酒，名喚「玉泉大麴」，於一九六〇年投產後，即以質優味佳而馳名北大荒，成為地方名酒。廠方為使品質進一步的提高，乃在玉泉大麴既有的基礎上，進行工藝改良。經一再努力後，果然未負期望，正式於一九七〇年投產，由於其質精味殊，不僅迅速在全國聞名，並且打進海外市場，傾銷於港澳地區及東南亞諸國，宣示南進成功。

【釀造】

本酒選用松嫩平原的優質高粱為原料，以小麥製成的塊麴為糖化醱酵劑，採取人工老窖的獨特傳統工業，分質蒸餾、分級貯存，然後再進行科學勾兌，精心釀製而成。

【口感與入菜】

中國玉泉酒屬兼香型大麴白酒，酒度分39°、45°及55°三種。酒液清亮、無色透明。酒氣馥郁，濃香、醬香並存，具有「窖香頭，醬香尾」的獨特風格。入口則以甘冽爽淨，柔和醇正及餘香味長著稱，是一款不可多得的佳釀。故自問世以來，即為酒徒所珍，銷路直線上升。

兼香型的白酒雖與各種食物的烹調皆稱適口，但品嘗中國玉泉酒仍以吃涮鍋子較為合宜，尤其是酸菜白肉火鍋。如此，方能湯鮮清、肉滑腴、酒爽順，各臻其極，相得益彰。而在諸多販售

酸菜白肉鍋的店家中，應以位於台北的台電「勵進餐廳」的最為對味。原因無他，彼此皆清、渾融一體而已。

此外，如在一些北方館子裡邊吃涮羊肉、蒸餃、牛大餅，炒幾道蔥爆熱菜，就幾口玉泉酒喝喝，亦足以渾身舒暢、筋脈活絡，進而寒氣全消正好眠了。不過，此酒魅力無窮，妙在襯托。除上述的涮羊肉和酸菜白肉鍋外，您亦可試試潮州的沙茶火鍋、四川的毛肚火鍋與泰式火鍋（香港稱蔭功湯）。其中，後者的酸辣夠味，更與中國玉泉相反相成，能產生令人意想不到的特異效果。

本酒的發跡較遲，自其量產十年後，才獲得評審諸公的肯定，於一九八○年及一九八三年獲評為黑龍江省優質產品。一九八四年再獲輕工業部酒類質量大賽銀杯獎。此後即一帆風順，在同年及一九八八年的中國第四、五屆評酒會上榮獲國家優質酒稱號及銀質獎章，進而由起初的東北地方名酒晉升為舉國皆知的美酒。

其他香型白酒類

陸

香氣成分無定型格局，具有一酒多香的風格，如董酒既有大麴酒的濃郁芳香，又有小麴酒的柔綿、醇和、回味的特點，自成體系，稱「董香型」；另，西鳳酒因風格獨立，影響甚大，特稱「鳳香型」；此外，玉冰燒帶豆豉的香氣亦自成一格，故以「豉味」冠酒名之上。

董酒
三高一低酒典雅

酒名：董酒
產地：貴州遵義
特質：酒液清澈透明，酒
香濃郁優雅。

【來源】

以三獨特（工藝、風格、香味組成比）著稱的董酒，出產於貴州省的「遵義董酒廠」，它另有「思鄉酒」、「多情酒」、「友誼酒」及「典雅酒」等名目。

遵義市北郊約五公里的「董公寺」，據《遵義府志》上的記載：「在治北十五里……舊名龍山寺，後名西樂寺。康熙元年（一六六二年）兵備董顯忠重葺，有邑舉人王以沖記。乾隆六年（一七四一年），有燕僧來，重修，易名董公寺。」其附近街道亦以寺名為地名，沿用至今，惟該寺早已變成而今的「北關學校」了。

董公寺一帶的釀酒，可遠溯至南北朝之時。到了清代末葉，這裡的釀

酒業已頗具規模，光是董公寺到高坪這十公里的地段，即有釀酒作坊十餘家。其中，又以釀造世家「程氏作坊」所釀的小麴酒最為出色。貴州文人肖光遠曾「避秋虎」於遵義城北，「飲之而甘」，題詞即有「為惜清涼好呼酒，世間炎熱亦可有？」

今日的董酒，創始於「程氏作坊」。相傳其後人程明坤（一九〇三至一九六三年）曾夢神授釀酒法，實則係集各家之大成。既匯聚前人技藝，又結合當地水土、氣候及原料等條件，釀出了別具一格的「董公寺窖酒」。獨家經營，祕不外傳，即使是程氏本家的其他作坊也只知其一，不知其二。此外，又因其僅有兩個可容三至四萬斤酒醅的窖池，和一個烤酒灶，屬小規模生產，故能得精發髓，質冠一方。二十世紀四〇年代初，有人提議將酒名截去中間、僅留頭尾，並將散裝銷售改為瓶裝銷售。程明坤欣然接納，董酒從此名噪西南，一度流行於川、黔、滇、湘。惟在江山易主之後，「程氏作坊」因故關閉，董酒遂於市面絕跡。

一九五七年，遵義市政府決心發掘這一傳統名產，先由「導義酒精廠」派人在原「程氏作坊」一個車間的基礎上，修灶建窖，恢復董酒生產，並將酒樣層送上級鑒定。國務院認為其「色、香、味俱佳」，建議予以恢復發展。一九七九年，董酒已能量產，乃將此車間析置為今酒廠。二十世紀九〇年代末期，因多種原因，「董酒廠」被深圳的「振業公司」兼併，成為中國的酒業第一個真正改革體制，國有民營的名酒企業。

【釀造】

本酒選用優質高粱爲原料，引「水口寺」甘洌的地下泉水爲釀造用水。以小麥加入四十多味（含藏紅花、桂皮、蟲草、當歸等）中草藥製成的大麴和大米，並加入九十多種草藥製成的小麴爲糖化醱酵劑、再以石灰、白泥和獼猴桃根、藤泡汁拌合而成的窖泥築成的鹹性偏高地窖爲醱酵池。其釀造口亦別出心裁，採用以麴小窖製取酒醅，以大麴大窖製取香醅，然後一起「串蒸」得酒的工藝。再經量質摘酒，分級陳釀（一年以上），科學勾兌等工序釀製而成，手續繁複，獨樹一幟。

【口感與入菜】

董酒屬其他香型白酒，爲藥香型或董香型的代表。酒度分爲58°及38°（名稱爲「飛天牌董醇」，一九八四出廠）兩種。酒液清澈透明，酒香濃郁優雅（有「三高一低」的特點，即丁酸乙酯、高級醇、總酸的含量爲其他酒的三、五倍，而乳酸乙脂的含量則不到一半，故酯香、醇香與藥香俱全），酒體豐滿諧調，入口柔綿回甜，飲後甘爽味長。其醇其和、堪稱獨步。

品嘗董酒，莫妙於蒸、燉菜肴，像汽鍋雞、清燉腳魚（即甲魚）、泥鰍鑽豆腐、竹筒烤魚、竹筒蝦、肴豬腳、蟹粉魚肚、回魚乾絲或野菜排骨湯等都很合適。又，我曾在川揚菜聞名的「郁坊小館」品嘗過董酒，當日的菜色有硝豬腳兩吃、風雞、肴肉雙併、麻辣腰花、腐竹排骨、清炒鱔糊、香酥八寶鴨、蛤蜊劙肉

等，酒珍菜美，大有「人生不過如此」之嘆。

　　董酒自出世以來，即譽滿酒林，為行家眼中的珍品。一九六八年初試啼聲，即被命名為貴州省名酒。一九八六年再獲貴州省名酒金樽獎。此外，又於一九八八獲輕工業部酒類質量大賽金杯獎，一九八八年再獲輕工業部優秀出口產品金獎。而奠定其地位的，則是分別在一九六三年、一九七九年、一九八四年及一九八九年的中國第二、三、四、五屆評酒會上，榮獲國家名酒稱號及金質獎章。至於揚威海外，則是分別一九九一年在日本東京所舉辦的第三屆國際酒、飲料博覽會上榮獲金牌獎。一九九二年在美國洛杉磯所舉辦的國際酒類展評交流會上榮膺華盛頓金杯獎。一九七七年，它開始出口，現在已遠銷至東南亞、日本、加拿大、美國及歐洲等數十餘國及地區。

西鳳酒
五味俱全眞醇美

酒名：西鳳酒
產地：陝西鳳翔
特質：酒液清亮透明，涵蓋清、濃優點。

【來源】

鳳翔有三美：東湖柳、婦人手、柳林酒。其中，柳林鎮所產的美酒，即是千古名釀——「西鳳牌西鳳酒」。

鳳翔古稱雍州，釀酒歷史悠久，可上溯至殷、周之時。春秋時期，五霸之一的秦穆公在此留下不少佳話，也爲此地能釀旨酒，做了最佳註腳。如《酒譜》云：「秦穆公伐晉及河，將勞師，而醪惟一種。蹇叔勸之曰：『雖一米投之於河而釀也，』於是乃投之於河，三軍皆醉。」不知是心儀抑或酒醉？又《史記》上記載：秦穆公「亡善馬，歧下野人共得而食之者三百餘人，吏逐得，欲法之。穆公曰：『君子不以畜產害人。吾聞食馬善肉不飲酒，傷人。』乃皆賜酒而赦

之。三百人者，聞秦擊晉，皆求從。從而見穆公窘，亦皆推鋒爭死，以報食馬之德。」

唐肅宗至德二年（七五七年），將雍州改名鳳翔，取周文王時「鳳凰集於岐山，飛鳴過雍」的典故，從此鳳翔便有「西府鳳翔」之稱。又早在高宗儀鳳年間（六七六至六七九年），吏部侍郎裴行儉送波斯王子循絲路返其國，途經柳林鎮，飲其甘醴之後，不覺心懷大暢，即興吟詩一首。詩云：「送客亭子頭，蜂醉蝶不舞，三陽開國泰，美哉柳林酒！」

到了北宋仁宗嘉祐七年（一○六二年），蘇軾出任鳳翔府判官，曾在喜雨亭上暢飲柳林酒，又在遊普門寺僧閣後，賦「花開美酒喝不醉，來看南山冷翠微」之詩，以憶其弟蘇轍。

據《鳳翔縣志》載，明代已「燒坊遍地，滿城飄香」，光是柳林鎮一地的釀酒作坊，已達四十八家。詩人蘇浚的《東湖》詩即云：「黃花香泛珍珠酒，華髮榮分汗漫遊。」清代則以「鳳酒」著稱。據文獻上的記載，「陝省則以鳳翔，岐山、寶雞等所產鳳酒最優質，味醇馥，與山西汾酒不相上下。往歲產量甚豐，鳳翔、寶雞年各出數百萬斤。」而且這「八百里秦川」的居民，「素不飲茶，早起入市群飲燒酒」，更使釀酒業空前繁榮。

另依一九二九年編的《工商部中華國貨展覽會實錄》載，「鳳翔縣『興盛德』之鳳翔燒酒」獲二等獎。據統計，當時全縣的燒坊多達八十八家，其中柳林鎮便占了二十七家。可惜不到二十年的光景，柳林鎮僅存七個小酒坊，蕭條到了極點。一九五六年時，當地政府在柳林鎮「新民酒廠」內兩個生產小組的基礎上，建成「西鳳酒廠」，翌年即按傳統工藝，繼續投產「回味愉快，不

上頭、不乾喉」的歷史佳釀——西鳳酒，往後更發出系列精釀——柳林春與雍城酒。

【釀造】

本酒選用當地特產的高粱為原料，以大麥、豌豆製成的大麴為糖化醱酵劑，工藝乃採用固態續渣醱酵法；醱酵窖概用新窖，區分成明窖與暗窖兩種。工藝的流程則分為立窖、破窖、頂窖、圓窖、插窖和挑窖等工序，自成體系，不與人同。於蒸餾得酒後，再經酒海（註：用荊條編成酒簍，內壁糊紙，塗以豬血，石灰等，一個即可貯酒萬斤，並能促進酒質芳香醇厚）貯存三年，然後精心勾兌出廠。

【口感與入菜】

西鳳酒屬其他香型白酒，因影響甚廣，已自成一格，另稱之為鳳香型。酒度分為39°、55°及65°（專供內銷）三種。酒液清亮透明，酒香優雅細緻，涵蓋清、濃優點，酒體豐滿醇厚，酒質純正細膩，入口甘潤爽冽，尾淨回味悠長，飲後無副作用。行家評其「酸、甜、苦、辣、香五味俱全，而五味又不出頭。即酸而不澀、甜而不膩，苦而不黏，辣而不刺喉，香而不刺鼻。諸味諧調，回味舒暢，蘊含一種類似橄欖味，有久而彌芳之妙」。號稱「西鳳飄香入九霄，銜杯卻讚柳林豪；五味俱全真醇美，博得古今聲譽高。」

品嘗西鳳酒，最宜仿古菜、像醋芹、炙骨頭、商芝肉等均佳。倘用臘牛肉、醬驢肉、葫蘆雞、葫蘆頭等下酒，也挺不錯。如果身在寶島不克備齊各物，光用甑糕（即狀元糕之本尊）泡饃、釀皮子、白切羊肉、炒洋芋絲等佐飲，亦可喝得津津有味，進而不亦樂乎了。

本酒早在一九一五年，即獲在美國舊金山所舉辦的巴拿馬萬國博覽會金獎。中共政權建立後，即於一九五二年、一九六三年、一九八四年、一九八八年的中國第一、二、四、五屆評酒會上榮獲國家名酒稱號及金質獎章。僅在一九七九年的第三屆上，名列其次，獲國家優質酒稱號及銀質獎章。另，一九八四年獲輕工業部酒類質量大賽金杯獎。二十世紀九〇年代後，挺進國際賽。先於一九九二年，獲法國巴黎國際名優酒展評會特別金獎；再於一九九三年，獲在法國巴黎所舉辦的第十五屆國際食品博覽會金獎。聲勢赫奕，舉世知名。現已遠銷至日、美、加、俄羅斯、羅馬尼亞及新加坡等數十國，廣受各地消費者的喜愛。

四特酒

酒綿味冽眞醇純

酒名：四特酒
產地：江西樟樹
特質：酒液無色透明，回
香獨特。

【來源】

　　江西省樟樹市原屬清江縣。聲名遠播的「四特酒廠」，則位於贛江與袁水交會處的樟樹鎮。從出土的古文物顯示，早在商代時即能製出各式酒器，如青銅器的觚和原始瓷釉的樽等，故推測在三千多年前，當地的居民已能釀酒。

　　時至元、明兩代，樟樹鎮以製藥業與釀酒業聞名，是當時全國三十三個大工商城鎮之一，亦是江西四大鎮之首。鎮中的「望津樓」尤其知名，爲巨商富賈及騷人墨客經常流連之處，其佳釀在附近數百里之內，稱得上首屈一指，酒客每以得一嘗爲快。此外，民間亦善釀酒，其佳者，較諸各酒家亦不遑多讓，所製之精品稱「穀酒」，係由糯米釀成。故《清江縣

志》云：「稻，種類不一……有早糯、晚糯，並堪釀酒。」

明末清初時，邑所產的高粱酒，以四個等級分裝，上有四個特字者爲最高級，此即「四特酒」的由來。因品質優良，聲譽鵲起，暢銷於湖、廣、浙、閩等地，儼成贛省第一名釀。

據民國二十二年（一九三三年）的統計，四特酒的年產量可達四十餘萬斤，著名的酒坊有「集義」、「萬成棧」、「婁源隆」、「吳萬成」等十餘家，尤以「集義」和「婁源隆」兩家，酒質最佳，產量最大，也最爲膾炙人口，曾遠銷省內、外各地，並在長沙、漢口等地設有分店。可惜好景不常，在連年戰亂下，釀酒業蕭條，已瀕臨停產。一九五二年時，當地政府在舊酒坊的基礎上，成立「樟樹酒廠」，請回散佚的釀酒技師，於一九五九年正式恢復四特酒的生產。不僅保持既有的「清亮透明、香氣濃郁、味醇回甜、飲後神怡」的四大特點，而且在色、香、味上均有提高。國務院總理周恩來飲後，讚不絕口，題詞讚曰：「清香醇純，回味無窮」。其後，於一九八三年易名爲「四特酒廠」。

樟樹鎮東南隅有閣皂山，素以「泉雜兩側，香聞四處」揚名。其泉水之佳者，有「九龍泉」、「漱玉泉」、「玉華泉」等，歷來酒坊咸以此數泉釀酒，而今「四特酒廠」亦師法前人，汲取閣皂山泉之水脈爲釀造用水。

【釀造】

本酒選用肥碩大顆的大米、糯米、高粱等爲原料，以優質小麥製成的大麴爲糖化醱酵劑，匯合甜酒與大麴酒兩者之長，形成

自家獨特的操作工藝。此即採用伏麴，經地窖醱酵，醅香蒸酒，摘取酒身等工序後，再貯藏陳釀，精心勾兌，最後裝瓶出廠。

【口感與入菜】

四特酒屬其他香型大麴酒，酒度爲54°。酒液無色透明，酒香濃郁強烈，酒體豐厚諧調，入口醇甜綿軟，飲後既不乾口，亦不容易上頭，而且回香獨特，感覺恰到好處，釀酒名家周恆剛有詩云：「酒綿恰似觀音柳，味洌猶如羅漢松。」可謂善頌善禱，拈出精要所在。

品嘗四特酒，莫過於三杯雞及流浪雞等。其實，三杯系列無一不可，像三杯兔肉、三杯鼠肉、三杯鱈魚、三杯羊肉等，均是下酒妙品。諸君在吃三杯菜時，可別忘了呷杯四特酒助興。

本酒自出廠以來，接連受到贛省評酒家的青睞，在一九六三年、一九八○年均被命名江西省名酒，且後兩次，又被評爲江西省優質產品。一九八四年時，獲輕工業部酒類質量大賽銀杯獎；且在一九八九年，中國第五屆評酒會上榮獲國家優質酒稱號及銀質獎章。雖已舉國知名，但未蜚聲國際。目前以內銷爲主，出口尚有待強化。

杜康酒
始祖精釀鳳香馨

酒名：杜康酒
產地：陝西白水
特質：酒液清澈透明，入口甘潤清冽。

【來源】

中國造酒的始祖是誰？說法多端。而關係人之一的杜康，究竟在哪裡造酒，也鬧得聚訟紛紜，亂得一蹋糊塗。現在總算理出點頭緒，大抵上是指這三處，二處在河南，一處在陝西。河南的汝陽和伊川均有佳釀。陝西的白水縣，怎甘落在人後？亦有美酒推出。

陶潛在詩序中曾說：「儀狄作酒，杜康潤色之。」但這只是一家之言，尚未形成共識。反而說杜康是始祖的，漸成一股「公論」。故這位夏代第六代的君主，已被譽為「造酒始祖」，亦是今日釀酒業供奉的祖師爺。

白水縣古屬同州。據《白水縣志》上的說法：「杜康，字仲寧。相傳為縣之康家衛人，善造酒。」當地的「古蹟」，不但有杜康墓、杜康廟，還有所

謂的「康家河,在縣十五里。俗傳杜康取此水造酒。水自義會溝來,繞康廟前」。過去,該縣的人民為了紀念杜康,每年「正月二十一日,各村男女赴杜康廟賽烹至晚而罷」。

此地的釀酒史雖源遠流長,但釀酒業卻至北宋而盛。神宗熙寧年間(一○六八至一○八五年)的酒課達「五萬貫以上」,已是一個具規模的產酒區。所釀的酒,以「同州清洛,清心堂」酒,最受世人稱譽。到了清代時,美酒不復現,但酒品增多,民間能將「黍、稷、稻、粱、麥、柿子」等釀製成酒,其中只有「燒酒、黃酒」為佳。

一九七五年時,在杜康溝(即康家河)畔建成「杜康酒廠」,秉承傳統工藝,繼續投產燒酒,取名稱杜康酒,商標為「杜康牌」。

【釀造】

本酒選用當地盛產的優質高粱為原料,以大麥、小麥和豌豆所製成的大麴為糖化醱酵劑,汲取杜康泉之水為釀造用水,經固體發酵、緩慢蒸餾及長期貯存後,再精心勾兌,始裝瓶出廠。

【口感與入菜】

杜康酒屬其他香型的鳳香型大麴白酒,酒度分54°及60°兩種。酒液清澈透明,酒香濃郁優雅,酒味醇和諧調,入口甘潤清冽,回味綿柔悠長,具有西鳳酒的典型風格。除暢銷西北,流行

湖廣外，亦積極從事出口，現已遠銷至日本、德國及東南亞各國。所到之處，甚受好評。

品嘗杜康酒，並不限於特定菜肴。在我的記憶中，吃些松子、核桃、榛果等乾果，自斟自酌固然不錯；如果能用葅烤肉、乾煎帶魚、烤鮭魚頭、鍋塌豆腐、烤羊肉串等下酒，更是絕妙好配，美得出人意表。

本酒出廠十年後，始被專家們青睞。先後於一九八五及八八年被評為陝西省優質產品，一九八四年獲輕工業部酒類質量大賽銅杯獎。一九八六年則被命名為陝西省名酒。雖獲得的獎牌不多，但不失為一款佳釀。

特級景芝白乾
沾唇不禁念故鄉

酒名：特級景芝白乾
產地：山東安邱
特質：酒液無色透明，芝
麻香氣襲人。

【來源】

　　山東省安邱縣的景芝鎮，爲山東四大鎮之一。安邱縣古屬密州，北宋時已有釀酒業。明太祖洪武年間（一三六八至一三九八年），景芝鎮「商業繁盛，產酒頗著」，每年納酒稅「一百錠四貫」（按當時一錠合十兩紋銀）。由此可見其釀酒業已甚具規模。據清人所撰《山東通志》，即記載著「酒，各縣皆有……燒酒，即高粱酒，以安邱縣景芝鎮爲最盛」。

　　在一九二〇年時，當時人已寫著「景芝之白酒，爲吾邑著名物產」。又，據一九三四年時的統計，景芝鎮最著名的六戶老燒鍋，分別是同治六年（一八六七年）建的「義泰燒鍋」、「豫泰燒鍋」、「義祥燒鍋」及光緒十五年（一八八九年）建的「復

興德燒鍋」、「荊茂燒鍋」和宣統二年（一九一○年）建的「德生成燒鍋」。一九四八年後，當地政府在這些老燒鍋的舊址上闢建成景芝酒廠，繼續傳統工藝，精釀上品的酒。一九五○年命名為景芝白乾，後再加「特級」二字，表示與眾不同。

特級景芝白乾用「松下古井」之水釀造。此眼井水清涼甘芳，取之不竭。所釀成之酒不僅酒味醇，而且出酒多。據前人的經驗，用同樣的製酒工藝和製酒班子，離開景芝到別處釀酒，其質量皆大為失色，故當地一向就流傳著「景芝水裡含三份酒」的說法。

【釀造】

本酒用優質高粱為原料，以優質麥麴為糖化醱酵劑，經長期醱酵，甑鍋蒸餾和再定期貯存陳釀後，再精心勾兌而成。

【口感與入菜】

景芝白乾屬其他香型白酒，酒度分成39°、44°、54°、59°四種。酒液無色透明，芝麻香氣襲人，酒味純正醇和，入喉清洌適口，飲後餘香悠長。詩人臧克家題詞曰：「兒時景芝酒名揚，長輩貪杯我聞香；佳釀聲高人已老，沾唇不禁念故鄉。」

至於品嘗方面，特級景芝白乾的搭配菜色應清淡，像燉品、菊花火鍋、芙蓉雞片、南炒雞丁、扒魚脯等，方能引出酒味，現味芝麻香氣，一經互相烘托，更顯酒壓群芳。

本酒在一九八七年時，被評爲山東省優質產品；另，一九九
〇年時榮獲在比利時布魯塞爾所舉辦的二十八屆世界優質產品質
量評選會金獎。一九八四年，獲輕工業部酒類質量大賽銀杯獎。
現已銷售至日、韓等十餘國。

太白酒
仙境佳釀詩仙愛

酒名：太白酒
產地：陝西眉縣
特質：酒液清亮透明，香氣芬芳諧調。

【來源】

「李白斗酒詩百篇」，這位詩中之仙，酒國之聖的名號，不但響徹雲霄，而且千古流傳。而今，打著他老兄的金字招牌而成名的酒廠，屈指算來，已有三家，其一在安徽，其二在四川，但其中最負盛名的則是出自陝西眉縣的「太白酒廠」。

眉縣古屬鳳翔府，地處八百里秦川的太白山麓，臨渭水河而城。其水源之豐沛，水質之優良，均居渭河流域之冠。其中最佳的水，來自大太白冰斗湖（又稱太白大爺海）。此湖乃由太白山溶化之雪水所匯合而成，水質純淨、甘冽且清澈，甚宜釀酒。早在西周時，人們已用此水釀酒。到了唐代時，所出佳釀成為宮廷御酒。玄宗開元十二年至二十年（七二四至七三二年）間，天子李隆

基多次臨幸眉縣的「鳳泉湯」，他和愛妃楊玉環所飲用的，鐵定就是在地酒，並留下了「君妃喜命長生酒」的典故。

歷代的文人雅士，到此一遊的不少，像李白、杜甫、韓愈、蘇軾等，都曾流連於太白山美景及沉醉於眉縣的佳釀。而李白在「太白何蒼蒼，星辰上森列。去天三百尺，邈爾與世絕」的「仙境」下吟詩醉酒，更令後人嚮往之至。而蘇軾和友人留下的條幅：「劉伶借問誰家好？李白還言此處香。」指的就是此一盛事。

清高宗乾隆元年（一七三六年）時，縣內的金渠鎮建有燒鍋，其所釀之燒酒，迻運西安販售，人們爭相購置，名氣既響且大，與馬家鎮、齊鎮為眉縣酒業的三大中心，亦是釀製西府酒的重鎮之一。民國時，釀酒業依舊興盛。一九三七年，位於西安市南大街的「萬壽酒店」。因店主郭曉春將金渠鎮之散白酒，另行裝瓶出銷，名之為「太白酒」，不意一炮而紅大受時人歡迎，在西北各地竟廣為流行，進而促進金渠鎮釀酒業的蓬勃發展。及至一九四九年時，這一帶已有四十八家燒房，成為陝西釀酒的一大重鎮。一九五六年，地方政府將各釀酒作坊合營，建成「眉縣太白酒廠」，並於一九五七年投產燒酒，仍命名為「太白酒」。惟酒廠之名數度改易，最後在一九六九年敲定，用的還是原廠名。

【釀造】

本酒選用優質高粱為原料，以大麥、豌豆製成的大麴為糖化醱酵劑，沿襲傳統工藝，採用土窖醱酵。經緩慢蒸餾，按質接酒，分級陳釀等工序後，再予精心勾兌而成。

【口感與入菜】

太白酒屬其他香型之鳳香型大麴白酒，酒度為55°。酒液清亮透明，香氣芬芳諧調，酒質醇厚綿軟，入口甘潤帶爽，回味尾淨而長，不愧精釀美酒，風行中國各地。

品嘗太白酒，選用酥炸、炭烤及油煎等食物，較為相得。因此，炭烤牛排、炭烤鮭魚、烤羊腿、煎蛋、烤馬鈴薯、炸雞、香酥鴨、烤香腸（註：須配大蒜同食）、客家鹹肉、麻辣酥小鯽、炸響鈴、炸里脊、煎帶魚或煎鰭魚中段等菜肴，都和太白酒能合得來，且能烘托本身香氣，互增彼此滋味；值得諸君一試，保證胸懷大暢，進而飲慾大開。

本酒起步雖早，享大名則甚遲。一直晚到一九八一年，始被評為陝西省優質產品；一九八五年再被命為陝西省名酒。一九八九年，乃其最風光的一年，一舉在中國第五屆評酒大會榮獲國家優質酒稱號及銀質獎章。

沛公酒

大風起兮名最著

酒名：沛公酒
產地：江蘇沛縣
特質：酒液無色透明，香介濃醬之間。

【來源】

　　江蘇省沛縣是漢高祖劉邦的故鄉，明太祖朱元璋的先世亦曾居住此地，因這兩位平民皇帝或崛起於此，或發跡於斯；故並稱為「漢陽沐邑，明先世家」。

　　沛縣早在秦代時，就有釀酒業。距今二千一百年以前，劉邦曾在此擔任泗水亭長，常醉得不省人事。他當上皇帝後，淮南王英布叛亂，他便於公元前一九六年親征，途經家鄉時，招父老暢飲，即席賦《大風歌》。從此之後，這裡所產的佳釀，被取名為「沛公酒」，是遊客眼中的精品。

　　元朝開會通河，沛縣地處交通樞紐。據《沛縣縣志》載：「高源巨陸，匯泗阻河，四方之貢品，舟車達京師。」因此一絕佳的地理因素，更

有利於沛公酒的行銷，常被當成手信而攜往各地。此外，文人的諷詠，對其得享大名，頗有推波助瀾之功，如北周庾信的「酒酣自舞，先歌大風」；明代歸有光的「城外綠楊柳，高帘懸風塵。猶有賣酒家，王媼也有親」。清代袁枚的「一代君臣酣飲後，千年魂魄故鄉中」等，便是其中最膾炙人口的詩句。

劉邦不只嗜飲，亦愛吃狗肉，想效法的，代不乏人。像庾信、文天祥及明武宗朱厚照等過沛時，皆以食狗肉、飲沛酒為樂。沛酒能博得「名最著」、「味美醇正」的封號，進而馳譽各地，便與他們的即興演出，有著密切的關係。

清代時沛酒依然有其魅力。同治十三年（一八七四年）編纂的《徐州府志》，在物產名品中，即有《沛之酒》；而南京城的酒肆，亦插有「徐沛高粱酒」的酒旗。一九一五年時，沛酒曾參加美國舊金山舉行的巴拿馬萬國博覽會，雖未得獎，但排名甚前。一九三二年時，沛縣的釀酒業攀至頂峰，共有四十二家酒坊釀製白酒，年產九千擔，以「豐怡和酒坊」最為知名。

江山易手後，當地政府為集合各糟坊的釀製經驗和技術，於一九五○年組建「國營沛縣酒廠」。一九八五年時，為挖掘歷史傳統產品，乃恢復投產「沛公酒」，並在一九八八年更名為「江蘇省沛公酒廠」。

【釀造】

該酒選用優質高粱為原料，以麥麴為糖化醱酵劑、引微山湖之青泉水為釀造用水，使傳統釀造工藝與現代科技相結合，經久

貯陳釀而成。此外，廠方為符合「高檔、低度、系列化」的生產指導方針，產品呈現多樣化且精緻化。其著者，計有沛公精麴、沛公特麴、沛公大麴等二十多個系列產品，並首先在中國使用別具一格的音響瓶和紫砂鍍銅瓶，大大有名於時。

【口感與入菜】

沛公酒屬其他香型的大麴白酒。酒度為55°及38°。酒液無色透明，氣味芳香獨特，香介濃醬之間，另有股沁人心神的芝麻香。被評為具有「茅頭窖香，濃郁悠長，酒體醇厚，綿柔和諧，回味悠長，芝麻香尾」的特殊風格。現正暢銷於神州大陸。

欲品嘗此酒，最宜用狗肉下酒，尤其是「黿汁狗肉」（即涼後撕條的狗肉），伴以黿（音源）汁，其樂融融，感覺親切而有真味。另，用「霸王別姬」（鱉、雞）佐酒，亦甚有風味。

沛公酒自推出後，先後一九八七年被評為江蘇省優質產品，接著在一九八八年的中國首屆食品博覽會上，38°及55°沛公特麴分獲金牌及銀牌獎；一九九○年時，沛公大麴獲輕工業部優質產品稱號。最近的一次為一九九二年獲香港國際博覽會金獎，堪稱一時之選。有詩為證：「沛公酒源在沛鄉，盛譽飛騰傳四方，玉液釀成琥珀光，金獎銀獎競輝煌。」

豉味玉冰燒

豉香滿盞不惜醉

酒名：豉味玉冰燒
產地：廣東佛山
特質：酒液色清透明，含有濃烈豉香，透著純正米香。

【來源】

　　佛山鎮是中國古代四大鎮之一，也是漆器的最大集散地。商旅雲集、經濟繁榮。所釀製的米酒，手法獨步天下，故在港、澳地區有「米酒之王」之稱。

　　發源於廣東珠江流域的「玉冰燒」（又名肉冰燒），距今已有三、四百年的歷史，由古法羊羔美酒演變而來。這「羊羔酒」，是用去勢的嫩公羊肉放入鍋中煮，「令極軟（爛），漉出骨，將肉絲擘碎，留著肉汁，炊蒸酒飲時用。」然後醬汁、酒飯（糯米或黍米製）和麴末放甕中釀製，數日即成。此酒風味絕佳。自宋以來，頗受達官貴人的歡迎。後來為了省料，乃用肥羊肉爛煮後取汁，拌入糯米飯中，用麴發酵，其「味極甘滑」，仍為時人所珍。傳到嶺南以後，因物產及氣候上的差異，不取羊肉

而專用肥豬肉，形成其一己獨特的風味，別樹一幟，暢銷南洋。

生產這種米酒的酒坊，遍佈於珠江三角洲一帶。光是佛山一地，在清代中葉時，蒸酒者即「家數三、四十甄數」。其中，又以位於石灣的「陳太吉酒莊」最為有名。據《佛山忠義鄉志》上的記載：「本鄉生產素稱佳品。道、咸、同年間，以陳總聚（陳太吉）為最有名。……說者謂水質佳良，米料充足，酒缸陳舊，三者兼備，其味獨醇。」

「陳太吉酒莊」建於清宣宗道光十年（一八三〇年），承襲傳統工藝，以釀製「醇舊太吉酒」著稱，成為嶺南名釀之一。一九五六年時，當地政府將其改建為酒廠。並於一九六八年易名為「石灣酒廠」，所出品的酒，則命名為「豉味玉冰燒」，取其酒液如「玉潔冰清」之意。

【釀造】

本酒選用優質大米為原料，以米飯、黃豆及酒餅葉製成的小麴（當地稱大酒餅）為糖化醱酵劑，採用傳統工藝，先釀製成酒度約30°到40°之間的米香型白酒，再灌入陳年肥肉缸（以陶缸製成，當地人叫埕）中，浸釀所用肥肉需經去皮，煮熟等加工及陳藏處理，肉、酒比例合理（此為商業機密，因每廠比例不同，從三比二至十比一均有），浸肉時間長達一個月以上，待其溶解、沉澱之後，然後澄清、勾兌釀成。

【口感與入菜】

珠江牌豉味玉冰燒屬其他香型小麴白酒,酒度為30°。酒液晶瑩透明,酒內有米、肉香,酒味諧調純正,入口醇滑柔和、不淡而餘味爽。詩人梁佩蘭對此讚不絕口,詩云:「酒香滿盞不惜醉,月色上衣從著身。」

品嘗玉冰燒,甚宜佛山名菜柱侯雞及其系列。此外,用廣東家常菜裡的紅燒斑腩煲、酥炸雲吞、喵喵雞,咕嚕肉,鹹魚肉餅等佐飲亦佳。其味頗不俗,值得細細嘗。

本酒先於一九八一年,被評為廣東省優質產品,續於一九八四年,獲輕工業部酒類質量大賽銀杯獎。最後在一九八四年及一九八九年的中國第四、五屆評酒會上榮獲國家優質酒稱號及銀質獎章。因其適量飲後,有通血脈、散濕氣、舒筋活血及消除疲勞等功效,故大受華人歡迎。目前已遠銷至日本、丹麥、美國、加拿大及東南亞諸國,後勢持續看漲。

九江雙蒸酒

譚家窖藏香繞舌

酒名：九江雙蒸酒
產地：廣東南海
特質：色清透明，含有濃烈豉香，透著純正米香，酒質醇和細膩，入口甘滑柔綿。

【來源】

廣東省南海縣位於西江之畔。早在唐代時，即有釀酒業。宋代以釀「眞一酒」而著稱於世。據《勝飲篇》上的記載：「蘇東坡在南海作眞一酒，以米、麥、水三者爲之。」清宣宗道光年間（一八二一至一八五〇年），良鄉鎮（今九江鎮）的酒業發達，以「友興隆酒莊」所釀的酒品質量俱佳，故大大提高知名度。其酒因要用兩次醱酵、重蒸而得，號稱「良鄉雙蒸」。當時的九江，幾乎巷巷有酒坊，街街有酒店，是典型的酒鄉。

民國初年，在北京崛起的「譚家菜」，由譚篆青主持。已故的美食家唐魯孫說：「他生長百粵，久客京華，宦途安穩，又都幹的是些筆墨閑差，有錢有閑。因此柔頤福厚。在飲

饌方面，能夠下點功夫，竊搜冥想，由約而博，由細而精，捭豕燔黍，蒸鳧炙鳩，而使譚家菜傳遍遐邇」。其「底子是淮揚菜，並傳嶺南陳氏（大儒陳澧，字蘭甫）法乳，去其濃腴，易為清醇，而集大成的」。譚氏亦擅詩詞古文、乃一文人雅士，若知來客非俗，他會欣然陪座，等到酒酣耳熱、逸興遄飛之際，他便把窖藏的良鄉「雙蒸」供客品嘗；若是醉飽之餘，便以精美的茶具煎大紅袍、鐵觀音饗客，算是賓客這餐的額外收穫。他如此重視「雙蒸」，除家學淵源及個人嗜好外，此甘醴確為無上珍品，且在北方等閒不易嚐到。一九五六年時，當地政府將各酒坊和酒莊，合併成公私合營的「九江酒廠」，繼續生產「雙蒸」。一九六六年此廠轉為地方國營後，即易名為珠江橋牌及遠航牌「九江雙蒸酒」。

【釀造】

本酒釀法與玉冰燒相同，均是選用優良大米為原料，再以由米飯、黃豆及酒餅葉合製的麴藥為糖化醱酵劑。經半固體醱酵，釜式蒸餾，即取得米香型的酒，以此做為原酒，然後把加工過肥肉放入陳年酒缸中浸泡月餘、經充分溶解和沉澱後，再行勾兌即成。

【口感與入菜】

九江雙蒸酒屬其他香型小麴白酒，酒度為30°。酒液色清透明，含有濃烈豉香，透著純正米香，酒質醇和細膩，入口甘滑柔

綿，飲後餘香繞舌，清季詩人曾有詩讚云：「垂竿布網閑中事，慶舉雙蒸醉月明。」

品嘗雙蒸酒，最宜白切雞、紅燒鮑脯、黃燜魚翅、濃燜鵝（鴨）掌或豆肉餅蒸曹白魚等著名譚家菜，不然其杏仁白肺、蜜汁叉燒、清蒸瑤柱、鳳翼穿雲（雞翼去骨而夾雲腿）等亦佳。但談到我的最愛，則是以大馬站煲佐酒。在鹹鮮味重的牽引下，能將其妙處全部發揮，讓人流連數日，仍意猶未盡哩！

本酒曾於一九八四年被評為廣東省優質產品，同年並獲輕工業部酒類質量大賽銅杯獎。早在前清中葉，即已行銷港澳、南洋一帶，現仍賡續既有路線，暢銷於東南亞各國。

天津大麴

三香一體風格純

酒名：天津大麴
產地：天津
特質：酒液無色透明，兼
具清香、濃香、而且略帶
醬香。

【來源】

　　天津市在明、清時期，盛產燒酒，
尤以高粱酒著稱。質量俱優，名播遠
近，評價極高。史載：「燒高粱酒之燒
鍋多家，每年製額甚巨。」一九五一年
時，在九個小燒鍋的基礎上，建成「天
津釀酒廠」。該廠一直是以生產出口白
酒、藥酒及內銷各種白酒爲主的釀造工
廠，產品起先是繼承傳統工藝釀製的高
粱酒。一九七一年爲提升檔次，生產大
麴酒，直接用產地命名，稱「天津大
麴」。

【釀造】

　　天津大麴選用優質高粱爲原料，以
大麥、小麥和豌豆製成的中溫大麴爲糖
化醱酵劑，在工藝上，一方面吸取全國

名酒之長，一方面結合直沽酒的傳統特色，將兩者融爲一體後，經原料破碎、蒸煮、冷卻、加麴入池醱酵，按質蒸酒、陳貯老熟等工序，再精心勾兌而成。

【口感與入菜】

天津大麴屬其他香型大麴白酒，酒度爲53°。酒液無色透明，酒香馥郁芬芳，兼具清香、濃香、而且略帶醬香；酒質醇美細膩，入口甘洌柔和，回味餘香不盡。

在品嘗時，天津大麴以取其清爽、清淡的菜餚，才能感覺到三香有別的滋味。像西露蹄筋、虱目魚肚、魚丸（湖北、上海、福州等均可）湯、清蒸鮮魚、蟹粉肉圓、青椒雞絲、柴把田雞湯、滑蛋牛肉、金鈎掛玉牌等，均能凸顯酒味，食來馨逸舒泰。

本酒先於一九三九年，被評爲天津市名牌產品。再於一九八〇年被評爲天津市優質產品；然後在一九八四年，獲輕工業部酒類質量大賽銀杯獎。成績還算不錯，除風行北地外，出口亦正積極推動中。

明綠液

明光巧製綠豆燒

酒名：明綠液
產地：安徽嘉山
特質：酒液青翠碧綠，帶
有優雅豆香。

【來源】

　　中國在宋代時，即有一種用綠豆釀
成，色碧醇香的名酒，這便是「醇
碧」。黃庭堅在《醇碧頌》的序裡頭
說：「荊州士大夫家，綠豆麴酒多色碧
可愛，而病於不醇。由子（人名）醞成
而味厚，故予名之曰醇碧而頌之。」此
酒每被宋人吟詠。如陸游的《自適》詩
即云：「家釀傾醇碧，圓蔬摘矮黃。」

　　宋代之後，綠豆燒酒流行於兩淮。
今以安徽省嘉山縣「明光酒廠」的「明
綠液」最具代表性。嘉山縣古屬泗州，
宋代酒業已興盛。神宗熙寧年間（一〇
六八至一〇八五年），泗州的酒課達
「十萬貫以上」，已是個大型的產酒區。

　　縣內的明光鎮，原名叫靈迹鎮。按
《明史・太祖本紀》的說法，謂朱元璋
的母親在懷他時，因乞討而至此分娩。
當他出世時，「紅光滿室，自是夜數有

光起」。等到朱元璋登基後，便改名爲明光鎮。其釀酒業一向興旺，清代則以釀高粱酒、黃酒爲主。

清德宗光緒十一年（一八八五年），在明光鎮建成的「精益」、「李祥和」、「源興隆」、「源興祥」這四家糟坊，產品用「明光大麴」統一命名，因其質量俱高，博得不少讚譽。遜帝宣統元年（一九一〇年），當地的明光大麴，在參加南洋勸業會時，獲得獎狀獎章，立刻打通管道，暢通南洋各地。一九四九年，即在此四家糟坊的基礎上，擴建成「明光酒廠」，繼續生產大麴酒。後爲另闢蹊徑，遂於一九七六年投產綠豆燒酒，特名之爲「明綠液」。

【釀造】

明綠液選用在地的綠豆爲原料，以特製的大麴爲糖化醱酵劑，經老窖醱酵、蒸餾取酒，陳釀勾兌等工序釀成。

【口感與入菜】

明綠液屬其他香型大麴酒，酒度分爲54°及38°兩種。酒液青翠碧綠，香氣芬芳馥郁，帶有優雅豆香，酒體醇厚諧調，入口綿柔爽淨，後味雋永綿長。

明綠液適合配佳肴共嘗，以白斬雞、肴肉、風雞、醃雞、脆鱔、乾切鹹肉、素鵝、白煮口條、鹹水鴨、白煮大腸頭等較佳，凡冷盤或小菜等，均是侑酒好物，千萬不容錯過。

本酒於一九八六年被評爲安徽省優質產品。

黃 酒 類

按其原料，主要可分成麥麴稻米黃酒及紅麴稻米黃酒，
另有非稻米系列的黍米黃酒。如按酒中的含糖濃度，尚
可分成甜型酒（含糖在10克/100毫升以上）；半甜型酒
（含糖在3到10克/100毫升）；半乾型酒（含糖在0.5到3
克/100毫升）及乾型酒（含糖在0.5克/100毫升以下）
這四大類型。

紹興元紅酒
老酒一壺樂悠悠

酒名：紹興元紅酒
產地：中國
特質：酒液橙黃透明，入口甘爽微苦。

【來源】

　　基本上，紹興黃酒分成元紅、加飯、善釀及香雪這四大類，因其儲存愈久愈芳香，故一名「老酒」或「遠年酒」；另其釀造用水多取自古越鑑湖，又稱「鑑湖名酒」，為黃酒中的佼佼者。

　　據浙江餘姚河姆渡出土的大量人工栽培稻穀和酒具（如溫酒的陶盉和飲酒的陶杯）來看，紹興的釀酒史可追溯至七千年之前，而越王勾踐的獎勵生產（二壺酒）及「簞醪勞師」所用的酒，無疑是今日紹興酒的濫觴。

　　西漢末年，王莽當國，其時官酒應用原料與出酒比例是「粗米二斛，麴一斛，得成酒六斛六斗」。這個二比一得六的比例和今日紹興酒淋飯釀法的出酒率，大抵相當，可見紹興酒

今日的一些釀造方法，是源自西漢而加以發展成的。

魏晉之際，司馬氏向曹氏奪權，激烈殘酷，許多士族為保身之計，「惟托于醉」，往往縱酒佯狂，竹林七賢因而產生。晉室南渡後，會稽（即今紹興）為當時大郡，名士麇集於此，沿襲舊有風氣，飲酒、釀酒大盛。

據《晉書》載，有一位山陰（今紹興）人孔群，「性嗜酒，……嘗與親友書云：『今年田得七百石秫米，不足了麴糵事。』」一年收了七百石糯米，還不夠他釀酒來喝，即是其中的代表人物。這時期，最大的盛事，則是王羲之、謝安、孫綽等名士在蘭亭的「曲水流觴」。而令人莞爾神往的典故，則出自王徽之（羲之之子）「雪夜訪戴」的故事。此外，上虞人嵇含所撰的《南方草木狀》，曾提及「女酒」，係「南人有女數歲，即大釀酒。……女將嫁……，以供賓客，……其味絕美」，這應是今日陳年花雕酒的前身。

南朝梁元帝蕭繹在自撰的《金樓子》一書中，便指出，他少年讀書時，有「銀甌一枚，貯山陰甜酒」，而且經常飲用。到了唐朝時，「越酒」載入《酒經》，列為貢品。大詩人如賀知章、李白、元稹、劉禹錫等，均在此留下不少詠酒及酬答的詩篇。

宋神宗熙寧年間（一○六八至一○八五年），越州的酒課三十萬貫以上，是當時最大的產酒區之一。主要的產品有「清白堂」、「堂中春」，但以「蓬萊春」最為知名。又，據明人《天爵堂筆錄》載：「紹興之三白」，已馳譽九州。清聖祖康熙年間（一六六二到一七二二年）所編纂的《紹興縣志》，稱「越酒行天下，其品頗多，而名老酒特行。」

袁枚的《隨園食單》亦云：「紹興酒如清官廉吏，不參一毫假而其味方真，又如名士者英長留人間，閱盡世故而其質愈厚」；梁章鉅更推許其為「酒之正宗」，另，李汝珍亦將其列入天下之五十五種名酒之中。此時所量產的酒品為「狀元紅」、「加飯」和「善釀」三種。其他的「福桔酒」、「鯽魚酒」等，只充作花色酒，並未大量生產。

此外，徐珂編纂的《清稗類鈔》亦載：「越釀著稱於通國（全國），出紹興，膾炙人口久矣。……其遠至京師者，必上品，謂之『京莊』。」它不但通行、暢銷各酒市，而且也成為中國最早，也是數量最多的出口酒。

民國以後，紹興依然風靡全球，依一九三六年浙贛特產聯合展覽會浙江籌備處的文件記載，「紹興計全縣酒坊大小約二十餘家。現時紹興縣著名酒坊，縣城則有『姚越興』、『沈永和』，墨莊則有『恆昌』，東浦則有『源元』，阮社則有『章鄣記』、『茅大升』、『章東明』、『葉萬源』、『章萬潤』，江頭則有『張興浩』等」，年產量高達六萬噸，然而，自一九四四年以後，其年產量大降，已不足二千噸，酒坊無利可圖，紛紛停釀倒閉。

一九五二年時，「國營紹興酒廠」成立；一九五四年，首將全縣七百戶左右小酒坊組成五個聯營廠，兩年後再改組為四個公私合營廠。經幾番改易，於一九八六年始定名為「紹興市釀酒總公司」，包括「東風」及「沈水和」等總廠。一九九七年五月，「浙江古越龍山紹興酒股份有限公司」成立，不僅是中國黃酒行業第一家上市公司，且是中國最大的黃酒生產、經營及出口企業，其黃酒年生產量達十一萬噸以上，並擁有「古越龍山」、「沈永和」

及「鑑湖」三大黃酒著名品牌。

【釀造】

本酒選用優質精白糯米為原料,以酒為糖化醱酵劑,另以鑑湖水為釀造用水。採用攤飯法工藝,經浸米、蒸飯,前後醱酵、榨酒、煎酒等工序釀成。以醱酵完全,故殘糖極少。

【口感與入菜】

元紅酒屬乾型黃酒,酒度為17°,糖分為0.5%。酒液橙黃透明,有其獨特芳香,入口甘爽微苦。因過去曾在酒罈外表塗上硃紅色而得名,又稱「狀元紅」。其產量占紹興酒總產量的八成以上,是紹興酒的代表品種和大宗產品。

飲元紅酒時,宜微加溫。有民諺云:「陳酒臘鴨添,新酒豆腐乾。」也就是說飲花雕酒宜搭配臘鴨,喝元紅酒最好選用豆腐乾共嘗。

此外,以臭豆乾、茴香豆、筍豆、蘭花豆、鹽煮筍(此筍,指的是山陰筍,它「形如象牙,潔白如雪,嫩如花藕,甜如蔗霜」)佐酒,亦妙。明代大書畫家徐渭最愛用此筍下酒,曾撰詩自嘲曰:「盡取坡塘聊遣盡,翻引長涎濕到鞋。」趣味十足。另,品紹興酒時應注意兩大忌,一是「老(酒)合燒(酒)」;另一則是「前世勿修,腌菜過飲」。意即不可用老酒和燒酒同飲,同時不可用腌菜下酒。

本酒曾於一九八三年的第四屆中國評酒會上獲國家優質酒稱
號及銀質獎章，翌年，獲輕工業部酒類大賽金杯獎。一九八七
年，在中國首屆黃酒節獲金質獎。一九八〇年，則在中國首屆酒
文化節被評爲「中國文化名酒獎」。現除銷往中國各地外，亦出口
日、美、法、英、新加坡及泰國等三十餘國。

紹興加飯酒
強盜來了不肯走

酒名：紹興加飯酒
產地：浙江紹興
特質：酒液呈琥珀色，入口醇和甘鮮。

【來源】

　　加飯酒是紹興酒中的最佳品種。一般人所稱的紹興，即是指此佳釀而言。至於其由來，顧名思義是與元紅酒相比。因它在原料的配比上，加水量減少，而飯量增加。產生極濃醪液，成品酒度遂高，酒質特別醇厚，俗稱為「肉子厚」。在過去，因各釀坊的配方不同，分為單加飯及雙加飯兩種，後為迎合消費者的需求，「紹興市釀酒總公司」全部生產雙加飯，外銷則稱特加飯。

　　在清朝時，「葉萬源」所產的十八斤放樣加飯，專銷福建以至南洋，稱之為「建裝」或「廣裝」。「田德潤」加飯運銷天津、北京、煙臺，亦曾遠銷至蘇聯，號稱「京裝」，都是一等一的精品。一九一〇年時，「謙豫翠」和「沈永和」兩家釀坊的美酒，在南京召開的

南洋勸業會上，均獲特等金牌，「謙豫翠」釀坊另獲「優等文憑」。一九一五年，「雲集信記酒坊」的佳釀，在參加美國舊金山所舉辦的巴拿馬萬國博覽會上勇獲金獎。而一九三六年時的浙贛特產會上，加飯酒再獲金牌獎和優等獎狀。從此之後，紹興加飯酒飲譽海內，蜚聲國際，奠定其在黃酒界至高無上的地位。

【釀造】

本酒選用上等的精白糯米為原料，以麥麴酒藥（純用白藥）為糖化醱酵劑，汲取鑑湖湖心的淨水為釀造用水，採用攤飯法，操作上則有「三漿四水」、「多漿多水」、「開耙適宜」、「醱酵完善」等要訣。主要工序分浸米、蒸飯、落缸、醱酵、開耙、榨酒及煎酒等，道道手續緊扣，精心釀製而成。

【口感與入菜】

加飯酒屬半乾型黃酒，酒度在17.5°到19.5°之間，糖分為1.5到3％，總酸為0.45％，酒液呈琥珀色，酒氣馥郁濃香，酒體豐滿厚稠，入口醇和甘鮮，飲後尾淨綿爽。早在一九五九年，即是北京釣魚臺國賓館的國宴用酒。目前則是強勢酒種，不光神州各地有售，而且出口日、美、德、法、新、泰等三十餘國。

品嘗加飯酒，有句土話叫做「剝螺螄過老酒，強盜來了不肯走」。原來紹興人喜以河鮮、土產侑酒，不須山珍海味，五味雜陳。一般人都是用魚乾、紹蝦球、糟雞、清蒸鱖魚、乾菜燜肉、

豆腐乾、茴香豆、鹽漬花生、筍煮豆、五香慈菇、白雞、醬鴨、酥魚等下酒，偶亦用炒雞腰、京蝦仁等高檔菜。魯迅頗嗜此酒，據沈家駿、潘之良合撰的〈魯迅和泰牲酒店〉一文中，指出其下酒物為清蒸鯽魚等水鮮，有時也以魚乾、醬鴨、糟雞佐酒。另三蝦豆腐及火腿燉魚翅，亦令其神往。此外，寒冬宜溫來喝。土話所說的「爨筒熱老酒，溫暖在心頭」即是指此。

加飯最好喝時，並不是純飲，而是和善釀混飲，其最佳的風味，行話為稱之為「六十」與「十二四」。「六十」乃六兩善釀酒與十兩加飯酒合為一斤；至於「十二四」則是十二兩加飯酒與四兩善釀酒合為一斤。諸君可依此比例，自行調配兌飲。

在此要聲明的是，各式各樣的紹興酒皆營養豐富，可充作藥補用。像浸黑棗、胡桃仁，不僅活血補血，且能健脾健胃，是老幼咸宜的冬令補品。如浸龍眼肉、荔枝乾，對於心血不足，暗夜難眠者甚有功效。倘浸鯽魚，清湯燉服，產婦乳汁便明顯增加。若用紅糖沖老酒溫服，既能補血，且對淨惡露甚有效。至於最簡單的方式，則是酒沖雞蛋，專治婦女畏寒等症。

本酒戰功彪炳，獲獎無數，曾在一九五二年、一九六三年、一九七九年及一九八三年的中國第一、二、三、四屆評酒會上，全獲國家名酒稱號及金質獎章。一九八四年時，亦獲輕工業部酒類質量大賽金杯獎。一九八五年時，在西班牙馬德里舉辦的第四屆國際酒及飲料博覽會上榮獲金獎。一九八七年時，則在中國首屆黃酒節上獲特等獎。翌年，則被首屆中國酒文化節評為「中國文化名酒獎」。最後在一九八九年時，獲首屆北京國際博覽會金獎。

紹興善釀酒
丈夫此樂無人知

【來源】

　　位於紹興城內的「沈永和釀坊」，於清康熙年間（一六六二至一七二二年），除了釀酒外，該坊亦釀製醬油。其釀酒師傅在德宗光緒二十六年（一八九〇年）時，從醬油的釀製中，得到了啓發，便由醬油代水做成母子醬油的原理，以陳年元紅酒代水釀酒，不僅品質提高，而且其味甘鮮爽口。這種雙套美酒，遂成主力酒品、各坊競相仿製，竟與元紅、加飯三者，鼎足而立。

　　「沈永和」的行銷範圍極廣，北至北京、天津，東到滬、杭，南抵廣州、南洋。其中，善釀酒專門南進，後來變成外銷強項，大量放洋出口。而其在一九二九年於杭州所辦的西湖博覽會獲金獎後，更是聲名大噪，轟

酒名：紹興善釀酒
產地：浙江紹興
特質：酒液呈深黃色，酒味酸甜適口。

傳五湖四海。

本酒選用優質精白糯米爲原料，以麥麴（即塊麴）爲糖化醱酵劑，汲引鑑湖湖心之水爲釀造用水，採用攤飯工藝，於「大雪」前後開始釀製，邊糖化邊醱酵，其工藝流程爲：糯米在篩過、浸漬、蒸煮、攤冷後，以貯存一至三年的元紅酒加上麥麴、酒及漿水一起落缸，再經前、後醱酵，壓榨澄清後，進行煎酒而成。實爲雙套酒的代表酒品。

善釀酒屬半甜型黃酒，酒度在13.5°到16.5°之間，糖分爲6到7％，總酸在0.5到0.55％之間，酒液呈深黃色，酒氣馥郁芳香，酒質醇厚特濃，酒味酸甜適口，風味甘鮮突出，比起若干上好的葡萄甜酒來，似更勝一籌。

品嘗善釀酒，以甜配甜，實爲不二法門。韓愈詩云：「一尊春酒甘若飴，丈夫此樂無人知。」杜甫亦賦「人生幾何春與夏，不放香醪如蜜甜」之句，可見他們飲的是類似善釀的甜酒。冬日時，可以拔絲山藥或烤甘藷、夾沙肉、它似蜜、蘇造肉、冰糖燕窩、桂花糖藕、叉燒酥、棗泥鍋餅、三不粘、煎糍粑等物下酒，甚妙。炎夏時，則可先冰鎮，飲時加小冰塊攪拌，別具特殊風味。此外，它也可像雞尾酒一般喝法，即加水稀釋，放入一片檸

檬或一顆櫻桃。自二十世紀八〇年代起，日人甚愛飲此，命名「上海寶石」，席捲東瀛列島。

本酒曾於一九八四年獲輕工業部酒類大賽銀杯獎。其後，在一九八七年的中國首屆黃酒節獲特等獎，並於一九八八年的中國首屆酒文化節中，被評為中國文化名酒獎。而今不但風行神州各地，並且遠銷至日、美、法、瑞典及新加坡等三十餘國，後勢持續看好，銷量節節上升。

紹興香雪酒

古法蓋面味鮮甜

酒名：紹興香雪酒
產地：浙江紹興
特質：酒液色呈金黃，酒
體豐滿醇厚。

【來源】

　　在明人高濂的《飲饌服食牋，釀造類》中，有一則香雪酒的釀法。其法為「用糯米一石，先取九斗，淘淋極精，無渾腳為度。以桶量米準作數，米與水對充，水宜多一斗，以補米腳，浸於缸內。後用一斗米，如前淘淋，炊飯埋米上，草蓋覆缸口。二十餘日，候浮，先瀝飯殼，次瀝起米，控乾，炊飯乘熱用原浸米水，澄去水腳，白麴作小塊，二十斤拌勻，米殼蒸熟放缸底。如天氣熱，略出火氣，打拌勻後，蓋缸口一週時（即一晝夜），打頭杷，打後不用蓋；半週時，打第二杷。如天氣熱，須再打出熱氣，三扒打絕，仍蓋缸口，候熱，如用常法。大抵米要精白，淘淋要清淨，杷要打得熱氣透，則不致敗耳」。將其釀製之法，說得非常詳盡。

惟近人陳學本《紹酒加工技術史》則謂：「一九一二年，東浦鄉『周雲集釀坊』的吳阿惠師傅和其他釀師們，用糯米飯、酒藥和糟燒，試釀了一缸紹興酒，得酒十二大罈，以後逐年增加用量，出而應市。」接著又說：「試釀成功後，工人師傅認爲這種酒由於用了糟燒，味特濃。又因釀製時，不加促使酒色變色的麥麴，只用白色的酒藥，所以酒糟色如白雪，故稱香雪酒。」但由資料顯示，這酒應是遵古仿製，並不是自行創造發明的。

有趣的是，人們起初將其「只用於蓋在剛灌罈的元紅酒面上，以增加香氣和風味，故又稱『蓋面』。」另陳書也說：「作爲商品獨出售，最近六十餘年的事。」可見香雪酒原先是不單賣的。其大量生產，應在今「紹興釀酒總公司」於一九六五年開始投放市場之後。

【釀造】

本酒選用優質精白糯米、小麥爲原料，以鑑湖湖心之水爲釀造用水，採用淋飯法工藝，於釀成甜酒後，拌入少量麥麴，再用陳年糟燒（40°到50°的白酒）代水落缸，再經醱酵，陳釀等工序，釀製而成。香雪酒與善釀酒相同，是一種雙套酒。

【口感與入菜】

香雪酒屬甜型黃酒，酒度17.5°到18.5°之間，糖分19到23％，總酸小於0.4%。酒液色呈金黃（陳酒則爲赤赭色），酒香芬芳

濃郁，酒體豐滿醇厚，入口鮮甜潤喉，風味極為獨特，到處受人歡迎。

香雪酒雖甜，但甜得可愛，一點也不膩人。我極嗜此酒，曾飲大半罈，仍喝個不停。記得明代古文家袁宏道，在其所著的《觴政》一書中，把下酒物，分成了這幾類：「清品，如鮮蛤、糟蚶、醉蟹之類；異品，如熊白、西施乳之類；膩品，如羔羊、子鵝炙之類；果品，如松子、杏仁之類；蔬品，如鮮筍，早韭之類。」依我過去的經驗，本酒可謂無物不宜，而且曲盡其妙。或恐因其濃甜而減少荼肴之美，但「世上好味，利在孤行」，荼肴只是配角，讓咱最欣賞的，還是佳釀本色。

本酒曾於一九八〇年及一九八六年被評為浙江省優質產品，再於一九八七年的中國首屆黃酒節獲金質獎。另於一九八八年首屆中國酒文化節被評為「中國文化名酒獎」。現在已銷往中國各地，並出口日、美、德、法、英及新加坡等十餘國，後勢廣被看好，的確不同凡響。

封缸酒、丹陽老陳酒

中國瓊漿倚欄醉

酒名：封缸酒、丹陽老陳酒

產地：江蘇丹陽

特質：封缸酒--酒液色呈紅棕，酒體質醇豐厚，酒香馥郁芬芳，入口鮮甜突出。

丹陽老陳酒--酒液呈橙黃色，飲畢香沉心底。

【來源】

　　江蘇省的丹陽縣，自古出美酒。唐玄宗開元二十八年（七四○年），大詩人李白路過丹陽縣，在盛產美酒的新豐鎮（今名辛豐鎮）小憩，狂嘯痛飲佳釀，留下「南國新豐酒，東山小伎歌」的絕美詩句，千古傳為佳話。

　　丹陽古稱曲阿，是中國著名的黃酒產地之一，南、北朝時已產美酒。據《北史》上的記載：北魏孝文帝南征，以劉藻為前將軍，在洛水之南辭別，孝文帝曰：「與君石頭（今南京）相見。」劉藻答道：「陛下輒當釃曲阿之酒以待百姓。」歷史的記載中，丹陽除「曲阿酒」之外，尚有「百花老陳」、「十里香」、「玉乳泉」、

「宮酒」等名目。

原來佳釀離不開好水。依宋人《太平寰宇記》的說法，曲阿酒之所以美甚，全因其釀造用水，出自東海神傾仙酒於練湖。傳說本不足爲憑，但元詩人薩都刺《練湖曲》，已透出其消息，詩云：「丹陽使者坐白日，小吏開甕宮酒香，倚欄半醉風吹醒，萬頃湖光落天影。」

練湖之水固佳，但位於丹陽觀音山（即練湖）北斗門的「玉乳泉」之水尤妙絕。此泉「清澈一泓傳萬古」，號稱「天下第四泉」，此水純淨甘美，南宋詩人陸游飲後，譽之爲「名列水品，色類牛乳，甘冷冰齒」，最宜釀酒烹茶。

除水質好之外，丹陽出產的糯米，又稱「酒米」，自古便有「酒米出三陽，丹陽最爲良」的美稱。據資料顯示：丹陽產的糯米，共有二十幾種，其中又以桂花香糯，黃殼糯，小紅糯和猴突頭的品質最佳。其能出類拔萃，獨占鰲頭，即賴水、穀精美，方克臻此。

一九三四年時，丹陽的釀酒業最爲繁盛，共有二十五家酒坊，釀製上好的黃、白酒，年產二萬七千二百五十打。尤以「裕源」、「楊元昌」、「沈恆泰」、「豫泰興」、「鼎成」這幾家酒坊最負盛名。一九五三年，當地政府建成「丹陽釀酒廠」，一九五八年依照傳統工藝，投產「封缸酒」。一九八四年改名爲「丹陽酒廠」。現其系列產品計有封缸酒、老陳酒、黃酒、老酒及清酒等多種，分成乾、半乾、半甜、甜、濃甜五個檔次，年產則在二萬噸以上，具有相當規模。

【釀造】

封缸酒以精白糯米（桂花香糯、小紅糯）為原料，汲取「玉乳泉」之水，用酒藥為糖化醱酵劑，釀造中值糖分達到高峰之際，適時兌入50°以上的小米麴酒，立即密封缸口，故稱封缸酒。經一定時間，抽取清液60％後，再行壓榨。生產週期在一百天以上。惟在封缸之後，須歷三年寒暑，才能出廠銷售。

又，一九五八年投產的老陳酒在選料、用水、用麴上與封缸酒同。係按傳統工藝釀造，在醱酵一個月後，壓榨得原酒，經澄清去腳，調整酒度，殺菌消毒，陳釀增香，精心勾兌等工序釀製而成。

【口感與入菜】

封缸酒屬甜型黃酒。酒度為14°，糖分為28％，總酸為0.4％，酒液色呈紅棕，酒體質醇豐厚，酒香馥郁芬芳，入口鮮甜突出，風味獨樹一格，不愧「天下佳酒」（見唐人段成式《西陽雜俎》），號稱「中國瓊漿」。一九八九年時，江蘇省舉辦了「丹陽封缸酒詩詞大獎賽」，計有一千七百首應徵，爭媚鬥艷，薈萃一堂，蔚為盛事。惟皆不及清代詩人趙翼的名句：「過江風峭片帆輕，沽酒新豐又半程。」來得親切有味。

封缸酒後勁極強，除小飲外，亦可用於烹調，闢腥效果甚佳。另其富含人體易於吸收的二十一種胺基酸，各種微生素和微量元素，倘適量常飲，能收防止疾病，促進新陳代謝，增強體

質，延年益壽的功效。

丹陽老陳酒也屬甜型黃酒。酒度為14°，糖分15％，總酸0.55％。酒液呈橙黃色，外觀清澈晶瑩，香氣醇厚獨特，入口鮮甘爽適，回味無窮，又因飲畢香沉心底，號稱「沉香酒」。有詩讚云：「丹陽美酒千古香，醉氣沖天佛跳牆；繡徑從來多酒幟，新豐沽酒待貴客。」

品嘗封缸酒，菜餚須濃重有味，始能匹敵，像糖醋魚、橙汁排骨、咕咾肉、醃燴鮮、蔥燴鯽魚、酸菜炒肉絲、酸白菜炒牛肉等，均是不錯的選擇。

品嘗老陳酒，最宜水晶肴蹄，蟹黃魚肚，紅燒羊肉，素燒黃雀和乾燒魚頭、油豆腐雞等江、浙菜。吃好菜，呷佳釀，其樂陶然，固不待言。

封缸酒早在清宣統二年（一九一〇年）的南洋勸業會上，榮登黃榜。一九七一及七九年均被命為江蘇省名酒。另在一九七九年及八四年的中國第三、四屆評酒會獲國家優質酒稱號及銀質獎章，一九八四年榮獲輕工業部酒類大賽金杯獎，一九八七年則在首屆黃酒節上獲頒特等獎。接著於一九八八年首屆中國食品博覽會上，榮獲金質獎，奠定其在酒林上的優勢地位。

老陳酒屢被評為江蘇省優質酒或產品。一九八四年獲輕工業部酒類大賽銅杯獎。又在一九八七年的首屆中國黃酒節，獲頒一等獎。在一九八八年的首屆中國食品博覽會上，榮獲銀質獎。一九九一年時，則被輕工業部評為優質獎。其後勢之勁，實不容小覷。

醇香酒、東吳老酒
蘇州煮酒領風騷

酒名：醇香酒、東吳老酒
產地：江蘇蘇州
特質：醇香酒--色澤紅褐，
酒香濃郁芬芳，口味醇厚
甘甜，潤喉且爽口。
東吳老酒--色澤金黃，酒體
醇厚柔和，入口爽冽微
甘。

【來源】

　　蘇州曾名吳縣，釀酒歷史悠久。唐代即釀有「五酘酒」及竹葉青等酒品，均與白居易有關。前者是一種重釀米酒。南宋詩人范成大在《吳郡志·土物》中，曾加以介紹。云：「五酘酒，白居易守洛陽時，有《謝李蘇州寄五酘酒》詩。今里人釀酒，麴米與漿水已入甕，翌日，又以米投之，有至一再者。謂之五酘⋯⋯是米五投之耶。」後者見之於白居易《憶江南》詞第三首：「江南憶，其次憶吳宮。吳酒一杯春竹葉，吳娃雙舞醉芙蓉。早晚復相逢。」這兩款佳釀的共同特色是酒質醇厚甜美。

　　宋代其酒品甚多，如「木蘭堂酒」、「白雲泉酒」、「洞庭春」、「小瓶酒」、「綠醅」、「雙瑞酒」

等。在神宗熙寧年間（一〇六八至一〇八五年），其酒課達「二十萬貫以上」，是江南主要的產酒區之一。明代則以釀製「三白酒」成名，銷往京師各地，甚受時人歡迎，成為送禮佳品。

清代時，釀酒業更為普遍，民間頻有佳釀出現。李汝珍在《鏡花緣》所列的全國五十五種名酒中，即有「蘇州福貞酒」。另據《蘇州府志》的記載：「吳俗善煮酒，煮過泥封，經歲或入木樨、玫瑰、五加諸品、味更香洌，其未煮而賣者，名生泔酒。白酒以『十月白』為最。今市中又有『福貞』、『天香』、『玉露』諸名。」

德宗光緒三十四年（一九〇八年），滿清政府在奉天所舉辦的華產商品陳列會上，「福貞酒」是代表江蘇省參展的名產之一。一九五六年時，更在舊酒坊的基礎上，建成「蘇州東吳酒廠」，先於一九六一年投產「醇香酒」，再於一九七六年投產「江蘇老酒」，後為別於「無錫市釀酒總廠」的「江蘇老酒」，改稱為「東吳老酒」。一九九〇年易廠為「蘇州釀酒總廠」。兩種酒所註冊的商標，均是「東吳牌」。

【釀造】

醇香酒與東吳老酒在釀造工藝及生產週期上，均有不少落差，故其風味、屬性截然不同，在此一併敘述。

醇香酒選用精白糯米為原料，以酒麴和麥麴為為糖化醱酵劑，釀造工藝特殊，需加入與糯米等量的陳冷香酒，混合醱酵，經一冬一伏的密封養醅後，再經壓榨、裝罈、陳放而釀成。

東吳老酒選用上等糯米為原料，以酒麴和麥麴為糖化醱酵劑，採用傳統的攤飯工藝，利用冬漿、冬水，於冬季進行釀造，經長期低溫醱酵後，再進行陳釀及勾兌，方能裝瓶出廠。

【口感與入菜】

醇香酒屬於甜型黃酒，酒度為15°，糖分在20％以上，總酸低於0.5％，酒液色澤紅褐，酒香濃郁芬芳，口味醇厚甘甜，潤喉而且爽口，餘味回香甚長。

東吳老酒屬於半乾型黃酒，酒度為17°，糖分為2％，酸度為0.45％。酒液色澤金黃，酒體醇厚柔和，入口爽冽微甘，有其獨特風格。

這兩種酒的品嘗方式，絕對不同。蘇、錫菜以濃甜著稱，飲醇香酒較為合適，如脆鱔、腐乳醬方、松鼠鱖魚、無錫排骨、櫻桃肉等均可。東吳老酒則適合搭配揚、鎮名菜，像用大煮乾絲、蛤蜊劃肉、叫化雞、水晶肴蹄等下酒，較能相得益彰，提升酒菜風味。

醇香酒曾於一九六三年及七一年，被評為江蘇名酒。一九六三年，在中國第二屆評酒會上榮獲國家優質酒稱號及銀質獎章。一九八一年被評為江蘇省優質產品，是內銷的主力酒。東吳老酒則於一九八三年被評為江蘇省優質產品，緊接著在一九八四年獲輕工業部酒類大賽金杯獎。後勢廣被各方看好，現已遠銷至美、日等國。

九江陳年封缸酒

相勸時時醉

酒名：九江陳年封缸酒
產地：江西九江
特質：酒液色呈琥珀，酒
香馥郁清馨。

【來源】

唐代詩人白居易在左遷江州郡司馬
時，留下不少絕妙詩詞，長篇巨製如
《琵琶行》，五言絕句如《問劉十九》。
前者自言他在當地（即潯陽城，今九江
市）時，「春江花朝秋月夜，往往取酒
還獨傾」；而在「潯陽江頭夜送客」之
際，「舉酒欲飲」及「添酒回燈」，都
提到了酒。後者則相聚而飲酒，云：
「綠螘新醅酒，紅泥小火爐，晚來天欲
雪，能飲一杯無？」事實上，九江的醅
酒名「綠螘」，此即《唐國史補》一書
中所提到的「潯陽之湓水」酒。白居易
雖在官場上不得意，卻飲到了天下名
釀。自云：「潯陽多美酒，可使杯不
燥」；「潯陽酒甚濃，相勸時時醉」。
其得失之間，實不易權衡。

宋代時，九江的酒業興盛。神宗熙

痴酒 335

寧年間（一〇六八至一〇八五年）的酒課達「四萬貫以上」，已是贛省的一個大產酒區。當時，九江的酒樓高築，酒旗廣矗；尤以臨江的「潯陽樓」最爲著名，遊客踵至，風光一時，

明中葉後，醅酒釀製的技術，有著進一步的提升，採用封缸陳釀，自然轉化，於是酒色轉深，呈琥珀色，酒味轉厚，鮮甜醇和，形成其獨特的風格，故名「陳年封缸酒」。清末，以「震泰號」之封缸陳酒釀製最精，品質最優，名震華南，銷往南洋。一九五六年時，當地政府將「意興」、「伍華」、「繼華」、「老同興」、「大天然」、「小天然」、「胡景源」、「怡然生」、「羅興發」、「江義順」及「鄒福泰」等十二個作坊進行合營，恢復投產陳年封缸酒。一九五八年，改建成「九江市綜合食品廠」，一九七三年時，再易名爲「封缸酒廠」。產品名稱「九江陳年封缸酒」或「九江封缸酒」，註冊的商標爲「長青牌」。

【釀造】

本酒選用優質的糯米爲原料，以根霉麴充作糖化醱酵劑，其釀製工藝最明顯的特色爲：在前期醱酵階段，須多次加入50°的醅酒（白酒），以控制其劇烈的醱酵，待酒度降到20°時，帶糟貯入大缸，密封醱酵達半年後，再出缸壓榨取酒。然後入大缸澄清，密封陳釀五年，故稱陳年封缸酒。

【口感與入菜】

　　陳年封缸酒屬甜型黃酒，酒度為16°到18°，糖分為24到26％，總酸為0.3到0.45％。酒液色呈琥珀，酒香馥郁清馨，酒質溫和平穩，入口鮮甜香綿，飲後餘香脈脈，具有獨特風味，令人心曠神怡。如能適量常飲，尚能舒筋活血，促進血液循環，滋養補強健身，尤宜老人婦女。此外，亦可供烹調用，能去食物葷腥，增加菜肴美味。

　　品嘗此酒，不須佐以菜肴。將酒傾入高腳杯中，先觀其色，再聞其香，小口淺啜，甚趣已多。倘若嘴饞，可用些乾果，或來點麻花、桃酥之類。夏日可先冰鎮，至於是否加冰塊在內，就悉聽尊便了。

　　本酒名氣極響，曾獲選為江西省歷屆名酒和省優質產品，並在一九七九年中國第三屆評酒會上榮獲國家優質酒稱號及銀質獎章。一九八四年時，更上層樓，榮獲輕工業部酒類大賽金杯獎。其銷售網極廣，除神州各地外，並出口東南亞、北美及日、韓等國，廣受華人歡迎，銷量不斷提升。

龍巖沉缸酒

斤酒勝九雞

酒名：龍巖沉缸酒
產地：福建龍巖
特質：酒液色呈紅褐，酒
香馥芳四溢。

【來源】

福建省的龍巖市，約在宋代時，
已有釀酒業。據《龍巖州志》上的記
載，民間已「糯以造酒」，而且有
「蒔禾者少糯，則鄰色販運釀酒」的
傳統。

清代時，龍巖已能釀製「氣酒、
雙料、老酒三品」，「惟老酒爲上
品」。其老酒所以能出類拔萃，或與
華品有關。華品爲「揚州八怪」之
一，係閩西上杭華家亭人。當他十九
歲時，畫藝已頗不凡，在離鄉背井
下，來到龍巖小池，途經一家酒坊，
突然聽到鄉音，於是打揖訊問。主人
來自故鄉，五姓而名老官，在此釀酒
爲生。主人殷勤招呼，華品連盡三
碗，大嘆酒味超絕，勝過家鄉「短
水」。主人回說：「我最初釀造的糯

米甜酒，裝在甕裡，埋藏三年，再起出來販賣，號稱『冬酒』，雖醇甜味厚，但酒度太低，覺得不帶勁。故在釀製過程中兌以『三乾』白酒（按：此法為用十八斤大米為原料三蒸三釀，得十斤五十度的燒酒，加入糯米醅中），裝甕陳釀三年，而成此一老酒。」華岳深揖拜謝，然後告別而去。後來得意揚州，自號「新羅山人」，從此未再返鄉。因有這段淵源，故今日的沉缸酒，即以「新羅牌」為註冊商標。

沉缸酒自問世後，很受世人歡迎。惟一直只有五、六家小作坊，每年產量僅一、二千斤，無法大量生產。一九五七年時，在「新羅第一泉」──羅盤井，興建「國營龍巖酒廠」。繼承傳統工藝，繼續釀製此酒。一九七八年時，為配合政府改制，易名為「龍巖市酒廠」。

【釀造】

本酒選用上等精白糯米為原料，以紅麴、散麴、糖化麴和特製藥麴（內含冬蟲夏草、當歸、丁香、茴香、木香、沉香等多種中藥材）綜合醱酵，汲引新羅泉之水為釀造用水，經浸漬、沖洗、蒸飯、淋水、退水、復淋、下缸拌麴搭窩、第一次灌酒、第二次灌酒，靜置養醅、抽酒、壓榨、沉澱、燉酒等十五道工序後，酒醅「三沉三浮」，最後沉入缸底，抽取裝入甕中，密封陳貯三年，始能裝瓶出廠。

【口感與入菜】

本酒屬甜型黃酒，酒度為14°，糖分為27%，總酸為0.34到0.48%之間。酒液色呈紅褐，酒香馥芳四溢，酒質醇厚調和，入口甘甜爽冽，有其獨特風味，號稱「不加糖而自甜，不著色而呈紅，不調香而芬芳」，又因其營養十分的「補」，向有「斤酒勝九雞」之譽。書法家羅丹在品嘗之後，即席揮毫讚道：「西閩美酒號沉缸，妙手製出如瓊漿；補身宴客皆珍品，譽滿天下名長揚。自昔名泉出佳釀，我愛此酒詩腸暢；不可一日無此君，問誰能有千杯量？」

品嘗沉缸酒，較宜色重味厚的菜肴。像佛跳牆（即粵菜的一團和氣）、罎子肉、東坡肉、叫化雞、醬鴨、無錫排骨、脆鱔、紅燒牛尾等味，都配得來。我個人最愛以此佐食向白果爛大白菜，或爛芥菜心，酒與菜相得益彰，搭配得天衣無縫。

本酒成名極早，一九五九年即被命名為福建省名酒；一九八四年獲輕工業部酒類大賽金杯獎。並在一九六三年、一九七九年及一九八五年在中國第二、三、四屆評酒會上榮獲國家名酒稱號及金質獎章。目前暢銷中國各地，且出口歐、美及東南亞各國，市場逐步打開，香飄四海五洲。

特加飯酒

金楓老酒配本幫

酒名：特加飯酒
產地：上海
特質：酒液橙黃透明，放久顏色轉濃。

【來源】

　　金山縣古屬松江府，其在明代所釀的三白酒，便已風行大江南北。《江南通志》即謂松江府之酒「《顧志》云：『雪醅酒味香冽，而色白，松酒之最著名者』」清代時，當地的酒品，據《金山縣志》上的記載，為「三白酒、時酒、燒酒」。另遜帝宣統三年（一九一二年）撰成的《楓涇小志》，則稱「燒酒、白酒」二種，昔有「彭姓善釀三白酒」。由此可知，縣內的楓涇鎮以釀三白酒聞名。而這種以白麴、高粱（秫）米、淨之水所製成的佳釀，可歸為黃酒一類。

　　現從出土的宋代酒瓶看來，楓涇在宋代已能釀酒。一九三九年時，鎮上所建的「萃康福酒廠」，釀的即是黃酒。到了一九五六年，改成公私合營；一九

六六年，再改建爲「上海工農酒廠」；一九七九年易名「楓涇酒廠」。但此酒在一九四〇年，即已投產。除現名外，又稱「上海老酒」或「上海花雕」，所註冊的商標爲「金楓牌」。

【釀造】

本酒是選用上等的精白糯米、優質小麥爲原料，每年多至起開始釀酒。投料前，須浸漬一至二天，寒流來襲，時間加倍。俟米粒用手一捏就酥，立即蒸熟冷卻，再將米飯，淨水和麥麴拌和醱酵，然後進行壓榨、加熱陳釀，精心勾兌而成。

【口感與入菜】

特加飯酒屬半乾型黃酒，酒度爲18°，糖分爲1至3％之間，總酸爲0.45％，酒液橙黃透明，放久顏色轉濃；酒味芬芳濃郁，酒質醇厚細膩，飯後甘美爽口，營養相當豐富。如能適度常飲，可收開胃、補腎、養顏、補血之功。

品嘗特加飯酒，所搭配的菜肴，仍以江浙菜最宜，像乾煎大白鯧、西露蹄筋、清蒸牛腩、無錫排骨、八寶辣醬、白斬雞、腐乳肉、紅燒獅子頭、油豆腐雞、芋芳雞骨醬、栗子元魚或雞腿等，都是下酒好菜，而最能凸顯其在地風味的，則是楓涇丁蹄、楓涇豆腐乾及鳳尾魚罐頭。這三樣皆有成品，可任意攜往各地。如此，十里洋場的佳味，必常在您的行囊中了。

本酒先於一九八二、一九八三年被評爲上海市優質產品。隨

後於一九八三、一九八五及一九八八年三度獲商業及優質品稱號及金爵獎。另於一九八四年在中國第四屆評酒會上獲國家優質酒稱號及銀質獎章。自其問世以來，即暢銷中國各地，並用「上海老酒」之名遠銷日本、東南亞及歐美各國。出口量不斷攀升，儼已成世界名酒。

麻姑酒
仙泉靈藥能提神

【來源】

　　江西省南城縣古屬建昌府，位於贛東南，居撫河上游。縣城西南的麻姑山，相傳為麻姑仙子得道成仙之所。而這款歷史名酒的由來，照《神仙傳》上的說法，得知麻姑為東漢桓帝時人，曾在絳珠河畔以靈芝釀酒，獻給居於瑤池的王母娘娘，供其慶壽時飲用，故此酒一名「壽酒」。

　　事實上，「麻姑酒」的釀造始於唐代。《麻姑山志》即云：「麻姑山人，取麻姑泉水釀酒，飲之冷比霜雪、甘比蜜甜，一盞入口，沉病即瘥。」另，《建昌府志》亦云：「唐鄭紫陽真人，獻皇家壽酒，係用麻姑山銀珠糯米、麻姑泉、麻姑山藥材所配。」據考證，銀珠糯米乃當時進貢皇室的「貢米」──紅朱稻米，麻姑

酒名：麻姑酒
產地：江西南城
特質：酒液晶瑩光亮。呈現琥珀艷色。

泉則是山上的「神功泉」之水。此泉「在麻山，味甘洌，釀酒尤佳」（見《建昌府志》）。又，宋人樂史的《太平寰宇記》亦謂「麻姑酒，麻姑山取『神功泉』釀者佳。」

宋朝時，麻姑酒已成天下名酒，盛名之下，仿釀著多，因而也帶動了鄰近各地釀酒業的發展，這種盛況，至明清之時仍未中輟，故許多文人名士賦有讚譽詩篇。其中，當以明代江西提學副使李夢陽的《遊麻姑山》一詩，最爲膾炙人口。其詩讚道：「何泉下山城下流，緣上十家九酒樓，老夫縱醒欲何往，此物名高十二州。」

到了民國初年，麻姑酒依然是搶手貨。像南城「慶樂酒坊」所釀製的麻姑酒，因參加國貨展覽會及工商部國貨展覽會均獲二等獎。由是聲名大振，暢銷海外各地。一九五八年時，當地政府在原作坊的基礎上，建成「南城麻姑酒廠」，繼續生產此酒。一九八八年再易名爲「江西酒廠」。

【釀造】

本酒選用麻姑山所產的優質糯米爲原料，於釀造之時，浸泡清涼泉水，等飯冷卻後，即以根霉麴作糖化醱酵劑，經醱酵、精心壓榨，按比例三次摻入優質白乾，及密封陳釀等工藝後，再進行駁缸別腳三次、先封存個三、數年，然後精心過濾而成。

【口感與入菜】

麻姑酒屬甜型黃酒，酒度為16°到18°，糖分為22到24％，總酸為0.35到0.4％。酒液晶瑩光亮。呈現琥珀艷色，酒香濃厚馥郁，酒性柔和醇厚，入口味美甘甜，有其特殊風格。民間譽其「麻姑糯質，仙泉靈藥，冷霜甘蜜，清腦提神，驅風壯胃，卻病延年」。

基本上，我個人不用麻姑酒配菜，以小杯淺啜為宜，量己酒力之大小，斟入玻璃杯中，觀色徐嗅徐飲，方能盡其香與味。此外，又以白瓷杯最受用，將使漂亮顏色盡收眼底。

本酒一直是贛省名酒，曾在一九六三年、一九八〇年和一九八三年連續三屆被評為江西省名酒；亦在一九八〇年及一九八四年，兩次獲江西省優質產品稱號。一九九〇年則攀至頂峰，榮獲輕工業部優質產品稱號。現除暢銷東南各省外，亦已出口東南亞各國。

福建老酒

四半佳釀赤如丹

酒名：福建老酒
產地：福建福州
特質：酒液紅褐透明，入口鮮美爽適。

【來源】

　　福建省的長汀縣，無疑是清代釀紅麴黃酒的重鎮之一，黎士宏的《閩酒麴》一書中，即載有「壓房酒」、「紅娘過缸酒」（註：其酒熟時，色變如丹砂）和「陽烏酒」等。福州市則以「雙頭」為上酒，「半紅」為次酒，范成大《食罷書字》詩所提及「扶頭老酒中」的流亞，亦是福建老酒的前身。

　　福州市的釀酒業，可追溯至漢代時。據《名勝志》上的記載，相傳閩越王在金雞山桑溪上飲酒，留有曲水流觴處，稱為「越王台」。到了宋代時，「閩酒」已是名酒，蘇東坡曾有「夜傾閩酒赤如丹」的詩句，可見當時的閩酒，是用紅麴所釀，故其顏色赤如紅丹。明神宗萬曆年間（一五七三至一六一九年），紅麴黃酒的釀製工藝更趨成

熟，享譽大江南北，並為今日「福建老酒」的獨特風格定型，一九四五年時，福州市的「大興酒坊」承襲傳統技藝，投產此種紅麴黃酒，將它命名為「五月紅」。又因該酒每投料一缸（三百四十斤），即可出酒四罈半（每罈一百三十斤），故俗稱「四半酒」，風行於八閩地區。

一九五二年時，當地政府在「大興酒坊」的基礎上，改建成「福州酒廠」。並將所生產出來的糯米酒，改叫「福建老酒」（按：福建方言中，糯與老讀音相近）。一九八二年時，再把酒廠易名為「福州市第一酒廠」，商標則是「雙燈牌」或「鼓山牌」。

【釀造】

本酒用古田縣谷田鎮一帶所產的上等糯米為原料，以著名的古田紅麴和白露麴（內含公丁、杜仲、川芎、當歸、白芷、桂皮、良薑等六十多味中藥成分）為糖化醱酵劑、採用傳統的分缸醱酵法，於每年冬至時開始釀造，在低溫發酵四個月後（俗稱冬釀春成），再進行抽漬、壓榨、中和、澄清、殺菌等工序後，即灌入酒罈中，並於密封陳貯一到三年後，再予精心勾兌出廠。

【口感與入菜】

福州老酒屬半甜型黃酒，酒度為15°，糖分6％，總酸為0.4％。酒液紅褐透明，酒香濃馥芳芬，酒質醇和純正，入口鮮美爽適，餘味回甘綿長。長久以來，即被公認為是烹製菜肴的最好的

調味料，放些入魚、蚶類的湯中，頓感鮮美適口，平添一番風味。而號稱首席閩菜的佛跳牆，必以此充汁液用文火慢煨而成。福州馳名的水仙花牌肉罐頭亦以此為調料，尤覺芳馥宜人。

在品嚐福建老酒時，除佛跳牆、醉糟羊肉等葷菜外，最宜用海鮮類佐酒，蒸條魚、炒個西施舌等都很不錯。但不應在吃冰糖燕窩或太極芋泥時享用，不僅掩其甘，且失之膩滑，實奪朱之紫，殊不足為訓。本酒於一九五七年即被命名為福建省名酒，接著在一九六三年、一九七九年及一九八四年的中國第二、三、四屆評酒會上均榮獲國家優質酒稱號及銀質獎章。而在一九八四年時，則獲輕工業部酒類大賽金杯獎。現已遠銷至日、美、德、丹麥及東南亞各國，頗令酒林側目。

惠泉酒
名泉精釀肇中興

酒名：惠泉酒
產地：江蘇無錫
特質：酒液呈琥珀色，外觀清澈光亮。

【來源】

江蘇省無錫市位於太湖之濱，惠山之麓，以「船菜」名揚天下。惠泉酒即出產於此。

惠山又稱惠泉山，以出好泉著稱，除有「天下第二泉」的惠泉外，另有龍眼泉等十餘處。惠泉以水質甘潤，清澈純淨，適合釀酒、烹菜。據《史記》、《吳越春秋》等古籍記載，無錫的釀酒歷史，已逾二千五百年。另，明中葉至清初，則是其全盛時期，在明人馮夢龍的說部《醒世恆言》中，便出現了「惠山泉酒」之名。

清康熙時，李煦任蘇州織造；雍正時，曹頫任江寧織造，均曾以「泉酒」進貢皇宮，供皇室享用。而曹雪芹在《紅樓夢》裡，更常提及惠泉酒，其名貴可知。

然而，這種「以水出惠山」而成名的「惠山泉酒」(見《江南通志》)，好景不長，約在乾隆年間（一七三六至一七九五年），即質量下降，名氣下滑。袁枚的《隨園食單》就指出：「無錫酒用天下第二泉所作，本是佳品，而被市井人苟且為之，遂至澆涼散樸，殊可惜也。」從此，惠泉酒行情大跌，再也不能與紹興酒分庭抗禮了。

　　一直到清光緒三十四年（一九○八年）在奉天（今遼寧瀋陽市）舉辦的中華國貨展覽會上，惠泉酒代表江蘇省參展，獲得二等獎，始稍復生機，使其釀酒業有了進一步的發展。到了一九三二年時，無錫市共有五十二家酒坊，釀製的品目有黃酒及白酒，已漸臻頂峰。

　　一九五六年時，當地政府在舊有酒坊的基礎上，建成「無錫市酶製劑廠」，並於一九七○恢復惠泉酒的生產。一九八二年時，改稱「無錫市黃酒廠」，後再易名為「無錫市釀酒總廠」。

【釀造】

　　本酒選用優質糯米為原料，以惠山泉水為釀造用水，在釀製時，採用掛麴和酶製劑及糖化劑，促進酵母醱酵。於蒸飯後，配入特製的陳釀糯米酒和遠年香糟酒，藉以提高酒質。另取浸米的漿水，充作配料，並調節酒母酸度，使有別其他黃酒，則為其獨特工藝。此外，整個工序皆採取連續釀製法，進而使酒的質量大幅提升。

　　惠泉酒屬半甜型黃酒，酒度為18°，糖分8至10％，總酸為0.4到0.5％。酒液呈琥珀色，外觀清澈光亮，香氣馥郁持久，酒性溫和醇厚，酒質純正，入口甘爽，確為老酒中興，已成後起之秀。

　　品嘗惠泉酒，肉骨頭不可或缺。此外，像脆鱔、烤鴨油爆蝦、松鼠魚、活熗蝦等亦宜下酒。當幾杯酒落肚、窩心暖胃之際，將使您益發思古之幽情。

　　本酒先於一九七九年在中國第三屆評酒會上榮獲國家優質酒稱號及銀質獎章。一九八四年時，續獲輕工業部酒類大賽銀杯獎。目前以內銷為主。

蘭陵美酒

味壓江南一品香

酒名：蘭陵美酒
產地：山東蒼山
特質：酒液呈琥珀色，具
有光澤，酸甜適度。

【來源】

山東省蒼山縣的蘭陵鎮，早在戰國時期，曾是大儒荀子治下的蘭陵郡，自古便有佳釀。此從當地出的殷代甲骨文中，就有「鬯」字，意即用黍來和香草所釀製、帶有香氣的甜酒，即可見其一斑。唐代時，這裡的酒已很出名。李白飲罷，稱讚不置，遂吟《客中行》一首，詩云：「蘭陵美酒鬱金香，玉碗盛來琥珀光，但使主人能醉客，不知何處是他鄉？」

根據《臨沂縣志》上的記載：「蘭陵酒自古著名，爲特別製造品，今設公司。」此公司即是一九一四年在蘭陵成立的「山東蘭陵公司」，所生產的酒品，分別是「蘭陵美酒」及「鬱金香」。

一九四八年時，當地政府於「醴

源」、「開源」等十家酒坊的基礎上，建成「蘭陵美酒廠」，沿用傳統工藝，繼續生產蘭陵美酒，目前的「山東蘭陵企業（集團）總公司，已生產出「蘭陵陳香」、「蘭瓊美酒」、「蘭陵美酒」和「蘭陵鬱金香」這四大品牌佳釀。

【釀造】

蘭陵美酒選用當地優質的黍米為原料，以麥麴為糖化醱酵劑，經浸米、蒸飯糊化、撒冷、加麴糖化、落缸醱酵等一連串的工序後，再調入蘭陵大麴，繼續封缸陳釀，然後抽酒過濾、配酒包裝而成。

【口感與入菜】

蘭陵美酒屬甜型黃酒，酒度為28°，糖分為14％，總酸在0.2％以下，含十七種胺基酸。酒液呈琥珀色，具有光澤；香氣濃郁，酒味諧調；酸甜適度，以回味悠長著稱。長久以來，就被譽為「名馳冀北稱好酒，味壓江南一品香」。

在品嘗時，蘭陵美酒適合甜食或甜中帶酸的珍饌，前者如拔絲地瓜、拔絲蘋果、煎糍粑、三不黏等，均甚合宜。後者像糖醋魚、咕嚕肉、五柳魚等，亦能提昇酒味，進而相得益彰。詩人賀敬之飲後，對此旨酒甚感滿意，曾作五言律詩一首以抒其感，詩云：「太白何處訪？蘭陵入醉鄉；我來四年後，與君共此觴。崎嶇憶蜀道，風濤說夜郎；時殊酒味似，慷慨賦新章。」又，一九

五七年時，國務院總理周恩來出席在日內瓦舉辦的國際會議時，還曾以此充當「國酒」，饋贈諸與國領袖及其隨從們。

其實，鬱金香酒的由來已久，最遲至南北朝時，即已出現此酒。梁元帝蕭繹詩「香浮鬱金酒」，即是指此。不如當您在小酌這兩款佳釀時，能興發思古之幽情否？

蘭陵美酒甫出品時，即在一九一四年的山東省濟南物品展覽會上勇奪一等銀牌。翌年，又在美國舊金山所舉辦的巴拿馬萬國博覽會上，榮獲金牌獎。在黃、淮流域，尤赫赫有名。後來，則在一九七○年及一九八○年被評為山東省優質酒及優質產品。一九九○年則進軍海外，榮獲在比利時布魯塞爾所舉辦的第二十八屆世界優質產品評選會金獎。目前正暢銷於神州大陸及日本、秘魯、馬來西亞和新加坡等國家。

窨酒
味似鮮蜜甚甘醇

酒名：窨酒
產地：雲南麗江
特質：酒液呈琥珀色，開
封清香宜人，味似鮮蜜甘
醇。

【來源】

麗江市位於雲南省西北部、玉龍雪山南麓，是個歷史古城。附近盛產麥、稻等穀物，自古即以釀製「呾酒」著稱。據清道光十五年（一八三五年）編纂的《雲南通志》上記載：「呾酒出麗江。」又，元梁王鎮雲南時，亦撰有「呾酒」詩，其盛況由此就可見一斑了。

相傳明代中期，居住麗江一帶的納西族、白族已釀製原名「胤酒」的「窨酒」。胤乃後代的意思，「胤酒」則指為後代辦婚事的酒，此與浙江紹興地區的「女兒紅」、「狀元紅」之意相同。原來很久以前，依當地的納西族的習慣，凡生兒育女，一定要請釀酒師傳用自家上好的糧食，釀製一罈好酒，然後封存，深埋於屋後地

下，等到兒女長成婚嫁時，才取出來招待親友，世代相襲，一稱
「女酒」。到了後來，胤酒的「胤」字，被一個諧音字「窨」所取
代（註：窨即窨子，乃地下室之意），人們約定俗成，漸漸地把胤
酒也改成「窨酒」，成為滇省名品。像徐珂編的《清稗類鈔》就載
有「女酒、窨酒，黔之苗酒也」。一九五五年初建「勝利酒社」，
一九六六年易名為「麗江酒廠」。一九七九年時，繼承傳統技藝，
開始投產此酒。同年更將廠名更名「勝利酒廠」，商標有「三多牌」
及「寶龍牌」。

【釀造】

胤酒係選用優質的大麥、小麥、高粱為原料，以特種酒麴為
糖化醱酵劑，汲取玉龍雪山黑龍潭泉水為釀造用水，採用傳統獨
特的窨製工藝，將飯蒸熟後，搭窩授麴進行糖化，接著以糟燒白
酒代水落缸，形成蓋面，再低溫醱酵一個多月後，即可榨酒，然
後分缸澄清，經過陳釀、窨製、殺菌等工序釀成。

【口感與入菜】

本酒屬甜型黃酒，酒度為20°，糖分20至22％，總酸小於0.5
％。酒液呈琥珀色，開封清香宜人，味似鮮蜜甘醇，飲後舒適爽
口，令人齒頰留芳。

品嘗窨酒，菜餚須甜而不膩，甘且帶爽，才能得其風神。像
冰糖肉、京醬排骨、橙汁排骨、拔絲地瓜、金瓜米粉、臘味金瓜

盅、太極芋泥、涼糕等，皆很適宜。如飯後再佐以清茶，提神助興，把盞難捨，不啻天上人間。

　　窨酒曾於一九八八年被評為雲南省優質產品，雖獲獎不多，但有口皆碑，目前遠銷至新加坡、馬來西亞及日本等十餘國。

北京加飯酒

素晶杯中琥珀光

酒名：北京加飯酒
產地：北京
特質：酒液褐黃透亮，酒香濃郁諧調。

【來源】

　　北京釀製黃酒的歷史，應在元代，當時稱爲「小黃米酒」，明成祖疏濬大運河後，舟楫暢通，南貨北來。其中不乏黃酒。當時以紹興的女貞、花雕及無錫的惠泉酒居多，但不甚普遍，僅江南人任京官者嗜飲。畢竟，喝慣烈酒的北方人，總嫌它味「怪」，且不來勁。

　　自康熙南巡後，北方籍的朝官和旗人，在江南暢飲紹興花雕，才知道海內有此美酒。從此，南酒在北京奠定其至高無上的地位，開宴不用南酒，算不得上席；而饋遺的重禮，則是整罈紹興酒加上整隻金華火腿。又因漕運暢通，漕幫附帶，酒源不虞匱乏，京中南酒店均可買到。此時，不免會出現仿紹酒、楚酒幾可亂眞，並遠銷來京。故京師附近，燒鍋林立，罕見有專門釀製黃酒

者，遍尋之後，僅有在多天發售的「良鄉黃」而已。

相傳清朝末年，為了慈禧慶生，需用大量黃酒。乃傳旨調來
大批釀製紹興酒的原料、蒸器及技師到京，在御用的燒鍋上試
製，並汲取玉泉山的水為釀造用水，以其產品精良，風味直追紹
興，特稱之為「玉泉醴酒」，後來成為宮廷御酒。

民國之後，其法傳入民間，北京的「玉泉釀造公司」乃進行
釀製，所製的仿紹興酒，仍具一定水準。曾於一九二九年參加工
商部中華國貨展覽會，獲得一等獎。後因故停產，致此一北京自
釀的優質黃酒，從此銷聲匿跡。

一九三一年時，北京「大興酒廠」（後於一九九三年易名為
「二鍋頭酒廠」），除已生產白酒外，也想生產黃酒。此不但可彌補
北京無黃酒的空白，更可以搶得先機，獨佔鰲頭。遂從當年開始
試產獨門的北京黃酒。其釀製工藝，基本上仿照紹興酒的操作程
序，除了主原料糯米來自南方外，其餘的麥麴、酒藥（自紹興引
入酒藥後自製）、用水等，均自行解決，甚至連酒藥中的辣蓼草也
是採自北京迎慶縣的群山之中，過了幾年的努力，共生產五種
（即元紅、加飯、善釀、香雪及四醴春）仿紹興黃酒，數度受到黃
酒會議的好評，其中之一的「加飯酒」，於一九七一年試製成功，
更是備受行家青眼相看。

【釀造】

北京加飯酒選用江南精白糯米為原料，採用紹興黃酒的傳統
工藝，經浸米、蒸飯、攤飯、落缸醱酵後，再加酒藥、麥麴等作

醱酵劑，並於大缸醱酵，壓榨煎酒，貯存陳釀等工序完成後，始裝瓶出廠。

四醖春則以淋飯法生產，於落缸糖化到一定程度時，加入酒麴和另外四種成品酒（即元紅、加飯、善釀、香雪），代水落缸，再繼續釀製，實爲一自創釀法。

【口感與入菜】

北京加飯酒屬半乾型黃酒，酒度爲爲18°，糖分爲1%，總酸在0.45%以下。酒液褐黃透亮，酒香濃郁諧調，酒體豐滿醇厚，入口甘鮮淨爽。極富營養價值（酒內含十八種胺基酸，其中有七種爲人體所必需）。因此有詩讚道：「江南黃酒北京香，素晶杯中琥珀光。」

四醖春屬甜型黃酒，酒度爲14°，糖分爲19到21%之間，總酸在0.55%以下。酒味醇厚濃甜，爽口諧調悠長。評酒家鑒定後，評語爲「焦香飽口，滋味醇厚，濃甜爽口，獨具特色，具有多種黃酒的綜合特點，可謂甜型黃酒之優等品」。

品嘗這兩款同一廠牌的精釀，菜肴絕對不同。前者宜鹹鮮入味者，後者應味厚香濃者。北京加飯酒可搭配清燉獅子頭、四喜丸子、鹽焗雞、肴肉、紅燒虎掌、彭園豆腐或熊掌豆腐等。而四醖春則以烤四方、冬菜鴨、叫化雞、油爆蝦、蟹粉魚肚等，最能得其風神，倘用蔥爆牛肉、八寶香酥鴨等，亦無不可。不過，有一味倒是兩者皆宜的，早在紅樓夢成書前，曹雪芹已得其奧祕，此味即北京烤鴨。諸君先由此試即知吾言不謬。

北京加飯酒先於一九八一年，被評爲北京市優質產品。並於一九八四年，獲輕工業部銀杯獎。此外，一九八四年獲銅杯獎者，爲四醞春。又其既具有紹興黃酒的風格，且有自家獨特的面貌，在一九八〇參加廬山全國名優黃酒質檢會上，受到一致讚譽。

黑糯米酒

清泉吐珠美酒出

酒名：黑糯米酒
產地：貴州惠水
特質：酒液色澤紅亮，酒
香馨芳優雅。

【來源】

　　貴州省黔南、黔東南、黔西南這三
個布儂族、苗族自治州內，盛產黑糯
米，並用來釀酒。其中，又以惠水縣
米、酒兩優，不僅著稱於西南邊區，而
且揚名於五洲四海。

　　惠水縣緊鄰貴陽市，古隸貴陽府，
自古即有「端午飲菖蒲、雄黃酒」的風
俗。而「九月九日造咂酒」，則是境內
苗族人的習俗。據《貴陽縣志》上的記
載：「稻，有米花、米葉、米線、穿枝
各種，尤香膩，又可作酒，味醇美。」
而在所有的稻米中，最珍貴的乃是宋代
以來便是貢品，人稱「黑珍珠」的黑糯
米。此米大有來頭。傳說，黑糯米是苗
王「黑陽大帝」在野外發現並精心栽培
而成，至今苗族、布儂族的節日「三月
三」，即是用此米來祭祀黑陽大帝，以

追念他的功績。

　　黑糯米酒便是李汝珍在《鏡花緣》所列的五十五種名酒中的
「貴州苗酒」。清代時已是著名佳釀，惟因運輸不便，等閒不易嘗
到。於一九五七年始建成的「惠水縣酒廠」，搶先在一九七九年發
掘到苗族人秘不外傳的古方，並於一九八○年投產此酒，以「漣
江牌」為註冊商標。

【釀造】

　　本酒選用當地優質的黑糯米為原料，以純種根霉麴為糖化醱
酵劑，引用純淨的山泉水為釀造用水，繼承傳統工藝，經蒸飯、
醱酵、封缸、陳貯等工序而釀成。

【口感與入菜】

　　黑糯米酒屬甜型黃酒，酒度為17°，糖分為20到24％，總酸
含量小於0.55％。酒液色澤紅亮，望之晶瑩清澈，酒香馨芳優雅，
酒質醇厚純正，入口甘甜帶酸，餘味綿延長久。營養甚為豐富，
適時適量飲用，具有補中益氣、健胃補腎、活血通脈等功效，並
主治虛汗、盜汗、多症以及貧血、神經衰弱等其他慢性虛弱症。
今人有詩讚道：「清泉吐珠美酒出，惠水飛出黑珍珠。」

　　品嘗黑糯米酒，不宜重油厚味，切些宣威火腿，來個糖心皮
蛋，弄點海帶、豆乾、花生等滷味，就十分痛快了。不然，直接
飲用亦佳，其酸甜適口，味香甘美，本身即是妙品。如您充作藥

用，其法爲日服二至三次，每次服10到20cc，日久亦見療效，諸君拭目以待。

本酒甫一問世，立刻聲名大噪。先於一九八三年及一九八六年，被命名貴州名酒，接著在一九八七年的首屆中國黃酒節上獲二等獎。此後揚眉吐氣，在一九九二年美國洛杉磯所舉辦的國際酒類展評會上榮獲自由女神金杯獎。目前除暢銷大陸各大城市外，亦出口日本及東南亞諸國，具有十足的競爭潛力，後勢廣被各方看好。

即墨老酒
醇和郁馨號珍漿

酒名：即墨老酒
產地：山東即墨
特質：酒液呈黑褐色，晶亮中顯紫紅，酒香有焦糜味，入口甘爽微苦。

【來源】

　　山東省即墨縣所出產的即墨老酒，自古便與紹興的元紅酒齊名，向有「南紹興，北即墨」之譽。

　　早在春秋戰國之時，即墨便有釀酒業。當齊國的田單在此以火牛陣大破燕軍時，百姓就以當地用黍米釀製的醪酒勞軍。而比此更早的齊景公和稍晚的秦始皇，都曾攜此酒去朝拜嶗山，故有「仙酒」之稱。到了宋代時，「仙酒」的技藝更為普及，且更臻完善，因其歷史久遠，故被稱為「即墨老酒」。

　　明神宗朱翊鈞在飲此酒後，頗覺舒暢，喚其為「珍漿」。清代中期，因發現此酒有「通筋骨、入骨髓」之力，故別稱為「骷髏酒」或「骨轆酒」。又，李汝珍在《鏡花緣》所列的

天下五十五種名酒中，其內便有「山東骨轆酒」。據《山東通志》上記載：「酒，各縣皆有；黃米、黍米所釀，蓬萊、即墨爲盛。」宣宗道光年間（一八二一至一八五〇年），即墨老酒除暢銷國內各大商埠外，並遠銷日本和南洋諸國。一九四九年時，當地政府在「江介福作坊」的基礎上，吸收各酒坊的釀酒師傅組建成「即墨黃酒廠」，沿襲傳統工藝，繼續生產黃酒，仍以「老酒」命名。

【釀造】

即墨老酒遵照《禮記》中記載的「古遺六法」，即「黍米必齊，麴蘗必時，湛熾必潔，水泉必香，火濟必得，陶器必良」來釀酒。選用優質黍米（大黃米）爲原料，以陳年的中伏踏麴爲醱酵劑，汲取嶗山的地下礦泉水爲釀造用水，再精確掌握釀造過程中的糊化，糖化，醱酵等一系列工序所釀製而成。

【口感與入菜】

本酒屬半甜型黃酒，酒度爲12°，糖分爲8%，總酸爲0.5%。酒液呈黑褐色，晶亮中顯紫紅，酒香有焦糜味，酒體豐滿醇厚，入口甘爽微苦，餘香回味悠長。自古對其評語爲：「其色黑褐明亮，其液盈杯不溢，其味醇和郁馨，其功舒筋活血。」酒內含豐富的營養素和高達十七種的胺基酸，適量常飲，可以強身健腦、化堅散結、活血散瘀、舒筋止痛、解毒消腫及促進新陳代謝。其對婦女尤宜，可治月經不調、經閉、經痛，產後腹痛諸症。產後

可溫此酒或泡雞蛋而飲，則可滋補，更是中醫常用的藥引子。效用既多且廣。

品嘗此酒，如吃河蟹，甚宜「獨味」。小酌一、二杯，細品其中味，可其樂陶陶。若非下酒物，當以花生、豆乾、乾果為宜，菜肴則是冷盤較佳。否則，以熱炒、湯菜佐之，必糟蹋此千古佳釀。

即墨老酒在一九六三年及一九七九年的中國第二、三屆評酒會上榮獲國家優質酒稱號及銀質獎章。此外，它在一九八四年獲輕工業部酒類大賽金杯獎。目前主要出口國為美、加、日、韓及東南亞各國。

珍稀黑米酒

香到桂花難與並

酒名：珍稀黑米酒
產地：陝西洋縣
特質：酒液烏紫晶瑩，入口微甜柔爽。

【來源】

陝西省洋縣古稱洋洲，位於漢中盆地東首，南依巴山，北界秦嶺，漢水貫串其間，號稱「小江南」。它是個古老的酒鄉。在其一九六七年出土的青銅罍、尊、斝等酒器，經專家鑒定考證後，確為三千四百年以上的古物，故其釀酒史可追溯至公元前十四世紀的商代，可謂十分久遠。

宋代時，其釀酒業已盛，神宗熙寧年間（一○六八至一○八五年）的酒課為「三萬貫以上」，算是個小型產酒區。其酒品極多，酒質亦甚美，歷來即受詩家讚譽，詩作極多，以蘇軾的「且折霜蕹浸玉醅」句及李天予的「酒泛金樽挹翠嵐，香到桂花難與並」句，最為人所稱誦。

有清一代，其民間盛行釀酒。據

《洋縣志》上的記載：「平壩民用秫米蒸者，曰醪糟，曰黃酒。小村店必開黃酒館，或挑至村中賣之，三、四月山中會場，張布棚，擺矮桌低几，男女沽酒極其混雜。山內無糯穀，則用包穀蒸酒，包穀難化，採草藥作麴，名曰『七日紅』。」可見其品質不高，僅堪入口。不過，縣內的謝村鎮善釀黃酒，當地的民諺即云：「不喝謝村酒，空往謝村走。」又當時全縣主要的釀酒作坊有十三處，共約百餘戶。

一九五一年時，當地政府在舊酒坊的基礎上，建成「洋縣綜合廠」；一九六八年初，易名爲「洋縣酒廠」；一九八四年，另在廠內果酒車間的基礎上，闢建「秦洋食品飲料有限公司」，並於一九八五年率先投產黑米酒系列的「珍稀黑米酒」，其註冊的商標爲「朱鸝牌」及「秦洋牌」。

【釀造】

珍稀黑米酒選用當地特產的黑米爲原料，採用仿紹黃酒及先進科學的釀造工藝，經浸米、蒸煮、攤涼、醱酵及壓榨等工序後，再陳釀而成。

此外，三珍酒則是後勢看漲的新產品，係採用「餐中三珍」一黑米、香米、寸米爲原料，再混合釀製而成。由於是中國黃酒界首次以多種原料進行醱酵釀成，成爲酒國一朵奇葩，廣被各方人士看好。

【口感與入菜】

　　珍稀黑米酒屬半甜型黃酒，酒度為12°，糖分為10％，總酸小於0.55％。酒液烏紫晶瑩，酒香馨芳襲人，酒質醇厚豐潤，入口微甜柔爽，具有一己風格。富含多種養分，長期適量飲用，可以消除疲勞，增進飲慾、振奮精神並增強人體免疫力等功能。

　　而三珍酒，酒液棕黃透明，酒香濃馥芬芳，入口醇和甘美，回味餘香悠長。亦飽含營養素，如能長期飲用，確有補虛益損、消除疲勞、益智安神、強身健體之功能，且對視物昏花，體倦無力、腰腿痠痛等症狀，有顯著療效。

　　該廠另用珍稀黑米酒為酒基，配製出「黑米養生酒」及「烏貢特釀」。前者以內銷為主，後者專供出口。它不僅適時填補了中國無低度黃酒的空白，同時，也緩解了黃酒南北失衡的局面。其意義至為重大，理應好好記上一筆。

　　珍稀黑米酒先於一九八八年，被命名為陝西省名酒；接著在一九九二年，被中國消費者票選為五十種最喜愛的保健品之一，同時被指定為國宴用酒。目前暢銷於神州各大都市，並遠銷至日本、美國、德國及東南亞各國，已成為酒林新寵，是各地的搶地貨。

　　三珍酒則曾先後榮獲第六屆中國發明展覽會優秀新產品、「七五」中國星火計畫成果展覽會金獎及墨西哥金獎等。銷路暢旺，海內外知名。

大連黃酒
健身益壽又延年

酒名：大連黃酒
產地：遼寧大連
特質：酒液呈深褐色，酒香
濃郁帶焦。

【來源】

　　酒廠能製造兩種以上香型的白酒
或生產白酒與配製酒等系列，並非難
事。但如果一黃一白，都能臻於上
品，絕對戞乎其難。位於遼寧省大連
市的「大連酒廠」，就有這個能耐。
其出產的白酒、黃酒，均註冊「遼海
牌」商標。

　　大連遲至清代，始有釀酒業。其
酒品主要為「黃酒、燒酒」，甚為詩
人墨客所喜，所賦詩句不少，如「隻
手提壺問酒家」、「酌罷黃花酒數升」
及「蓬收船泊岸，沽釀煮新蟹」等，
均是。

　　據《奉天通志》上的記載：「奉
省地寒故飲者多也。黃米亦可釀酒，
曰黃酒，又曰元酒，味稍薄。農家亦
自為之。」另《中國近代實業志》亦

載有於一九一六年所建的「雙興泉燒鍋」，以釀製「燒酒」著稱。一九四八年時，當地政府在原燒鍋舊址上，建成「大連釀酒廠」。一九五〇年即繼承傳統工藝，先恢復投產「黃酒」。一九六四年易名為「大連酒廠」，再於一九七五年投產「老窖酒」。

【釀造】

大連黃酒的釀法源自山東，選用顆粒均勻飽滿的優質大黃米、糯米和小黃米為原料，以黃麴加酵母為糖化醱酵劑，結合新、舊工藝，採取人工培菌，在原料糊化後，隨即機械壓榨，然後過濾、殺菌，再精心釀製而成。

【口感與入菜】

本酒屬半甜型黃酒，酒度在11°與12°之間，糖分為5％，總酸為0.6％。酒液呈深褐色，酒香濃郁帶焦，酒質醇厚柔和，入口綿密微甜，感覺酸、甜諧調，後味微苦爽適。含有豐富養分，如能適量長飲，具有舒筋活血、強心養顏益膚、健身益壽延年的效果。同時亦常用於烹飪，對魚、肉等菜肴有解腥增香之功。

大連黃酒高濃度、低酒度，以自斟淺嘗較宜，實無適當的菜肴下酒。在萬不得已下，亦可用松子、核桃、花生、榛果等堅果類佐酒，略有可搭配之處。

大連酒廠的黃、白酒，均迭獲獎項，譽滿北大荒。大連黃酒曾在一九八四年獲輕工業部酒類質量大賽銀杯獎，並在一九八四

年的中國第二、三、四屆評酒會上榮獲國家優質酒稱號及銀質獎章。目前除銷往中國各大城市外，並出口日、韓等國。

益壽酒
小糟酒滴眞珠紅

酒名：益壽酒
產地：北京
特質：酒液色澤黃褐，酒香芬芳特殊，飲後無苦澀味。

【來源】

北京市是中國最早的釀酒區之一，遠在三代前，便釀有酒類。自三代以降，亦盛行釀酒。此從密雲、昌平、平谷等地出土的文物，如尊、三羊銅罍、卣、爵和觶等陶製及青銅所製的酒器，即足以說明一切。

順義縣隸北京市管轄，境內的牛欄山鎮，適位於東臨潮、白二河匯流處，據《昌平山水記》上的說法：「牛欄山，山上有瀾，俗言有金牛出焉，至今瀾前石壁爲小槽形，名飲牛池也。」而且「冬夏池水不竭」，適合用來釀製美酒。此外，其縣志又謂：「清代，釀酒最盛時，全縣計有三十餘家燒鍋，僅是個牛欄小鎮，便有十一家之多，其盛況可見一斑。」而在這當中，又以「洪義燒鍋」最爲有名，所釀之酒，以「醇洌

甘爽」著稱，聞名京師各地，並遠銷至南洋，迄今已上百年。

一九五一年時，在原「公利」、「順福成」、「洪義」等燒鍋的基礎上，成立「國營牛欄山酒廠」。該廠在保持傳統工藝及獲四川瀘州麴酒廠的大力協助下，於一九七〇年間始試製濃香型大麴酒，歷經三年時間，徹底改善品質，終於宣告成功，為北京地區最早問世的濃香型白酒，亦是首都酒苑中最負盛名的香醇佳釀。由於此酒深受北京各界人士喜愛，同時也最具代表性，故命名「北京特麴」，酒廠也易名為北京市麴酒廠。

又，廠方在開發北京特麴之後，為了賡續傳統，乃在「北京發釀工業研究所」的協助下，另行開發一支屬福建粳米紅麴黃酒的益壽酒。這種紅麴黃酒早在唐代即有，因「其色殆類胭脂」故名，詩鬼李賀詩云：「琉璃盅，琥珀濃，小糟酒滴真珠紅，……」指的便是此酒。明代時，此酒已將之列入御酒，據文獻上的記載，宮廷的御酒坊已釀有「御製藥酒五味湯、真珠紅、長春酒」等。

【釀造】

益壽酒選用優質大米為原料，以紅麴和其他菌種等為糖化醱酵劑，其釀造工藝，基本上是由浸米、煮飯、入缸、主醱酵、從醱酵，榨酒等工序釀成。

【口感與入菜】

益壽酒屬紅麴黃酒,分乾、甜兩種。酒度極低,僅有10°。酒液色澤黃褐,酒香芬芳特殊,酒質醇和純正,入口綿柔爽適,飲後無苦澀味,酒性相當溫和。如能適量常飲,能去膩消積,增進食慾,且在健胃活血及補血健身等方面,有其一定功效。

益壽酒雖未獲得大獎項,但品質頗具水準。諸君在品嘗時,可來點小食佐飲,像三不黏、桃酥、薩其瑪、煎糍粑、拔絲地瓜等,都宜搭配,另有一番風味。

杭州黃酒
入口甘芳且浚冽

酒名：杭州黃酒
產地：浙江杭州
特質：酒液色澤橙紅，入口
清爽鮮美。

【來源】

杭州市又名武林、臨安，釀酒史可遠溯至先秦時期。晉代釀製的名酒有「百花醞」，唐代則以「梨花春」著稱，其所以得名，乃因江南梨花盛開而酒熟。白居易《杭州春望》詩，即有「青旗沽酒趁梨花」句，其注云：「其俗，釀酒趁梨花時熟，號爲『梨花春』。」

宋神宗熙寧年間（一○六八至一○八五年），杭州的酒課達「三十萬貫以上」，（即杭州都酒務，歲課三十萬緡），是當時全國主要的產酒區之一。據《酒名記》上的記載；杭州的酒品有「竹葉青」、「碧香」、「白酒」。南宋時，臨安成爲都城，其酒品更不勝枚舉，《酒小史》載有「杭州秋露白」；《武陵舊事》亦載「薔

378

薇露、流香、宣賜碧春、恩春堂……」等名目，達五十餘種。並云其「酒名之多，酒庫及酒樓之多，想見當時都城奢靡景象」。明代則以釀「梨花乾酒」名世。

清中葉以前，杭州仍釀有佳釀。據《清稗類鈔》載，仁宗嘉慶年間（一七九六至一八二〇年）品酒名家梁晉竹遊韜光，遇老僧相招飲酒。（按：此酒產自杭州巢枸塢一帶，用靈隱寺附近的山泉水釀成。）「泥甕新開，酒香滿室」，「一杯入口，甘芳浚洌」。問老僧，得知「此本山泉所釀也，陳五年矣。」梁晉竹在痛飲之後，「靡不讚歎欲絕」，乃稱此「韜光酒」為其「生平所嘗第一次好酒」。惟自太平軍攻破杭州城後，釀酒業衰落，「裝飾華麗之俗，即有一二釀酒之家，概號土酒，遠遜越釀（指上虞所釀的越酒），風會之變，盛衰之殊，蓋匪直酒而已矣。」一九五六年，公私合營；將建於一九三五年的「德昌醬園」改為「德昌釀造廠」，專製黃酒、露酒。一九六六年又改稱「紅衛釀造廠」，一九八五年再易名為「西湖酒廠」。目前主打的北高峰牌杭州黃酒，為一九六二年所投產。

【釀造】

本酒選用優質大米、小麥為原料，經蒸飯、淋飯之後搭窩，再兩次餵飯，其醱酵期為二至三個月，然後榨酒澄清，進行包裝出廠。

【口感與入菜】

　　杭州黃酒屬乾型黃酒，酒度為15°，糖分小於0.5％，總酸為0.45％，酒液色澤橙紅，酒香醇和濃郁，入口清爽鮮美，極宜佐餐助興，廣為酒徒所珍。

　　品嘗杭州黃酒，自以杭州名食為先，像東坡肉、蜜汁火方、西湖醋魚、乾炸響鈴、宋嫂魚羹、醬爆春筍、蟹釀橙、龍井蝦仁、醬鴨、爆鱔片等都很不錯，惟在嘗東坡肉和蜜汁火方時，要先大口浮一大白，再大塊朵頤入腹，接著再乾上一、二杯，才顯得豪興陡生，意氣風發，大有痛快淋漓之樂。

　　在此須一提的是，杭州酒廠的金谷牌雙加飯酒，亦是一款天堂佳釀，曾在一九八四年被評為浙江省優質產品，同年再獲輕工業部酒類質量金杯獎。金谷牌雙加飯酒屬半乾型黃酒，酒度為17°，糖分介於1％到3％間，總酸為小於0.45％，味道較杭州黃酒稍甜，其口感及風味，倒是大致相當，在品嘗上，應屬雷同。惟此酒在國際間的知名度較大，現遠銷至日本、法國、英國及美國等國。

　　杭州黃酒先於一九八三年被評為浙江省優質產品，再於一九八五年獲商業部優質酒稱號及銀爵獎。現除內銷品外，尚有部分出口。

壽生酒

淨酵甘美出東陽

酒名：壽生酒
產地：浙江金華
特質：色澤金黃鮮亮，既有
紅麴黃酒的色和味，又有麥
麴黃酒的鮮和香。

【來源】

浙江省金華縣古稱婺州，釀酒歷史
甚久。早在宋代時，即以釀「東陽酒」
和「錯認水」等酒品著稱。神宗熙寧年
間（一〇六八至一〇八五年）的酒課，
已高達「三十萬貫以上」，是當時中國
大的產酒區之一。元人撰就的《酒小史》
內，便有「金華府金華酒」，將它列入
全國名酒之中。明朝時，「東陽酒（又
名金華酒）」馳名全國。明人宋起鳳擅
長品酒，在其所著《稗說》一書中提
到，金華酒色味皆濃，但不耐久放，是
其缺點。

清代初葉，金華酒在釀製上，有了
重大突破，品質精良，傲視中國。袁枚
在《隨園食單》中，給予極高評價。
云：「金華酒有紹興之清，無其澀；有
女貞之甜，無其俗，亦以陳者爲佳，蓋

金華一路水清故也。」另，《飲食辨》一書亦云：「又一種金華酒，又名東陽酒，味極甘美，酒乃淨醇……。」宣宗道光年間（一八二一至一八五〇年），金華城「馬門頭酒坊」總結當地釀酒技術，形成一套特殊工藝，遂使品質大為提高，將該酒定了型，改稱為「壽生酒」。二十世紀初期，它曾多次參加國、內外比賽，獲得不少的獎章，備受各方好評。其後，因連年遭兵燹，竟至銷聲匿跡，引起酒徒嗟歎，引為酒林憾事。

一九五二年時，當地政府有意恢復此一歷史名酒，乃在老酒坊的基礎上，建成「金華酒廠」，並積極發掘老酒方，終在一九五八年成功，隨即開始生產，品質受到肯定，立刻打響名號。

【釀造】

本酒以精白糯米為原料，兼用紅麴和麥麴做為糖化醱酵劑，採用「餵飯法」分缸釀造（按：將釀酒原料分成幾批，第一批做成酒母，再分批投入原料，有的亦加上麴，使其繼續醱酵，目的在提高酒度及增加出酒率），因其釀造方法，結合新舊工藝故所製成的酵母和「吁飯」與眾不同，成品風格獨特，銷路直線上升。

【口感與入菜】

壽生酒屬半乾型黃酒，酒度為17°，糖分為1到3％，總酸為0.4到0.5％。色澤金黃鮮亮，氣味濃郁醇香，既有紅麴黃酒的色和味，又有麥麴黃酒的鮮和香，入口甘潤爽適，令人回味無窮。

金華除出美酒外，亦生產金華火腿，兩相搭配，自然妙極。蜜汁火腿無疑是其中最對味的。倘以雞火乾絲、牌南、白切羊肉等下酒，亦無不可。總之，菜肴不可太鹹、太甜或太膩，如此，才能品出壽生酒的絕妙風味和不凡滋味。

　　本酒自出廠後，先於一九六三年在中國第二屆評酒會上榮獲國家優質酒稱號及銀質獎章。接著在一九八四年獲輕工業部酒類大賽銀杯獎。目前以內銷爲主，出口則在致力開發中。

連江元紅酒

酒增菜香佛跳牆

酒名：連江元紅酒
產地：福建連江
特質：酒液色澤橙紅，整體清亮透明，入口爽而勁足。

【來源】

福建省連江縣的酒史甚早，照《連江縣志》的說法，遠在晉武帝太康二年（二八二年）民間已有用「猴毛秫釀酒」的習俗，而且世代相傳，一直延續至今，清代時，所釀酒品，以「紅酒、燒酒」最著，向為閩東名酒。

連江縣紅酒的釀法，一如建昌紅酒，乃「用上好糯米一石淘盡，傾缸內，中留一窩，內傾下水一石二斗。另取糯米二斗煮飯，攤冷作一團放窩內，蓋訖，待二十日飯浮漿醉，攦去浮飯，瀝乾浸米。先將米五斗淘盡，舖於甑底，將濕米次第上去，米熟略攤氣絕，翻在缸內中蓋下。取浸米漿八斗，花椒一兩，煎沸出鍋。待冷，用白麴三斤搥細，加酵母三碗，飯多

少如常酒放酵法，不要厚了。天道極冷，放暖處，用草圍一宿，明日早將飯分作五處，每放小缸中，用紅麴一升，白麴半升，取酵亦作五份，每份和前麴飯拌匀，踏在缸內。將餘至熟，盡放面上，蓋定。候二日打扒，如面厚三五日打不開，打後面浮漲足，再打一遍，仍蓋下。十一月二十日熟，十二月一日熟，正月二十日熟，餘月不宜造榨。取澄清併入白檀少許，包裹泥定。頭糟用水隨意倒入，多二宿便可榨。」

　　一九二二年，「城鄉所釀紅酒，每年捐額已達三萬元」，與用「早稻米、番薯製造」的「白燒酒」，均為該縣名產。一九五三年時，在舊酒坊的基礎上建成「連江縣酒廠」，繼承傳統釀造工藝，繼續投產紅酒。過去，曾命名「玉山泉老酒」、「狀元紅酒」和「全紅酒」等名稱。後來，為表示其質量優異，與眾不同，遂更名為「元紅酒」，所註冊的商標為「青芝牌」。

【釀造】

　　本酒選用該縣出產的質純、性軟之晚糯米為原料，以古田甲級紅麴和酒廠特製的藥麴為糖化醱酵劑，沿用傳統的攤飯法，生產的周期長達百日。其釀造期間，深具季節性，為每年農曆十一月投料，而止於翌年二月，冬釀春停，為期四個月。於壓榨得酒後，用「熅酒法」煎酒，加熱殺菌。成品須陳釀一年以上，方能裝瓶出廠。

【口感與入菜】

連江元紅酒屬乾型黃酒，酒度爲15°，糖分爲1%，總酸在0.32到0.42%之間。酒液色澤橙紅，整體清亮透明，酒香濃郁醇厚，入口爽而勁足，餘味悠長持久，甚受讚譽。

品嘗連江元紅酒，我認爲搭配福建首席名菜佛跳牆最爲理想，如能有上海本幫老菜糟缽頭，或山西傳統名菜頭腦也很不錯。佛跳牆集山珍海味於一罈，整個用文火煨製爛透。飲此酒的目的，既酒增菜香，且發揚菜味，酒反而淪爲配角。其作用很像八字的日主爲庚金生五月者，「丁火司令庚金煆制太過，不能離壬、癸爲用，雖四柱無水，仍宜運行北地，故云專用壬癸，所謂妙用元武也。」(以上見《造化元鑰》)，其雖非主角，卻又非它不可，其妙用殊絕，不可等閒視之。

本酒自出品後，雖爲酒徒珍愛，但其揚名較晚。一九七九年，始獲中國第三屆評酒會國家優質酒稱號銀質獎章。一九八四年，獲輕工業部酒類大賽銀杯獎。一九八五年，被評爲福建省優質產品。最後在一九九〇年，獲首屆工業博覽會銅牌獎。目前除盛行於華南地區外，亦出口東南亞各國。

東江糯米酒

雪花浮動萬家春

酒名：東江糯米酒
產地：廣東惠州
特質：酒液色澤紅褐，現光
澤顯透明，酒質醇和柔綿。

【來源】

惠州古稱循州，唐代已有佳釀。在
李肇的《唐國史補》一書內，即載有此
地的美酒「嶺南靈溪、博羅酒」。宋代
時，因大文豪蘇東坡之故，其酒品增
多，酒名遠播。除前述的兩款外，另有
「桂酒」、「梅醞」、「羅浮春」及「萬
家春」等名目，惟後二者，均為蘇軾自
行釀造的美酒。

原來蘇軾在此居住時，見羅浮山而
美，其《寓居合江樓》一詩：「三山咫
尺不歸去，一杯付與羅浮春。」自注：
「予家釀名羅浮春」。此外，又有詩云：
「一杯羅浮春，遠餉采薇客。」他又依
「萬戶酒」的釀法，自行釀製「萬家
春」。在《浣溪沙》詞之序中，即指出
「余近釀酒，名『萬家春』，蓋嶺南『萬
戶酒』也」。其詞則有「雪花浮動萬家

春，醉歸江路野梅新」之句。

另經蘇軾飲過並品評的旨酒中，桂酒亦有「先生洗盞酌桂醑」之句；他對「梅醞」也讚不絕口，在《書簡答程天侔》中，曾評價此酒，謂：「惠酒絕佳。舊在惠州，以梅醞爲冠」。不過，這些多出於民間自釀，在這兒可沒有什麼具規模的釀酒作坊。至於釀酒業是否已產生？尚待進一步考證。但可確定的是，宋元以後，這兒釀糯米酒的風氣甚盛，而且一直沿襲下來。

一九五六年，當地政府建成「惠州市酒廠」，繼承並發揚傳統工藝，投產「東江糯米酒」。一九八五年時，酒廠易名爲「惠州市粵東飲料廠」，而酒的註冊商標爲「珠江橋牌」。

【釀造】

本酒選用純淨糯米爲原料，以純麴製成的酒麴爲糖化醱酵劑，採用獨特的傳統工藝，經蒸餾、冷卻、醱酵、倒入米酒陳釀、殺菌、過濾、澄清、貯藏等工序後，再精心勾兌而成。其最大的特色在於，原酒的色澤是釀製過程中自然形成的。東江糯米酒在出廠前，須嚴格消毒殺菌，經化驗合格後，方能裝瓶出廠。

【口感與入菜】

東江糯米酒屬甜型黃酒，酒度爲16°到18°之間，糖分爲20到23％之間，總酸爲0.3到0.5％之間，酒液色澤紅褐，現光澤顯透明，酒香芳馨濃郁，酒質醇和柔綿，入口酸甜適度，甜蜜爽淨繞

舌，具有陳酒的獨特風格。因其含有豐富的葡萄糖和多種維生素，如長期適度飲用，能收補中益氣，強身養顏之功。

品嘗這款佳釀，以清爽不油膩的菜肴，較能彰顯其特色。像白斬雞、滷水鵝、鹽水鴨、蒜泥白肉、金銀蛋莧菜和一些飲茶小點，確有不錯效果。盼君小酌領略，倘舉杯痛飲，將盡失風味。

本酒於一九七七年被評為廣東省優質酒，一九八○年，獲廣東省著名商標證明。早在一九七○年，即開始出口，首先為港、澳，其次東南亞各國，然後是日本、北美、歐洲和澳洲等十幾個國家。國內不甚知名，國外大展鴻圖，這種特異現象，倒是相當罕見。

昭君酒

金絲紅棗釀和親

酒名：昭君酒
產地：內蒙呼和浩特
特質：酒液色呈棕紅，外觀
清亮透明；酒香、棗香濃
郁。

【來源】

　　呼和浩特市原名歸綏，屬綏遠
省，曾爲省會，是內蒙地區商業重鎮
之一。清代時，其釀酒業甚旺，據
《歸綏縣志》上的記載：德宗光緒二
十二年（一八九六年），縣內已有
「釀酒缸房七十八家」。民國以後，釀
酒的缸房有增無減。二〇年代，以
「福盛源」、「永恒久」、「意生德」、
「福生泉」、「義生泉」、「天順永」、
「廣合益」等缸房較爲知名，其所製
的酒品，品質優良。一九三二年時，
均在「綏遠省物產競賽會上」獲得
「特等」或「優等」的獎章，成爲省
內的「名廠家」。一九五〇年，乃在
舊酒缸房的基礎上，建成「呼和浩特
市製酒廠」。一九五三年正式投產精
製黃酒，又稱「青城黃酒」，一九五

七年易名爲昭君酒。

王昭君於漢元帝竟寧元年（西元前三十三年）。應南匈奴和親之請，遠嫁給呼韓邪單于，受封爲寧胡閼氏（吉祥皇后），呼韓邪死，前閼氏子嗣位，漢成帝又命其從胡俗，再嫁續爲閼氏。透過這層關係，使邊境維持了五十年以上的和平。王昭君死後，其墓稱「青冢」，故本酒的前身稱青城黃酒。自董必武參觀昭君墓後，題詩以誌其事，詩云：「昭君自有千秋在，胡漢和親識見高……」高度肯定其和親的重大意義，廠方爲彰顯此一漢、蒙兩族大團結之舉，遂改稱今名。所註冊的商標已有「長城牌」、「昭君牌」及「豐產牌」三種。

【釀造】

本酒原是山西省太谷縣的民間家釀，傳至此後，各家均有獨家秘方。神州易幟後，首任內蒙古自治區副主席楊植霖將軍，將其家傳祕方獻出。經廠方一再進行研究、試驗，終於釀成此酒。其係選用大青山區優質黏性黃米，及山東省樂隆縣的金絲小紅棗（按：此棗味甘甜美，肉厚核小，掰開半乾的棗兒，可清晰見到果肉間的縷縷細絲，延展一、二寸後，仍不斷頭，在陽光照耀下，閃出金光燦爛，故名）爲主料，以過夏的伏冰糖並配以香草、花椒爲輔料；並以65°的高粱白酒爲酒基，另以大麴爲糖化醱酵劑，採用傳統精湛工藝，先將主料分別醱酵，三個月後，再混合壓榨，經自然澄清，貯存陳釀，過濾裝瓶等工序後，方能投放市場。

【口感與入菜】

　　昭君酒屬甜型黃酒，酒度爲12°到18°之間，糖分爲21％，總酸爲0.7％。酒液色呈棕紅，外觀清亮透明；酒香、棗香濃郁，諸味柔和諧調；入口甜蜜爽冽，具有獨特風味。本是婦女補血、補氣、養身之珍品，現今男女老少俱宜。如能適量長飲，有建脾養胃，強筋活血的作用。

　　品嘗昭君酒，冬季可溫後再飲，夏則宜冰鎮而飲。傾入小海碗內，整個直接送口，既醇和又夠味，最能領略其美。如用小杯淺啜，也沒啥不可以，此時來些小點，甚有其受用處。

　　昭君酒先於一九七八年被命名爲呼和浩特市名酒，再於一九八○及八六年被評爲內蒙古自治區的優質產品。目前除風行整個北方外，亦於一九七九年，進入國際市場，主要銷往日、韓及東南亞各國。

芙蓉酒

質洌味醇充貢品

酒名：芙蓉酒
產地：湖南衡陽
特質：酒液色呈金黃，醇香、麴香諧調。

【來源】

衡陽市古稱「衡州」，是晚清訓練湘軍水師的大本營。其釀酒史極長，早在晉代，即以「酃酒」著稱。據《元和志》上的記載：「晉武帝平吳荐酒於太廟是也。」這個用來祭祀太廟的佳釀，即是酃酒，又稱酃湖名酒，古稱酃淥酒。其後，在《荊州記》、《水經注》、《酒譜》、《酒小史》中，均有此酒之記載。而北宋五子之一的張載，曾作《酃酒賦》，盛讚此酒美。另，清人李汝珍的神怪小說《鏡花緣》，也把「湖南衡陽酒」列入當時天下之五十五種名酒之一。

宋神宗熙寧年間（一〇六八至一〇八五年）時，衡州的酒課爲「三萬貫以上」，在瀟湘一帶，也算是個不小的產酒區。及至一九三五年時，釀酒作坊，

竟達一百七十七戶之多，其年產量爲四萬一千擔之多，高居全省總產量87%，主要是延續清代盛行的燒酒及米酒。故《中國實業志》上云：「湘酒以衡陽產者爲最著……清代作爲貢品。名曰衡酒，其質洌，其味醇，爲湖南其它各縣酒產所不及。」一九五六年時，在舊坊的基礎上建成「衡陽市酒廠」。

一九六五年時，廠方改弦更張，生產的主軸，易白酒爲黃酒。轉向福建學習「龍巖沉缸酒」的釀造工藝，投產「沉缸酒」。一九七三年時，爲走出自己的路，創造新的品牌，特地覓尋佳名，乃從萬千詩句中，取唐人譚用《秋宿湘江遇雨》詩句「秋風萬里芙蓉國」之句，易名爲「芙蓉酒」。又後人常以「芙蓉國」借比湖南，使此酒隱有湘省正宗之意。

【釀造】

本酒選優質糯米爲原料，以古田紅麴及藥麴爲糖化醱酵劑。其在醱酵過程中，要實行「洗酒」，即三次加入小麴白酒。其量爲每缸投入糯米三十公斤，加白酒達二十五公斤。俟醱酵後，即加蓋密封，靜置養醅，醱酵期約四十天到兩個月。然後抽酒、壓榨，於陳貯兩年後，再行包裝出廠。

【口感與入菜】

芙蓉酒屬甜型黃酒，酒度爲17°，糖分爲21%，總酸爲0.4%，酒液色呈金黃，鮮艷澄清透明，酒香優雅馥郁，醇香、麴香

諧調，入口醇厚柔和，實具有福建紅麴黃酒的獨特風格。

品嘗芙蓉酒，宜以甜配甜，更長其妙味。在飽餐之後，以此配甜點，有甚佳效果。而此甜點可湯可飯可餅，像八寶飯、甜燒白、鍋餅、和果子、芋泥、甜湯等均可。惟千萬不可用冰糖燕窩，否則將盡掩燕窩之芳，且抵銷其鮮味矣！

本酒曾於一九七九年被評為湖南省優質酒，現除暢銷瀟湘、閩浙及江南外，亦出口東南亞各國。滋味著實不凡，深嗜此者極多。

茉莉青

香氣甘冽能亂眞

酒名：茉莉青
產地：福建南平
特質：酒液呈褐紅色，餘香回味持久。

【來源】

　　福建省南平市曾名延平、龍津、劍埔及南劍州，歷來即是佳釀產地。在北宋時，其釀酒業，已甚興盛。神宗熙寧年間（一〇六八至一〇八五年）的酒課，即在「三萬貫以上」，是當時福建的第二大產酒區。清代時，當地的美酒叫「短水」，據《清稗類鈔》云：「猶縮水也。載貨郡中，冒名三白，然香氣甘冽，竟能亂眞矣。」其質量竟不遜名聞天下，以「香沁肌骨」著稱的松江三白，顯然是上乘美酒。民國初年時，又釀有「紅、白、冬青」三種酒及「藥燒、乾燒」等酒品。不論城鄉，其酒坊皆能量產，一時稱盛。

　　約在十九世紀末期，南平的民家釀造出一種黃酒，因其香氣優雅自

然，味甜適口，風味與當地特產的野生苜莉果十分接近，故取名為「苜莉青」，因廣受嗜酒人士歡迎，遂逐漸發展成商品酒，並成為閩北地區的特產酒。一九五八年時，地方政府在舊酒坊的基礎上，建成「南平市酒廠」，挖掘傳統工藝，並於一九六○年開始投產，仍沿用「苜莉青」之名，商標為「閩橋牌」。

【釀造】

本酒用糯米為原料，以白麴為糖化醱酵劑。其工藝特點為，在糖化時，沖入37°的小麴米燒酒，再養醅一個月以上，然後壓榨取酒，加熱殺菌，陳貯一年以上，方能精心勾兌，再予裝瓶出廠。

【口感與入菜】

苜莉青屬甜型黃酒，酒度為18°，糖分為20％，總酸為0.4％。酒液呈褐紅色，酒香優雅細膩，酒味醇和諧調，入口甘綿爽洌，餘香回味持久，在黃酒系列中，堪稱風味獨特，好飲者大有人在。

遙記一九九○年時，我的大弟在福清特區擔任某電子公司的高幹，曾率員赴南平挑選作業員，地方人士予以熱烈款待，喝了不少苜莉青，臨行更以一罈佳釀相贈。當他回家休假時，費了不少氣力，始攜回此罈及好幾瓶白乾。當晚加菜時，經他大力推薦，便取此來一嘗。味如甘醴，果非凡品。只是和家母特地做的

幾味像羹烤肉、炒蠶子、蒸全雞等似乎不太搭配，合三人之力，喝掉半罈。其後，我常自取獨酌，不備下酒之物，領略獨有滋味，始知其純供品嘗，非佐餐之妙品，聊述往事，以誌其趣。

　　本酒曾在一九七九年的中國第三屆評酒會上榮獲優質酒稱號及銀質酒章。接著在一九八四年時，再榮獲輕工業部酒類大賽銀杯獎、翌年又被評為福建省優質產品，現只流行於八閩地區，尚待進一步開拓市場。

蜜沉沉

醇醇如蜜沉沉醉

酒名：蜜沉沉
產地：福建福安
特質：酒液呈赤赭色，烏
亮剔透；富含營養。

【來源】

福建省的福安縣，古隸福州，宋代
已有釀酒業。僅有零星生產，質量均不
甚高。民間則有以「糯稻釀酒」的風
俗，惟多用來自飲或待客，直到清代
時，其釀酒業始較興盛，酒品既多，酒
質亦高，備受文人墨客的稱譽。

據《福安縣志》上的記載，其詠酒
著名之詩句，有陳能吉的「斜陽影落青
帘外，指點前村賣酒隄」。劉尹方的
「樽中彭澤酒（指陶淵明），篋裏輞川詩
（指王維）。」及「瓊漿倘許酌流霞，月
明莫忘放鶴遲」等。

乾隆年間（一七三六至一七九五
年），縣內賽歧鎮的一家酒坊，從一遊
方道士處，取得此酒的釀製秘方，遂開
始生產應市，因飲過這酒後，每令人有
「沉沉若醉，醇醇如蜜」之感，乃以

「蜜沉沉」或「蜜陳陳」作爲酒名，頗爲八閩人士所喜，嗜飲者極多。

一九五二年時，當地政府在幾家私人酒坊的基礎上，建成「國營福安酒廠」，恢復此酒生產，經不斷改進後，質量明顯提升，風格益發雅致，名氣則愈來愈響，播譽海內各地。

【釀造】

本酒選用優質糯米爲原料，經沖洗，蒸飯、淋飯、拌麴、糖化、醱酵、壓榨、澄清等一連串工序後，再經陳釀而成。

【口感與入菜】

蜜沉沉屬甜型紅酒，酒度爲17°，糖分爲24％，總酸爲0.5％。酒液呈赤赭色，整個烏亮剔透；酒香富含營養，適度長飲之後，可以舒筋活血、滋補強心健身；又有暖胃祛寒，消煩解乏之效，大受華人歡迎。有詩讚道：「福安佳釀蜜沉沉，香甜醇和醉夢鄉；若問不堪成玉液，更往何處取瓊漿？」將其推崇之意，溢於字裡行間。

品嘗蜜沉沉，氣候以冬天爲宜，菜肴則以燒肉臘腸最合。如您在夏天飲用時，應先冰鎮，再添冰塊。如此，方能清甜潤口，得其「沉沉」旨趣。

本酒自問市以來，曾獲不少獎項。先於一九五六年、一九五八年及一九八〇年，三度被命名爲福建省名酒稱號。一九八四年

榮獲輕工業部酒類大賽銀杯獎，一九八六年則被評爲福建省優質產品。而今已暢銷於大陸的一些大城市，並以「福建糯米酒」之名，出日本、墨西哥、北美及東南亞諸國。

珍珠紅酒

客家香醪能滋補

酒名：珍珠紅酒
產地：廣東興寧
特質：酒液紅褐明亮，酸
甜諧調適口。

【來源】

　　位於粵東的興寧縣，明初已有釀
酒業。依書法名家祝允明編纂的《興
寧志》上，即記載著，明太祖洪武二
十四年（一三九一年），所徵的酒醋
稅爲「六十二錠八十文」。另他本人
在武宗正德年間（一五〇六至一五二
一年）擔任興寧知縣時，不但因家廚
陰錯陽差，發明了著名點心「蓼
花」；而且開設了「珍珠紅糟坊」，
以釀製黃酒著稱。此酒之色澤紅艷有
光，故有「珍珠紅」之名，而又因地
處粵東沿海客家人分布區，所以另有
「客家酒」之號。

　　明、清兩代，詠珍珠紅的詩文不
少，如「祇圖杯酒與青蚨」、「椎牛
烹羊飲美酒」、「兼宜酌春酒」等，
而其所以揚名立萬，遠近知名，主要

得力於一部童蒙書。此在清人程允升的《幼學故事瓊林》中，因將其與葡萄酒並稱，云：「葡萄綠、珍珠紅，悉重香醪。」惟其一直是小作坊生產，品質雖極優良，產量卻甚有限，無法遠銷各地。

一九五六年時，當地政府乃在數個小作坊的基礎上，另闢建成「興寧縣酒廠」，引進新進工藝，繼續投產此酒。品質精益求精，產量大舉攀升，香飄五湖四海，足以嘉惠遠人，一九八八年，易名爲「珍珠紅酒廠」。

【釀造】

本酒選用上等不精白、較粗糙的珍珠糯米爲原料，以小麴酒餅（內含米粉、糙糠及中藥鐵馬鞭等）爲糖化醱酵劑，採用攤飯法釀造，而在醱酵過程中，要接入優質米酒，再密封醱酵五十天，於壓榨得酒後，隨即加熱殺菌，經過一年陳釀，然後裝瓶出廠。

【口感與入菜】

珍珠紅酒屬甜型黃酒，酒度爲17°，糖分爲25％，總酸小於0.55％。酒液紅褐明亮，酒香馥郁芬芳，酒味醇和甜蜜，酸甜諧調適口，具有陳酒風格。含葡萄糖甚豐，除爲一美酒外，亦是滋補飲料。

名家品酒，以甜爲下，蓋一甜能壓百味，無法再領略他味。

本酒甚甜，非但甜不膩人，而且甜得可愛，令人愛不釋手，只是無物可資下酒。只好飯後浮一大白，其效用如同利口酒。在與賓客周旋之際，拿在手上把玩，時而留舉杯輕啜，亦一大樂事也。

　　本酒以「珠江橋牌」及「寧江橋」為註冊商標。先於一九七二年被命名為廣東省名酒，再於一九八四年獲輕工業部酒類大賽銀杯獎。不僅暢銷中國各大城市，而且出口東南亞、西歐及北美各國。

植物藥材配製酒類

可採用各類酒爲酒基，經調配添入植物性藥材的配製酒均屬之。其酒度不可大於55°，糖度要小於26克/100毫升，始符合規範。

杏花村竹葉青

兩朵桃花飛上來

酒名：杏花村竹葉青
產地：中國
特質：酒液金黃微綠，酒
味綿甜微苦，無刺激性感
覺。

【來源】

竹葉青是中國的古酒之一，源遠
流長，釀法多端。從西晉至今，屢見
之於文獻中。自古各地皆有釀製，但
名頭最響，品質最佳的莫如「杏花村
汾酒廠」所生產的竹葉青了。

西晉張華在《輕薄篇》中寫道：
「蒼梧竹葉青，宜城九醞醯」，張協的
《七命》也談到：「荊南烏程，豫章
竹葉。」可見這種酒的起源是在南
方。到了唐、宋時期，竹葉青的生產
有了更進一步的發展。分布地遍及大
江南北，《水滸傳》裡即多次出現，
如「野店初嚐竹葉青」，「三杯竹葉
穿胸過，兩朵桃花飛上來」等是。另
宋人的《酒名記》及《太平廣記》等
書均有此酒的記載。

及至明、清時期，竹葉青成爲宮

廷御酒。明世宗朱厚熜曾將「內法竹葉青」賞賜大臣，而清代帝王更將「竹葉飛清」列爲時令飲料酒。流風所及，人們亦樂飲用。《清稗類鈔》即云：「京師酒肆有三種，酒品亦最繁。一種爲南酒店，所售者女貞（酒名）、花雕、紹興及竹葉青。」

　　一九一五年時，杏花村的「義泉涌酒坊」，開始試製竹葉青。經不斷改進後，此酒更臻完美，幾已爐火純青，廣爲酒客所喜。又，一九四八年後，「杏花村汾酒廠」繼續生產此酒，嘉惠大眾甚鉅。

【釀造】

　　本酒以高度（70°）的汾酒爲酒基，輔以竹葉、梔子、檀香、公丁香、廣木香、砂仁、陳皮、當歸、香山奈等十二種名貴藥料，再將其浸液和冰糖配製而成。

【口感與入菜】

　　竹葉青屬植物藥材配製酒，酒度爲45°，糖分爲10%。酒液金黃微綠，酒味綿甜微苦，既有藥材的香味又不掩汾酒清香，且無刺激性感覺。再加上適量久飲，具有養血、化痰、潤肝、順氣、降火、解毒、消炎、健體等功用，另據研究後發現，其對心臟病、高血壓冠心病及關節炎的治療亦頗有效，因而深受海內、外消費者的歡迎。銷售量節節上升。

　　竹葉青除小飲外，亦是調製雞尾酒的絕妙酒基。最有名的兩

款，分別是「青竹」及「竹葉青咯咯」。

　　第一種名為「青竹」。它是先將十七毫升竹葉青酒和三十毫升檸檬汁倒入酒杯內，加入碎冰塊攪勻，再注入二百八十五毫升檸檬汽水，然後放入鮮檸檬片、橙片和青瓜皮各一片即成。此酒宜於夏天飲用，有舒暢精神及增進食慾之效。

　　第二種名為「竹葉青咯咯」，是將碎冰塊先置於調酒壺中，再加入八十五毫升竹葉青及三十毫升味美思酒，用力搖勻，注入雞尾酒杯內。接著用手將檸檬皮搓出苦香油，然後連皮擺在酒裡。此酒味香色美，四季飲用咸宜。

　　本酒接連在一九六三年、一九七九年及一九八四年的中國第二、三、四屆評酒會上榮膺國家優質酒稱號及金質獎章。一九八四年，亦獲輕工業部酒類大賽金杯獎。此後，則鷹揚寰宇，載譽海外。先於一九八七年，在法國杜爾布舉行的國際酒展覽會上獲致金獎；續於一九九○年，榮獲法國巴黎第十四屆國際食品博覽會金獎。現已遠銷至五大洲，以東亞及歐洲兩地最為暢銷。

酒名：蓮花白酒
產地：北京
特質：酒液清澈透明，藥
香芬芳諧調。

蓮花白酒
酒中之冠慈禧愛

【來源】

在中國，採蓮花釀酒的歷史可上溯
至唐代的「摘蓮花製碧芳酒」，元人
《墨娥水錄》所載的「造蓮花白酒法」，
則是目前所見最早的蓮花白酒之釀法。
不過，明人《長安客話》中的「荷花
酒」，謂「折取碧筒一以酌」，是用蓮花
莖作吸管啜酒，和以蓮花釀製的酒品無
關。然而，明末四大書家之一的邢侗，
善釀蓮花白酒，「此麴真用白蓮花漿合
成，清芬頗饒舌、鼻間。」（詳見《明
文海》）。

至於流行於宮廷的蓮花白酒，其起
源有二：一說為明神宗萬曆年間（一五
七三至一六一九年），一說則為創於一
七九〇年前後，今以後者為通說，事與
慈禧太后或清帝有關。

《清稗類鈔》云：「瀛台種荷萬

柄，青盤翠蓋，一望無涯。孝欽每令小閹採其蕊，加藥料製爲佳釀，名蓮花白。注入瓷器，上蓋黃雲緞袱，以賞親信大臣。其味清醇，玉液瓊漿，不能過也。」說明了此酒是慈禧命小太監採荷花蕊所製成的珍醪，名噪一時。另一種則是清帝每逢盛夏、攜宮女、太監、臣僚到萬壽山避暑，常於頤和園藕香榭的白蓮池旁設宴。池中的白蓮花，其白花、白莖、白藕，珍貴異常，以其蕊製酒，即是蓮花白酒。

當時，這種御用酒由於數量有限，僅供皇室成員及親信大臣受用。直到清末，與李蓮英相熟的楊姓商人，在北京金山的蘇家坨，開了一家「仁和酒坊」，並從宮中弄出釀酒配方，開始自製經銷各種白酒。其中，又以蓮花白最受歡迎，甚至供應清宮。此乃《清稗類鈔》所說的：「京師酒肆有三種，酒品亦最繁……別有一種藥酒店，則爲燒酒以花蒸成，其品極繁，如玫瑰露蓮花白之屬……凡嗜酒之人，輒頻往。」即可見其盛況一斑了。

自民國建立後，仁和的生計大受影響。經營者甄秀峰爲謀生存，便改弦更張，依四時變化，配製新的酒品，以增加競爭力。因其質量提高，倍受各界矚目，成爲京師第一佳釀。

名作家老舍酷愛此酒，曾多次在著作中提及。唯仁和已改頭換面，竟改成一家飯館。五十年代時，在遜清皇弟溥傑的奔走呼籲下，頗受各界認同。「北京葡萄酒廠」捷足先登，搶先派人到「仁和酒坊」的遺址查訪，找到了當時釀酒的銅鍋，並從附近居民手中弄到酒的配方。此外，爲確認其可靠性，另請中醫研究院的一位老教授對配方作了藥理作用的分析和鑑定。到了一九五九年，該廠終將古老工藝方法和現代釀酒技術相結合，成功地釀製

了豐收牌「蓮花白酒」。

【釀造】

本酒以優質高粱酒爲酒基，加入蓮蕊、黃芪、川芎、肉豆蔻、當歸、五加皮、牛膝、何首烏、砂仁等二十餘味名貴中藥，採用浸泡、蒸煉，入瓷罈密封、經陳釀而成。如能經常飲用，將有滋陰補腎，和胃健脾、舒筋活血、祛風避瘴等功效，實爲一款不可多得的高級保健酒。

【口感與入菜】

蓮花白酒屬植物藥材配製酒，酒度爲49°至50°之間，糖分爲8％。酒液清澈透明，酒香濃郁悅人，藥香芬芳諧調，口感醇厚柔和，回味甘潤悠長。溥傑在品嘗後，樂得讚不絕口，乘興提筆揮毫，寫下：「釀美醇凝露，香幽遠益清。秘方傳禁苑，壽世舊聞名。」的詩句。蓮花白除直接飲用外，亦可製成雞尾酒品嘗，最著者爲「太空星」。其製法爲——取一個鮮橙，在頂部切開圓片備用。然後輕輕挖去橙肉，保持外觀完整。將一百二十毫升蓮花白和六十毫升橙汁倒入其內，蓋上切開的橙頂片，並在其上弄一個三角形小孔，插進一支串上紅櫻桃的吸管，另在大的香檳玻璃杯內放上碎冰，置裝滿調酒的橙殼於其中。

此酒顏色瑰麗，芳香可口，是一種理想的婦女飲料，在ＰＵＢ淺嘗低啜，特別有味道。

本酒在一九六三年的中國第三、四屆評酒會上蟬連國家優質酒稱號及銀質獎章。一九七八年被評爲北京市優質產品。一九八四年除獲國家優質食品銀質獎外，另獲輕工業部酒類大賽金杯獎。從此馳譽神州。但早在一九六二年間，蓮花白即開始遠銷港、澳地區及東南亞諸國，深受海外華僑的喜愛。夙有「酒中之冠」的令譽，適合在冷天享用。

菊花白酒
綠蟻陶情慶延齡

酒名：菊花白酒
產地：北京
特質：酒液透明無色，香
氣融入菊花香和高藥材
香。

【來源】

　　中國飲菊花酒的歷史極久，起先的
目的，是為了長壽，後來才變成節令
酒。晉人葛洪的《西京雜記》便說：
「漢高祖時，宮中九月九日佩茱萸食蓬
餌，飲菊花酒，令人長壽。」到了明思
宗崇禎年間（一六二八至一六四四
年），太監劉若愚在所撰的《明宮史》
上，即有二則與菊花酒有關的記載，分
別是「九月，御前進白菊花。吃迎霜麻
辣兔，菊花酒」、「九日重陽節，駕幸
萬歲山登高，飲菊花酒。」

　　晚清創辦的「仁和酒坊」，為了就
近取用玉泉山水，便開設在海淀。其經
營的酒品，計有菊花白、蓮花白、茵陳
酒、桂花酒、五加皮及玉液金波酒等二
十餘種，均為獨家秘製。大批供應皇
宮，只有少量外傳。自清帝退位後，才

大量轉銷民間，成爲北洋軍閥及文化名流的最愛之一。

　　民國十五年，酒坊被奉軍搗毀，一度關門。再開張後，終因市面蕭條，於日僞時期倒閉。五○年代初，其故舊續在海淀開設「仁和酒店」，生產清宮部分御酒，唯品種甚少。六○年代中期，仁和爲實現公私合營，已全面改觀，變成了飯館，並一直持續經營至今。

　　一九八○年，原仁和酒坊的後人甄富榮爲了發揚民族傳統，獻出菊花白酒的秘方，使事情有了轉機。一九八○年，北京市政府在原房山縣長陽酒廠的基礎上，恢復「仁和」這老字號，改稱「仁和酒廠」，由甄富榮出任副廠長。經過二年的時間及上百次試驗，終於釀成並恢復菊花白酒的生產。使這一古老珍釀重現人間，煥發新彩。歷來菊花白酒的釀法，記述甚夥，最具影響的約有如下四種。首先爲出自《西京雜記》，內云：「菊花舒時，並採莖葉雜黍米釀之，來年九月九日始熟。」其次者爲明代的「乾菊花煎汁，同麴，米釀酒。或加地黃、當歸、枸杞諸藥亦佳。」及《奇效良方》所載的「菊花酒用菊花、生地黃、地骨皮與蒸糯米加細麴同釀。」最後一法，則爲清代時，改用白酒浸漬菊花及藥材釀製，今法採之。

【釀造】

　　該廠的釀製方法係採用精選優質杭白菊爲主，佐以人參、熟地、枸杞、伏苓、沉香等二十多味名貴中藥。經洗淨切片，按秘方稱量，注入自釀的高粱酒中，即入罐密封。先浸泡數日，再進

行高溫蒸餾，加漿調度，加糖陳貯，過濾勾兌等工藝調製而成。

前清帝胄溥傑初品嘗之後，題了「東籬壽世，綠蟻陶情」的讚詞，後更賦詩一首，以詠其事。詩云：「香媲蓮花白，澄鄰竹葉青，菊英誇壽世，藥佐慶延齡。醇肇新風味，方傳舊禁廷。長征攜作伴，躍進莫須停。」給予其極高的評價。

【口感與入菜】

本酒屬植物藥材配製酒，酒度為47°及37°兩種，糖分為8％。酒液透明無色，酒味芳香醇厚，口感柔和甘潤，尾既淨且留香。其香氣融入典型自然的菊花香，和高雅諧調的藥材香。常飲此酒，李時珍謂可「治頭風，明耳目，去痿痺，消百病」、「令人好顏色不老」、「令頭不白」、「輕身耐老延年」。惟據近人研究，它實具有清肝明目，降壓安神，祛風化濕，滋陰補腎等功效。而且其所含的黃酮類可擴張冠狀動脈，防治狹心症。

小酌菊花酒，亦可配美食。《燕北雜記》即云：「遼俗九月九日打圍……射罷於高地處設帳，飲菊花酒，出兔肝、鹿舌，生切，以醬拌食之。」此法雖佳，但難蒐集。如吃些烤羊肉串，沙嗲等佐酒，亦甚妙絕。

菊花白亦可調製成雞尾酒，品目極繁，以「菊花奶露」及「菊花露」最為知名，茲介紹如下：

第一是「菊花奶露」，做法簡易。將一百二十毫升菊花白倒入酒杯內，加二百五十毫升冷藏鮮奶攪勻，表面撒上少許豆蔻粉即成。此酒營養豐富，酒氣撲鼻，四時俱宜。婦女們如常飲，必有

養顏潤肺之效。

　　第二是「菊花露」，先將碎冰塊放入調酒壺內，注入一百二十毫升菊花白，一個雞蛋清及一湯匙鮮檸檬汁，用力搖勻至起泡為止。再倒入闊口矮型的玻璃杯內，並以櫻桃放在酒裡作點綴之用。此酒味道濃郁，酒體豐厚飽滿，最宜在夏、秋兩季享用。

　　菊花白於一九八三年甫推出，即獲國家經濟委員會頒發的優質新產品金龍獎，一九八四年被評為北京市優質產品並獲輕工業部銅杯獎，一九八五年則獲農牧漁業部優質產品稱號。五年後，又被該部評為首批「綠色食品」，名頭甚響。現暢銷於神州各地和新加坡、馬來西亞等東南亞國家，深受國內外消費者的歡迎。

青梅煮酒
使君與操論英雄

酒名：青梅煮酒
產地：河北沙城
特質：酒液色澤翠綠，藥
香、酒香諧調，酒質細膩
純正。

【來源】

　　沙城的佳釀中，除了聞名大江南北
的「沙酒」（今龍潭大麴的前身）外，
以「青梅煮酒」最為世所稱。約當清中
葉時，沙城一帶「燒鍋興旺，缸房林
立」，僅沙城鎮內，便有五十多個。其
中，以「玉誠明雜貨莊」的規模最大，
品質最佳。其酒品甚至以駝隊遠銷至蒙
古庫倫，獲利之豐，令人眼紅。

　　此篇要介紹的酒，即是玉誠明的佳
釀。李培適在《京張話舊》一文中，指
出：「沙城是一大鎮，該地有城市三
座，商業甚盛，產酒有名。『玉誠明』
的青梅煮酒，曾獲巴黎世界博覽會二等
金牌獎。」文中並有按語云：「青梅煮
酒，事實上是青梅酒和煮酒兩種酒
名。」

　　據王懷忍《記沙城酒》一文上說：

「抗戰勝利後，我隨部隊進駐懷來以西的土木堡，不時四出游擊共軍。土木堡西有沙城，沙城有美酒。我固嗜杯中物，乃約同僚至酒店小酌，店夥出酒一瓶，色澤綠，清澈如水晶，一杯入口，芳洌無比，詢酒名。答稱『青梅』。吾憶《三國志》有『青梅煮酒論英雄』故事，向自揣爲以青梅釀酒或對青梅煮酒之謂，不意酒中果有『青梅』，竟於此地遇之；因問店夥，此酒是否需煮後飲；以符青梅煮酒之意。彼笑稱：「本店除『青梅』外，別有『煮酒』，不妨一試。」隨出橘色酒一瓶，標名『煮酒』，我睹此自慚識淺，始知『青梅煮酒』乃二酒名，向爲沙城特產，且釀自一家。邊飲，捫壺與酒家談。據云『青梅』、『煮酒』，俱高粱麥麴所燒，盡沙城僅此一鍋，別無二家。『青梅』清而淡，芬芳清洌；『煮酒』沉而濁，溫馨醇厚，釀時摻有參、桂諸名藥，飲之，有滋補之功。」

此外，一九一七年的《直隸省商品陳列館第一次實業調查記》，便記載著：宣統年間（一九〇九至一九一一年）「懷來縣沙城該地產酒二種，向有名譽。一爲煮酒，此酒頗能行銷京津」。而一九二九年原河北省工商廳將「懷來煮酒」，列爲河北省名產。據以上的資料，我們可以斷定，青梅、煮酒，原是兩種酒品，全爲「玉誠明」釀製，煮酒之名氣，較青梅尤大。

一九四九年時，中共當局集中境內私人缸房，建立國營「沙城酒廠」。除續釀沙酒外，亦釀有煮酒。一九五二年，另成立「察哈爾專賣公司露酒廠」，專營煮酒。後察省撤銷，「煮酒」部門併入「宣化酒廠」，繼續生產。惟幾經變易，人員流動，配方失傳，致酒質日下，銷路不暢，乃被迫停產。一九五六年時，沙城酒廠

走訪老技師後，挖掘出傳統秘方，恢復此酒生產，質量日臻完善，為求打響名號，竟來個二合一，稱為「青梅煮酒」。一九八一年酒廠擴建為「張家口地區長城釀酒公司」，其原先出產的青梅煮酒，又名之為「龍潭補酒」。

【釀造】

本酒後以龍潭大麴為酒基，加入青梅、藿香、豆蔻、茵陳、當歸、川芎、桂圓、檀香及藏紅花等十二味中草藥浸泡，再摻雜共煮，經調兌、過濾、陳貯、配製後，再過濾裝瓶出廠。

【口感與入菜】

青梅煮酒屬植物藥材配製酒，酒度為35°，糖分為18%。酒液色澤翠綠，藥香、酒香諧調，酒香芬芳宜人，酒質細膩純正，入口甜美醇厚，確為露酒珍品、具有培元固本、補虛益氣及通神益智的功效。如能適量久飲，對強健體魄等，有莫大的助益。

品嘗青梅煮酒，可效三國故事，「盤置青梅，一樽煮酒。二人對座，開懷暢飲。」惟此閒情逸後，等閒不易獲致。我覺得此酒甚宜當利口酒喝，在吃飽晚飯後，三數人把酒言歡、邊聊邊吃小菜、點心。人生快意事，實無過於此。

金波酒
盈不溢杯古釀精

酒名：金波酒
產地：山東濟寧
特質：酒液色澤金黃，望
之清澈透明。

【來源】

　　金波酒是中國酒史上極重要的一
支。其釀製方法，應始於宋代。在張
能臣的《酒名記》中，即記載了當時
天下著名的金波酒。如「戚里李和
父，駙馬（郭）獻卿金波」、「河間
府金波」、「明州金波」、「代州金
波」、「邢州沙醅、金波」、「合州金
波」、「洪州雙泉義金波」等。可見
釀製此酒的地區極為廣泛，且不限於
賣酒人家。

　　清初在今山東省濟寧市建成的
「玉堂醬園」，於乾隆二十年（一七五
五年）投產金波酒，以其品質卓越，
成為清代名酒。李汝珍在《鏡花緣》
一書，所談及的五十五種天下名酒當
中，「濟寧金波酒」，即是其一，足
見名不虛傳。一九八一年時，「玉堂

醬園」易名爲「玉堂釀造總廠」，沿襲傳統工藝，繼續生產此酒。

【釀造】

金波酒選用上等高粱爲原料，以大麥、豌豆製成的大麴爲糖化醱酵劑，按傳統方法，先釀出優質的高粱酒爲酒基。再配入檀香、沉香、鬱金、蔻仁、枸杞、梔子、當歸、白芷、官桂、地黃、廣皮等十數種名貴中藥材、外加桔餅、冰糖等物，經浸泡、精煉、陳釀勾兌等工序，精心釀製而成。

【口感與入榮】

金波酒屬植物藥材配製酒，酒度爲29°，糖分爲9%。酒液色澤金黃，望之清澈透明，酒體醇和質厚，酒香、藥香諧調，芬芳濃郁持久，入口甘潤舒適，餘香綿延悠長。適量常飲之後，具有行氣活血、追風祛濕、健脾解瘟、強壯筋骨和滋陰補腎等功效。

步入民國以後，金波酒盛名不衰。一九一五年先在北京舉辦的國貨展覽會上獲二等獎，後於美國舊金山所舉辦巴拿馬萬國博覽會上，勇奪金牌獎。一九三一年，又在山東省國貨陳列館獲優等獎。江山易主後，一九六三年，被評爲山東省優質酒。一九八〇年，再被評爲山東省優質產品。現今除暢銷神州大陸外，亦出口至日本及東南亞諸國。

園林青
集色香味成一格

酒名：園林青
產地：湖北潛江
特質：酒液金黃透明，酒
體醇和綿柔，藥香、酒香
融和。

【來源】

　　湖北省潛江市自古以來，即隸荊州管轄，亦屬江陵府。境內物產豐富，水草茂盛，夙有「水鄉園林」之譽。《漢書·地理志》即謂這一帶「有江漢川澤山林之饒」，「民食魚富」，釀酒的歷史甚久。依據《潛江縣志》的記載，早在東漢獻帝建安十六年（二一〇年），當地居民便用「孔明泉」的水來釀酒。此泉為諸葛亮屯兵於此所挖掘，泉水清冽甘美，終年不竭，宜於釀製酒品。故晉、唐、宋各朝，這兒均產美酒，馳名遠近。

　　由於民間釀酒之風興盛，再配合著各種節令結社之俗，釀酒業遂極度繁榮，好酒美不勝收。《湖北通志》稱，荊州「民相率以重陽日造酒為最

佳，謂之重陽酒。臘月造者爲臘酒，春月造者爲春酒，又有以社日造者」。即對此現象做了一些著墨。而美酒向與文士結下不解之緣，傳世之詩句不絕，如「修爵瀉醳醽，絲竹禁勿奏」、「對此經須賞醇酒」、「雙柑斗酒臥斜陽」、「相逢舊好酒須醇」。其中，最爲人所傳頌的，爲清邑侯王又旦之詩，詩云：「鄖南園林君家好，繞屋千株皆十圍，直須多沽市上酒，酩酊日日款君扉。」詩中的「鄖南」，即指今日「園林青酒廠」所在的園林鎮及楡潭城一帶。

　　二十世紀六〇年代初，中共當局在舊酒坊的基礎上，建成「潛江縣國營酒廠」。生產清香型「孔明泉大麴酒」。七〇年代初，該廠有意突破現狀，經不斷的試驗及品評後，終於在一九七四年研發出「融酒、藥、糖爲一體，集色、香、味成一格」的天下名酒——園林青。一九八四年時，爲打響知名度及利於行銷，易廠名爲「園林青酒廠」。

【釀造】

　　本酒以該廠自製的清香型孔明泉大麴酒爲酒基，配入竹葉、丁香、砂仁、當歸、檀香等十二味名貴中藥材和冰糖釀製而成。具有健胃強身、補氣活血、滋肝潤肺等功效，如能適量常飲，對身體助益甚大、可以袪病延年。

【口感與入菜】

　　園林青屬植物藥材配製酒，酒度爲39°，糖分爲0.7％，總酸

爲0.03％。酒液金黃透明，酒體醇和綿柔，藥香、酒香融和，諸味諧調適口，回味芳香悠長。讚譽之詩詞不斷，如劇作家曹禺云：「萬里故鄉酒，美哉園林青。」秦含章教授詩云：「楚天有酒園林青，鄂地無垠潛水汀；開胃消化常兩用，色香味美自成型。」而釀酒專家周恆剛所寫的對子，則是「園林郁金，香籠園林」。

　　流觴是中國古代園林史上的創舉，也是騷人墨客流連忘返的樂事，歷代都很風行，而且樂此不疲。明詩人張維新，曾在「秦微園」參加流觴，有絕句一首，以紀其盛事，詩云：「誰引流泉曲曲工，隨波泛酒永和同。詩客苦吟敲夜月，花仙無語嘆春風。」將當日園林中的流觴情景，描繪得真切而具體。事實上，人在園林中相聚暢飲，於微醺之際，呈現在矇矓醉眼中的園林，恍惚迷濛，頗有置身人間天上、仙台瓊閣之感。殊不知此正是園林青酒最誘人之處。故野外餐宴時，把此酒以言歡，必是人生樂事，能將快樂發揮到淋漓盡致。

　　園林青一經釀成，即獲一九七九年湖北省科技創新產品獎，成爲酒林新寵。先於一九八○年、一九八四年和一九八八年三度被評爲湖北省優質產品，一九八四年以後，開始馳名海內外，同年即獲輕工業部酒類大賽銀杯獎。一九八五年時，在中國第四屆評酒會上，榮獲國家優質酒稱號及金質獎章。一九九○則獲輕工業部優質產品稱號，最後於一九九二年榮獲香港國際食品博覽會金獎。現已奠定其強勢地位、廣被各方看好。目前除神州各大城市外，亦流行於東南亞諸國，銷路正直線上升中。

廣州五加皮酒
四海爭沽永利威

酒名：廣州五加皮酒
產地：廣東廣州
特質：酒液呈褐紅色，澄清而且透明，入口酥滑甘綿。

【來源】

五加皮酒是中國源遠流長的滋補藥酒，老早就被列入帝王的御酒之列。據《神農本草經》上的記載：東周之時，「魯定公母，單服五加皮酒，以致不死。」而元人忽思慧的《飲膳正要》一書裡，亦有元朝宮廷用「五加皮酒」作為御用佳釀的記載。明、清以後，該酒大行於嶺南，現在依然如此。

「永利威酒莊」始設於香港永樂街，距今已有百餘年的歷史。因其「方選精良，料求道地，用能色香味三者皆佳，四海爭沽」，致「僞冒日多」，故其商標「由清末帝宣統二年（一九一〇年），改用石印加上花邊。民國二年（一九一三年），再改雙鶴火印標識，以杜假冒」。可見其產品精良，廣受各界好評。一九一四年時，另在廣州建立

「永利威酒廠」，並於一九一六年投產。其間一度易名爲「廣州製酒廠」。現仍沿用原廠名，產品則稱爲「雙鶴廣州五加皮酒」。

【釀造】

本酒用上等的白酒做酒基，以五加皮爲主，另配以川木瓜、當歸、丁香、豆蔻、薄荷、川芎、砂仁及香根草等三十餘味中藥材，經浸泡、配製、配色等工序而釀成。該廠除五加皮以外，亦釀製玫瑰露，均爲上乘佳釀。

【口感與入菜】

廣州五加皮酒屬植物藥材配製酒，酒度爲40°，糖分爲6%。酒液呈褐紅色，澄清而且透明。酒香豐富濃郁、酒體厚實掛杯，入口酥滑甘綿，風味自成一格。用來充當中藥的藥引子，效果相當不錯。如果適量常飲，有祛風濕、行氣血、舒筋絡、健脾胃等療效。品嘗五加皮，本應斟小杯，徐嚥慢慢享。但其在港、澳地區打的廣告則是「一壺永利威，半隻燒油雞」。能用油雞來配固佳，但以叉燒、燒肉、燒鴨、燒鵝或臘腸等來配亦無不可。

我曾在台北市永康街的「東生陽」小館用餐時，與食友同嘗紅燒大黃魚、腐乳肉及砂鍋土雞等該店拿手菜，取「廣州五加皮酒」暢飲。旨酒甜而佳肴美，頻頻大呼過癮，雖已事隔多年，至今仍難忘懷。本酒允稱五加皮系列的上上品，所獲獎牌亦多。曾於一九六三年及一九七九年的中國評酒會上，榮獲國家優質酒稱

號及銀質獎章。且在一九八四年榮獲輕工業部酒類大賽銀杯獎。
早在清末民初，便已遠銷美洲及南洋各國。現在的情況未變，除
內銷外，出口仍以美洲各地及東南亞各國為大宗。

府釀酒
飛觴共醉上方遙

酒名：府釀酒
產地：北京
特質：酒液澄清透明，色
澤晶瑩悅目，入口甘甜平
順。

【來源】

府釀酒原名「香白酒」，向與蓮花白酒、菊花白酒齊名，俗稱「京師三白酒」。

慶親王府有二處，老府在前海西路北，起先是一等忠襄伯和珅府，自嘉慶帝抄其家後，將其一半賜給固倫公主，另一半則賜予永璘（後封慶親王）。新府的前身爲琦善府，在奕劻時，改建爲王府體制。奕劻爲永璘之孫，活躍於晚清政壇，擔任過總理大臣，在德宗二十一年（一八九五年）晉爲慶親王，是清朝第十二家，也是最後一家「鐵帽子王」。他因賣官鬻爵，「北京大小官員，無不奔走其門府」，被人譏爲「老慶記公司」。其府中的珍釀緣自前明的「佛香碧」，係用佛手柑製成，始飲香烈奇絕，但因

不耐久藏，自然非同小可。滿朝公卿文武，皆以得飲爲榮，群呼爲「府釀酒」。

據《晚清宮廷生活見聞》一書指出，慶王府「每年秋季要泡製一批香白酒。泡製的手續是：在大紹興酒罈內放最好白乾酒五十斤，外加香圓果三斤、佛手果三斤、木瓜果三斤、廣柑三斤、茵陳草一斤、綠豆三斤、冰糖五斤，密封後寫上年月，然後入庫。每年照例配製一批入庫，依照年次取出飲用。」惟此秘方經披露後，竟一直乏人問津。

一九八○年時，在商業部有關人士的促成下，北京通縣製酒廠乃根據此一香白酒秘方，並參考相關資料，將秘方和現代釀製科技結合，歷經四年努力，終於在一九八四年正式投產「府慶牌府釀酒」。

【釀造】

本酒以優質高粱酒爲酒基，佛手柑爲主，再輔以木瓜、廣柑、茵陳、綠豆等，按一定比例，採用浸漬、蒸餾、陳釀、勾兌等工序而釀成。是一款可令人清心固本的上乘佳釀。如能適量常飲，既有降濁清肺之效，並有養元補氣之功。

【口感與入菜】

府釀酒乃植物藥材配製酒，酒度爲40°至45°，糖分爲8%，總酸爲0.2至0.4%之間。酒液澄清透明，色澤晶瑩悅目，酒體醇和

綿柔，入口甘甜平順，回味餘香悠長。香氣則果香、藥香與酒香融爲一體，彼此香氣諧調，洋溢佛手芳香。遜清皇帝溥儀先行試飲，對其評價極高，許爲酒中珍品，即興賦詩一首，詩云：「昔時王謝珍家釀，輾轉流傳歷百年，仿膳品嘗當日味，飛觴共醉上方遙。」

在品嘗府釀酒時，獨酌滋補固佳，搭配涼菜亦妙。像用羊羔、三皮絲、醬肘子、芥末海參、蘇造肉、水晶丸子、燒雞、火燻豬肚之類下酒，能使酒菜增色，提升品味層次。如再有些現炒的腰果、榛仁、核桃等佐飲，尤爲一大享受，令人好生難忘。

本酒上市甚遲，故無赫赫之名，較不爲人所知，行銷範圍有限。雖未披金戴銀，但知味識味之士常買，欲打破此窘境，實有賴廠方大力推廣。諸君欲享廉價旨酒，此即其中之一。

特質紅人參酒、神草猴頭酒

春城雙璧保健佳

酒名：特質紅人參酒、神草猴頭酒
產地：吉林長春
特質：特質紅人參酒--酒液呈棕紅色，參香、酒香怡人。
神草猴頭酒--酒液呈金黃色，香氣優雅清新，酒體醇厚純正。

【來源】

長春市在清代中葉始有釀酒業，但其發展至為迅速，到了清末時，已是吉林省兩大產酒區之一。據《吉林通志》上的記載，「光緒十七年（一九八一年）長春燒鍋稅票一百五十張，歲課達三萬兩。」另依《長春縣志》的說法，其釀酒業亦分「白酒、黃酒、雜酒」三種作坊。

在釀製燒酒方面，一九一五年時，以「洪發源燒鍋」所釀製的燒酒最佳，遠近馳名，但一九三二年建成的「積德泉燒鍋」，品質更為精良，遂成後起之秀，立刻取而代之。一九四○年前後，長春市計有「燒鍋四戶，酒局子七戶」，每歲輸出三百萬斤燒酒。此後，當地政府在「積德泉燒鍋」的基礎上，建成今「長春市釀酒總廠」。以釀製積

德泉大麴、特製老酒及清酒著稱。另，自行設立的「春城釀酒公司」，則以配製酒見長，今已蜚聲國際。

「春城釀酒公司」不但是酒林新秀，而且是強勢登場，後勁十足。其於一九八一年投產的「特質紅人參酒」及一九八六年推出的「神草猴頭酒」，均廣受消費者歡迎，此一程度，就如同那龍捲風般，席捲國內、外市場。

【釀造】

特質紅人參酒係將上等人參加工成紅人參，再配上多種名貴滋補藥材；至於神草猴頭酒，則是以猴頭菇爲主，另輔以人參等。兩者又以優質高粱酒爲酒基，其配製工藝，完全是循傳統的方式，再經配料、浸泡、兌製、陳釀、過濾等工序，精釀而成。

【口感與入菜】

特質紅人參酒屬植物藥材配製酒，酒度爲38°，糖分爲6％，總酸爲小於0.2％。酒液呈棕紅色，參香、酒香怡人，酒質純正柔和，酒味醇和怡人。如能適量久飲，具有強筋健骨、振奮精神、補氣養血、益智寧神之效益。

神草猴頭酒亦屬植物藥材配製酒，酒度爲36°，糖分爲6％，總酸爲小於0.2％。酒液呈金黃色，香氣優雅清新，酒體醇厚純正，口感柔和爽適，餘香回味悠長。經常適量飲用，必收益智安神、消積開胃、活血養氣之功，且能促進人體代謝，有益身心健

康。

不過這兩款配製酒的精品，全以保健滋補見長，實不宜在用餐時劇飲，亦不宜用菜餚佐飲，最好是「自斟自飲自開懷」，「爽得自家君莫管」。

特質紅人參酒曾於一九八一年，被吉林省和有關部門評爲優秀新產品，又經中國精油進出口公司批准，被列爲高檔出口酒。接著先在一九八五年獲商業部優質產品銀爵獎。一九八九年更上層樓，進一步獲金爵獎。目前除暢銷國內各地外，且是出口的搶手貨，銷售網遍及日本、歐美及東南亞各國。

神草猴頭酒則於一九八七年被評爲吉林省優質品，非但暢銷大江南北，而且遠銷至新加坡、美國及加拿大等國家。

三游春

酒香誘來千里客

酒名：三游春
產地：湖北宜昌
特質：酒液清亮透明，色
澤自然艷美。

【來源】

湖北省宜昌市古稱夷陵、峽州，地處長江三峽的西陵峽口。釀酒史可追溯至唐朝時，當時即有佳釀出品。如夷陵女子所賦的《夷陵歌》即云：「明月清風，良宵會同。星河易翻，歡娛不終，綠樽翠杓，爲君斟酌。今夕不飲，何時歡樂？」杜甫亦有詩云：「白髮須多酒，明星惜此筵。始知之兩峽，忽盡下牢邊。」

宋神宗熙寧年間（一〇六八至一〇八五年），此地的酒課爲「一萬貫以下」，雖是個袖珍型的小酒區；但《酒名記》中，已載有這裡的名酒，稱「峽州重麋至喜泉」。又，西陵峽口的峭壁間有一天然岩洞，洞下潺潺江水，一望無際；洞旁飛瀑直懸，終年不斷。洞外高嵐深谷，山明水秀；

洞內則石壁皺褶起伏，形態千變萬化，或如獸奔蛇舞，或如驚濤流雲，綺麗而且多姿，極盡變幻能事。歷來即是遊覽勝地，各地游人絡繹不絕。

唐憲宗元和十四年（八一九年），白居易、元稹和白行簡三人到此尋幽攬勝，賦詩抒懷，因白居易撰《三游洞序》，故以此為名。宋仁宗慶曆年間（一○四一至一○四八年），三蘇父子（蘇洵、蘇軾、蘇轍）亦前來此洞遊玩，人稱「後三游」。又因歷代文士名流到此一遊，總要開懷暢飲，作字題詩，故酒廠便將這款精釀，稱之為「三游春」。

一九五四年時，地方政府建成「宜昌市七一酒廠」，從事白酒出產，一九七四年時，再投產的「三游春」，並在一九八○易名為「宜昌市酒廠」。

【釀造】

三游春以多種穀物為原料，用廠中自釀的白酒做酒基，另，添入當地特產的「芳香葉」和冰糖等配製調味，再經陳釀製成。

【口感與入菜】

三游春屬半植物藥材配製酒，酒度為36°到39°之間，糖分為7%。酒液清亮透明，色澤自然艷美；有股特殊芳香，聞之優雅怡人，入口醇厚綿甜，具有「醇、柔、濃、香」四大特點。有詩讚道：「石壁琢玉壺，長壩勸酒留；誘來千里客，香隨大江流。」

如能適量長飲，有舒筋活血，明目潤肺的功效。

三游春曾在一九八七年被評爲湖北省優質產品。我前得暢飲一回，至今仍引頸企盼，冀再品享此佳釀。猶記上回是在故人家，我攜此甘醴來。他親炙魚露沙拉、梅子蒸魚、無錫排骨、三鮮水餃等肴點。菜好酒香，格外對味，雖已事隔十年，至今記憶猶新，每念及此，不覺涎垂。

菖蒲酒
歷代曾聞列御膳

【來源】

　　中國最早飲菖蒲酒的事例，發生在唐僖宗光啟年間（八八五至八八八年）。其後，或謂其能「避邪除瘟」，逐漸在民間流傳。因而歷代的文獻中，多記有其配方及服法。像唐代的《千金翼方》、《外台秘要》，宋代的《太平聖惠方》，後人纂集的《元稗類鈔》，明代的《本草綱目》、《普濟方》，民國徐珂編成的《清稗類鈔》等，皆有記載。

　　菖蒲酒可說是一種時令酒品，因古人常選在炎熱的端午節時飲用，後來相沿成習，變為一種風俗。民間固然如此，宮廷也是這樣，自然便成為御膳的時令香醪。在劉若愚的《酌中志・明宮史》中，即有「宮眷內臣……初五午時，飲硃砂、雄黃、菖蒲酒」。的記載。清襲明制，每年端陽節時，「君臣

痴酒 437

痛飲菖蒲酒」，形成一股風氣，至清亡而後止。

　　建於一九八五年的山西省「垣曲酒廠」，為了發揚固有文化，乃組成菖蒲酒研製小組，先以往昔民間燒鍋釀造的秘方為基礎，再結合搜得的歷代文獻，經過一番遴選過濾，揚其長而去其短，含英咀華，發其精蘊。終於在數年的努力後，試製成功。上市時，用「菖蒲牌」及「中條山牌」為註冊商標。

　　垣曲酒廠得釀此酒，實有此優越條件。它位於歷山腳下，其山巔的「舜王坪」產有名貴的安神藥材「九節菖蒲」；其旁則有清澈甘美的「舜王泉水」，可供做釀造用水。得天獨厚，坐享其成。

【釀造】

　　本酒選用當地優質高粱為原料，以大麥及豌豆合製而成的大麴為糖化醱酵劑，經傳統的地缸醱酵工藝所釀製而成的70°優質大麴酒作酒基。先添入九節菖蒲，再輔以黨參、當歸、天麻、黃麴、阿膠、砂仁、沉香等十餘味中草藥，經過浸漬、沉澱、密封、陳貯、過濾、檢驗等工序後，精心釀製而成。

【口感與入菜】

　　菖蒲酒屬植物藥材配製酒，酒度為45°及37°兩種，糖分為9到10％。酒液澄黃帶翠，色澤清亮晶明；藥香、酒香諧調，嗅來清馨怡人，入口香甜不膩，而且辣不嗆喉；飲罷神清氣爽。如能

適量常飲，頗有通脈活血、安神解毒、耳聰目明及開胸順氣之功。遜清皇弟溥傑飲罷，即賦《菖蒲酒頌》，其詞云：「名釀溯源肇炎漢，歷代曾聞列御膳。瓊漿玉液慶延齡，盈帙連牘見經傳。」

品嘗菖蒲酒，少不得粽子；肇慶的裹蒸粽雖過癮，但湖州的鹹肉粽尤宜搭配，在腴軟之中，呷香甜甘醴，兩相烘托，令人心怡。炎夏嘗之，暑氣頓消。

本酒乃晉省佳釀，接連在一九八○、八四及八八年這三屆的山西省評酒會上，全被評為山西省優質產品。另在一九八一年的廣州秋季商品交易會上，以其品質精良，深具地方特色，博得外商好評，訂單雪片飛來。從此，其出口量逐年上升，現正暢銷於東南亞各國。

綠豆燒酒
味亦佳美源祥鳳

酒名：綠豆燒酒
產地：江蘇新沂
特質：酒液色澤淺綠，酒香藥香調和。

【來源】

　　江蘇省新沂縣窯灣鎮釀製綠豆燒酒的歷史，約有三百年之久。相傳當年有一老農，家貧而嗜酒，便自行釀製，因怕人偷喝，便將儲酒之甕藏於牆壁的夾縫中，但其酒品精美，飲後怡人心神，有幸得飲之人，便呼其為「夾縫酒」或「牆縫酒」。惟自其成名後，嫌其名稱不雅，乃直接取諧音，叫它做「祥鳳酒」。

　　祥鳳酒流行後，蘇北立刻仿製，從徐州到東海，無一不是產業，俗稱其為「綠豆酒」。據一九三四年第三屆鐵路展覽隴海館專刊上的記載：「又本路沿線徐州、運河均產有綠豆酒，係用綠豆釀成，味亦佳美，行銷江北一帶，數量頗鉅，皆不可多得之出品也。」

一九五二年時，當地政府在舊糟坊的基礎上，成立「新沂縣釀酒廠」。沿襲傳統工藝，繼承投產此酒。及至一九八七年，廠方將專生產綠豆燒酒的車間，獨立門戶，稱「窯灣綠豆燒酒廠」。

【釀造】

綠豆燒酒選用優質高粱、綠豆爲原料，配以紅參、三七、當歸、沉香、神麴等五十餘種中藥材，兌以白糖、冰糖、浸漬入大麴酒內，經精心配製而成。

【口感與入菜】

綠豆燒屬植物藥材配製酒。酒液色澤淺綠，酒香藥香調和，酒體濃厚豐滿，入口甘潤醇美，營養價值極高。適量常飲此酒，可收益氣強身，健胃補腎及祛濕舒筋之功。

基本上，綠豆燒酒只要獨酌適飲，即得其補益及風味，如欲搭配菜餚，可用原汁狗肉、白斬雞、蒜泥白肉、豬下水黑白切等口味佐之。

本酒於一九八五年被評爲江蘇省優質產品。

狀元紅、中國養生酒
中原補酒福源長

酒名：狀元紅、中國養生
酒
產地：狀元紅--上蔡縣、中
國養生酒--河南西峽
特質：狀元紅--酒液色呈紅
色，藥香濃郁強烈，酒質
醇厚有勁。
中國養生酒--酒液紅褐晶
亮，藥香、酒香諧調，酒
質醇綿適中。

【來源】

河南有兩款保健佳釀，其一爲狀
元紅酒，另一爲中國養生酒；雖酒廠
不同，酒名亦不同，但其註冊商標卻
都是「松鶴牌」，可謂趣事一樁。

狀元紅酒來自上蔡縣，此地古屬
蔡州，唐代已有酒業。宋代釀酒業更
加發達。神宗熙寧年間（一〇六八至
一〇八五年）的酒課，達「五萬貫以
上」，且以「銀光、香桂」諸酒品著
稱。清代酒坊多釀「燒酒、黃酒」，
民間則有「飲菊花酒、雄黃酒」之風
俗。

據《上蔡縣志》上的記載，清聖
祖康熙年間（一六六二至一七七二
年），「福源長酒店」自一道人手中
獲致「狀元紅酒」秘方，乃釀製並銷
售，流行豫南一帶。一九五六年時，

當地政府在「福源長酒店」等作坊的基礎上，改建成「上蔡縣食品加工廠」；一九七〇年易名爲「上蔡酒廠」，沿襲傳統工藝，開始生產此酒。一九八四年爲配合行銷，將廠與酒同名，易名爲「狀元紅酒廠」。

而中國養生酒則始於唐朝，據說玄宗李隆基常飲此佳釀，特稱爲「長生酒」。在民間流傳千年後，以西峽縣的中國養生酒，最能得其眞髓。

西峽縣是由內鄉縣析置，古屬鄭州，唐代即有酒業，詩人李白、賈島等在此賞花縱飲後，也有醉吟詩篇。佳句如李白的「縱酒無休歇，泛此黃金花」；賈島的「寒衝陂水霧，醉下菊花山」等。宋神宗熙寧年間（一〇六八至一〇八五年）的酒課已和蔡州一樣，皆爲「五萬貫以上」，酒品則以「香泉、寒泉」著稱。明、清兩代，其釀酒業仍盛，善釀「燒酒、果酒」。而在一九三六年所建成的「豫大葡萄酒公司」，專釀葡萄酒。一九五七年易名爲「西峽縣果酒廠」，爲能多方經營，乃於一九七二年投產此酒，再創業績高峰。

【釀造】

狀元紅選用黑龍潭水釀製成的陳年大麴酒爲酒基，按古傳秘方，浸以杜仲、沉香、牛膝、紫蔻、當歸等十七味中藥，配以紅麴醱酵，調入冰糖漿液，經過濾、陳釀等工序而成。

中國養生酒則以優質麴酒爲酒基，汲引慈梅寺五眼泉之水爲釀造用水，將紅花、肉桂、牛膝、蝮蛇、丁香、杜仲、枸杞、北

芪、淫羊藿、肉蓯蓉及山茱萸等二十餘種中藥材，在浸泡後，經過濾、澄清調兌、陳釀等工序而製成。

【口感與入菜】

狀元紅酒屬植物藥材配製酒，酒度為38°，糖分為6％。酒液色呈紅色，藥香濃郁強烈，酒質醇厚有勁、入口微甘爽飆，稍具有利喉感，回味餘香悠長。如能長期飲用，具有補中固本、活血益氣，健脾壯胃等功效。

養生酒則屬動物藥材配製酒，酒度為14°到15°之間，糖分為24％到25％間。酒液紅褐晶亮，藥香、酒香諧調，酒質醇綿適中，入口濃甜柔和，餘香回味持久。適時適量長飲，能收培元固本、健腦補腎、強健體魄之功，且對神經衰弱、驚悸健忘、未老先衰、脾虛腎虧、腰酸膝痛等有輔助療效。狀元紅酒與中國養生酒，因有強身健體之功效，只是針對的症狀不同，諸君可依所需，自行對症酌飲。

狀元紅曾於一九八五年被評為河南省優質產品，現主銷華北地區，並出口至日、韓及東南亞諸國。所到之處，有口皆碑。

中國養生酒亦曾於一九八五年被評為河南省優質產品，因其效果良好，故廣受歡迎，現已遠銷至歐、亞、美等數十國。

貴州天麻酒、貴州杜仲酒

滇省雙驕出安順

酒名：貴州天麻酒、貴州
杜仲酒
產地：貴州安順
特質：貴州天麻酒--酒色棕
紅透亮，入口甘香綿軟。
貴州杜仲酒--酒色棕紅透
亮，酒香優雅諧調，酒質
豐滿醇和。

【來源】

安順是座歷史古城，四季如春，地
靈人傑，爲前貴州省政府主席谷正倫
（按：谷氏三兄弟，均是國民黨要人）
的老家。四周瀑布縱橫，湧泉遍佈，井
水清亮見底，晶瑩無塵，極適宜釀酒。
依一九六五年本地區出土的飲酒器推
定，早在漢代，即在此釀有美酒，根據
史料記載，夜郎人常持醊聚飲。到了元
朝時，安順盛產米酒，並有「九月九
日，是日造酒味佳，終年不淡」的傳
統。此後，釀酒業雖稱發達，充其量只
是些應景品，質量不高，名號不響。

二○年代初，出身自六代中醫世
家，手上擁有祖傳製麴秘方的周紹成遷
入安順後，認爲當地風土水質皆宜，能
夠製造一等佳釀，便從一九三○開始建
灶挖窖，合成百味散麴，引用雙眼井軟

水試製釀酒。經過十年的努力，終於創出風味獨特的醬香窖酒，隨即於一九四○年開設「醉群芳酒坊」，以「周茅」上市。此酒一經推出，立刻遠近馳名，響徹了大後方，無奈時局不佳，未能永續經營。

一九五一年時，當地政府在「醉群芳」舊有的基礎上投資擴建，易名爲「安順市酒廠」。一九五三年起，恢復「周茅」生產，初以「安茅」命名，最後定爲「安酒」。

酒廠成立之初，由於藥材短缺，導致無法量產。廠方爲謀出路，只好放棄原有的醬香製法，另學新式的濃香製法因應。不意改弦更張，反而廣獲好評，竟成出口大宗，訂單源源不斷。又，廠方爲了加強競爭力，遂在一九七四年根據古代秘方，陸續投產「貴州天麻酒」及「貴州杜仲酒」。

【釀造】

貴州天麻酒用貴州特產的天麻爲主料，以丁香、大棗、伏苓、枸杞等中藥材爲輔料，經切片、粉碎、煮製、炒製、蒸製等工序處理後，再以陳釀的上等糯米酒作酒基，浸泡藥材後，先粗濾去渣，再配上優質蜂藥、白糖作調料，最後精釀而成。

貴州杜仲酒則以貴州所產的杜仲爲主料，搭配大茴香、枸杞、木瓜、丁香、茯苓、紅花、甘草等輔料，經切片、粉碎、煮製、炒製等工序，採用陳釀的安酒爲酒基，於完成浸泡、粗濾除渣後，再行過濾，並佐以優質蜂蜜和白糖，最後陳釀、包裝而成。

【口感與入菜】

貴州天麻酒屬植物藥材配製酒，酒度為33°，糖分為7到10％。此酒呈棕黃色，望之清亮透明，酒香、藥香諧調，香氣濃郁醇厚，入口甘甜綿順。如能經常飲用，當有健腦補髓、益智明目、補血生精、提氣怡神、清補不燥等功效。

貴州杜仲酒亦屬植物藥材配製酒，酒度為38°，糖分為7到10％。酒色棕紅透亮，酒香優雅諧調，酒質豐滿醇和，入口甘香綿軟。由於杜仲「主治腰脊痛，補中益氣，堅筋骨，強志」的作用，故能經常飲用，有壯腰強身、滋養固本、舒筋活絡補中益氣等功效。

此二款精釀，我因得之不易，只供純飲，未配佳餚，實不知酒、菜兩者激盪後，會出現怎樣的特殊滋味來。

貴州天麻酒先於一九八〇年，被評為貴州省優質產品，一九八四年時，獲對外經濟貿易部榮譽獎。一九九二年則揚名海外，在美國洛杉磯國際酒類展評交流會上，榮獲皇后金杯獎。貴州杜仲酒亦有來頭，先於一九八〇，被評為貴州優質產品。一九八四年，再獲對外經濟貿易部榮譽獎。兩者早年均暢。銷港、澳，現則向東南亞進軍。

鬱金香酒

色香味均臻上乘

酒名：鬱金香酒
產地：山東蒼山
特質：酒液色澤金黃，兼
泛些許竹綠，藥味醇正而
厚。

【來源】

　　山東省蒼山縣的蘭陵鎮，早在戰國時期，曾是大儒荀子治下的蘭陵郡，自古便有佳釀。此從當地出的殷代甲骨文中，就有「鬯」字，意即用黍和香草所釀製、帶有香氣的甜酒，即可見其一斑。其實，鬱金香酒的由來已久，最遲至南北朝時，即已出現此酒。梁元帝蕭繹詩：「香浮鬱金酒」，即是指此。唐代時，這裡的酒已很出名。李白飲罷，稱讚不置，吟《客中行》一首，詩云：「蘭陵美酒鬱金香，玉碗盛來琥珀光，但使主人能醉客，不知何處是他鄉。」至於鬱金香酒，則是清代名釀。李汝珍在《鏡花緣》一書中，所列舉的全國五十五種名酒中，其內就有鬱金酒，此乃一款不可多得的補酒。

一九四八年時，當地政府於「醴源」、「開源」等十家酒坊的基礎上，建成「蘭陵美酒廠」，沿用傳統工藝，繼續生產鬱金香酒及蘭陵大麴酒等酒品。

【釀造】

鬱金香以優質的蘭陵大麴為酒基，加入鬱金、當歸、砂仁、檀香等十二種貴重藥材，採用傳統工藝，精心配製而成。

【口感與入菜】

鬱金香酒屬植物藥材配製酒，酒度為42°，糖分為12％。酒液色澤金黃，兼泛些許竹綠，氣味濃郁芳香，藥味醇正而厚，入口柔綿甜潤，飲罷餘香悠長。其「色、香、味」均臻上乘，且具滋補保健之功。適量飲用，不僅可健胃明目，而且能養血生新及舒氣增神。

品嘗鬱金香酒，只宜獨味，細品輕啜，其樂無窮。

本酒一出品即備受評審青睞。一九一四年，即在山東省物品展覽會上榮獲一等獎金牌；一九八七年，被評為山東省優質產品；更在一九九○年時，獲輕工業部優質產品獎。現正通行於中國各地，在東南亞地區亦受歡迎。

楊林肥酒

雲南美酒舒筋絡

酒名：楊林肥酒
產地：雲南嵩明
特質：酒液色澤碧綠或金
黃，藥香優雅自然。

【來源】

楊林肥是雲南省嵩明縣一個酒廠
的名字，它位於縣城之南、楊林湖畔
的楊林鎮。當地釀酒歷史甚久，每當
歲熟年豐，民間必有以糧穀釀酒，藉
以歡慶豐年的習俗。明代著名的醫者
與詩人蘭茂，即曾詠出：「農歌早稻
黃，太平春酒滅」的詩句，形容楊林
鎮的釀酒盛況。另，蘭茂著的《滇南
本草》亦記載著：「以拐棗泡酒，服
之能舒筋絡，久服能補中益氣、輕身
延年。」至今楊林鎮一帶仍流傳著用
拐棗泡酒的風氣。

清光緒六年（一八八〇年），邑
人陳鼎開設「裕寶號」酒坊，首創
「肥酒」，馳名遠近。據《嵩明縣志》
的記載：「著者僅有楊林之肥酒」，
「質量以楊林為優，而楊林之肥酒，

且能暢銷省內外。」即可看出此酒確屬佳釀，益播譽雲貴高原。

一九五八年建成的「楊林肥酒廠」，將「裕寶號」併入，專門釀製肥酒。

【釀造】

楊林肥酒係選用當地出產的玉米、高梁、小麥為原料，所釀成優質小麴白酒為基酒，反復提純。另，精選拐棗、黨參、大棗、桂圓、茴香、肉桂、陳皮、公丁香等十餘味名貴中藥材為主料，並以蔗糖、蜂蜜等為輔料，經十餘道工藝，包括反覆浸泡、蒸餾、精工配製、封缸陳釀後，始可量產上市。

【口感與入菜】

本酒屬植物藥材配製酒，酒度為38°，糖分為10％，總酸0.15％。酒液色澤有二，或碧綠或金黃，大抵清亮透明，藥香優雅自然，酒味醇厚甘冽，酒香諧和，口感香醇綿厚。常飲有調和氣血、健脾開胃，增強心肌及健身強體等功效，只宜獨品細酌，坐收保健成果，不可下飯佐餐。

楊林肥酒曾於一九一八年獲雲南省物產品評會一等獎。一九八一年及一九八六年則被評為雲林省優質產品，一九八九年時攀上頂峰，獲商業部優質產品銀爵獎，現正努力開拓海外市場，已遠銷至東南亞各國。

嚴東關五加皮酒

喝得太白不放手

酒名：嚴東關五加皮酒
產地：浙江建德
特質：酒液在紅褐中，泛
著金黃色澤，入口甘潤柔
和。

【來源】

浙江省建德縣（位於富春江畔）古稱嚴州府，曾隸屬睦州。據史料上的記載，早在唐朝時，此地已能釀製五加皮酒。至今還留傳一些關於詩仙李白的軼事。

相傳李白泛舟富春江，船抵睦州後，訪山中隱士權昭夷。權氏取一罈佳釀，與李白暢飲。李白見其色如紅玉，入口醇和甘香，對之讚不絕口。在告辭離去後，前行至嚴陵灘，登上江中大石，不忘旨酒之美，乃賦詩以酬隱士。詩云：「我攜一樽酒，獨上江渚石。自此天地開，更長幾千尺。舉杯向天笑，天回日西照。永願坐此石，長垂嚴陵釣。寄謝山中人，可與爾同調。」至今，當地尚流傳著：「子陵魚，加皮酒，喝得太白不放

手。醺醺醉臥嚴陵灘，一篇詩章寄山友」這樣的歌謠。但李白所飲的是否為五加皮酒，誠然不無疑問？

降及宋代，建德縣所釀的「簫酒泉」酒，已聞名「武林」。宋神宗熙寧年間（一○六八至一○八五年），睦州的酒課為「五萬貫以上」，可算是中等產酒區了。到了清代時，則以釀製「釀泉酒」著稱，當地並有「冬至後釀酒」的風俗。

高宗乾隆廿八年（一七六三年），徽州商人朱仰懋在嚴州府的梅城鎮開設「致中和藥店」，搜集民間配方、釀製「仿京五加皮酒」出售（註：清初時，京師流行五加皮酒，潘榮陛的《帝京歲時紀勝》和震鈞的《天咫偶聞》，均載其事）。穆宗同治元年（一八六二年），朱姓後人與紹興商人合作，遷店於關東鎮，繼續生產五加皮酒。由於質地精良、聲譽極高，遂馳名海外，遠銷至南洋，其所打著的旗號正是「嚴東關五加皮酒」。一九一五年時，參展在美國舊金山所舉辦的巴拿馬萬國博覽會，一舉摘下銀牌獎，更使其名氣遠揚，流行於大江南北。

一九五二年，該店被併入「建德縣聯營酒廠」。到了一九六○年，富春江水庫建成蓄水，乃遷往白沙鎮，歸併於「新安江釀造廠」。接著在一九六二年時，恢復生產此酒。最後在一九八○年時，易廠名為「嚴東關五加皮酒廠」。酒則用「致中和」作招牌。

【釀造】

本酒選用精製的白酒為酒基，以五加皮為主，旁及官枝、木瓜、當歸、砂仁、玉竹、甘草、甘松、陳皮、薄荷、獨活、廣木

香等二十四味名貴中藥材浸泡一個月後，再多予過濾、澄清，按一比十的比例，先兌入白酒中，再加入特製的糯米蜜酒（用甜酒汁、白糖、莧荣紅色素及黃枝汁釀成），經二度濾清後，即可裝瓶出廠。

【口感與入菜】

　　嚴東關五加皮酒屬植物藥材配製酒，酒度爲39°，糖分爲11％，總酸小於0.1％。酒液在紅褐中，泛著金黃色澤；酒體豐厚掛杯；藥香、酯香諧調；入口甘潤柔和，有其獨到風格。倘能適量常飲，具有活血去濕、和胃健脾、舒絡筋骨及消除疲勞的效果。有詩云：「色如榴色重，香兼芝蘭濃，甘醇醉李白，益壽顯神功。」即是其最佳寫照。

　　品嘗此酒，不須佐飲。斟一小杯，先觀其色，再聞其香、細品其味、即得其神。若不可無下酒物的話，則安排些乾果、白切肉、燒臘等，就可喝得過癮之至了。

　　本酒最輝煌的時刻在一九八四年，不僅被評爲浙江省優質產品，而且獲選輕工業部酒類大賽銅杯獎。目前主要出口歐洲及東南亞各國，後勢持續看好。

春生酒、固本酒

萬病回春遐齡酒

酒名：春生酒、固本酒
產地：福建廈門
特質：春生酒--酒液清亮透
明，酒質不寒不燥，入口
綿柔爽適。
固本酒--酒液色呈紅褐，酒
香芬芳獨特，諸味醇厚和
諧。

【來源】

　　廈門古屬泉州，在北宋時期，已有
釀酒業。清代則以釀製「黃酒、桔酒、
燒酒」馳名。宣宗道光年間（一八二一
至一八五〇年），永春籍拳師郭信春開
設「郭春生堂藥酒局」，釀製傳統藥
酒，擁有不錯聲譽。另，一九二〇年
時，當地酒坊運進北方高粱和天然大麴
等，按傳統方法製成高粱酒，成為福建
佳品，與春生堂的藥酒，同時暢銷海
外，遍及南洋各地。一九二六年時，廈
門市的兩家藥酒，在工商部中華國貨展
覽會上獲兩個二等獎，一九五六年時，
當地政府將「郭春生堂藥酒局」等十一
家酒坊和兩個麴酒廠合併，組建成「廈
門市釀酒廠」，繼承傳統工藝，陸續生
產丹鳳高粱酒、春生酒及固本酒等酒
品。

【釀造】

「郭春生堂藥酒局」的招牌酒為「春生酒」，原名春生藥酒。係以丹鳳高粱酒為酒基，浸入碾末的沉香、老木香、砂仁、川芎、牛膝、黃芪、熟地及東埔叩、桂圓肉等名貴中藥材，再予以精工配製而成。

至於固本酒，原係固本藥酒，乃傳統名藥酒。如明代著名醫書《萬病回春》即載有「固本遐齡酒」，不獨廈門釀製，京師亦有出售。一九六〇年該廠恢復並投產固本酒。

固本酒亦以丹鳳高粱酒為酒基，輔以黃芪、玉桂、沉香、黨參、砂仁、川芎、老木香及桂圓肉等三十多種名貴中藥材，經碾末、浸泡、煎煉、調和及陳貯等工序後，再行裝瓶出廠。

【口感與入菜】

春生酒屬植物藥材配製酒，酒度為36°，糖分為7到8％。酒液清亮透明，藥香、酒香諧調，酒質不寒不燥，入口綿柔爽適，但覺滋味和諧。具有理氣活血，驅風去濕，滋補強身等功效。

固本酒亦屬植物藥材配製酒，酒度為42°，糖分為7到8％。酒液色呈紅褐，望之清亮透明，酒香芬芳獨特，諸味醇厚和諧，入口甘甜爽潤。如能適量久飲，能收「舒筋活血、補胃健脾、調中益氣、健心強身」之功，而對風濕骨痛病患和老年體弱等尤具有療效。品嘗春生酒及固本酒，最宜獨味，而且淺斟慢飲，才能領略其美。

春生酒曾於一九八四年被爲評爲福建省優質產品，主要外銷至東南亞諸國。

　　固本酒曾於一九八〇及一九八五年被評爲福建省優質產品，並在一九九〇年獲輕工業部優質產品稱號。目前除暢銷神州各地外，亦出口至英、美及東南亞諸國。

動物藥材配製酒類 玖

主要以白酒、黃酒爲酒基，調配時以動物性藥材爲主體，再加配其他藥材或芳香物質，經加工配製而成。唯爲方便本書歸類，凡配製酒之藥材內見動物性乾貨藥材者，概屬之。

至寶三鞭酒

八大名藥酒之首

酒名：至寶三鞭酒
產地：山東煙臺
特質：酒液呈淺紅色，至
為晶亮透明，餘香餘味綿
長。

【來源】

位於山東煙臺的「張裕葡萄釀酒
公司」，以生產各式葡萄釀成的美酒
著稱，唯一的例外，便是出品這款高
級滋補酒——至寶三鞭酒。更令人覺
得不可思議的，竟是此酒居然能享有
極高的知名度，成為中國馳名海外的
八大著名藥酒之首。

煙臺古屬福山縣，具有悠久的釀
酒歷史。據《福山縣志》的記載，民
間自古即有「二月二日春分釀酒」、
「九重陽釀葡萄酒」、「十二月八日釀
臘酒」的風俗。清代以釀製黃酒及燒
酒為大宗，燒坊則以「天酒」、「九
月重陽釀葡萄酒」、「十二月八日釀
臘酒」的風俗。清代以釀製黃酒及燒
酒為大宗，燒坊則以「天生成」和
「釀成居」最為世所稱。一九三四年

時，煙臺尚有釀戶五十二家，其中「三義居」及「德家居」是建於遜清宣統年間（一九〇九至一九一一年）的老字號，這兩家所釀製成的高粱燒酒，頗清洌，很適合做基酒。

創建於清德宗光緒十八年（一八九二）的「張裕葡萄釀酒公司」，在各種葡萄酒均獲好評後，有心變換跑道。遂於一九六四年，依照中國古代名醫祕方，試製三鞭酒。一九六八年時，時機已趨成熟，乃正式投產，取名「至寶三鞭酒」。

【釀造】

本酒以當地所產的優質高粱大麴為酒基，選用海狗鞭、廣狗鞭、梅花鹿鞭及人參、鹿茸、海馬、蛤蚧等四十多味名貴中藥材；運用獨家特定工藝釀製，經理藥、粉碎、浸漬、分離、配製、陳貯、澄清、過濾及裝瓶等一系列工序後，精釀製成。

【口感與入菜】

至寶三鞭酒屬動物性藥材配製酒，其妙在「有病治病，無病健身」，此酒酒度為40°，糖分為10％。酒液呈淺紅色，至為晶亮透明，藥香、酒香諧調、入口醇和甘爽，餘香餘味綿長。適量常飲此酒，對體質虛弱、腎虧遺精、用腦過度、神經衰弱、腰酸背痛、畏寒失眠等多種慢性病，均有良好療效，甚受華人歡迎。

本酒自出廠後，一直備受矚目。一九七九年及一九八三年，先後被評為山東省優質產品。一九八九年，在中國第四屆評酒會

上榮獲輕工業部優質產品稱號。目前已銷至歐、美、日、韓等二十餘國家及地區。後勢依然強勁，值得買來一嘗。

三蛇酒

舒筋活血味醇和

酒名：三蛇酒
產地：廣西梧州
特質：酒液呈茶紅色，酒
香、藥香諧調。

【來源】

　　廣西本是瘴癘之鄉，盛產各種蛇
類。唐人柳宗元的名文《捕蛇者說》，
就是以此地為背景。而今，這兒的蛇產
量，依舊十分龐大，而以蛇釀酒，早在
宋代即有。當時的「廣西蛇酒」（見
《麴本草》），便是馳名全國的補酒。現
在的梧州市及南寧市，均以蛇酒知名，
遠銷南洋各地。

　　梧州古屬蒼梧，在晉代即以釀竹葉
酒著名，晉人張華詩中的「蒼梧竹葉
酒」，即是指此。元代的《酒小史》一
書裡，即收錄有「蒼梧寄生酒」。又，
《廣西通志》謂：「酒以寄生為上，官
私皆用之，梧州者佳。」此外，該書亦
載有「梧州府，烏蛇浸酒可治風」。明
初，黃福路過此地，曾作五絕一首，詩
云：「一棹抵蒼浯，西山日欲晡，魚羹

盡已熟，蛇酒入城沽。」可見其所出的蛇酒名氣極響，嗜飲者不遠千里而來。

一九三五年，由廣東順德及龍山人氏，合夥在此開設的「龍山酒廠」，已釀製各種藥酒販售，其中，就有「三蛇一品酒」。抗戰時，該廠曾一度遷往桂林。一九四五年，再遷回原址，繼續經營。一九五六年時，將「雙龍酒廠」及「永泰酒廠」等併入，規模擴大，產品激增。除傳統的三蛇酒外，另釀製「蛤蚧酒」，「蛤蚧大補酒」、「毛雞酒」、「五龍二虎酒」、「特製蛇膽酒」、「五龍藥酒」及「馬鬃蛇酒」等世界級知名補酒。

另，南寧古稱邕州，宋代已釀咂酒。據南宋詩人范成大《桂海虞衡志》上的記載，此酒「以鼻就管吸酒漿，快不可言，邕人已如此」。元人所撰的《酒小史》一書中，亦提到了「廣南香蛇酒」，其知名度實與「蒼梧寄生酒」不相上下。清代時，則以能釀米酒著稱。一九五六年，新建成的「南寧市副食品綜合廠」於一九八二年投產「楓荷三蛇酒」，其後，在一九八八年時，易廠名為「桂南酒廠」。

【釀造】

三蛇酒是以眼鏡蛇、金環蛇、灰鼠蛇（又名過樹龍）在純米酒中浸泡一年以上，經調配、澄清、過濾、陳貯等工序釀成。

楓荷三蛇酒的主原料與釀造法，均同於梧州三蛇酒，只是另加以半楓荷、千年健、羌活、山刁竹及黃芪等中藥材。

【口感與入菜】

　　梧州三蛇酒屬動物藥材配製酒，酒度為36°。酒液色黃透明，入口味鮮醇厚，如能適量長飲，能治風濕等疾，且有祛風去濕，強身健體及舒筋活絡等功效。

　　楓荷三蛇酒屬動物性中藥材配製酒，酒度為27°，糖分為在12到22％之間。酒液呈茶紅色，酒香、藥香諧調，聞之優雅清正，入口微甜醇和，飲後舒適怡人。適時適量飲用，具有驅風祛濕、強筋健骨、舒絡活血等效果。

　　這兩款精釀，應以滋補保健為主，我並未以此配菜吃過，實不知當以何物侑酒。諸君可自行試試，或恐有新的發現。

　　梧州三蛇酒曾於一九八二年，被評為廣西壯族自治區優質產品。現已出口日本、歐美及東南亞等四十多國，後勢依然強勁，到處炙手可熱。

　　楓荷三蛇酒曾於一九八五年，被評為廣西壯族自治區優質產品。另，在一九八九年時，獲商業部優質產品銀爵獎。目前除暢銷東南半壁外，亦出口至新加坡、馬來西亞等國。

白鳳烏雞補酒、白鳳液

泰和雙絕滋補佳

酒名：白鳳烏雞補酒、白
鳳液
產地：江西省泰和縣
特質：白鳳烏雞補酒--酒液
色呈棕紅，酒香、藥味適
中。
白鳳液--酒液色呈棕黃，酒
香、藥香諧調，酒體完整
純正，入口柔和鮮爽。

【來源】

江西省泰和縣古屬吉州管轄，其所產的烏骨雞品優質佳，天下獨絕。此雞「羽之屬……而武山雞為尤者，以烏骨、綠耳、紅冠、墨爪、毛白色者為佳」，據李時珍的《本草綱目》載：「烏骨雞，氣味甘、平無毒。主治補虛勞、羸弱，治消渴，益產婦，一切虛損之病。」

吉州的釀酒業在宋代已小有規模，神宗熙寧年間（一○六八至一○八五年）的酒課在「一萬貫以上」。清代釀有「火酒、老酒兩種」，並為兩大酒品，世祖順治年間（一六四四至一六六一年），進士施閏章曾賦《泰酒歌》，對泰和酒推崇備至。一九五六年，當地政府建成「泰和酒廠」。為能獨樹一幟，乃將《泰和縣

志》所謂的「邑有酒名泰和酒，有雞名泰和雞」，兩者徹底結合，於一九七七年投產「白鳳烏雞補酒」。一九八五年時，廠方為能再闢新局，便與「湖北省中醫藥場開發服務中心」共同研製新酒，採用的是明朝王肯堂（一五四九至一六一三年）的「龜鹿二仙膠」，及名醫邵應節的方子。試製成功後，初名「烏雞白鳳酒」，於一九八八年時，改稱為「白鳳液」。同時，易廠名為「烏雞酒廠」，註冊的商標為「白鳳」牌。

【釀造】

此兩款補酒，皆以優質大麴白酒為酒基，輔料主要為烏雞補酒另輔以當歸、枸杞、黨參、川芎、山奈、熟地、桂皮、小茴香及黃梔子等十餘味藥材，採用浸漬工藝，將烏骨雞除腥、脫脂後，配上各式藥材，然後在小麴酒中經冷浸、過濾、澄清、調兌、陳化等工序後，方能釀成。白鳳液的工藝基本上無別，差異只是在其他的輔料上而已。

【口感與入菜】

白鳳烏雞補酒與白鳳液，同屬動物性藥材配製酒。前者的酒度分24°、27°及30°三種，糖分為5％，總酸小於0.09％，酒液色呈棕紅，酒香、藥味適中，諸味純正諧調，入口甘冽綿和，餘味回香悠長。倘能適量飲用，能益氣補腎、舒筋活血、健脾和胃，尤對神經衰弱、腰衰陽萎、赤白帶下，筋骨疼痛者，具有一

定療效。後者的酒度爲25°，糖分大於5%，總酸小於0.7%。其酒液色呈棕黃，酒香、藥香諧調，酒體完整純正，入口柔和鮮爽，餘味綿長不盡。如能經常飲用，能收益肝腎、補元氣、通血脈，補精血之功。

這兩款補酒，雖稱爲精釀，卻不是用來搭配菜餚品嘗的，嗅嗅其香味，慢慢送入口，即收其補益。

白鳳烏雞補酒因出道較早，故集榮譽、光環於一身。先於一九八二年被評爲江西省優質產品，一九八四年在中國第四屆評酒會上，榮獲國家優質酒稱號及銀質獎章。一九八七年再被命名爲江西省名酒。最後於一九八八年榮獲輕工業部優秀出口產品銀質獎，目前還遠銷日、韓及東南亞等十三國。白鳳液僅在一九八八年被評爲江西省優質產品，出口只有澳門及菲律賓兩地，相形之下，未免見絀。惟後勢甚爲看好，大有凌駕「老」牌之可能。

蘇軾蜂蜜酒
三日開甕香滿城

酒名：蘇軾蜂蜜酒
產地：江西萍鄉
特質：酒呈淺琥珀色，外觀清澈透明；酒香、蜜香融合。

【來源】

江西省萍鄉古屬袁州，宋代已有釀酒業。神宗熙寧年間（一〇六八至一〇八五年），其酒課為「一萬貫以下」，是個迷你的小產酒區。清代已釀有「火酒、黃酒」聞名。一九六八年所建成的「萍鄉市釀酒廠」，以所出之酒品皆泛泛，遂謀改造體質，調整重新出發，乃挖掘宋人蘇軾的「蜜酒法」，於一九八四年投產此款「蘇軾蜂蜜酒」。

張邦茎《墨莊漫談》記有「蜜酒法」，其上記載著：「東坡性嗜酒，而飲亦不多。在黃州常以蜜為釀，又作『蜜酒歌』，人罕傳其法。」事實上，中國以蜂蜜釀酒，始於西周，盛於北宋。原來宋神宗元豐三年（一〇一七年）時，蘇軾因「烏台詩案」而貶黃州，苦於無美酒。一天，好友西蜀道士楊世昌

來探望他。當楊世昌聽說黃州無佳釀時，便把「絕醇釀」的家傳蜂蜜酒方告訴蘇軾。蘇軾按此法釀製，果得美酒。在喜不自勝下，作首七絕，以誌其事。詩云：「巧奪天工術已新，釀成玉液長精神。迎客莫道無佳物，蜜酒三杯一醉君。」

此外，蘇軾把製法寫成一首《蜜酒歌》，教給黃州父老。從此之後，黃州善釀蜜酒，天下聞名。此歌云：「眞珠爲漿玉爲體，六月田夫汗流泚。不知春甕自生香，蜂爲耕耘花作米。一日小沸魚吐沫，二日眩轉清光活，三日開甕香滿城，快瀉銀瓶不須撥。百錢一斗濃無聲，甘露微濁醍醐清。君不見，南國采花蜂似雨，天教釀酒醉先生。先生年來窮到骨，問人乞米何曾得？世間萬事眞悠悠，蜜蜂大勝監河侯。」

【釀造】

本酒選用優質蜂蜜爲主要原料，以酵母爲糖化醱酵劑，在控溫、封閉及無菌的條件下，採用傳統醱酵工藝，經入缸醱酵，過濾陳釀、勾兌等工序，精釀而成。

【口感與入菜】

蘇軾蜂蜜酒屬動物藥材配製酒。酒度爲11°，糖分爲10到14％，總酸小於0.45％，酒呈淺琥珀色，外觀清澈透明；酒香、蜜香融合，聞之清雅宜人；酸甜可口綿爽，回味長而不滯。其酒之內富含葡萄糖、果糖、多種維生素、胺基酸及鐵、磷、鈣等微量元

素，如常飲用，具有促進新陳代謝、抑制神經衰弱及寧神益智等功效。

　　品嘗蘇軾蜂蜜酒，冬宜搭配乾果，夏宜冰鎮劇飲，其甜蜜蜜、酸吱吱的口感，實令人印象深刻，甚難忘懷。

　　本酒於一九八七年被評爲江西省優質產品。頗有獨特風格，因而後勢看漲，銷路逐步打開。

參茸三鞭酒、參茸大補酒

並蒂春城利保健

酒名：參茸三鞭酒、參茸大補酒
產地：吉林長春
特質：參茸三鞭酒--酒液呈暗棕色，酒質醇厚柔和，入口鮮甜爽洌。
參茸大補酒--酒液呈香檳色，酒香醇正諧調，入口綿和宜人，帶有些許苦味。

【來源】

清代中葉時，長春市開始有釀酒業，但其發展迅速，到了清末時，已是吉林省兩大產酒區之一。據《吉林通志》上的記載，「光緒十七（一九八一年）長春燒鍋稅票一百五十張，歲課達三萬兩。」另依《長春縣志》的說法，其釀酒業亦分「白酒、黃酒、雜酒」三種作坊。

在釀製燒酒方面，一九一五年時，以「洪發源燒鍋」所釀製的燒酒最佳，遠近馳名，但一九三二年建成的「積德泉燒鍋」，品質更為精良，遂成後起之秀，立刻取而代之。一九四〇年前後，長春市計有「燒鍋四戶，酒局子七戶」，每歲輸出三百萬斤燒酒。此後，當地政府在「積德泉燒鍋」的基礎上，建成今「長春市釀

酒總廠」。以釀製積德泉大麴、特製老酒及清酒著稱。其後設立的「春城釀酒公司」，則以配製酒見長，今已蜚聲國際。

「春城釀酒公司」不但是酒林新秀，而且是強勢登場，後勁十足。其於一九八〇年問世的「參茸三鞭酒」，及一九八五年出品的「參茸大補酒」一直深受消費者的歡迎。

【釀造】

這兩款酒，均以優質高粱酒為酒基，且藥材全有人參在內。參茸三鞭酒，除人參、鹿茸外，尚有梅花鹿鞭、海狗鞭和廣狗鞭；參茸大補酒，其主料即是人參與鹿茸。前者遵循古法，後者後以科學配製方式，經配料、浸泡、兌製、陳釀、過濾等工序而釀成。

【口感與入菜】

參茸三鞭酒屬動物藥材配製酒，酒度為38°，糖分為13%，總酸小於0.2%。酒液呈暗棕色，酒香、藥香諧調，酒質醇厚柔和，入口鮮甜爽冽，微有苦腥之味，酒內富含各種養分，長期適量飲用，實有壯陽補腎、健腦安神、補血強心之功用。

參茸大補酒，酒度為38°，糖分為4%，總酸在0.2%以下。酒液呈香檳色，酒香醇正諧調，入口綿和宜人，帶有些許苦味。適時適量取飲，頗有滋陰補腎、健腦強心、舒筋壯骨的效果。

不過，此二款配製酒的精品，都以保健滋補見長，不宜在用

餐時劇飲，最好是睡前小酌。

　　參茸三鞭酒於一九八一年，被評爲吉林省優質產品。再於一九八五及一九八九年，膺獲商業部優質產品銀爵獎。一九九二年時，聲譽最隆，榮獲香港食品博覽會金獎。至於參茸大補酒亦於一九八七年，被評爲吉林省優質產品。目前兩者均暢銷國內各地，參茸三鞭酒更是出口的搶手貨，其銷售網遍及日本、歐美及東南亞各國，聲勢經久不衰。

鴻茅酒

天吉精釀能驅風

酒名：鴻茅酒
產地：內蒙古涼城
特質：酒液呈棕紅色，酒
香、藥香諧調，酒體醇厚
綿柔。

【來源】

　　涼城縣屬烏蘭察布盟，境內的廠漢營（原名察哈爾營）古鎮，早在清高宗乾隆四年（一七三九年），即有釀酒業。據云，乾隆曾到涼城岱海巡遊，見此地茅草豐盛，風景優美，遂龍心大悅，乃下令紮營，泡溫泉沐浴，這時空中飛來一對鴻雁，高聲鳴叫不已，寓有歡迎之意，乾隆喜不自勝，欽賜縣名為「鴻召縣」，岱海亦更名為「鴻召池」。這則軼事，渲染的成分居多，當不得真。不過，乾隆初年時，山西榆次縣王家舖的商人王天吉路過此間，但見水土肥美，牛羊成群，加上風景秀麗，花香草茂，不覺為之動心，乃在岱海南岸僱工開墾，種植糧食，並開辦了粉坊和「隆盛永」缸坊（即釀酒作坊）。

　　由於此地潮溼，氣候嚴寒，居民常

患風溼症、四肢僵硬、不良於行。王天吉本身精於醫道，乃親自配方，泡製成藥酒，頗能對症下藥，治癒不少民眾，遂聲聞遠近，銷售量激增。起初叫「旋鴻牌藥酒」，後改稱「鴻茅酒」。據《綏遠省志》上的記載：「廠漢營所產之酒，甚爲有名，色紅味美，價值昂貴，究其以爲貴者，因其能治疾病耳。至於製法，當地人祕而不傳，蓋恐外人之仿製故也。」這酒亦曾於一九三二年，在「綏遠農物產競賽會」獲得優等獎。一九七一年時，當地政府在原「隆盛永」舊址上，建成「鴻茅酒廠」，並出產長青牌鴻茅酒，其後爲強調其功能，又名「鴻茅驅風酒」。

【釀造】

本酒以原古井所釀的陳年高粱酒爲酒基，沿用古傳祕方，精選人參、麝香、豹骨、砂仁、紅花、山藥、熟地等七十餘味上乘藥材，經冰糖、紅糖溶化入酒後，再經蒸煮，提煉精製而成。

【口感與入菜】

鴻茅酒屬動物藥材配製酒，酒度爲36°，糖分在14到16％之間（外銷則含糖8到10％之間）。酒液呈棕紅色，酒香、藥香諧調，酒體醇厚綿柔，入口甘潤爽順，藥力平和有效。適時適量久飲，具有舒筋活血、驅風去溼、強身壯骨，促進新陳代謝等功效，並主治風寒溼痹、筋骨疼痛、脾胃虛弱、腎虧腰酸及婦女氣虛血虧等症。

此釀推出之後，廣受各界歡迎，曾於一九八〇年被評爲內蒙古自治區優良產品。現已暢銷大陸各地，而且遠銷至東南亞各國。後勢極被看好，顯然非比尋常。此酒雖味道甚佳，但藥用超過品嘗，如捨本而逐末，將失其旨趣。

八珍御酒

春回樽底紅潮泛

酒名：八珍御酒
產地：河北平泉
特質：酒液微黃透明，融三香於一體。

【來源】

清聖祖康熙年間（一六六二至一七二二年），在內蒙的承德闢建避暑山莊，成爲清帝夏日避暑及處理政務之所。康熙常在山莊內的曲水荷香亭宴請王公大臣，仿蘭亭故事，亦曲水流觴。當時所飲的佳釀，便叫「八珍留香酒」。

有一回，康熙喝過這玉液瓊漿後，不禁詩興大發，寫了七絕一首，詩云：「荷花參差遠益清，蘭亭曲水亦虛名。八珍旨酒前賢戒，空設流觴金玉羹。」從此這酒特稱「八珍旨酒」，一直是宮廷御酒。

毗鄰避暑山莊的平泉縣，向爲南北通商的重要城鎮，商旅雲集，釀酒大盛，燒鍋林立。到了清遜帝宣統年間（一九〇九至一九一一年），「全

境共燒鍋四十餘家，年共製出四百餘萬斤」，是直隸省重要的產酒區之一。一九四九年時，當地政府在舊燒鍋的基礎上，建成「平泉縣釀酒廠」，以生產「平泉梨酒」著稱，成為觀光客遊覽山莊時，常攜回饋贈親朋好友的手信。

一九八二年時，該廠為挖掘文化遺產乃採訪民間耆宿並查閱相關史料，終獲八珍旨酒祕方。在其科技人員不斷反覆精研試製下，終使這一歷史名酒重新問世，並改稱為「八珍御酒」。

【釀造】

本酒以塞外優良安梨果汁所釀製之「平泉梨酒」為酒基，汲引甘甜爽口，雜質絕少的泉水為釀造用水，經浸漬人參、鹿茸、海馬等八種名貴中藥材後，再醱酵陳釀，然後調配過濾而成。

【口感與入菜】

八珍御酒屬動物藥材配製酒，酒度為12°，糖分為8％，總酸為0.6％。酒液微黃透明，香氣優雅諧調，融三香於一體，入口柔和爽適，有其獨特風味。倘能適量常飲，能收補中益氣，強身健腦，固腎壯陽及增進食慾之功，甚受酒客歡迎，往往供不應求。遜清皇弟溥傑有詩讚道：「故苑八珍傳御宴，平泉河北詡山莊。春回樽底紅潮泛，酒國乾坤日月長。」

本酒自上市後，即於一九八三年獲中國經濟委員會優秀新產品金龍獎。另於一九八四年及八七年，均被評為河北省優質產

品，現已銷往中國各大城市，並出口日本及東南亞諸國中。因其四季可飲，而且老少咸宜，已成市場新寵，到處有口皆碑。

花 果 配 製 酒 類

拾

採用任何酒爲酒基，調配含有芳香物質的花、葉、根、
莖等花類配製酒或調入果汁、果實醱酵原料、均屬之。
由於受題材限制，凡加香型葡萄酒亦併入此章之內。

小欖荼薇酒

綿延花香透酒馨

酒名：小欖荼薇酒產地：廣東中山

特質：酒液晶瑩清亮，酒香、花香諧調、香氣濃郁持久。

【來源】

中山市原稱香山縣，是國父孫中山先生的故鄉，其釀酒史極久，在嶺南名列其茅。從《香山縣志》上的記載：「酒始自漢」，便可知其源遠流長了。宋代時，因鄰近惠州，亦以釀「萬戶酒」著稱。

明末清初的詩人屈大均，曾撰《廣東新語》，其內談飲饌之事甚多。有一條云：「火酒，廣人謂燒酒新出甑者曰酒頭，以水參之曰和酒，和酒貧者之飲。市上所沽以細餅為良，大餅次之，號曰細餅燒、大餅燒」。另，清宣宗道光七年（一八二七年）所編纂的《香山縣志》亦謂：「酒品三，曰板香，曰黃酒，曰燒酒」。並謂有「小欖荼薇酒」生產。當時的讚酒詩文，以「北部晚田堪白酒，東籬

秋菊盡黃金」及「芋香處處歌十隊，綠樹家家酒四鄰，痛飲狂呼成往事，今宵依舊到明晨」等，尤為人所稱頌。

從一九一二到一九七九年之間，香山縣小欖地區的釀酒作坊達四十五戶，均生產茶薇酒。一九五六年將小欖、黃圃、大崗、萬頃沙等地酒坊合併，改建為「中山酒廠」，翌年沿用傳授工藝，繼續生產此酒。

【釀造】

小欖茶薇以米酒為酒基，先浸漬新鮮薇毛瓣，經蒸餾之後，製成花香酒，將其分別罈藏數月，再以純正米酒，精心勾兌，調入白砂糖及蛋清，密封陳貯半年以上，待酒液澄清後，隨即過濾釀成。

【口感與入菜】

本酒屬花果配製酒，酒度為30°，糖分為5到6％之間。酒液晶瑩清亮，酒香、花香諧調、香氣濃郁持久，入口甜潤柔和，回味餘香綿延，風味別具一格。

品嘗小欖茶薇酒時，以雞火青豆、西芹干貝，紙包雞，滑蛋蝦仁、白灼雙魷、白灼牛肉和西湖牛肉羹等較能品出其馨逸酯香，如果只想清飲，最妙於配松子，兩者相互激發，必能相輔相成。小欖茶薇酒曾於一九七九年被評為廣東省優質酒。現遠銷售至日、美、東南亞及南歐各國，盛名始終不衰，銷售有增無減。

玫瑰露酒、玫瑰老鹵酒

絕代雙驕出昆明

酒名：玫瑰露酒、玫瑰老鹵酒
產地：雲南昆明
特質：玫瑰露酒--酒色清澈透明，玫瑰花香突出。
玫瑰老鹵酒--酒色清澈微黃，晶瑩中透明亮，花香酒香諧調。

【來源】

昆明古稱雲南府，釀酒歷史甚久，唐代以釀製「咂酒」著稱，如樊綽《蠻書》上記載著：「每年十一月一日成會，客造酒醴」。據《雲南通志》載，清雍正二年（一七二四年），「雲南府」已徵有大量的課酒銀。又據《昆明縣志》的記載，清道光二十一年（一八四一年）釀酒「有燒酒、黃酒、白酒數種」，並選用「麥、粱、黍、玉蜀黍」等穀物及玫瑰花爲釀酒原料。宣統三年（一九一一年）時，由畢姓糟坊獨家釀製經營「玫瑰釀酒」，在門口立有一個錫製蠟燭充作售酒招牌，人稱「畢大蠟燭玫瑰老鹵酒」，以特殊的酒質及芳香氣味而膾炙人口，聞名於滇省內外，遠

銷至港澳地區及東南亞各國。

　　一九五二年，當地政府建成「昆明市瓶酒廠」，隨即生產和經營「玫瑰老鹵酒」，一九五八年，再從玫瑰老鹵酒的基礎上，改進部分工藝，投產「玫瑰露酒」。

【釀造】

　　玫瑰露酒採用昆明湖畔特產的玫瑰花（註：原種由荷蘭引進），色淺紅而香自然，久聞不會悶頭。先以花瓣浸入特製酒精內製成花鹵，再用精白糯米釀成的上等米香型小麴白酒為酒基，經調配陳釀等特殊工藝釀製而成。

　　玫瑰老鹵酒後選用昆明湖畔各種優良品種的玫瑰鮮花，以米香型小麴白酒為酒基，經浸漬後，密封半年，混合復蒸，所得之酒液名「鹵」，再進行陳貯老熟後的工序，即是「陳年老鹵」。最後用老鹵與經復蒸後的小麴白酒勾兌，再陳釀即成。

【口感與入菜】

　　玫瑰露酒屬花果類酒，酒度38°至45°，糖分5到7％，總酸為0.1％。酒色清澈透明，酒香芬芳馥郁，玫瑰花香突出，酒體甜綿柔和，回味香甜可口，飲罷愉悅舒適，沉醉花香酒香，令人好不快活。

　　玫瑰老鹵酒亦屬花果類配製酒，酒度為50°至55°，酒色清澈微黃，晶瑩中透明亮，花香酒香諧調，酒質醇和爽淨，餘味深

長帶甘，如能適量常飲，有驅風袪寒、舒筋活血、理氣舒肝等功效。

　　基本上，品嘗前面的這兩種款露酒，菜肴不宜濃油赤醬，以清真雅味較能得其旨趣，像以「超時空烹飪」著稱的「天罈餐廳」，其紅香三味拼、紅蘋燉圓蹄、海鮮金瓜盅、碧桃雞丁卷、靈芝珍珠羹等，就頗合宜、可沁人心脾。

　　玫瑰露酒曾於一九八○年、一九八四年被評為雲南省優質產品，並於一九八五年、一九八八年榮獲商業部優質產品金爵獎。玫瑰老鹵酒則於一九六四年被命名為雲南省名酒，一九七八年被評為雲南省優質酒，並已外銷至中南半島諸國。

北京桂花陳

宮廷御酒號仙酒

酒名：北京桂花陳
產地：北京
特質：酒液色澤金黃，清澈明
亮，味感醇厚。

【來源】

　　北京葡萄酒廠所出品的中華牌桂花
陳酒，原名桂花酒。一向是北京市的名
牌酒品，美名響徹海內外。中國以桂花
釀製露酒的歷史十分久遠，據文獻上記
載，可以溯至戰國時期的「桂酒」。到
了金代時，北京釀製的「百花露名酒」
中，這款用桂花釀製成的美酒，即名列
其內。清初潘榮陛的《帝京歲時紀勝》
一書裡，就有關於桂花酒釀製的記載：
「於八月桂花飄香時節，精選待放之花
朵釀成酒，入罈密封三年始成佳釀。酒
香醇厚，有開胃怡神之功……。」其正
式的名稱爲「桂花東酒」，號稱「仙
酒」。不僅爲京師傳統節令酒，也是宮
廷御酒。例由御膳房釀製，專供皇室成
員及親王貴族等享用。有時亦賞賜大
臣，得者每引爲殊榮。

自末代皇帝溥儀被馮玉祥逐出故宮後，御製的「桂花東酒」跟著消逝，酒方竟至失傳。一九五八年時，「上義洋酒廠」經過諸般努力，蒐集到了不少中國古今釀製桂花酒的祕方。乃採用現代釀酒技術試製，經反覆研究後，居然仿釀成功。次年該廠易名為「北京葡萄酒廠」，為求一炮而紅，便擷取毛澤東「吳剛捧出桂花酒」之詩句，將此酒命名為「桂花酒」，後為恢復歷史傳統，改回本名即「桂花東酒」。最後則命名為「桂花陳酒」，通稱「桂花陳」。

【釀造】

本酒是用多年陳釀的上等白葡萄酒為酒基，以選自蘇州（今江蘇吳縣）光福（亦名香雪海）地區含苞待放的金桂為香源，採用酒液浸製、過濾、調配等工藝精釀而成。

【口感與入菜】

北京桂花陳屬加香葡萄酒，酒度為15°，糖分為14％，總酸為0.65％。酒液色澤金黃，清澈明亮，香氣諧調，味感醇厚，酸甜適口，入口香綿。飲後滿口生香（其帶有濃郁清雅的桂花香），以「回味悠長，餘味香爽」而膾炙人口。遜清皇弟溥傑題詩贊云：「八月桂凝香，晶瑩琥珀光，紹賡前代味，十億共欣賞。」

品嘗桂花陳，不分春夏秋冬，不拘何時何地，均可直接飲用，亦可冰鎮加冰塊稀釋，大口小啜，無所不宜。因其具多樣

性，更是讓人愛煞。在享用中餐、特別是福州菜時，用此侑酒，應是不賴選擇。但不適合在嘗川菜及湘菜時下酒。口感全然不對，徒然糟蹋旨酒佳肴而已。

桂花陳酒先後獲獎無數，烜赫中外。於一九七八年被評爲北京市優質產品。曾在一九六三和一九八四年的中國第二、四屆評酒會上膺選國家優質酒稱號及銀質獎章。一九八五年則先在法國巴黎獲國際美食及旅遊委員會金牌，接著又在西班牙馬德里獲第四屆國際飲料酒評選會金質獎章。最後在法國於一九八六年所舉辦的第十二屆國際食品展覽會榮獲金獎。

本酒起先是銷往京、津、滬等各大都市及港澳地區。一九六二年後，開始遠銷美、日、韓、德、法、比、荷和俄羅斯等十幾個國家，現在已拓展至四十餘國。所到之處，極受婦女們歡迎，夙有「婦女幸福酒」、「貴妃酒」之譽。其陳釀的「宮桂」尤佳，冰鎮而飲妙極。

張裕味美思

健身補血葡萄酒

酒名：張裕味美思
產地：山東煙臺
特質：酒液棕色透
明，有葡萄酒的醋香
和草藥特有的藥香。

【來源】

味美思（Vermouth）亦稱苦艾
酒，爲香甜酒（即利口酒Ligueer）中
的一種。這酒原產於巴爾幹半島，是
古希臘人的最愛。到了羅馬時代，羅
馬人爲了提升風味，再加以改進，稱
之爲「加香葡萄酒」，乃當時的上等
佳釀，爲王公貴族所專享。後來條頓
人入侵南歐，將它改叫「味美思」，
其意爲「保護勇敢的精神」，現以法
國及義大利爲最大產地。一八九二
年，山東省「煙臺張裕葡萄釀酒總公
司」自義大利引進此酒工藝，開始投
產。初名「瓊瑤漿」，再易名爲「煙
臺味美思」，最後命名爲「張裕味美
思」。

【釀造】

本酒選用膠東半島大澤山區出產的優質龍眼、雷司令（又稱蕾絲琳）、李將軍、貴人美、白羽、白雅等葡萄為主要原料，在釀製過程中，萃取其自流汁和第一次壓榨汁，經低溫、醱酵，精釀成上等白葡萄酒，並將之置入橡木桶中貯藏兩年以上作為基酒，然後與藥材（含龍膽草、藏紅花、丁香、大黃、白芷、肉桂、豆蔻、菊花等十餘種材料，須分別浸泡，各取其汁）浸液進行調配，另外入白蘭地、糖漿、糖色等，藉以調整酒度、口味及色澤。工序雖複雜，滋味則一流。

【口感與入菜】

煙臺味美思屬加香葡萄酒，酒度為18°，糖分為15%，總酸為0.65%。酒液棕色透明，有葡萄酒的酯香和草藥特有的藥香，香氣濃郁諧調，口感微酸帶苦。由於添入多種名貴藥材，適量常飲有開胃健脾、驅風袪寒、舒筋活血及助消化、增食欲的功效。故有「健身補血葡萄酒」和「滋補藥酒」之稱。

飲用味美思，宜用闊口渾圓之高腳杯，應在餐前開胃或餐後聚談時享用，而不是在用餐時佐飲。它也能與他酒調製成多款雞尾酒，各有其獨特風味，在此介紹二例供參考。

第一例是「友好」。先將碎冰塊放入調酒壺內，倒入一百二十毫升威士忌和三十毫升味美思用力搖勻，然後注入圓錐形雞尾酒玻璃杯內，並以鮮橙切片掛在杯邊，以為點綴。此酒味美而香

醇，適合在冬季享用。

　　第二例是「茅台酒」。把一片檸檬皮用手指揉出芳香液，放入調酒壺內，加入冰塊和九十毫升茅台酒和三十毫升味美思，大力搖勻，再將另一片檸檬皮抹勻雞尾酒杯（不拘任何型式）內壁；然後注入調好的酒，用橄欖作點綴。調製此酒的目的在使茅台酒特有的醬香風味更加醇厚，故仍合名為「茅台酒」，極適合在春、秋時節享用。

　　本酒自出品後，迭獲國內、外大獎，播譽五大洲。首先在一九一五年花開並蒂，接連獲得北京國貨展覽會特等獎，及美國舊金山舉行的巴拿馬萬國商會上獲甲等大獎章。然後在一九五二年、一九六二年、一九七九年所舉辦的中國第一、二、三、四屆評酒會上榮獲國家名酒稱號及金質獎章。一九八四年時，再獲輕工業部酒類大賽金杯獎。一九八九年時，更上層樓，榮獲比利時布魯塞爾第二十七屆世界優質產品評選會金牌獎，奠定其不可動搖的世界地位。其銷售網亦頗可觀，除神州大地外，日、俄及歐、美洲各國皆能購得此一佳釀。

蜜斯醇

寄與江城愛酒翁

【來源】

　　浙江省長興縣在唐代屬湖州管轄，稱長城縣；更古則屬烏程縣，早在秦代便已設置，相傳係善釀的烏、程二姓居住在此，故得烏程之名。依據《元和郡縣志》上的記載：晉代「長城縣箬下溪水釀酒最釅，稱『箬下酒』」；唐代則稱爲「箬下春」。《初學記》云：「長城箬下有酒有名。溪南曰上箬，北曰下箬，並有村。村人取箬下水以釀酒，醇美勝雲陽」（按：雲陽是漢代美酒「洪梁酒」的別稱）。飲過的詩人，莫不叫好，如劉禹錫之詩便有「鸚鵡杯中箬下春」之句，白居易則賦詩讚道：「勞將箬下忘憂物，寄與江城愛酒翁。」

　　宋神宗熙寧年間（一〇六八至一〇八五年），湖州的酒課達「三十萬貫以上」，與杭州同爲浙省的超大產酒區。

酒名：蜜斯醇
產地：浙江長興
特質：酒液澄清透明，呈現寶石紅色，果味、桂香優雅。

據《湖州通志》載，當時的「碧瀾堂」，「霅溪」，已是天下名酒。南宋時，更以「六客堂」酒知名，是京師有名的珍釀。

清代時，長興縣所釀的酒品，主要爲「黃酒、糟燒、土燒」。一九五三年在雉城鎮建「長興酒廠」，後易名爲「長興葡萄酒廠」，一九八八年再改名爲「長興釀酒總廠」。其先在一九八三年投產原汁紅葡萄酒，一九八五年再投產加料的葡萄酒──「蜜斯醇」。該廠的原汁紅葡萄酒亦非泛泛，曾在一九八四及八八年被評爲浙江省優質產品，並於一九九〇年獲輕工業部優質產品稱號，屬甜型葡萄酒，以香味和諧清雅，口感甘甜醇厚著稱。

【釀造】

蜜斯醇即以長興釀酒總廠的原汁紅葡萄酒爲酒基，輔以鮮桂花等料，經調兌、過濾及冷凍等工序，精心釀成。

【口感與入菜】

本酒屬加香葡萄酒。酒度爲14°，糖分爲13％，總酸爲0.45％。酒液澄清透明，呈現寶石紅色，酒香濃郁諧調，果味、桂香優雅，口感醇厚甘甜，飲後餘香不絕，甚有獨特風格。蜜斯醇酒不顯於世，僅在一九八五年被評爲浙江省優質產品。但時下新新人類的口感已大異往昔，以調酒爲尚，複合味爲佳，如此，適合冰鎮再飲的此酒，將有極大空間，可朝基酒發展，或能打開出路，攻占另一片天。

清香羅木酒

柔和醇厚寶石紅

酒名：清香羅木酒

產地：北京

特質：酒液呈鮮艷的寶石紅色，晶瑩悅目，有明顯的葡萄酒酯香和草藥的藥香。

【來源】

北京葡萄酒廠是中國現有的大規模葡萄酒廠中，歷史數一數二，上市酒齡最早的老字號酒廠。它原先是法國在華的一個教會於清宣統二年（一九一〇年）所建的「上義學校釀造所」，後改稱為「上義洋酒廠」，以生產「大香檳」（現名起泡葡萄酒）著名。自江山易主後，一九五六年在原酒廠基礎上改建成新酒廠，且於一九五九年，更易為今廠名。

【釀造】

清香羅木酒則係選用多款優良雜色葡萄混合醱酵，復以入粟釀多年的上等葡萄酒為酒基，佐以木香、豆蔻、廣皮、厚朴、地豐等多味名貴藥材，經浸漬、調配等工序釀成，具有獨特風格，

向為酒林所重。在一九六二年中國葡萄酒、果露酒質量檢評會上，所獲評估為「寶石紅色，澄清透明，果香和植物藥料芳香諧調，味柔和、醇厚」。結果是一經名家品題，聲譽隨即鵲起。

【口感與入菜】

清香羅木酒屬花果配製酒，酒度為18°，糖分為15％，總酸為0.65％。酒液呈鮮艷的寶石紅色，晶瑩悅目，有明顯的葡萄酒酯香和草藥的藥香，二者融而為一，香氣宜人。酒體豐厚，醇和爽口，味美甘甜，尤為特色。酒內亦含有多種營養成分，飲後有行血止痛、導滯除滿、溫中和胃等功能，倘長期服飲，尚可醫治關節疼痛、精神不振等症，是京畿地區贈送親朋好友的上等禮品，銷路扶搖直上。

在品嘗時，清香羅木酒純為利口酒或滋補用酒，睡前飲一小杯，先近鼻聞其香，再送口徐嚥下，即能得其甘旨，悠然品其精髓。如想佐飲，以搭配松子、核桃、夏威夷火山果及榛果最妙。如用起士蛋糕、核桃酥、豌豆黃、艾窩窩等甜點搭配，也是不錯的選擇。

清香羅木酒在一九八二年，北京市評酒會上被評為市優質產品。一九九〇年，亦獲輕工業部優質產品稱號。現主要銷往日、韓及東南亞諸國。

貴妃稠酒
不像酒勝似酒

酒名：貴妃稠酒
產地：陝西西安
特質：酒液呈乳色，帶有桂花芳香。

【來源】

　　歷代古都西安，其釀酒史久遠，而「清酒」與「稠酒」的釀製，更可追溯至三千多年前的西周，是中國有文獻以來，所記載最古老的酒品之一。前者專供祭祀時用，《詩經・小雅》云：「祭以清酒，從以騂牡，享於祖考。」便是指此。後者古名「玉漿」，《黃帝內經》所云的「醪醴」，《詩經・周頌》中的「爲酒爲醴」及《詩經・小雅》中的「或以其酒，或以其漿」，即是指此。又因其廣泛流行於民間，遂成爲家庭釀製的傳統酒品。

　　唐朝時，清酒以「郎官清」及「阿婆清」最爲著名，據《唐國史補》上的記載，得知這兩款精釀均產自京城長安的蝦蟆陵。郎官清至宋代時尚存，詩人黃庭堅《病來十日不舉酒》一詩中，即

有「承君折送袁家紫，令我興發郎官清」之句；阿婆清見於竇鞏《送元稹西歸》詩，詩云：「二月曲江連舊宅，阿婆清熟牡丹開。」只是以後清酒在中土絕跡，反而保留並流行於東瀛，居然成爲其「特產」之一。

稠酒的上品名「桂花醅」，是一種用桂花和米、麴釀成的美酒。蘇鶚《杜陽雜篇》中，稱「上每賜御饌湯物，其酒有凝露漿、桂花醅」。當時這種御賜美酒極爲珍貴。另唐代中和節（二月一日）所飲的酒，又稱中和酒。依《新唐書・李泌傳》記載：「泌以學士知院事，請廢正月晦，以二月朔爲中和節。民間里閭釀『宜春酒』，以祭勾芒神，祈豐年。帝悅。」於是唐德宗在貞元五年（七八九年）下敕，始定二月一日爲中和節，村社做中和酒，是日祭勾芒神，聚會宴樂。根據後人推斷，其所飲的酒品，不外稠、清二種，而最常見的，應是易釀的稠酒。

唐代之後，風俗漸變，當地居民改成冬至釀稠酒。《陝西省通志》便載有「冬月節」，俗曰過小年，釀稠酒。民眾並仿「桂花醅」故事，在酒中配以黃桂，使酒帶有桂花芳香，譽之爲「黃桂稠酒」，成爲西安的地方特產之一。郭沫若飲了之後，讚道：「不似酒，勝似酒。」只是此酒易變質變酸，不克長期保存，無法遠銷出口。

一九八七年時，陝西省西安「雁塔麴酒廠」，與西北大學共同應用微生物研究室研製，於一九八九年正式投產，初名「西安稠酒」，後易名爲貴妃牌「貴妃稠酒」，成爲地方傳統名酒。

【釀造】

本酒選用優質糯米爲原料，以傳統麴藥，按古老釀造工藝，並結合現代科技，經醱酵及調入桂花等工序後釀成。

【口感與入菜】

貴妃稠酒屬花果配製酒，酒度4°到6°，對能雅上兩杯的人來說，只能算是一種「飲料」。酒液呈乳色，酒質精純醇厚，帶有桂花芳香，入口柔和甜潤，婦女老少咸宜。其營養頗豐富，如果經常飲用，能收開胃活血及止渴潤肺之功。

本酒只是個地方酒種，不列評酒的大雅之堂。但是否好喝？則無庸置疑。其能搭配的菜肴極多，範圍至廣。以肉類較能得其風神，像羊羹、烤全羊、罈子肉、火腿燉肘子、南安臘鴨、臘味合蒸、燒豬頭肉、炙肉骨頭、醬鴨、燒雞等，都列上選之列。但此酒雖宜大口喝，卻不能飲過量，其後勁極爲強烈，每讓人措手不及。

葡萄酒類

果酒中以葡萄酒的產量最大，釀製歷史最悠久，乃國際性飲料酒。如按其糖分多少來分類，可分成乾型葡萄酒、半乾型葡萄酒、半甜型葡萄酒及甜型葡萄酒這四種。又，其蒸餾酒為求分類方便，亦列入此章內。

張裕紅葡萄酒

品質精良重醴泉

酒名：張裕紅葡萄酒

產地：山東煙臺

特質：酒液艷賽紅寶石，透明似晶體，甜中微帶酸澀。

【來源】

在中國當下的紅葡萄酒中，名號最響、得獎最多、行銷最廣、口碑最好的首推「麟球牌」、「葵花牌」和「張裕牌」紅葡萄酒。這幾個牌子的酒，其原名為是「芝罘紅葡萄酒」、「玫瑰香紅葡萄酒」及「煙臺紅葡萄酒」，全為山東省煙臺「張裕葡萄釀酒公司」的優良產品。

煙臺的釀酒歷史甚長，一直是民間重要的副業及手工業。清光緒十八年（一八九二年），由原籍廣東省大埔縣、熱心釀酒事業的印尼華僑張士弼斥資，以三百五十萬兩紋銀，開闢廣達千畝的葡萄園，在其得力助手——曾為釀造葡萄酒技師，後為奧地利煙臺領事拔保的協助下，創辦了「張裕葡萄釀酒公司」。當時，釀酒的葡

萄除當地原有品種外，也從法國、義大利等地引進一百二十多個優良品種。經過十多年的試驗後，先後釀出了紅、白葡萄酒、味美思、白蘭地等十六種美酒。國父孫中山先生於一九一二年參觀酒廠時，試嘗之後，十分中意，信筆題寫「品重醴泉」四字匾額，以示讚譽。

一九一四年初，該廠各款美酒正式上市。紅葡萄一鳴驚人，首先在該年的山東物品展覽會上獲金質獎章，接著又在南洋勸業會上獲頒最優等獎章。第二年更大放異采，不僅在北京國貨展覽會上獲特等獎，而且在美國舊金山舉行的巴拿馬賽會上榮獲甲等大獎。從此蜚聲國際，舉世知名。

一九三一年時，酒廠遭祝融肆虐，造成嚴重損失。經此浩劫，復原困難。直到江山易手後，「張裕葡萄釀酒公司」在「新」中國的積極搶修下，始逐漸恢復舊觀。

一九八七年，出於張裕公司對國際葡萄酒事業所作的貢獻，「國際葡萄酒局」特正式命名煙臺市為「國際葡萄酒城」，並接納煙臺市為該局的觀察員。一九九二年，時為中共中央總書記的江澤民為張裕百年慶典題詞：「滄浪欲有詩味，醞釀才能芬芳。」一九九四年，成立「煙臺張裕集團公司」。三年後，該集團作為獨家發起人，成立「煙臺張裕葡萄酒有限公司」，並成為中國葡萄酒行業中的第一家上市企業。它除了賴以成名的紅葡萄外，尚有「張裕雷司令（即蕾絲鈴）乾白葡萄酒」及「張裕解百納乾紅葡萄酒」等佳釀。

【釀造】

本酒是以上等玫瑰香葡萄為主，以瑪瑙紅、解百納，梅鹿輒等二十多種葡萄為輔，盡取其色、香味之長。其釀造工藝最獨特之處，是將甜酒醱酵法與乾酒醱酵法合而為一。醱酵期間為八到十二天，溫度不得超過28℃，然後進行三次換桶，兩年貯存。分裝前則人工製冷，保持零下8℃三到四天，接著趁冷過濾，最後精工調配，裝瓶出廠。

【口感與入菜】

張裕紅葡萄酒屬甜型葡萄酒，酒度為16°，糖分為12°，總酸為0.6至0.7％。酒液艷賽紅寶石，透明似晶體；酒香濃郁顯著，口感醇厚和諧，甜中微帶酸澀，餘味綿長不盡，允稱酒中極品。康有為飲罷，賦詩云：「淺傾張裕葡萄酒，移植豐臺芍藥花，更讀《法華》寫新句，欣於所遇即為家。」可謂知味識趣，拈出人生樂事。

品嘗這款葡萄美酒，不應大口乾杯，只宜獨斟自享。在淺啜數口的同時，如能用些硬果（以榛果、腰果、核桃較佳）和起士佐飲，將會讓您陶醉其中，怡然自得。

本酒在浴火重生前，亦曾屢塑金身，迭獲大獎。如一九二九年工商部中華國貨展覽會獲特等獎。一九三○年廣州國貨展覽會再獲特等獎，一九三一年山東國貨展覽會三獲特等獎即是，而在重整旗鼓後，連續在一九五二年、一九六三年、一九七九年及一

九八四年這四年的中國第一、二、三、四屆評酒會上均榮獲國家
名酒稱號及金質獎章。一九八四年亦榮獲輕工業部酒類質量大賽
金杯獎。一九八九年則更上層樓，膺獲在比利時布魯塞爾舉行的
第二十七屆世界優質產品評選會金牌獎。

　　頂著國內、外金獎的光環，自然名聞遐邇、有利行銷。目前
除中國大陸各地外，本酒亦出遠銷至美國、日本和東南亞等地二
十多個國家。

夜光杯牌紅酒

瓊漿玉液在北京

酒名：夜光杯牌紅酒
產地：北京
特質：酒液色呈寶石紅。
酒香果香諧調，口味酸甜
適度。

【來源】

近年來，紅酒繼白蘭地、威士忌之後，在寶島廣爲流行。已從酒林新貴，進而獨領風騷，雖已漸趨式微，仍占一席之地。但在大量進口及品評洋貨之時，實不應忽略具有中國特有風味的紅葡萄酒。

據《史記》上的記載，「大宛以葡萄釀酒……久者數十年不敗……」。漢武帝時，已有「瓊漿」之號。而唐人王翰詩中「葡萄美酒夜光杯，欲飲琵琶馬上催」的名句，更是千古傳誦，讓人印象深刻。至於北京釀製葡萄酒的歷史，應可上溯至十三世紀前的元朝，距今已近八百年。

從元人所著的《析津志》等書探知，當時的葡萄酒、棗酒及椹子酒等，均是大都（今北京）的名酒。其

中，又以葡萄酒最爲流行。而產品中，則以「出火州窮邊極陲之地」的品質最好，其「上等酒，一二杯可醉人數日」，寫得十分誇張。但吟詠大都葡萄酒的詩句不少，像「回頭笑指銀瓶內，官酒誰家索報多」、「紫駝銀甕出葡萄」、「小車銀甕葡萄香」等，散見於元人的詩集中。不過，促使葡萄酒大受歡迎的主因爲世祖皇帝規定祭祀太廟必須用葡萄酒，並在至元二十八年（一二九一年）在宮中建葡萄酒窖。此外，另設「大都酒使司」向「酒戶」徵葡萄酒稅。

清代時，北京釀製的葡萄酒仍保持其一貫水準。《清稗類鈔》即云：「甜葡萄酒最宜病人，能令精神速復。」一九一五年時，北京紅葡萄酒在美國舊金山所舉行的巴拿馬萬國商品賽會上，榮獲金牌獎，從此名揚全世界。

一九四九年建成的「北京釀酒廠」，其果露酒車間，已開始生產葡萄酒。一九五四年將該車間擴建爲北京東郊葡萄酒廠。其所釀製的紅星牌紅葡萄酒，在市面上反應不錯。該廠爲了提升品質，乃在傳統釀造工藝的基礎上，融合外國先進科技，經反覆試驗後，終於在一九五九年研發出夜光杯牌中國紅葡萄酒。並於一九九一年將酒廠易名爲「北京夜光杯葡萄酒廠」。

【釀造】

本酒選用優良葡萄品種如龍眼、佳利釀、塞比爾、蘭法蘭西、解百納等爲原料，採用冷加工和熱處理等多項技術，經精選除雜、破碎壓汁、連皮醱酵、原酒陳釀，再予調配貯藏、過濾殺

菌，最後分裝出廠。

【口感與入菜】

　　中國紅葡萄酒屬甜型葡萄酒。酒度為16°，糖分為12％，總酸為0.65％。酒液色呈寶石紅。酒香果香諧調，強烈芬芳濃郁；入口醇和純正，感覺圓潤柔細；口味酸甜適度，餘香綿延清晰。不愧酒中精品，號稱「瓊漿玉液」。以致一九六二年時，名作家巴金在參觀酒廠，飲下旨酒後，大為激賞。曾信筆寫下「聞香下馬，飄飄欲仙」的題詞。

　　據專家們分析，夜光牌中國紅葡萄酒營養極為豐富，內含二百多種營養成分。如能經常飲用，必能強化體質，促進食欲，保持精力充沛，兼且延年益壽。但本酒並非佐餐飲品，只宜睡前小酌。亦唯有在慢斟細品時，才能體會出其特異香氣及獨有風味。

　　本酒自出廠後，一直在國內外市場上受到極高的評價。分別在一九六八、一九七九和一九八四年，在中國第二、三、四屆評酒會上被評為國家名酒。另一九八四年時，亦膺獲輕工業部酒類質量大賽金杯獎。行銷範圍甚廣，除暢銷於神州大陸外，並遠銷至德國及港澳等地。

王朝紅酒
中法合作的精品

酒名：王朝紅酒
產地：天津
特質：桃紅葡萄酒呈桃紅色，香氣甚爲濃郁。乾紅葡萄酒則色呈寶石紅，香氣怡雅。

【來源】

　　天津地近北平，其釀製的葡萄酒久享盛名。依據《天津志略》上的史料，「物產，葡萄酒……」，便知是當地的特產之一。一九五九年時，天津市農業局即闢建了「中保友誼葡萄園」，大量種植葡萄。一九六九年則在上址另建「天津市葡萄酒廠」，開始釀製紅、白各式葡萄酒，成爲酒市新寵。到了一九八〇年，該廠的一個車間與法國人頭馬（Remy Martin）遠東有限公司合作，成立中法合資經營的「王朝葡萄釀酒有限公司」。起先是投產半乾型白葡萄酒，緊接著於一九八三及一九八四年連續投產王朝桃紅葡萄酒及王朝乾紅葡萄酒兩款。推出之後，極獲好評，盛名至今不衰。

【釀造】

　　王朝桃紅葡萄酒是選用天津地區生產的優質佳利釀葡萄爲原料，採用八〇年代先進工藝，經破碎壓汁、控溫醱酵、除菌過濾、隔氧操作、恆溫瓶貯等一系列工序釀製。至於乾紅葡萄酒則係選用世界各種的解百納葡萄爲原料，基本上，其釀酒工藝與桃紅葡萄酒相近，亦是經過破碎、醱酵、陳釀、除菌過濾等工序釀成。

【口感與入菜】

　　這兩款葡萄酒，全具有乾型葡萄酒的典型風味。不論在酒度爲10°至30°，糖分小於0.4%及總酸0.6至0.75%上，大體一致；連酒液透明晶亮及酒香與果香諧調這兩項，也很接近。只是在顏色與氣味上，確有差別。桃紅葡萄酒呈桃紅色，自不待言；其香氣甚爲濃郁。而乾紅葡萄酒則色呈寶石紅，以香氣怡雅著稱。

　　在品嘗滋味時，這兩種酒確有些許差別。一般來說，桃紅葡萄酒適合在食用中歐、西歐餐時，搭配冷盤、乳酪、焗田螺和燴海鮮等佐飲，味偏清淡，以酒溫在12°至14°時飲用最佳。乾紅葡萄酒則適合在食用南歐、東歐餐時，搭配燻火腿、烤乳豬、煎牛小排、炙羊腿或燻鴨胸肉等佐飲，味稍醇厚，以酒溫在16℃至18℃時飲用爲宜。

　　當閣下前往天津觀光旅遊或洽公辦事時，不免會在西餐館用餐。此際，您就地取材，愼選所需，必能讓這兩款紅酒充分發揮

所長，既增添用餐氣氛，亦留下美好回憶。

　　比較起來，桃紅葡萄酒似乎更受到洋人的喜愛。它起初與乾紅葡萄酒一樣，於一九八七年被評為天津市優質產品，進而在同年雙獲農牧漁業部優質產品封號。其後，桃紅葡萄酒一枝獨秀，先於一九八九年參加比利時在布魯塞爾舉行的第二十七屆評酒會獲銅牌獎，又在該年法國波爾多舉辦的國際評酒會榮膺金牌獎，一躍而成世界名酒。而在行銷上，兩者均暢銷於大陸各大城市及港澳等地，惟桃紅數量較多。另都在新加坡、馬來西亞、日本及澳洲等國家占有一席之地，普受海外消費者的歡迎。

民權紅酒
玉壺美酒琥珀殷

酒名：民權紅酒
產地：河南民權
特質：酒色棕紅而明亮，
具有鮮葡萄特有的果香和
酒本身的醇香。

【來源】

　　黃河一旦泛濫，千里盡成澤國。
這條東方巨龍，先後於一七八三年、
一八二〇年、一八五五年、一九三三
年四度在今河南省民權縣決口改道，
遺留下四十多公里長的故道，由西而
東橫亙縣境。此處原本是風沙滾滾的
不毛之地，經過居民長期不懈地改
造，終於將大片荒漠化成結實纍纍的
葡萄園。其占地面積在五萬畝以上，
為中國最大的葡萄產區之一。

　　民權縣是由杞、睢二縣析置，古
屬睢州、京畿路。釀酒歷史悠久，唐
代即出美酒。如岑參詩云：「故人薄
暮公事閒，玉壺美酒琥珀殷。潁陽秋
草今黃盡，醉臥君家猶未還。」便是
明證。宋代釀酒業鼎盛，質、量皆冠
於中原。清代所釀的「苦露」，更流

行於通都大邑。不過，這些都是黃酒。至於其釀製葡萄酒的歷史，則迄今尚不滿四十年。

民權葡萄酒廠創建於一九五八年。現所生產的兩款著名紅酒，分別是一九六一年投產的紅葡萄酒，與一九七四年投產的「乾紅葡萄酒」。由於酒廠自投產以來，就非常重視產品的質量，曾進行了三次較大的技術改造，以致各款名酒的色、香、味均能長期保持穩定，遂贏得全球酒友的肯定及讚譽。

【釀造】

長城牌紅葡萄酒又稱民權紅葡萄酒，它選用了黃河故道特產的佳利釀、法國蘭及黑比諾（灰比諾）等優質葡萄為原料，經過分選、破碎、醱酵及陳釀等工藝後，再以少量山葡萄原酒進行調味調色而成。自其問世以來，即受到各界的歡迎和好評。長城牌乾紅葡萄酒則以優質佳利釀、玫瑰香和晚紅蜜等品種為原料，經過嚴格地篩選原料，加白砂糖控溫醱酵，原酒進行陳釀、勾兌、冷凍等工序釀製而成。因其質量特優，已成紅酒的後起之秀。

【口感與入菜】

紅葡萄酒屬甜型葡萄酒，酒度為14°，糖分為12％，總酸為0.6％。酒色棕紅而明亮，具有鮮葡萄特有的果香和酒本身的醇香；酒味醇厚，風格獨特；酸甜適中而爽口，以餘香綿長著稱。

乾紅葡萄酒則為乾（不甜）型葡萄酒。酒度為11.5°，糖分為

0.4％，總酸在0.55％至0.75％間。酒液呈棕紅色，澄清而透明；芳香馥郁，果香、酯香突出而典型。滋味微酸微澀，酒體豐滿和諧，爽冽舒適可口，餘香悠長不盡。

在品質方面，長城牌紅葡萄酒適合淺啜小飲，獨自小酌或閒居搭配硬果（尤其是榛果、核桃）而飲，皆有不錯的效果。但乾紅葡萄則不然，以佐餐為佳，尤宜羊肉。像羊羔、白切羊肉、炙羊腿、橙汁鴨、烤春雞、烤小羊排等，均是提升本酒風味的妙品，諸君何妨一試。

紅葡淘酒先於一九六三年在中國第二屆評酒會上，榮獲國家優質酒稱號及銀質獎章；其後，又在一九八四年膺獲輕工業部酒類質量大賽銀杯獎。現遠銷至英國、日本及新加坡等國，市場反應不錯。

而乾紅葡萄酒也不同凡響，它曾於一九七〇年、一九八四年在中國第三、四屆評酒會上，榮獲國家優質酒稱號及銀質獎章，且於一九八四年獲輕工業部酒類質量大賽金杯，更於一九九〇年獲選為輕工業部優良產品。現已內銷於國內各大城市，並外銷到歐、美二十餘國，是當今世界名酒之一

通化紅葡萄酒

五款精妙後勢漲

酒名：通化紅葡萄酒
產地：吉林通化
特質：酒液色澤清澈晶
瑩，紅亮似寶石。

【來源】

處於白山黑水間的北大荒，其中段
的吉林省一帶，出產一種舉世無雙的特
有品種山葡萄。這種野生的葡萄生長在
自然環境，色素濃、酸度高，口味純
正，清香特異。其所釀出來的紅酒，不
論在口味及風味上。硬是與人不同，因
而風靡全球。

位居吉林省的通化市，於一九三七
年建立「通化葡萄酒廠」，以傳統的釀
法生產紅葡萄酒。這個小酒廠，因其產
品平常，不甚受人重視。五〇年代末
期，中共對該廠進行大規模的改建、擴
建，加強技術水平，提升產品質量，並
於一九五四年易名「通化葡萄酒公
司」，起先投產紅梅牌中國通化紅葡萄
酒。到了一九五八年，經五年反覆試製
而成的通化人參葡萄酒問世。及至一九

八一年時，突然大放異彩，一口氣推出通化紅葡萄酒、通化味美葡萄酒及通化公主紅（半乾）葡萄酒三款。由於各種美酒屬性迥異，滋味復美非常，此三酒遂席捲大陸市場，進而暢銷五大洲。

【釀造】

最先推出的中國通化葡萄酒，係以山葡萄為原料，而且在釀造時，採用陳釀與人工老熟的方法，藉以提高酒質。自上市之後，立即（同時也是中國首批葡萄酒）打入香港市場，旋被譽為世界葡萄酒中的一顆明珠，評價極高。此後暢銷於歐、亞、美洲二十餘國。一九六五年時，更被列為中國國宴用酒，以迄於今。

接著問世的通化人參葡萄酒，係以吉林特產的人參釀製成人參原酒，再採用醱酵和浸出相結合的方式，和山葡萄調配而成。由於此酒具有滋補強身提神補氣及促進新陳代謝等保健功效，暢銷於東南亞諸國中。

後勢頗被看好的公主紅（半乾）葡萄酒，係以公釀一號（即用玫瑰香葡萄與山葡萄接枝而成的新品種）葡萄為原料，再以優良葡萄酵母經低溫醱酵，陳釀而成。自上市以來，即受到久居中國的外僑及往來其間的人士推崇，號稱「百喝不厭」。

【口感與入菜】

通化紅葡萄酒屬甜型葡萄酒，酒度15°，糖分為15％，總酸為0.5至0.7％。酒液色澤清澈晶瑩，紅亮似寶石，果香與酒香濃

郁，口感微澀，酸甜適度，餘香綿延，風味顯著，目前仍是該廠的主力酒。

通化人參酒則屬甜型葡萄補酒，酒度為15°，糖分為17%，總酸為0.5至0.7%，酒液色澤黯紫帶黃，強烈明艷，具有人參特有的清香和山葡萄酒的酯香。

另，通化紅葡萄酒及味美葡萄酒，均以山葡萄為主要原料；唯前者是與家葡萄合釀，後者乃浸以野玫瑰花精釀。這兩款皆屬甜型葡萄酒，酒度同為15°，糖分分別為14%及17%，總酸均是0.5至0.7%。酒液全呈淺寶石紅色，清亮透明。至於在風味方面，兩者均醇厚溫和，酒體豐滿，後味綿長。惟味美葡萄酒因具有悅人的野玫瑰花香與獨特的山葡萄果香，因而深受老人和婦孺的喜愛。此外，這兩種酒皆曾在一九八三年被評為吉林省優質產品，另味美葡萄酒則在一九九○年獨膺輕工業部優質產品稱號。

最後，通化公主紅葡萄酒屬半乾型葡萄酒，酒度為12°，糖分為1%，總酸為0.5至0.7%。酒液呈寶石紅色，澄清透明，以酒香果香諧調、醇厚柔細及回味綿長聞名。

在品嘗時，通化紅葡萄酒、味美葡萄酒及人參葡萄酒都以清飲為宜，適合小杯淺啜，其量絕不可多。而中國通化葡萄酒可在冰鎮之後，佐以燒鵝、燒鴨、燒肉、油雞、臘腸、肝腸等廣式燒臘，滋濃味鮮，相得益彰。適合搭配西餐的只有公主紅（半乾）紅葡萄酒了，如配以豬肋排或燒烤牛、羊肉，將非常對味。

中國通化葡萄酒與通化人參葡萄酒皆被命名為吉林省名酒，並先後榮獲國家優質酒、銀質獎章以及輕工業部酒類質量大賽銀杯獎。而通化公主紅葡萄酒曾在一九八三年被評為吉林省優質產

品，並在一九八四年獲輕工業部酒類質量大賽銅杯獎。現正積極
規畫開闢國際市場。

酒名：豐收牌紅酒

產地：北京

特質：酒液澄清透明，呈紅寶石色，鮮艷奪目，芳香濃郁。

豐收牌紅酒
風味絕美顯於世

【來源】

「北京葡萄酒廠」是中國現有的大規模葡萄酒廠中，歷史數一數二，上市酒齡最早的老字號酒廠。它原先是法國在華的一個教會於清宣統二年（一九一○年）所建的「上義學校釀造所」，後改稱爲「上義洋酒廠」，以生產「大香檳」（現名起泡葡萄酒）著名。自江山易主後，一九五六年，在原酒廠基礎上改建成新酒廠，並於一九五九年，更易爲今廠名。

該廠先於一九五七年，推出清香羅木酒；再於一九五九年仿製桂花酒（今稱桂花陳酒）成功；最後在一九六三年釀成豐收牌中國紅葡萄酒上市，這款紅酒乃中國有名的紅葡萄酒，現已行銷海內外。

【釀造】

豐收牌中國紅葡萄酒乃以該廠培植的優質染色品種佳利釀、二○三○、二○○七等葡萄爲原料，經過精選、破碎、帶皮醱酵及陳釀等程序，精工調配而成。不僅是中國國宴的指定用酒之一；而且因總理周恩來在訪問歐美十六國時，以此歡宴各國嘉賓而名揚寰宇，以風味絕美著稱。

【口感與入菜】

　　豐收牌紅葡萄酒屬甜型葡萄酒，酒度爲13°，糖分爲12%，總酸爲0.65%。酒液澄清透明，呈紅寶石色，鮮艷奪目，芳香濃郁，具有葡萄自然天成的果香和酒本身醇厚豐滿的酯香。酸甜適度，柔和爽口，味感和諧，飲後回香，餘味不盡。另酒中含有豐富的各種維生素和對人體有益的成分，甚有養身補血之效。其能深受世人喜愛，洵非偶然。

　　而在品嘗時，豐收牌中國紅葡萄酒佐餐、自飲兩相宜。佐餐之際，先行冰鎮，把玩搖晃，搭配德國豬腳、橙汁鴨、焗燒扇貝等固佳，但伴鹽焗雞、鹽水鴨及滷水鵝而食益妙，讓人一想到就猛流口水。

　　豐收牌中國紅葡萄酒曾於一九七九年被評爲北京市地方優質酒，一九九○年獲輕工業部優質產品稱號。曾爲港澳地區的搶手貨，且已銷往日本、東南亞及歐美等四十餘國。

蕭縣紅酒
帶得人心去後思

酒名：蕭縣紅酒
產地：安徽蕭縣
特質：酒色呈寶石紅，鮮
艷晶亮；果香濃郁，氣味
悅人。

【來源】

安徽省蕭縣是中國著名的葡萄產地。所產葡萄遠勝他處，自古便有「蕭縣葡萄碭山梨，汴京西瓜紅到皮」的民謠。其葡萄栽培史已逾千年。明世宗嘉靖十年（一五三一年）所編修的《蕭縣志·物產篇》，即對此地生產的葡萄有著翔實詳盡的記載。

蕭縣的葡萄據估計有上百個品種。有珍珠狀，有橄欖形，有的艷如瑪瑙，有的色白如璧。其中，最碩美的是「白羽」和「玫瑰香」這兩種。白羽葡萄，皮薄多汁，香郁爽淨，味道酸甜，形狀美觀宛若白璧，晶瑩悅目。而玫瑰香葡萄則狀似橢圓，紫裡透紅，汁多味甘，含糖量高，具有濃烈的玫瑰香氣，目前為蕭縣最典型的品種，也是釀製紅葡萄酒的重要原料。

不過，較爲人訝異的是蕭縣雖早在宋代即有釀酒業，清代並有多款燒酒、黃酒，甚受時人喜好。如胡近垣的詩即云：「滿盞村醪醉莫辭，春郊五馬暫遲遲，民間一物何曾帶，帶得人心去後思。」又，一九三二年時，境內即有四十三家酒坊，全部釀製白酒，產量十分可觀。然而，今日蕭縣賴以成名的，反而是近半世紀才興起的葡萄酒，可謂後來居上，再創新高。

　　一九五六年時，「蕭縣葡萄酒廠」落成，同年即投產「雙喜牌甜紅葡萄酒」。一九八六年酒廠易名爲「蕭縣葡萄酒罐頭聯合公司」，開始進入量產，其葡萄酒年產量當時高居中國第二位。除葡萄酒外，亦生產加工罐頭。其後，爲了提高質量，乃專事葡萄酒生產，並改回原廠名。現已是中國最大的葡萄酒廠之一。所生產的葡萄酒計有：乾白、乾紅、甜紅、味美思、桂花酒等高檔產品，亦有半甜汁紅葡萄酒及葡萄汽泡酒（即香檳酒）等一般產品。

【釀造】

　　甜紅葡萄酒的原料是以玫瑰香葡萄爲主體，優質梅鹿輒和法國蘭等葡萄爲輔料。採用國內、外先進的經驗和科技，先行熱浸，再旋轉醱酵、果汁分離、無菌過濾，然後連續冷凍的工藝釀製而成。量大質精，東南稱尊。

【口感與入菜】

本酒屬高級甜型紅葡萄酒，酒度為14°，糖分12%，總酸0.65%。酒色呈寶石紅，鮮艷晶亮；果香濃郁，氣味悅人；酒體厚美，豐滿和諧；馥郁舒暢、醇厚爽利；味甜微酸，回味悠長。

品嘗本酒，甚宜燒雞，能得符離集燒雞最妙。在冰鎮之後，如佐以乾果、潮州「打冷」或滷味切盤，在炎夏痛飲恣嘗，非但可以一膏饞脗，尤為人生一大快事。

甜紅葡萄酒應市不久，即獲各界好評，在一九五八年和一九五九年先後舉行的中國葡萄酒評比中，均蒙評審青睞，連得兩屆亞軍。而一九八一年、一九八五年及一九九七年，皆被評為安徽省優質產品。另一九八四年則獲輕工業部酒類質量大賽銅杯獎。現不僅神州內搶手，在海外亦深受喜愛。現已遠銷至新加坡、馬來西亞、泰國、克羅埃西亞及波蘭等十餘個國家。

長城乾白葡萄酒、
長城半甜白葡萄酒
東方美酒在沙城

酒名：長城乾白葡萄酒、
長城半甜白葡萄酒
產地：河南懷來
特質：長城乾白葡萄酒--酒
色微黃帶綠，酒香、果香
濃郁，香美一如鮮果。
長城半甜白葡萄酒--酒色微
黃帶綠，酒液透明晶亮，
酒香、果香和諧。

【來源】

沙城鎮位於河南省懷來縣，以釀製頂級的白葡萄酒著稱。

懷來縣釀酒的歷史甚久，元代已出產玉液酒，據《懷來縣志》的記載：「縣東南里許有釀酒泉井，水作鵝黃色。官為置務，歲供御醪焉。」可見當時已是歲貢的宮廷御酒。又，明人金幼孜所撰的《北征錄》亦謂：「懷來縣鎮安驛，行數里，道邊有土垣，宛如一小城。問人曰：『此元時官酒務，每歲駕幸上都，於此取酒』。」到了清代，當地以沙城釀製的酒品，最享盛名，其酒品有「沙酒、煮酒、葡萄酒」等。另，據一九一七年《直隸省商品陳列所第一次實業調查記》的說法，清代末期，再從宣化將釀製葡萄酒工藝傳入沙城，並

「由官府補助」釀製葡萄酒。等到民國初年，新成立不久的「裕華公司」，其所釀製的葡萄酒，參加一九一五年在北京舉行的「國貨展覽會」上，獲得二等獎，且稱讚：「其味與西班牙之把忒酒（註：即今波特）酒無甚差別」。同年，它又參加在美國舊金山所舉行的「巴拿馬運河開航萬國博覽會」獲得銅牌獎，成為享譽海外的佳釀。不過，一九一七年時，「以組織不良而歇業，現下作者為一王姓，本止五百金，亦危矣。」

　　直到一九二三年，依《察哈爾省通志》載：沙城已無釀製葡萄酒的作坊存在。一九四九年，地方政府在眾小燒鍋的舊址上，建成「沙城酒廠」，接著於一九六〇年建「葡萄酒車間」，恢復沙城傳統葡萄酒之釀製。一九七六年，再將此一「葡萄酒車間」，擴建為「沙城葡萄酒廠」。一九八三年，更與「中國糧油食品進出總公司」及「香港遠大公司」合資組建「中國長城葡萄有限公司」，一九九〇年時，再把酒廠易名為「中國長城葡萄有限公司」。並於一九九七年正式投產半甜白葡萄酒，一九九八年再正式投產乾白葡萄酒。

【釀造】

　　沙城的白葡萄酒係用盛產於長城腳下、桑乾河畔的名貴特產——龍眼葡萄為原料。由於桑乾河畔土肥水善，晝夜溫差大，日照時間長，且土壤中含有豐富的磷質。因而此地出產的龍眼葡萄顆粒齊整，色紫紅、味甘美，食之芳香沁脾，故用它釀出來的酒，

果香與酒香兼備，具有獨特風格。

長城乾白葡萄酒選用優質的龍眼葡萄為原料，萃取其汁液，於澄清處理後，接入純種酵母醱酵，再經勾兌、過濾、裝瓶等工序後，瓶貯半年以上，才出廠上市。

長城半甜白葡萄酒亦選用當地特產的新鮮龍眼葡萄為原料，採用傳統釀造工藝，經破碎除梗、果汁分離，取其流汁再澄清處理，於醱酵、陳釀、冷凍、精濾等工序後，精釀而成。

【口感與入菜】

長城乾白葡萄酒屬乾型葡萄酒，酒度為9°至13°，糖分為0.4％，總酸為0.5至0.7％。酒色微黃帶綠，酒液澄清晶亮，酒香、果香濃郁，酒體完整醇和，香美一如鮮果，入口圓潤和諧，回味清爽綿長，誠為一款風格獨特且不甜的葡萄酒，用此搭配魚、蝦、蟹、雞、鴨、鵝等白肉食品，在15℃至20℃時飲用尤為冽爽宜人。

長城半甜白葡萄酒屬半甜型葡萄酒，酒度為7°至13°，糖分為2％，總酸為0.65％。酒色微黃帶綠，酒液透明晶亮，酒香、果香和諧，酒體豐滿柔細，回味優雅悠長。因其在國際上享有極高的聲譽，因而博得「東方美酒」的尊號，適合搭配的佳餚以清淡或爽口的菜色為主，像雞火乾絲、肴肉、涼拌海蜇頭、醃雞、冬菜鴨等，均能提高酒興，進而舒爽神怡。

長城乾白葡萄酒曾在一九七八年被評為河北省優質酒，亦在中國一九七九年第三屆、一九八四年第四屆評酒會上，榮獲國家名酒稱號。一九八五年時，再獲國家優質產品金質獎。此後，蜚

聲國際，一九八三年，先在英國倫敦舉行的第十四屆國際評酒會上獲銀質獎。接著在一九八四年，獲西班牙馬德里第三屆國際酒類飲料大賽金獎。一九八六年時，更獲法國巴黎第十二屆國際食品博覽會金獎，現已遠銷至英國、美國、日本、新加坡、馬來西亞等二十餘國。

長城半甜白葡萄酒亦是舉世知名的金獎佳釀。先於一九七九年，榮獲中國第三屆評酒會國家優質酒銀質獎章。一九八四年，再獲輕工業部酒類質量大賽銀杯獎。此外，其在國際上獲得的獎項，全與乾白葡萄酒相同，堪稱相得益彰。目前的行銷範圍頗廣，已有德國、荷蘭、日本、美國、加拿大、泰國等二十餘國。

金獎白蘭地

葡萄燒酒調中氣

酒名：金獎白蘭地
產地：山東煙臺
特質：酒液金黃透明，氣味芳香柔諧，醇厚爽口微苦，回味綿延持久，餘香繞舌不息。

【來源】

白蘭地是由葡萄酒蒸餾萃取而成的酒品，以法國干邑地區所出產的最負盛名；名牌如人頭馬、馬爹利、軒尼詩等，早已暢銷全球。而中國最早的葡萄蒸餾酒，起初叫葡萄燒酒，源自西域。據明人李時珍《本草綱目》上的記載：「燒酒，取葡萄數十斤，用大麴釀酢，取入甑蒸之，以器承其滴露，紅色可愛。古者西域造之，唐時破高昌，始得其法。」

葡萄燒酒具有「益氣調中，耐饑強志，消痰破癖」的功能，中土自古好飲。十九世紀末，才把它改成譯名「白蘭地」原來外國的白蘭地初輸入內地時，中國人根本搞不清它是哈玩意，一律稱爲「鬼子酒」。《清稗類鈔》即云：「嘉慶某歲之冬前二日，

仁和吳書農學士（官職名）敬設席宴客，……飲鬼子酒。鬼子酒
為舶來品。當為白蘭地、惠司格（威士忌）、口裡酥之類。當時識
西文者少，呼西人為鬼子，因強名之曰鬼子酒也。」這種情況，
一直到清德宗光緒十八年（一八九二年），印尼華僑張士弼在煙台
集資創辦「張裕釀酒公司」，投產「可雅白蘭地」（後易名為「紅
星高月白蘭地」、「金獎特種白蘭地」，俗稱「張裕白蘭地」）後，
始見改善並正名。而今該公司已更名「烟台張裕集團有限公司」，
其生產之白蘭地，有V.O、V.S.O.P、木桶X.O、水晶X.O等品種，
其中之張裕水晶X.O金獎白蘭地，係在百年酒窖儲存三十年以上，
蘊含自清末以來各個年份的陳釀，品質卓爾不凡，盛於特製之水
晶瓶中，乃中國白蘭地酒之極品。

【釀造】

　　本酒選用優質葡萄作原料，再以特種方法蒸餾陳釀精製而
成。在釀製時，除以葡萄醱酵蒸餾的原白蘭為主外，先加入部
分未經醱酵的白葡萄皮，及已醱酵一次的白葡萄皮和蔗糖醱酵蒸
餾的原白蘭地，另加入特製的香料、蒸餾水與糖色等配製而成。
嚴格配比混合、過濾，然後用十年左右的橡木桶貯藏，陳釀兩年
以上。最後則在攝氏零下15℃冷凍，經過二到三天的澄清和過濾
後，即可包裝出廠。

【口感與入菜】

張裕金獎白蘭地酒度為40％，酒液金黃透明，氣味芳香柔諧，醇厚爽口微苦，回味綿延持久，餘香繞舌不息。雖入喉帶勁卻不感刺激，博得評酒家一致讚譽，咸認為此酒既有白蘭地的風格，又有蘭姆酒的特點，環視世界，獨一無二，即使飲用過量，亦有難醉易醒之妙。更何況適量小酌，尚有耐寒提神、舒筋活血、健脾驅風等功效。

金獎白蘭地可直接飲用（餐後尤佳），亦可加些冰塊或加冰水飲用，而風味不變。更可加綠茶及冰塊調製成雞尾酒，飲來別有滋味。

本酒自上市以來，即名副其實，獲獎牌無數。先在一九一五年北京所舉辦的國貨展覽會上獲特別獎，同年又在美國舊金山榮獲巴拿馬萬國商品賽會甲等大獎章。一九二九年，先在中商部中華國貨展覽會上獲特別獎。一九三一年，又在山東省國貨陳列館獲特等獎。而一九五二年、一九六二年、一九七九年、一九八三年所舉辦的中國第一、二、三、四屆評酒會上迭獲國家名酒稱號及金質獎章，更將其知名度推上頂峰。此外，一九八四年獲輕工業部酒類質量大賽金杯獎。一九八七年獲比利時布魯塞爾第二十五屆世界優質產品評選會銀牌獎。一九八八年則獲希臘雅典第二十六屆世界優質產品評選會金牌獎。目前不僅中國各地均有銷售，而且出口英國、德國、波蘭、新加坡、馬來西亞、日本等數十個國家。

名詞解釋

一、各類酒麴

1.大麴：

又名塊麴、磚麴；它用含澱粉質的糧食（常用小麥、大麥和豌豆等）為原料，經粉碎壓製成大塊磚型的麴坯。是一種多元微生物的混合麴，主要的微生物為霉菌和酵母菌。在一定的條件下，前者所產生的澱粉酶能將澱粉分解成葡萄糖；後者繁殖的各種酵母菌則將葡萄糖轉換成乙醇。由於不同的地域環境、不同的原料配比、不同的培養條件，可以培養出風格迥然不同的大麴，從而釀出不同風味的大麴酒。

而根據培製時控制溫度的高低大麴又有高溫麴（60至65℃）、中溫麴（50至60℃）、低溫麴（40至50℃）之分。

大麴釀製的酒，口味醇厚，麴香濃郁，盡屬佳釀；缺點則是用麴量多、出酒率低、耗食糧高。

2.小麴：

又名藥麴、酒藥、餅麴；它是用大米、米糠等為原料，配加少量辣蓼草、中草藥，接種麴母培養製成，因其質細而純，故稱小麴，本身即具有糖化和醱酵的雙重作用。

小麴按用途可分黃酒小麴和白酒小麴；按顏色可分白麴、黑麴；按成分可分藥麴和無藥糠麴；按形狀可分麴餅和散麴。

小麴釀製的酒口味稍醇甜，氣味較清淡；好處是用麴量少，出酒率高，耗食糧少。

3.麩麴：

用麩皮為原料，接入純種的糖化霉菌，如黃麴霉、黑麴霉、根霉

等，經人工控制溫度、溼度培養而成。爲近年來釀酒工業的主要糖化劑，通常釀製白酒，並以此法代替老法的大麴。有出酒率高、生產周期短、不受季節限制、適宜多種澱粉原料及所取原料價廉的優點，弱點則是香味明顯不及大麴。

4.紅麴：

用大米、麴米或糯米爲原料，接種麴母培養而成。乃釀製黃酒的特殊麴種，本身即具有糖化和醱酵雙重作用，以色紅鮮艷而得名。

紅麴釀製的酒顏色大紅，香氣濃郁，口感醇厚。

另有一種烏衣紅麴，它是由紅麴霉、黑麴霉和酵母共生的麴種。比起紅麴來，有更強的糖化力和醱酵力。故出酒率高於紅麴，但釀出來的風味亦相對遜於紅麴酒。

5.麥麴：

又名桂花麴、草包麴，是現存中國最古老的麴種。它用小麥爲原料，軋碎加水成型，經培養而成（用於黃酒生產），麥麴主要是起糖化和增香的作用。

二、白酒香氣專用語

1.濃香型

主體香是己酸乙酯和適量的丁酸乙酯。以酒香濃郁，綿柔甘冽，入口甜，落口綿，尾子乾淨、回味悠長及飲後尤香著稱。代表產品爲瀘洲老窖特麴，故又稱爲「瀘香型」或「窖香型」。

2.醬香型

主體香的成分目前尚無一致，極有可能是麴喃類、麴喃類的衍生物。以酒香柔和優雅，香而不艷，柔而不淡；入口醇厚柔綿，回味綿長不絕；倒入杯中過夜，香氣持久不失及飲後空杯留香著稱。此香類似醬坊所發出來的香氣，由醬香、窖底香和醇甜三種成分融合組成。代表產品爲茅台酒，故又稱爲「茅香型」。

3.清香型

主體香是乙酸乙酯和乳酸乙酯。以酒氣清香馥郁，醇厚軟綿，甘冽爽口，氣味純淨，回味悠長著稱。代表產品爲汾酒，故又稱爲「汾香型」。金門高粱酒、北京二鍋頭等均屬於這一香型。

4.米香型

主體香是乳酸乙酯和 β 苯乙醇，亦含有不少的乙酸乙酯。以酒氣蜜香清柔、優雅、純淨、入口甘綿、回味怡暢著稱。由於香氣類似蜂蜜，又稱「蜜香型」。代表產品爲桂林三花酒，故又稱爲「桂香型」。

5.兼香型

由兩種主體香氣組成的香型。如白沙液既有醬香，又有濃香；凌川白酒則清香顯著而回味有醬香。代表產品爲酒鬼，以兼有「瀘型之香，茅型之細，濃中帶醬，醬不露頭」的獨特風格著稱。

6.其他香型

香氣成分無定型格局，具有一酒多香的風格，如董酒既有大麴酒的濃郁芳香，又有小麴酒的柔綿、醇和、回味的特點，自成體系，稱「董香型」，另一代表產品爲西鳳酒，風格獨立，影響甚大，稱「鳳香型」。

三、續渣法大麴生產工藝

　　將粉碎後的原料（即麴子）蒸熟後，加大麴入窖池（通常與窖泥直接接觸）醱酵，取出酒醅蒸餾。蒸完酒的醅子，再加入單獨蒸料後的新醅和大麴繼續醱酵，如此一再反覆地進行，即是「續渣」。有時在蒸酒的時候才加以新醅，使蒸酒和蒸料同時進行，此即所謂的「混燒」。又蒸酒時把每個酒窖的酒醅分五甑蒸完，此即傳統的「老五甑操作法」，新法則是分四甑蒸完。（注：甑爲一種蒸餾設備）

四、勾兌

　　在釀酒時，把蒸餾出來各批成分不完全相同，風格各異的酒合理地配兌，截長補短。從而酒中所含物質的數量和相互間的比例得到調整，使其具有一致性。而在勾兌時應先試小樣，後勾大樣；先解決香，後解決味。經反覆品評確證後，方可進行大批量的勾兌。至於勾兌出的酒，一般稱爲基礎酒，又稱酒基。

五、黃酒與葡萄酒按酒中含糖濃度，可分爲甜型酒、半甜型酒、半乾型酒及乾型酒四種。

1.甜型酒

　　黃酒含糖在十克／一百毫升以上；葡萄酒含糖在五克／一百毫升以上。

2.半甜型酒

　　黃酒含糖在三到十克／一百毫升；葡萄酒含糖在一‧二到五克／

一百毫升。

3.半乾型酒

黃酒含糖在○‧五到三克／一百毫升；葡萄酒含糖在○‧四到
一‧二克／一百毫升。

4.乾型酒

黃酒含糖在○‧五克／一百毫升以下；葡萄酒含糖在○‧四克／
一百毫升以下。

六、淋飯法和攤飯法

兩者皆用於傳統黃酒工藝之釀造，淋飯法是指在釀造時，用冷水
澆淋在蒸煮好的糯米飯上，使其迅速冷卻的方法；攤飯法則是將煮
好的糯米飯，攤平置放於竹蓆上，用飯匙反覆掀翻，使飯迅速冷卻
的方法。

七、配製酒

又名再製酒，是一種以白酒、黃酒或果酒為酒基，配加植物性藥
材、動物性藥材或花果類等物質，經過調味配製而製成的酒。大多
為中、低度酒，如藥酒、滋補酒、利口酒等。一般分成三類：

1.植物藥材配製酒

採用不同酒基，調配植物藥材的配製酒屬之。其要求為諸香和
諧，口味諧調（酒度應不大於五十五度，糖度要小於二十六克／一
百毫升）；如蓮花白、菊花白、五加皮、竹葉青等皆是。

2.動物藥材配製酒

大多採用白酒、黃酒為酒基，調配動物藥材再加配其他芳香物質加工配製而成。允許突出所用動物藥材的特殊氣味，但諸香要諧調，口味應柔和純正，如鹿茸酒、三鞭酒、三蛇酒等。其酒度和糖度的要求與植物藥材配製酒並無二致。

3.花果配製酒

採用任何酒為酒基，調配含有芳香物質的花、葉、根、莖等花類配製酒或調入果汁、果實醱酵原料的果類配製酒，都屬這一類型。前者突出花香，如玫瑰露、桂花陳酒等；後者突出果香，如山楂酒、獼猴桃酒、荔枝酒等。這類配製酒的酒度在十八到五十五度之間，糖度不超過三十克／一百毫升。

八、加香型

主要以葡萄酒為酒基，配以芳香植物或草本藥物製酒，味美思便是其代表作品。

中國名優酒得獎名錄

壹、中國酒獲國際獎名錄

1. 江蘇海門頤生釀造廠─船牌頤生大麴酒榮獲：
   一九〇四年日本大阪國際博覽會獎
   一九〇六年義大利萬國博覽會金質獎
   一九一〇年浙江西湖萬國博覽會獎狀

2. 江蘇酒門頤生釀酒廠─船牌茵陳酒榮獲：
   一九〇九年南洋勸業會頭等獎

3. 江蘇丹陽酒廠─金塔牌丹陽黃酒榮獲：
   一九〇九年南洋勸業會頭等獎

4. 浙江金華酒廠─考生酒榮獲：
   一九〇九年南洋勸業會獎

5. 浙江紹興釀酒總廠─紹興老酒榮獲：
   一九一〇年南洋勸業會金牌獎
   一九五二年西湖博覽會金牌獎

6. 江蘇雙溝酒廠─雙溝大麴榮獲：
   一九一〇年南洋勸業會「甲等佳酒」稱號

7. 陝西西鳳酒廠─鳳凰牌西鳳酒榮獲：
   一九一〇年南洋勸業會二等獎

8. 江蘇雙溝酒廠─山河牌雙溝大麴榮獲：
   一九一一年巴拿馬賽會獎

9. 山東煙台張裕葡萄釀酒公司─煙台紅葡萄酒榮獲：
   一九一四年南京南洋勸業會最優等獎
   一九一五年巴拿馬賽會金獎

10.山東煙台張裕葡萄釀酒公司─葵花牌金獎白蘭地酒榮獲：

　　一九一五年巴拿馬賽會最優獎、金質獎

11.山東煙台張裕葡萄釀酒公司─煙台味美思榮獲：

　　一九一五年巴拿馬賽會金獎

12.浙江紹興釀酒總廠─塔牌加飯酒榮獲：

　　一九一五年巴拿馬賽會金獎

13.江蘇雙溝酒廠─香泉牌雙溝大麴榮獲：

　　一九一五年萊比錫國際博覽會獎

14.江蘇泗陽縣洋河鎮─洋河大麴榮獲：

　　一九一五年巴拿馬國際博覽會金獎

　　一九二三年南洋賽會「國際名酒」稱號

15.四川瀘州酒廠瀘州老窖特麴榮獲：

　　一九一五年巴拿馬國際博覽會金獎

　　一九〇九年南洋勸業會獎

16.山西杏花村汾酒廠─長城牌汾酒榮獲：

　　一九一五年巴拿馬賽會金獎

17.山東蘭陵美酒廠─蘭陵牌美酒榮獲：

　　一九一五年巴拿馬賽會金獎

18.山東濟寧玉堂釀造總廠─玉堂牌金波酒、宴佳賓酒、萬國春酒、
　　冰雪露酒分別榮獲：

　　一九一五年巴拿馬賽會金獎

19.貴州茅台酒廠─飛天牌茅台酒榮獲：

　　一九一五年巴拿馬賽會金獎

　　一九八五年法國國際金質獎

20.安徽省加山明光酒廠─明光大麴榮獲：

　　一九三〇年南洋勸業會「上等佳品」稱號

21.河北沙城酒廠—沙城乾白葡萄酒榮獲：

一九八三年倫敦第十四屆名酒賽會銀質獎

22.北京—豐收牌桂花陳酒榮獲：

一九八五年馬德里第四屆國際飲料酒賽會金獎

一九八五年法國國際金質獎，國際高品質金獎

23.天津—金星牌玫瑰露酒榮獲：

一九八五年法國國際金質獎

一九八五年馬德里第四屆國際飲料酒賽會金獎

24.浙江—塔牌紹興花雕酒榮獲：

一九八五年法國國際金質獎

25.山東青島啤酒—青島啤酒榮獲：

一九八一、一九八五、一九八七年華盛頓國際啤酒會議冠軍獎

26.四川瀘州酒廠—瀘州牌瀘州特麴榮獲：

一九八七年國際金鷹杯獎

一九八八年國際金鼎獎

27.四川宜賓五糧液酒廠—五糧液酒榮獲：

一九一五年舊金山、巴拿馬國際博覽會金獎

一九八八年香港國際食品展國際金龍獎

一九八九年日本大阪「'89關西國際食品展」國際金獎

28.四川綿竹酒廠—劍南春酒榮獲：

一九八八第六屆香港國際食品展金花獎

29.山東省泰安釀酒總廠—泰安牌回春酒榮獲：

一九八八年北京國際發明展覽會食品類最高獎—銀獎

30.山東魚台酒廠—湖濱特麴、孔府宴加飯酒榮獲

一九八八年世界優質產品銀牌獎

31.天津市天宮葡萄釀酒公司—天宮牌半乾白葡萄酒榮獲：

一九八七年第十四屆法國波爾多國際葡萄酒評比會國際金獎

32.安徽省懷遠縣酒廠—石榴牌石榴酒榮獲：

一九八八年「首屆國際專利及新技術設備展覽會」釀製技術及產品金牌。

33.貴州湄潭酒廠—38°、48°、55°湄窖酒榮獲：

一九八八年秋季德國萊比錫國際博覽會金牌獎

34.以下酒分別榮獲：

一九八八年第十三屆巴黎國際食品博覽會金獎。

北京啤酒廠—豐收牌北京特製12°啤酒

河南民權萄酒廠—長城牌貴人香葡萄酒

四川文君酒廠—文君牌文君酒

安徽毫縣古井貢酒廠—古井牌古井貢酒。

35.煙台張裕葡萄釀酒公司—球牌解百納乾紅葡萄酒、珠穆朗瑪峰牌半乾白葡萄酒、蓬萊閣牌半甜白葡萄酒分別榮獲：

第二十五屆國際優質產品會金獎

36.煙台張葡萄釀酒公司—張裕牌ＶＳＯＰ金獎白蘭地酒榮獲：

第二十五屆國際優質產品會銀獎

37.煙台張裕葡萄釀酒公司—張裕牌紅味美思、白味美思、珠穆朗瑪峰牌半乾白葡萄酒、蓬萊閣牌半甜白葡萄酒分別榮獲：

一九八九年比利時布魯賽爾第二十七屆世界優質產品評選會金獎

38.煙台張裕葡萄釀酒公司—桃紅半乾葡萄酒和至寶牌至寶三鞭酒分別榮獲：

一九八九年比利時布魯塞爾第二十七屆世界優質產品評選會兩枚銀牌、一枚銅牌獎

39.河南民權葡萄酒廠—長城牌貴人香乾白葡萄酒榮獲：

一九八九年第十三屆巴黎國際食品博覽會金獎

40.山東省濟南平陰玫瑰酒廠—玫瑰牌玫瑰酒榮獲：

一九八九年德國萊比錫國際博覽會金獎

41.北京友誼葡萄酒有限公司—龍徽牌白葡萄酒榮獲：

一九八九年香港國際名釀美食協會試酒大會「最佳中國葡萄酒金獎」

一九八九年國際第廿九屆評酒師聯合大會最高獎—特別大獎

42.四川成都全興酒廠—全興系列酒榮獲：

一九八八年香港國際食品展覽會金鐘獎

43.在一九九〇年比利時布魯塞爾第二十九屆世界優質產品評選會上，山東省一輕系統的「煙台中日友誼葡萄酒有限公司」等十一個廠家的十六種酒分別榮獲冠軍獎、金獎和銀獎。

1.冠軍獎：

煙台中日友誼葡萄酒有限公司—珠穆朗瑪峰牌乾紅葡萄酒

煙台中日友誼葡萄酒有限公司—珠穆朗瑪峰牌乾白葡萄酒

2.金獎：

山東景芝酒廠—景陽春牌景陽春酒

曲阜市酒廠—孔府牌孔府家酒

山東泗水酒廠—泉林春特釀

春安釀酒總廠—皇宮回春酒

煙台第二釀酒廠—魯皇桂釀

蘭陵美酒廠—蘭陵牌蘭陵特麴

蘭陵美酒廠—蘭陵牌蘭陵美酒

諸城酒廠—蜜州玉液

臨沂酒廠—羲之家酒

臨沂酒廠—玉香春黃酒

煙台中日友誼葡萄酒有限公司—蓬萊閣牌乾白葡萄酒

威海啤酒廠—威海衛牌酒

騰州啤酒廠—荊泉啤酒

3.銀獎：

臨沂酒廠—沂州府酒

44.山東青島啤酒廠—青島牌青島啤酒榮獲：

一九九〇年聯邦德國國際食品博覽會金杯獎

45.山東沂南酒廠—古城老窖白酒榮獲：

一九九〇年南斯拉夫諾維薩德第五十六屆國際農業博覽會暨發展
中國家第十七屆食品博覽會金獎。

46.山東青島嶗山太極酒和37°龍廷春酒分別榮獲：

一九九〇年西湖國際食品博覽會金獎、銀獎

47.以下酒分別榮獲：

一九九〇年第十四屆巴塞隆納國際食品博覽會金牌獎

山東夏王酒飲料公司—夏王龍酒

山西杏花村汾酒廠—古井亭牌竹葉青

北京東郊葡萄酒廠—長城乾紅莆萄酒

四川瀘州麴酒廠—瀘州牌瀘州老窖特麴

四川省瀘州市滋補麴酒廠—瀘牌瀘州大麴酒

48.山東景芝酒廠—景陽春酒、景芝白乾榮獲：

一九九一年第二十九屆布魯賽爾世界優質產品評選會金獎（蟬聯）

49.以下為榮獲一九九一年第二十九屆布魯塞爾世界優質產品評選會
最高金獎、特級金獎、特別金獎、金獎、銀獎的廠家：

1.最高金獎：

寧津酒廠—54°又一春酒

曲阜酒廠—孔府家酒

魚台酒廠—44°孔府宴酒

山東祥酒廠—44°祥和喜酒

2.特級金獎：

坊子酒廠—黿魚大補酒

3.特別金獎：

山東諸城廠—蜜州玉液、海珍黍米酒

4.金獎：

坊事酒廠—板橋宴酒

昌邑酒廠—乾隆杯酒

索鎮酒廠—烏河特麴

臨淄酒廠—犧尊特麴、蒲公酒

肥城酒廠—大佛桃酒

冠縣酒廠—冠宜春特釀

蘭陵美酒廠—蘭陵美酒、蘭陵鬱金香、
　　　　　　　蘭陵特液、蘭陵大麴、

蘭陵特麴

臨沂酒廠—羲之家

蒙陰酒廠—蒙山低度特麴

莒縣酒廠—39°浮來春特麴、
　　　　　　44°浮來春特麴

郯城酒廠—古郯特麴

武城酒廠—39°古貝春

寧津酒廠—39°朱河頭麴

鄒平范公酒廠—范公特曲

博興酒廠—董公酒

濟寧市第二酒廠—54°聲遠樓特麴

亳州酒廠—44°興隆塔特麴

曲阜酒廠—孔府家酒（蟬聯）

鄒縣酒廠—54°鋼山特麴、

　　　　　39°亞聖府宴酒

魚台酒廠—44°魚台米酒、

　　　　　孔府宴加飯酒（黃酒）

金鄉酒廠—53°金貴酒

山東祥酒廠—54°祥酒

鄒縣孟府酒坊—39°孟府家酒、

　　　　　　54°孟府宴酒

5.銀獎：

曲阜酒廠—孔府老窖

臨沂酒廠—沂州府酒

武城酒廠—54°古貝元酒

博興酒廠—董郎家酒

濟寧市第二酒廠—39°聲遠樓特麴

魚台酒廠—49°孔府宴老窖

山東祥酒廠—44°祥醇酒

50.壽光酒廠—精製特釀、魯康大麴榮獲：

一九九一年第三屆日本東京飲料酒博覽會銀獎

51.以下酒廠榮獲一九九一年西班牙巴塞隆那第三十屆優質產品評選

會金獎：

鄒平啤酒廠—琥珀啤酒

郯城啤酒廠—華凌啤酒

臨沂啤酒廠—沂蒙特製啤酒

濟南馬山啤酒廠—北冰洋啤酒

平原啤酒廠—發發發啤酒

52.以下酒廠榮獲一九九一年西班牙巴塞隆那第三十屆世界優質產品評選會最高金獎:

山東萊州酒廠—萊州特麴

山東濟南長清酒廠—白鶴泉特麴

濟南啤酒廠—優質趵突泉啤酒

53.以下酒廠分別榮獲一九九二年布魯塞爾第三十屆優質產品評選會金質獎章:

濟南平陽酒廠—49°閣老進貢酒

濟南長清縣酒廠—39°白鶴泉特釀

濟南長清縣酒廠—49°陳麴酒

貳、中國歷屆評酒會評出的名優酒名錄

一‧一九五二年第一屆全國評酒會,評出全國八大名酒:

㈠茅台酒(貴州仁懷茅台鎮)

㈡汾酒(山西汾陽杏花村)

㈢瀘州老窖特曲(四川瀘州)

㈣西鳳酒(陝西鳳翔柳林鎮)

㈤玫瑰香紅葡萄酒(山東煙台)

㈥味美思酒(加藥葡萄酒)(山東煙台)

㈦金獎白蘭地(山東煙台)

㈧加飯酒(浙江紹興)

二‧一九六三年第二屆全國評酒會,評出十八種國家名酒、二十七種國家優質酒。

㈠十八種國家名酒是：

1. 五糧液酒（四川宜賓）

2. 古井貢酒（安徽亳縣）

3. 瀘州老窖特麴（四川瀘州）

4. 全興大麴酒（四川成都）

5. 茅台酒（貴州仁懷茅台鎮）

6. 董酒（貴州遵義）

7. 西鳳酒（陝西鳳翔柳林鎮）

8. 汾酒（山西汾陽杏花村）

9. 竹葉青酒（山西汾陽杏花村）

10. 白葡萄酒（山東青島）

11. 味美思酒（山東煙台）

12. 玫瑰香紅葡萄酒（山東煙台）

13. 中國紅葡萄酒（北京）

14. 特製白蘭地（北京）

15. 金獎白蘭地（山東煙台）

16. 加飯酒（浙江紹興）

17. 沉缸酒（福建龍岩）

18. 青島啤酒（山東青島）

㈡二十七種國家優質酒是：

1. 雙溝大麴酒（江蘇泗洪）

2. 龍濱酒（黑龍江哈爾濱）

3. 德山大麴（湖南常德）

4. 湘山酒（廣西全州）

5. 三花酒（廣西桂林）

6. 凌川白酒（遼寧錦州）

7.哈爾濱老白乾（黑龍江哈爾濱）

8.合肥白酒（安徽合肥）

9.滄州白酒（河北滄州）

10.福建老酒（福建福州）

11.壽生酒（浙江金華）

12.醇香酒（江蘇蘇州）

13.大連黃酒（遼寧大連）

14.即墨老酒（山東即墨）

15.長白山葡萄酒（吉林新站）

16.通化葡萄酒（吉林通化）

17.中華牌桂花酒（北京）

18.民權紅葡萄酒（河南民權）

19.山楂酒（遼寧瀋陽）

20.廣柑酒（四川渠縣）

21.香梅酒（黑龍江一面坡）

22.中國熊岳蘋果酒（遼寧熊岳）

23.五加皮酒（廣東廣州）

24.荔枝酒（福建漳州）

25.特製五星啤酒（北京）

26.特製北京啤酒（北京）

27.上海啤酒（上海）

三‧一九七九年第三屆全國評酒會，評出十八種國家名酒、四十七種國家優質酒。

㈠十八種國家名酒是：

1.白酒類（八種）

⑴茅台酒（貴州仁懷茅台酒廠）

(2)汾酒（山西汾陽杏花村汾酒廠）

(3)五糧液（四川宜賓五糧液酒廠）

(4)劍南春（四川綿竹酒廠）

(5)古井貢酒（安徽亳縣古井酒廠）

(6)洋河大麴（江蘇泗陽洋河酒廠）

(7)董酒（貴州遵義董酒廠）

(8)瀘州老窖特麴（四川瀘州麴酒廠）

2.葡萄酒、果露酒類（七種）

(1)煙台紅葡萄酒（甜、山東煙台葡萄釀 酒公司）

(2)中國紅葡萄酒（甜、北京東郊葡萄釀酒廠）

(3)沙城白葡萄酒（乾、河北沙城酒廠）

(4)民權白葡萄酒（甜、河南民權葡萄酒廠）

(5)煙台味美思（山東煙台葡萄釀酒公司）

(6)煙台金獎白蘭地（山東煙台葡萄釀酒公司）

(7)山西竹葉青（山西汾陽杏花村汾酒廠）

3.黃酒類（二種）

(1)紹興加飯酒（浙江紹興釀酒廠）

(2)龍巖沉缸酒（福建龍巖酒廠）

4.啤酒類（一種）

(1)青島啤酒（山東青島啤酒廠）

(二)四十七種優質酒是：

1.白酒類（十八種）

(1)西鳳酒（陝西鳳翔西鳳酒廠）

(2)寶豐酒（河南寶豐酒廠）

(3)古藺郎酒（四川古藺郎酒廠）

(4)常德武陵酒（湖南常德酒廠）

⑸雙溝大麴（江蘇泗洪雙溝酒廠）

⑹淮北口子酒（安徽淮北市酒廠）

⑺邯鄲叢台酒（河北邯鄲酒廠）

⑻松滋白雲邊酒（湖北松滋縣酒廠）

⑼全州湘山酒（廣西全州湘山酒廠）

⑽桂林三花酒（廣西桂林飲料廠）

⑾五華長樂燒（廣東五華長樂燒酒廠）

⑿廊坊迎春酒（河北廊坊酒廠）

⒀祁縣六麴酒（山西祁縣酒廠）

⒁哈爾濱高糧糠白酒（黑龍江哈爾濱酒廠）

⒂三河燕潮酩（河北三河燕郊酒廠）

⒃金州白酒（遼寧金縣釀酒廠）

⒄雙溝低度大麴酒（江蘇泗洪雙溝酒廠）

⒅坊子白酒（山東坊子酒廠）

　2.葡萄酒、果露酒類（十五種）

⑴北京乾白葡萄酒（北京葡萄酒廠）

⑵民權乾紅葡萄酒（河南民權葡萄酒廠）

⑶沙城白葡萄酒（河北沙城酒廠）

⑷豐縣白葡萄酒（江蘇豐縣葡萄酒廠）

⑸青島白葡萄酒（甜、山東青島葡萄酒廠）

⑹長白山葡萄酒（吉林長白山葡萄酒廠）

⑺通化人參葡萄酒（吉林通化葡萄酒廠）

⑻北京桂花陳酒（北京葡萄酒廠）

⑼瀋陽山楂酒（遼寧瀋陽果酒廠）

⑽熊岳蘋果酒（遼寧蓋縣熊岳果酒廠）

⑾渠縣紅橘酒（四川渠縣果酒廠）

⑿一面坡紫梅酒（黑龍江一面坡葡萄酒廠）

⒀吉林五味子酒（吉林長白山葡萄酒廠）

⒁廣州五加皮酒（廣東廣州製酒廠）

⒂北京蓮花白酒（北京葡萄酒廠）

　3.黃酒類（十一種）

⑴即墨老酒（山東即墨黃酒廠）

⑵紹興善釀（浙江紹興釀酒廠）

⑶無錫惠泉酒（江蘇無錫酒製劑廠）

⑷福建老酒（福建福州酒廠）

⑸丹陽封缸酒（江蘇丹陽酒廠）

⑹興寧珍珠紅（廣東興寧酒廠）

⑺連江狀元紅（福建連江酒廠）

⑻大連黃酒（遼寧大連白酒廠）

⑼紹興元紅（浙江紹興釀酒廠）

⑽南平茉莉青（福建南平酒廠）

⑾九江封缸酒（江西九江封缸酒廠）

　4.啤酒類（三種）

⑴瀋陽雪花牌啤酒（遼寧瀋陽啤酒廠）

⑵北京特製啤酒（北京啤酒廠）

⑶上海海鷗啤酒（上海華光啤酒廠）

四·一九八三至一九八五年第四屆全國評酒會，分三批共評出二十

　六種國家名酒，授予金牌；六十四種國家優質酒，授予銀牌。

　㈠二十六種獲金牌獎的國家名酒是：

　　1.白酒類（十三種）

　⑴茅台酒（飛天牌，貴州仁懷茅台酒廠）

　⑵汾酒（古井亭牌，長城牌，山西汾陽杏花村汾酒廠）

⑶五糧液（五糧液牌，交杯牌，四川宜賓五糧液酒廠）

⑷洋河大麴（洋河牌，江蘇洋河酒廠）

⑸劍南春（劍南春牌，四川綿竹酒廠）

⑹古井貢酒（古井牌，安徽古井貢酒廠）

⑺董酒（董牌，貴州遵義董酒廠）

⑻西鳳酒（西鳳牌，陝西西鳳酒廠）

⑼瀘州老窖特麴（瀘州牌，四川瀘州麴酒廠）

⑽全興大麴（全興牌，四川成都酒廠）

⑾雙溝大麴（雙溝牌，江蘇雙溝酒廠）

⑿特製黃鶴樓酒（黃鶴樓牌，武漢酒廠）

⒀郎酒（郎泉牌，四川古藺縣郎酒廠）

2.葡萄酒類（五種）

⑴煙台紅葡萄酒（葵花牌，煙台張裕葡萄釀酒公司）

⑵中國紅葡萄酒（豐收牌，北京東郊葡萄釀酒廠）

⑶煙台味美思（葵花牌，煙台張裕葡萄釀酒公司）

⑷乾白葡萄酒（長城牌，河北沙城中國長城葡萄酒有限公司）

⑸半乾白葡萄酒（王朝牌，天津中法合營葡萄釀酒有限公司）

3.配製酒類（三種）

⑴金獎白蘭地（葵花牌，煙台張裕葡萄釀酒公司）

⑵竹葉青酒（古井亭牌，山西汾陽杏花村汾酒廠）

⑶園林青酒（園林青牌，湖北潛江園林青酒廠）

4.黃酒類（二種）

⑴紹興加飯酒（塔牌，紹興釀造總廠）

⑵沉缸酒（新羅泉牌，福建龍岩酒廠）

5.啤酒（三種）

⑴青島啤酒（青島牌，青島啤酒廠）

⑵北京特製啤酒（豐收牌，北京啤酒廠）

⑶12°特製上海啤酒（天鵝牌，上海啤酒廠）

㈡六十四種獲銀獎的國家優質酒是：

1.白酒類（二十七種）

⑴武陵酒（武陵牌，湖南常德武陵酒廠）

⑵特製龍濱酒（龍濱牌，黑龍江省哈爾濱市龍濱酒廠）

⑶寶豐酒（寶豐牌，河南寶豐酒廠）

⑷敘府大麴（敘府牌，四川省宜賓市麴酒廠）

⑸德山大麴酒（德山牌，湖南常德市德山大麴酒廠）

⑹瀏陽河小麴（瀏陽河牌，湖南瀏陽縣酒廠）

⑺湘山酒（湘山牌，廣西全州湘山酒廠）

⑻桂花三花酒（象山牌，廣西桂林釀酒總廠）

⑼雙溝特液（雙溝牌，江蘇泗洪雙溝酒廠）

⑽低度洋河大麴酒（洋河牌，江蘇泗陽洋河酒廠）

⑾津酒（津牌，天津釀酒廠）

⑿張弓大麴（張弓牌，河南陵寧縣張弓酒廠）

⒀迎春酒（迎春牌，河北廊坊市釀酒廠）

⒁凌川白酒（凌川牌，遼寧錦州市凌川酒廠）

⒂老窖酒（遼海牌，遼寧大連市酒廠）

⒃六麴酒（麓台牌，山西祁縣酒廠）

⒄凌塔白酒（凌塔牌，遼寧朝陽縣酒廠）

⒅老白乾酒（勝洪牌，黑龍江哈爾濱白酒廠）

⒆龍泉春酒（龍泉春牌，原龍泉酒，吉林遼源市龍泉酒廠）

⒇陳麴（向陽牌，內蒙赤峰市製酒廠）

㉑燕潮酩（燕潮酩牌，河北三河縣燕郊酒廠）

㉒金州麴酒（金州牌，遼寧金州酒廠）

⑵⑶白雲邊酒（白雲邊牌，湖北白雲邊酒廠）

⑵⑷西陵特麴（西陵峽牌，湖北宜昌市酒廠）

⑵⑸中國玉泉酒（紅梅牌，黑龍江阿城玉泉酒廠）

⑵⑹豉味玉冰燒（珠江橋牌，廣東石灣酒廠）

⑵⑺坊子白酒（坊子牌，山東坊子酒廠）

　2.葡萄酒類（十種）

⑴桂花陳酒（豐收牌，北京葡萄酒廠）

⑵青島白葡萄酒（葵花牌，青島葡萄酒廠）

⑶中國通化葡萄酒（長白山牌，吉林長白山葡萄酒廠）

⑷長白山葡萄酒（長白山牌，吉林長白山葡萄酒廠）

⑸白葡萄酒（長城牌，河南民權葡萄酒廠）

⑹半乾紅葡萄酒（長城牌，河南民權葡萄酒廠）

⑺半乾白葡萄酒（獎杯牌，江蘇豐縣葡萄酒廠）

⑻乾白葡萄酒（隻喜牌，安徽蕭縣葡萄酒釀頭聯合公司）

⑼半乾白葡萄酒（花果山牌，金梅牌，江蘇連雲港市葡萄酒廠）

⑽天津陳釀酒（風船牌，天津市酒廠）

　3.果酒類（十一種）

⑴紫梅酒（紅梅牌，黑龍江尚志縣一面坡葡萄酒廠）

⑵香梅酒（紅梅牌，黑龍江尚志縣一面坡葡萄酒廠）

⑶五味子酒（向陽牌，吉林長白山葡萄酒廠）

⑷瀋陽山楂酒（三杯牌，瀋陽市釀酒廠）

⑸山楂酒（花果山牌，江蘇連雲港市葡萄酒廠

⑹山棗蜜酒（龍泉牌，大連市龍泉酒廠）

⑺中國熊岳蘋果酒（紅梅牌，遼寧熊岳果酒廠）

⑻中國橙酒（雙魚牌，四川萬縣地區果酒廠）

⑼優質紅桔酒（渠紅牌，四川渠江果酒廠）

⑽中華獼猴桃酒（都江堰牌，四川灌縣茅莉酒廠）

⑾特製紅豆酒（興安嶺牌，內蒙古牙克石釀酒廠）

4.配製酒類（八種）

⑴蓮花白酒（豐收牌，北京葡萄酒廠）

⑵嘉賓酒（嘉賓牌，天津市果酒廠）

⑶玫瑰露酒（金星牌，天津外貿食品加工廠）

⑷玫瑰汾酒（古井亭牌，山西杏花村汾酒廠）

⑸參茸靈酒（紅梅牌，長春市春城釀酒廠）

⑹人參露酒（向陽牌，吉林通化葡萄酒公司）

⑺至寶三鞭酒（中亞牌，煙台張裕葡萄釀酒公司）

⑻烏雞補酒（安樂牌，白鳳牌，江西太和縣酒廠）

5.黃酒類（五種）

⑴特加飯黃酒（金楓牌，上海楓涇酒廠）

⑵福建老酒（鼓山牌，福州市第一酒廠）

⑶紹興元紅酒（古越龍山牌，紹興釀酒廠）

⑷大連黃酒（遼海牌，大連酒廠）

⑸封缸酒（旦陽牌，江蘇丹陽酒廠）

6.啤酒類（三種）

⑴特製西湖啤酒（西湖牌，杭州啤酒廠）

⑵普通上海啤酒（天鵝牌，上海啤酒廠）

⑶12°上海啤酒（上海牌，上海華光啤酒廠）

五‧一九八九年第五屆全國評酒會，此會只進行白酒評選，上屆獲
　得國優稱號的名優酒，通過複查予以確認，另授三十種降度白酒
　為一九八八年度國家優質產品獎。

㈠獲金質獎的國家名白酒（十七種）

1.飛天牌、貴州牌茅台酒（53°，貴州茅台酒廠）

2.古井亭牌，長城牌，汾字牌汾酒（65°、53°）汾字牌38°特佳
　酒（山西杏花村汾酒廠

3.五糧液牌五糧液（60°、52°、39°，四川宜賓五糧液酒廠）

4.洋河牌洋河大麴（55°、48°、38°，江蘇洋河酒廠）

5.劍南春牌劍南春（60°、52°、38°，四川綿竹劍南春酒廠）

6.古井牌古井貢酒（60°、55°、38°，安徽亳縣古井酒廠）

7.董牌董酒、飛天牌董酒（58°、38°，貴州遵義董酒廠）

8.西鳳牌西鳳酒（65°、55°、39°，陝西西鳳酒廠）

9.瀘州牌瀘州老窖特麴（60°、52°、38°，四川瀘州麴酒廠）

10.全興牌全興大麴（60°、52°、38°，四川成都酒廠）

11.雙溝牌雙溝大麴（53°、46°）39°，雙溝特液（江蘇雙溝酒
　廠）

12.黃鶴樓牌特製黃鶴樓酒（62°、54°、39°，湖北武漢酒廠）

13.郎泉牌郎酒（50°、39°，四川古藺縣郎酒廠）

14.武陵牌武陵酒（53°、48°，湖南常德市武陵酒廠）

15.寶豐牌寶豐酒（63°、54°，河南寶豐酒廠）

16.宋河牌宋河糧液（54°、38°，河南省宋河酒廠）

17.沱牌麴酒（54°、38°，四川省射洪沱牌酒廠）

　(二)獲銀質獎的國家優質白酒（五十四種）

1.龍濱牌特釀龍濱酒（55°、50°、39°，哈爾濱市龍濱酒廠）

2.敘府牌敘府大麴（60°、52°、38°，四川宜賓市麴酒廠）

3.德山牌德山大麴（58°、55°、38°，湖南常德德山大麴酒廠）

4.瀏陽河牌瀏陽河小麴（57°、50°、38°，湖南瀏陽縣酒廠）

5.湘山牌湘山酒（55°，廣西全州湘山酒廠）

6.象山牌桂林三花酒（56°，廣西桂林釀酒總廠）

7.雙溝牌雙溝特液（33°，江蘇雙溝酒廠）

8.洋河牌洋河大麴（28°，江蘇洋河酒廠）

9.津牌津酒（38°，天津釀酒廠）

10.張弓牌張弓大麴（54°、38°、28°，河南寧陵張弓酒廠）

11.迎春牌迎春酒（55°，河北廊坊市酒廠）

12.凌川牌凌川白酒（55°，遼寧錦州市凌川酒廠）

13.遼海牌老窖酒（55°，大連市白酒市）

14.麓台牌六麴香（62°、53°，山西祁縣六麴香酒廠）

15.凌塔牌凌塔白酒（60°、53°，遼寧朝陽市朝陽酒廠）

16.勝洪牌老白乾酒（62°、55°，哈爾濱市白酒廠）

17.龍泉春牌龍泉春酒（59°、54°、39°，吉林遼源市龍泉酒廠）

18.向陽牌陳麴酒（58°、55°，內蒙古赤峰市第一製酒廠）

19.燕潮酩牌燕潮酩酒（58°，河北三河燕郊酒廠）

20.金州牌金州麴酒（54°、38°，大連市金州酒廠）

21.白雲邊牌白雲邊酒（53°、38°，湖北松滋白雲邊酒廠）

22.珠江橋牌豉味玉冰燒酒（30°，廣東佛山石灣酒廠）

23.坊子牌坊子白酒（59°、54°，山東坊子酒廠）

24.西陵峽牌西陵特麴（55°、38°，湖北宜昌市酒廠）

25.紅梅牌中國玉泉酒（55°、45°、39°，黑龍江阿城玉泉酒廠）

26.二峨牌二峨大麴（38°，四川二峨麴酒廠）

27.口子牌口子酒（54°，安徽濉溪縣口子酒廠）

28.三蘇牌三蘇特麴（53°，四川眉山縣三蘇酒廠）

29.習水牌習酒（52°，貴州習水酒廠）

30.三溪牌三溪大麴（38°，四川瀘州三溪酒廠）

31.太白牌太白酒（55°，陝西眉縣太白酒廠）

32.孔府牌孔府家酒（39°，山東曲阜酒廠）

33.重崗山牌雙洋特曲（53°，江蘇雙洋酒廠）

34.芳醇鳳牌北鳳酒（39°，黑龍江寧安縣酒廠）

35.叢台牌叢台酒（53°，河北邯鄲市酒廠）

36.白沙牌白沙液（54°，湖南長沙市酒廠）

37.大明塔牌寧城老窖（55°，內蒙古寧城八里罕酒廠）

38.四特牌四特酒（54°，江西四特酒廠）

39.仙潭牌仙潭大麴（39°，四川古藺縣麴酒廠）

40.香泉牌湯溝特麴（53°，江蘇湯溝酒廠）

41.香泉牌湯溝特液（38°，江蘇湯溝酒廠）

42.安字牌安酒（55°，貴州安順市酒廠）

43.杜康牌杜康酒（55°、52°，河南杜康酒業集團伊川、汝陽杜康酒廠）

44.詩仙牌詩仙太白陳麴（38°，四川萬縣太白酒廠）

45.林河牌林河特麴（54°，河南商丘林河酒廠）

46.寶蓮牌寶蓮大麴（54°、38°，四川省資陽酒廠）

47.珍牌珍酒（54°，貴州珍酒廠）

48.晉陽牌晉陽酒（53°，山西太原徐溝酒廠）

49.高溝牌高溝特麴（39°，江蘇高溝酒廠）

50.筑春牌筑春酒（54°，貴州省軍區酒廠）

51.湄字牌湄窖酒（55°，貴州湄潭酒廠）

52.德惠牌德惠大麴（38°，吉林德惠酒廠）

53.黔春牌黔春酒（54°，貴州貴陽酒廠）

54.濉溪牌濉溪特液（38°，安徽淮北市口子酒總廠）

參、一九八四年輕工業酒類質量大賽獲金、銀、銅杯獎的輕工業部優質酒名單

一‧金杯獎

(一)啤酒類八個

1. 上海牌上海啤酒（原名海鷗啤酒）（上海華光啤酒廠）
2. 佳鳳牌佳鳳啤酒（黑龍江佳木斯啤酒廠）
3. 棧橋牌青島啤酒（山東青島啤酒廠）
4. 天鵝牌特製上海啤酒（上海啤酒廠）
5. 五星牌特製五星啤酒（北京五星啤酒廠）
6. 豐收牌特製北京啤酒（北京啤酒廠）
7. 西湖牌特製西湖啤酒（浙江杭州啤酒廠）
8. 紅梅牌雪花啤酒（遼寧瀋陽啤酒廠）

(二)黃酒類八個

1. 長青牌九江陳年封缸酒（江西九江封缸酒廠）
2. 旦陽牌丹陽封缸酒（江蘇丹陽酒廠）
3. 金梅牌江蘇老酒（江蘇無錫酒廠）（蘇州東吳酒廠）
4. 新羅泉牌沉缸酒（福建龍岩酒廠）
5. 即墨牌即墨老酒（山東即墨酒廠）
6. 古越龍山牌紹興元紅酒（浙江紹興釀酒總廠）
7. 古越龍山牌紹興加飯酒（浙江紹興釀酒總廠）
8. 鼓山牌福建老酒（福建福州第一酒廠）

(三)葡萄酒果酒類十一個

1. 夜光杯牌中國紅葡萄酒（北京東郊葡萄酒廠）
2. 紅梅牌中國通化葡萄酒（吉林通化葡萄酒廠）

3.花果山牌白羽半乾白葡萄酒（江蘇連雲港葡萄酒廠）

4.長城牌龍眼乾白葡萄酒（河北長城葡萄酒有限公司）

5.北戴河牌赤霞珠乾紅葡萄酒（河北昌黎葡萄酒廠）

6.葵花牌煙台味美思（山東煙台張裕葡萄釀酒公司）

7.長城牌貴人香乾白葡萄酒（河南民權葡萄酒廠）

8.葵花牌煙台紅葡萄酒（山東煙台張裕葡萄釀酒公司）

9.麟球牌雷司令半乾白葡萄酒（山東煙台張裕葡萄釀酒公司）

10.三杯牌特製山楂酒（遼寧瀋陽果酒廠）

11.紅梅牌紫梅酒（黑龍江一面坡葡萄酒廠）

　（四）白酒類二十一個

1.濉溪牌口子酒（安徽淮北市酒廠）

2.麓台牌六麴香（山西祁縣酒廠）

3.雙溝牌雙溝大麴（江蘇泗洪雙溝酒廠）

4.雙溝牌雙溝特液（江蘇泗洪雙溝酒廠）

5.白雲邊牌白雲邊酒（湖北松滋白雲邊酒廠）

6.古井牌古井貢酒（安徽亳縣古井酒廠）

7.金壺牌平壩窖酒（貴州平壩酒廠）

8.大明塔牌寧城老窖（內蒙古寧城八里罕酒廠）

9.香泉牌湯溝特液（江蘇灌南湯溝酒廠）

10.鳳凰牌西鳳酒（陝西鳳翔西鳳酒廠）

11.長城、古井亭、「汾」字牌汾酒（山西杏花村汾酒廠）

12.寶豐牌寶豐酒（河南寶豐酒廠）

13.岳陽樓牌武陵酒（湖南常德武陵酒廠）

14.飛天、貴州牌茅台酒（貴州仁懷茅台酒廠）

15.羊禾牌洋河大麴（江蘇泗陽洋河酒廠）

16.羊禾牌低度洋河大麴（江蘇泗陽洋河酒廠）

17.高溝牌高溝特麴（江蘇漣水高溝酒廠）

18.黃鶴樓牌特製黃鶴樓酒（湖北武漢酒廠）

19.龍濱牌特釀龍濱酒（黑龍江哈爾濱龍濱酒廠）

20.「董」字牌董酒（貴州遵義董酒廠）

21.口子牌濉溪口子酒（安徽濉溪口子酒廠）

　㈤露酒類四個

1.夜光杯牌北京白蘭地（北京東郊葡萄酒廠）

2.古井亭牌竹葉青酒（山西杏花村汾酒廠）

3.葵花牌金獎白蘭地（山東煙台張裕葡萄釀酒公司）

4.豐收牌蓮花白酒（北京葡萄酒廠）

二·銀杯獎

　㈠啤酒類十五個

1.長城牌長城啤酒（天津啤酒廠）

2.北冰洋牌北冰洋啤酒（山東濟南白馬山啤酒廠）

3.光明牌10.5°光明啤酒（上海華光啤酒廠）

4.松花江牌松江啤酒（黑龍江佳木斯啤酒廠）

5.煙台牌煙台啤酒（山東煙台啤酒廠）

6.太陽島牌特製太陽島啤酒（黑龍江哈爾濱啤酒廠）

7.春雪牌特製春雪啤酒（河北山海關啤酒廠）

8.鐘樓牌特製鐘樓啤酒（河北宣化啤酒廠）

9.趵突泉牌特製趵突泉啤酒（原名濟南啤酒）（山東濟南啤酒廠）

10.海燕牌海燕啤酒（浙江海鹽啤酒廠）

11.五星牌淡爽五星啤酒（北京五星啤酒廠）

12.天鵝牌普通上海啤酒（上海啤酒廠）

13.鼎湖牌鼎湖啤酒（廣東肇慶啤酒廠）

14.新疆牌新疆優質淡啤酒（新疆烏魯木齊新疆啤酒廠）

15.鏡泊湖牌鐘泊湖啤酒（黑龍江牡丹江啤酒廠）

　㈡黃酒類十八個

1.寧江牌廣東珍珠紅（廣東興寧酒廠）

2.大連牌大連黃酒（遼寧大連酒廠）

3.越泉牌上虞越紅酒（浙江上虞酒廠）

4.永豐牌北京加飯酒（北京大興酒廠）

5.錫山牌老廠黃酒（江蘇無錫酒廠）

6.松鶴牌壽生酒（浙江金華酒廠）

7.青芝牌連江黃酒（福建連江酒廠）

8.古越龍山牌紹興善釀酒（浙江紹興釀酒總廠）

9.豐登牌金壇封缸酒（江蘇金壇酒廠）

10.雙塔牌南平茉莉青酒（福建南平酒廠）

11.賓州牌賓縣老陳酒（黑龍江賓縣啤酒廠）

12.晶杯牌特製老酒（吉林長春釀酒廠）

13.金梅牌惠泉酒（江蘇無錫酒廠）

14.莫干山牌新市機黃酒（浙江新市酒精廠）

15.紅福牌蜜沉沉（福建福安酒廠）

16.分湖牌嘉善善釀酒（浙江嘉善酒廠）

17.即墨牌墨河黃酒（山東即墨酒廠）

18.東吳牌醇香酒（江蘇蘇州東吳酒廠）

　㈢葡萄酒果酒類三十三個

1.天池牌人參葡萄酒（吉林通化葡萄酒廠）

2.錦杯牌山西白葡萄酒（山西青徐露酒廠）

3.葵花牌大香檳（山東青島葡萄酒廠）

4.長白山牌長白山葡萄酒（吉林長白山葡萄酒廠）

5.獎杯牌豐縣半乾白葡萄酒（江蘇豐縣葡萄酒廠）

6.長城牌民權白葡萄酒（河南民權葡萄酒廠）

7.長城牌蘭考白葡萄酒（河南蘭考葡萄酒廠）

8.長城牌民權紅葡萄酒（河南民權葡萄酒廠）

9.龍眼牌龍眼半乾白葡萄酒（北京東郊葡萄酒廠）

10.長城牌龍眼半甜白葡萄酒（河北長城葡萄酒有限公司）

11.雙喜牌蕭縣乾白葡萄酒（安徽蕭縣葡萄酒廠）

12.夜光杯牌赤霞珠半甜紅葡萄酒（北京東郊葡萄酒廠）

13.豐收牌佳醴釀乾紅葡萄酒（北京葡萄酒廠）

14.豐收牌佳醴釀半乾白葡萄酒（北京葡萄酒廠）

15.長城牌佳醴釀半乾紅葡萄酒（河南民權葡萄酒廠）

16.葵花牌青島乾白葡萄酒（山東青島葡萄酒廠）

17.葵花牌青島白葡萄酒（山東青島葡萄酒廠）

18.豐收牌玫瑰香白葡萄酒（北京葡萄酒廠）

19.麟球牌煙台白葡萄酒（山東煙台張裕葡萄釀酒公司）

20.豐收牌桂花陳（北京葡萄酒廠）

21.豐收牌特製北醇紅葡萄酒（遼寧大連萄酒廠）

22.豐收牌葡萄汽酒（北京葡萄酒廠）

23.博峰牌鄯善白葡萄酒（新疆鄯善葡萄酒廠）

24.花果山牌山楂酒（江蘇連雲港葡萄酒廠）

25.蘭江牌中華獼猴桃乾酒（湖南醴縣酒廠）

26.秦洋牌中華獼猴桃酒（陝西洋縣酒廠）

27.向陽牌五味子酒（吉林長白山葡萄酒廠）

28.紅梅牌中國熊岳蘋果酒（遼寧熊岳蘋果酒廠）

29.興安嶺牌紅豆酒（內蒙古牙克石釀酒廠）

30.醴泉牌蘋果半甜起泡酒（山東煙台香濱酒廠）

31.紅梅牌香梅酒（黑龍江一面坡葡萄酒廠）

32.林海牌黑加倫子酒（黑龍江橫道河子果酒廠）

33.二龍山牌越桔酒（吉林長白山山珍酒廠）

　(四)白酒類四十一個

1.叢台牌叢台酒（河北邯鄲酒廠）

2.遼海牌大連老窖酒（遼寧大連酒廠）

3.雲門牌雲門陳釀酒（山東益都酒廠）

4.采石磯牌太白酒（安徽馬鞍山太白酒廠）

5.紅梅牌中國玉泉酒（黑龍江阿城玉泉酒廠）

6.紅梅牌中國龍泉酒（黑龍江賓縣賓州大曲酒廠）

7.天津牌天津大麴酒（天津釀酒廠）

8.龍江春牌龍江春酒（黑龍江阿城白酒廠）

9.白沙牌白沙夜（湖南長沙酒廠）

10.龍泉春牌龍泉春酒（吉林遼源龍泉酒廠）

11.四特牌四特酒（江西樟樹四特酒廠）

12.杜康牌伊川杜康酒（河南伊川杜康酒廠）

13.勝洪牌老白乾酒（黑龍江哈爾濱白酒廠）

14.香泉牌湯溝特麴（江蘇灌南湯溝酒廠）

15.運河牌麴香普通白酒（江蘇邳縣運河酒廠）

16.西陵峽牌西陵特麴（湖北宜昌酒廠）

17.坊子牌坊子白酒（山東濰坊坊子酒廠）

18.向陽牌陳麴酒（內蒙古赤峰第一製酒廠）

19.張弓牌低度張弓酒（河南寧陵張弓酒廠）

20.萬水泉牌忻州特麴酒（山西忻州地區酒廠）

21.宋河牌宋河糧液酒（河南鹿邑酒廠）

22.迎春牌迎春酒（河北廊坊釀酒廠）

23.老龍口牌陳釀頭麴酒（遼寧瀋陽老龍口酒廠）

24.三醉亭牌岳陽小麴（湖南岳陽釀酒總廠）

25.瀏陽河牌瀏陽河小麴酒（湖南瀏陽酒廠）

26.洮南牌洮南香麴（吉林洮南第一製酒廠）

27.津牌津酒（天津釀酒廠）

28.秦川牌秦川大麴酒（陝西寶雞西秦酒廠）

29.凌川牌凌川白酒（遼寧錦州凌川酒廠）

30.桃山牌特麴桃山白酒（遼寧法庫桃山酒廠）

31.象山牌桂林三花酒（廣西桂林飲料廠）

32.凌塔凌塔白酒（遼寧朝陽酒廠）

33.桑落牌桑落酒（山西永濟桑落酒廠）

34.黃山頭牌黃山大麴酒（湖北公安麴酒廠）

35.珠江橋牌豉味玉冰燒酒（廣東佛山石灣酒廠）

36.湘山牌湘山酒（廣西全州湘山酒廠）

37.景芝牌特級景芝白乾酒（山東安丘景芝酒廠）

38.御河春牌御河春酒（河北滄州製酒廠）

39.德山牌德山大麴酒（湖南常德德山大麴酒廠）

40.燕嶺春牌燕嶺春酒（北京昌平釀酒廠）

41.燕潮酩牌燕潮酩酒（河北三河燕郊酒廠）

　(五)露酒類七個

1.雙鶴牌五加皮酒（廣東廣州永利威酒廠）

2.紅梅牌五加白酒（黑龍江哈爾賓酒精二廠）

3.珠江橋牌蘭姆酒（廣東廣州啤酒廠）

4.古井亭牌玫瑰汾酒（山西杏花村汾酒廠）

5.葵花牌威士吉（即威士忌）（山東青島葡萄酒廠）

6.葵花牌俄得卡（即伏特加）（山東青島葡萄酒廠）

7.園林青牌園林青酒（湖北潛江園林青酒廠）

三・銅杯獎

　㈠啤酒類六個

1.天壇牌天壇啤酒（北京啤酒廠）

2.長春牌長春啤酒（吉林長春啤酒廠）

3.珠江橋牌白雲啤酒（廣東廣州啤酒廠）

4.玉珠牌特製玉珠啤酒（黑龍江哈爾濱啤酒廠）

5.珠城牌蚌埠啤酒（安徽蚌埠啤酒廠）

6.鏡泊湖牌8°啤酒（黑龍江牡丹江啤酒廠）

　㈡黃酒類十一個

1.塔山牌長樂老酒（福建長樂酒廠）

2.丹陽牌丹陽老陳酒（江蘇丹陽酒廠）

3.晶杯牌玉米黃酒（吉林長春釀酒廠）

4.元紅牌寧國黃酒（安徽寧國黃酒廠）

5.普陀山牌東海粳黃酒（浙江普陀東海酒廠）

6.永豐牌四醞春酒（北京大興酒廠）

7.古井亭牌杏花黃酒（山西杏花村汾酒廠）

8.金谷牌杭州雙加飯（浙江杭州酒廠）

9.金谷牌杭州機黃酒（浙江杭州酒廠）

10.南泉牌南泉黃酒（四川重慶南泉酒廠）

11.鼓山牌福州雙加飯酒（福建福州第一酒廠）

　㈢葡萄酒果酒類十七個

1.紅梅牌一面坡山葡萄酒（黑龍江一面坡葡萄酒廠）

2.紅梅牌通化公主紅半甜紅葡萄酒（吉林通化葡萄酒廠）

3.夜光杯牌半乾桃紅葡萄酒（北京東郊葡萄酒廠）

4.長城牌白詩難乾白葡萄酒（河北長城葡萄酒有限公司）

5.隻喜牌蕭縣紅葡萄酒（安徽蕭縣葡萄酒廠）

6.長城牌鄭州紅葡萄酒（河南鄭州葡萄酒廠）

7.金梅牌宿遷乾白葡萄酒（江蘇宿遷葡萄酒廠）

8.青竹牌黿魚酒（河北昌黎葡萄酒廠）

9.金秋牌中華獼猴桃乾酒（陝西安康酒廠）

10.都江堰牌中華獼猴桃酒（四川灌縣芳梨酒廠）

11.淼乾河牌中華沙棘汽酒（河北涿鹿酒廠）

12.紅梅牌金梅酒（黑龍江一面坡葡萄酒廠）

13.桑乾河牌神州山楂酒（河北涿鹿酒廠）

14.水仙花牌荔枝汽酒（福建漳州酒廠）

15.果花牌高級蘋果酒（遼寧瓦房店果酒廠）

16.興安嶺牌特製越桔酒（內蒙古牙克石釀酒廠）

17.紅流沙牌普寧梅酒（廣東普寧酒廠）

　㈣白酒類三十八個

1.珠江橋牌九江雙蒸酒（廣東九江酒廠）

2.溫泉牌55°從化三花酒（廣東從化酒廠）

3.獅子牌長樂燒酒（廣東五華長樂燒酒廠）

4.大倉、紅梅牌北大倫酒（黑龍江齊齊哈爾北大倉酒廠）

5.古貝春牌古貝春酒（山東武城酒廠）

6.華燈牌北京特麴（北京順義牛欄山北京麴酒廠）

7.玉泉牌玉泉大麴酒（黑龍江阿城玉泉酒廠）

8.仙潭牌仙潭大麴（四川古藺麴酒廠）

9.曲阜牌曲阜特麴酒（山東曲阜酒廠）

10.華都牌華都酒（北京昌平釀酒廠）

11.張弓牌張弓特麴（河南寧陵張弓酒廠）

12.納爾松牌納爾松酒（內蒙古集寧製酒廠）

13.汾州牌汾州二鍋頭酒（山西汾陽酒廠）

14.余波橋牌余波特麴酒（四川新津酒廠）

15.隴南春牌隴南春酒（甘肅徽縣酒廠）

16.杜康牌杜康酒（陝西白水杜康酒廠）

17.高溝牌迎賓液（江蘇漣水高溝酒廠）

18.枝江牌枝江小麴酒（湖北枝江酒廠）

19.泗陽牌普通白酒（江蘇泗陽眾興酒廠）

20.古越龍山牌紹興老酒汁（浙江紹興釀酒總廠）

21.林河牌淋河特麴酒（河南商丘林河酒廠）

22.活泉牌郁液酒（河北刑台釀酒廠）

23.金徽牌金徽大麴（甘肅徽縣酒鮪）

24.洺水牌洺水特麴（河北威縣酒廠）

25.飛天牌貴州醇（貴州興義酒廠）

26.衡水老橋牌特製老白乾酒（河北衡水地區製酒廠）

27.高爐牌高爐陳釀酒（安徽渦陽高爐酒廠）

28.轉龍牌特製轉旁液（內蒙古包頭轉龍液酒廠）

29.蚌埠牌蚌埠白酒（安徽蚌埠酒廠）

30.逍遙津牌逍遙津酒（安徽合肥酒廠）

31.珠江橋牌特醇米酒（廣東佛山石灣酒廠）

32.秦堤牌溶江三花酒（廣西興安大溶江酒廠）

33.嫩江春牌嫩江春酒（黑龍江嫩江春酒廠）

34.榆樹牌榆樹大麴酒（吉林榆樹造酒廠）

35.肇東牌特釀大麴酒（黑龍江肇東製酒廠）

36.葡萄井牌滇麴（雲南昭通葡萄井酒廠）

37.伯樂牌鞍山大麴酒（遼寧鞍山麴酒廠）

38.流霞牌醉流霞酒（北京大興酒廠）

　㈤露酒類十二個

1.鹿頭牌人參白蘭地（北京東郊葡萄酒廠）

2.向陽牌人參露酒（吉林通化葡萄酒廠）

3.致中和牌五加皮酒（浙江建德嚴東關五加皮酒廠）

4.鳳凰牌鳳靈酒（陝西鳳翔西鳳酒廠）

5.冰城牌中國參喜酒（黑龍江哈爾濱酒精一廠）

6.古井亭牌白玉汾酒（山西杏花村汾酒廠）

7.伏牛山牌陳年香杏酒（河南內鄉果酒廠）

8.象山牌蘆笛春酒（廣西桂林飲料廠）

9.春花牌春花白酒（廣東陽春釀酒廠）

10.金谷牌桂花酒（浙江杭州酒廠）

11.洪江牌桂花酒（湖南洪江酒廠）

12.仁和牌菊花白酒（北京仁和酒廠）

肆、一九八九年中國獲獎名優啤酒名錄

一九八九年六月，中國啤酒專業協會在青島進行了全行業啤酒質量
　評比，共評選出優質產品八十三個，其中金質獎二十個、銀質獎
　三十一個，銅質獎三十個（名單排列除國家名優啤酒外，均按牌
　名第一個字之筆劃為序）。

一‧金質獎

1.青島牌12°青島啤酒（青島啤酒廠）

2.豐收牌12° 北京特製啤酒（北京啤酒廠）

3.天鵝牌12° 特製上海啤酒（上海啤酒廠）（注：以上三種原系國家名酒）

4.西湖牌12° 特製西湖啤酒（杭州啤酒廠）

5.上海牌12° 上海啤酒（上海華光啤酒廠）

6.天鵝牌12° 普通上海啤酒（上海啤酒廠）

7.雪花牌12° 雪花啤酒（瀋陽啤酒廠）

8.五星牌12° 五星特製啤酒（北京雙合盛五星啤酒廠）（注：以上五種原系國家優質酒）

9.玉珠牌12° 玉珠啤酒（哈爾濱啤酒廠）

10.北京站牌10° 北京啤酒（北京啤酒廠）

11.長城牌12° 長城啤酒（天津啤酒廠）

12.東海牌12° 東海啤酒（上海東海啤酒廠）

13.光州牌12° 光州啤酒（山東萊州市啤酒廠）

14.青島牌12° 青島黑啤酒（山東煙台啤酒廠）

15.鐘樓牌12° 鐘樓啤酒（河北宣化啤酒廠）

16.威海衛牌12° 威海衛啤酒（山東威海啤酒廠）

17.海花牌12° 海花啤酒（江蘇如皋酒廠）

18.煙台牌12° 煙台啤酒（煙台啤酒廠）

19.海濱牌12° 海濱啤酒（大連渤海啤酒廠）

20.琥珀牌12° 琥珀啤酒（山東鄒平啤酒廠）

21.廉泉牌12° 廉泉啤酒（安徽合肥啤酒廠）

22.鏡泊湖牌12° 鏡泊湖啤酒（牡丹江啤酒廠）

二·銀質獎

1.太陽島牌12° 太陽島啤酒（哈爾濱啤酒廠）

2.雙龍洞牌12°金華啤酒（浙江金華市啤酒廠）

3.雙鴨山牌10.5°華光啤酒（黑龍江雙鴨山市啤酒廠）

4.白滕湖牌10°嘉龍啤酒（廣東鬥門啤酒廠）

5.聖泉牌12°聖泉啤酒（安徽懷遠聖泉啤酒廠）

6.發牌12°發發發啤酒（山東平原啤酒廠）

7.半島牌12°半島啤酒（山東榮城半島啤酒廠）

8.西冷橋牌12°西冷橋啤酒（浙江臨平啤酒廠）

9.汴京牌12°開封啤酒（開封啤酒廠）

10.雞公山牌10.5°東方啤酒（河南信陽東方啤酒廠）

11.赤峰牌12°赤峰啤酒（內蒙古赤峰啤酒廠）

12.金龍泉牌11°金龍泉啤酒（湖北荊門啤酒廠）

13.荊泉牌12°荊泉啤酒（山東騰州市啤酒廠）

14.春雪牌12°春雪啤酒（河北海關啤酒廠）

15.珠江牌12°白雲啤酒（廣州啤酒廠）

16.珠江牌12°珠江啤酒（廣州珠江啤酒廠）

17.趵突泉牌12°趵突泉啤酒（濟南啤酒廠）

18.泰山牌12°泰山啤酒（山東泰安啤酒廠）

19.鴨綠江牌14°鴨綠江啤酒（遼寧丹東啤酒廠）

20.海燕牌12°海燕啤酒（浙江海鹽啤酒廠）

21.梅河牌11°梅河啤酒（吉林梅河口市啤酒廠）

22.雪鹿牌12°雪鹿啤酒（內蒙古包頭啤酒廠）

23.葆力牌11°葆力啤酒（長春啤酒廠）

24.敬亭山牌12°古泉啤酒（安徽敬亭山啤酒廠）

25.瘦西湖牌12°揚州啤酒（江蘇揚州啤酒廠）

26.雅魯河牌11°龍江啤酒（黑龍江龍江縣啤酒廠）

27.楚天牌10°楚天啤酒（武漢啤酒廠）

28.奧蕾牌12° 奧蕾啤酒（山東壽山啤酒廠）

29.新疆牌11° 新疆啤酒（新疆啤酒廠）

30.嵩山牌10° 鄭州啤酒廠）

31.燕京牌12° 燕京特製啤酒（北京燕京啤酒廠）

三‧銅質獎

1.飛碟牌12° 飛碟啤酒（內蒙古林西啤酒廠）

2.五羊牌11° 廣州啤酒（廣州啤酒廠）

3.五星牌10.5° 淡色五星啤酒（北京雙合盛五星啤酒廠）

4.雙鴨山牌11° 隻鴨啤酒（黑龍江省雙鴨山市啤酒廠）

5.龍山泉牌12° 龍山泉啤酒（遼寧本溪市啤酒廠）

6.聖泉牌10.5° 聖泉啤酒（安徽懷遠聖泉啤酒廠）

7.印石亭牌12° 閩燕啤酒（福建漳浦縣啤酒廠）

8.龍津塔牌12° 龍津啤酒（安徽舒城啤酒廠）

9.西安牌12° 西安啤酒（西安啤酒廠）

10.吉林牌11° 吉林啤酒（吉林市啤酒廠）

11.明月島牌11° 明月島啤酒（齊齊哈爾啤酒廠）

12.冰晶牌11° 冰晶啤酒（吉林冰晶啤酒廠）

13.西涼牌12° 西洋啤酒（甘肅武威啤酒廠）

14.冰洋牌11° 冰洋啤酒（黑龍江慶安啤酒廠）

15.汴京牌11° 汴京啤酒（開封葡萄酒廠）

16.武侯燈牌11° 武侯燈啤酒（武漢東湖啤酒廠）

17.武陵源牌12° 武陵源啤酒（湖南吉首啤酒廠）

18.濟寧牌12° 濟寧啤酒（山東濟寧玉堂釀造總廠）

19.寶雞牌12° 寶雞啤酒（陝西寶雞啤酒廠）

20.皇妹牌12° 皇妹啤酒（廣東鬥門啤酒廠）

21.南洋關牌10.5°南陽啤酒（河南南陽啤酒廠）

22.洛陽橋牌12°惠泉啤酒（福建惠安啤酒廠）

23.泉雪牌11°泉雪啤酒（黑龍江玉泉釀酒廠）

24.海濱牌13°大連黑啤酒（大連渤海啤酒廠）

25.珠城牌12°蚌埠啤酒（安徽蚌埠啤酒廠）

26.鴨綠江牌11°鴨綠江啤酒（遼寧丹東啤酒廠）

27.雪川牌10°雪川啤酒（河南平頂山市啤酒廠）

28.棒捶島牌12°棒捶島啤酒（太連啤酒廠）

29.塞邊牌12°臨河啤酒（內蒙古臨河啤酒廠）

30.皖南牌12°皖南啤酒（安徽休寧啤酒廠）

伍、一九九一年中國優質保健酒名錄

一·金質獎（二十八個）

1.烈鷹牌中華蜜酒（山東樂陵市蜜酒廠）

2.百年春牌百年補酒（山東沂南縣酒廠）

3.梅花牌參茸露酒（吉林長春春城釀酒公司）

4.梅花牌參茸三鞭酒（吉林長春春城釀酒公司）

5.長城牌長城半甜白葡萄酒（中國長城葡萄酒有限公司）

6.長城牌長城乾白葡萄酒（中國長城葡萄酒有限公司）

7.春生堂牌春生堂酒（福建泉州酒廠）

8.大力神牌特製天麻酒（貴州德江縣酒廠）

9.杜康牌杜康健身酒（河南汝陽杜康酒廠）

10.杜康牌杜康養生酒（河車汝陽杜康酒廠）

11.遠牌龜齡雙酒（山西中藥廠）

12.秦洋牌黑米酒（陝西秦洋食品飲料有限公司）

13.青島牌青島黑啤酒（山東煙台啤酒廠）

14.石港牌桑蜜瓊酒（石港牌桑蜜瓊酒（山東煙台啤酒廠）

15.平泉牌山楂酒（河北平泉縣釀酒廠）

16.上邽牌上邽山梨酒（甘肅清水縣酒廠）

17.鐵船牌十全大補酒（浙江紹興中藥廠）

18.微山湖牌睡蓮酒（山東微山縣釀酒廠）

19.仙強牌仙強補酒（原名仙張杞釀酒，河北保定市康壽果酒廠）

20.新羅泉牌新羅泉沉缸酒（福建龍岩沉缸酒廠）

21.煙台牌煙台啤酒（山東煙台啤酒廠）

22.天目山牌羊羔補酒（杭州天目山藥廠）

23.崑崙牌頤陽補酒（山東文登釀酒廠）

24.五加白牌中國五加白酒（哈爾濱中國釀酒廠）

25.朐山牌中華丹參酒（國營山東臨朐酒廠）

26.蓮花牌中華獼猴桃酒（河南西峽果酒廠）

27.威力神牌壯陽酒（湛江威力神釀酒集團公司）

28.坊子牌黿魚大補酒（山東坊子酒廠）

二‧銀質獎（四十六個）

1.華力牌12°華力啤酒（福建泉州酒廠）

2.洛陽橋牌12°惠泉啤酒（福建惠安啤酒廠）

3.錢江牌12°特製啤酒（浙江錢江啤酒廠）

4.西冷橋牌12°中華麥飯石啤酒（浙江臨平啤酒廠）

5.月仙牌18°花露蜜液酒（湖北十堰市茅箭酒廠）

6.柏城牌38°蟲草大麴酒（四川石棉縣蟾酒公司）

7.八珍牌八珍御酒（河北平泉縣釀酒廠）

8.石港牌白果露酒（山東日照市酒廠）

9.華松牌長白仙酒（吉林集安市長白山山珍製品廠）

10.魯東牌陳釀黃酒（山東青島龍泉酒廠）

11.錫泊河牌大山桂酒（內蒙赤峰市喀喇沁旗酒廠）

12.杜康肺寶牌杜康肺寶酒（河南汝陽杜康酒廠）

13.坊子牌坊子米酒（山東坊子酒廠）

14.華燈牌貢米佳釀（北京順義牛欄山酒廠）

15.高爐牌海馬回春酒（安徽渦陽縣高爐酒廠）

16.ＤＨＰ牌猴頭啤酒（吉林德惠縣啤酒廠）

17.古運河牌黃酒（江蘇常州市酒廠）

18.旬藥牌黃芪酒（陝西旬邑縣製藥廠）

19.乳泉牌皇后石榴酒（安徽懷遠縣酒廠）

20.吉山牌吉山老酒（福建永市酒廠）

21.姜湖牌姜湖美酒（山東費縣酒廠）

22.ＤＨＰ牌籚筍啤酒（吉林德惠縣啤酒廠）

23.南極洲牌南極洲啤酒（山東?城啤酒廠）

24.助興牌男寶酒（河南開封市第二釀酒廠）

25.少林寺牌女寶酒（河南開封市第二釀酒廠）

26.清濱牌清濱啤酒（山東?城啤酒廠）

27.威力神牌三鞭酒（廣東湛江威力神釀酒集團公司）

28.平泉牌沙棘酒（河北平泉縣釀酒廠）

29.上邽牌上邽沙棘酒（甘肅清水縣酒廠）

30.神鞭牌神鞭酒（山東祥酒廠）

31.神農牌神力啤酒（陝西寶雞飲料啤酒廠）

32.千尺牌塔柿蜜酒（河南滎陽縣柿子果酒廠）

33.晃岩牌萬全堂藥酒（廈門釀酒廠）

34.錫泊河牌王漿山楂酒（內蒙赤峰市喀喇沁旗酒廠）

35.西夏牌西夏啤酒（寧夏銀川啤酒廠）

36.仙壽保春牌仙壽春酒（河北邯鄲市酒廠）

37.沂蒙牌沂蒙啤酒（山東臨沂啤酒廠）

38.秦洋牌沂蒙啤酒（陝西秦洋食品飲料有限公司）

39.魯公泉牌中國薑酒（山東祥酒廠）

40.秦隴牌中國五味子酒（陝西隴縣秦隴果酒廠）

41.蟻王牌中國蟻王酒（哈爾濱中國啤酒廠）

42.聖水牌中華刺梨蜜酒（陝西南鄭食品飲料廠）

43.錢江牌中華啤酒（浙江錢江啤酒廠）

44.乞居山牌中華獼猴桃酒（江西雲山酒廠）

45.八寶亭牌薏仁酒（江蘇寶應酒廠）

46.湛廬牌鷓鴣補酒（福建松溪縣酒廠）

三 · 產品獎（十四個）

1.恆湖牌慈禧酒（江西恆湖酒廠）

2.蓬萊牌杜花陳釀（四川敘永舟山酒廠）

3.石港牌海馬酒（山東日照市酒廠）

4.蜜州牌海珍黍米酒（山東諸城市酒廠）

5.河套牌花粉酒（內蒙地方國營抗錦后旗酒廠）

6.奎屯牌康寶玉液（新疆奎屯釀酒廠）

7.蘆筍牌蘆筍酒（四川梁平縣國營釀酒廠）

8.水星牌麥飯石啤酒（陝西寶雞市飲料啤酒廠）

9.賒店牌瓊玉補酒（河南社旗縣酒廠）

10.鳳鳥牌全汁紅酒（江西鳳凰山葡萄酒廠）

11.晃岩牌十全大補酒（廈門釀酒廠）

12.昭君牌昭君酒（內蒙呼倫浩特製酒廠）

13.陶山牌陶山蟲草露酒（河北省館陶縣釀酒廠）

14.端陽牌中華端陽酒（山東濰坊端陽酒廠）

四新產品獎（一個）

1.稻香村牌稻香村黃酒（四川敘永舟山酒廠）

後記

　　梁實秋在《飲酒》一文中指出：「酒實在是妙，幾杯落肚之後，就會覺得飄飄然、醺醺然。平素道貌岸然的人，也會綻出笑臉；一向沉默寡言的人，也會議論風生。再灌下幾杯之後，所有的苦悶煩惱全都忘了，酒酣耳熱，只覺得意氣飛揚，不可一世，若不及時知止，可就難免玉山頹欹，剔吐縱橫，甚至撒瘋罵座，以及種種的酒失酒過全部的呈現出來。」他說的一點都不假，酒既能是瓊漿玉液，也會變成穿腸毒藥，過了量，就會失態，甚至失德。而今，台北市政府對駕駛人的酒精測試，執行得徹底嚴格，一旦被逮個正著，勢必得壞鈔消災。然而，我和杯中物結下不解之緣，那可是近三十年前的往事了。

　　服兵役時，我一出訓練中心，即被分發到金門，師部在小徑，駐地在中山林。船到之際，才知道自己的部隊剛換防至此，是支不折不扣的菜鳥師。計算一下日期，恐怕得在這裡退伍，一時也管不了這麼多，反正男兒當自強嘛！誰知到了隊部，竟連一個洗熱水澡的地方都沒有，據老鳥說，附近不遠的汽車連，其水車每隔個三、五天，才會在這兒的露天戰備水池注滿水一次。當晚恰好水池見底，經同僚指引後，方知廚房有水（註：其蓄水池深而且大），便端著臉盆前去洗澡。已三天沒洗了，即使北風怒吼，仍得去走一遭。

　　摸黑到了池邊，瞥見副隊長（我的直屬上司）和士官長兩人正在小酌。待我洗淨身子、猶瑟瑟顫抖之際，副隊長叫我過去，問我會不會抽煙、喝酒？我回說：「都不會。」於是他鄭重其事的說：「朱振藩！在你退伍前必須學會兩件事，一是抽煙，二是喝酒。」說

完後，隨即倒了一茶杯的紅標米酒給我，喝道：「把它乾了」。我這初生之犢，豈敢公然抗令，舉杯一飲而盡，覺得有夠難喝。兩位長官接著一杯杯迎向我來，在萬般無奈下，只好一一接招。至少灌了半瓶，轉眼兩瓶即盡，幸虧沒有存貨，我才安然脫身。誰知走到半路，酒就開始發作，頭晃得很厲害。最後到底是怎麼回棲身的山洞，至今仍是個謎？

　　第二天早點名時，我還昏睡在床上，這下子可慘了，被輔導長告誡了一番。有了這一不光采的紀錄後，隊長見我不悅，「師父」（即交班人）相當不爽，此壞印象久久難以磨滅。唉！酒之誤人，誠大矣哉！

　　就在這時候，一批老資格的教育班長即將退伍，他們多數愛雅上個兩杯，常在晚點名後群聚小啜。有時被我撞見，亦邀入局共飲，在盛情難卻下，也得喝上幾口。當時遠在外島，物質十分缺乏，只開個罐頭，再下些麵條，再打個蛋放進去，便是下酒珍物啦！然後用鋼杯盛白乾，就喝將起來。雖然至為簡陋，因有真性情在，讓我好生難忘。

　　過了半年光景，原伙房弟兄（服役前為基隆「福興餐廳」的廚子）退伍，他的接班人竟是台北「致美樓餐廳」的主廚胡玉文。此君與我最相得，他經常弄幾個菜，和我划拳暢飲；有時候也會有同袍插花，大家一起排遣難捱時光。我居然每飲下半瓶白乾而神色自若，至此方知自己的酒量還算了得，稱得上是個善飲之人。

　　退伍前的那一頓送行酒，堪稱戰況空前；那一夜，我一個人竟喝了一大瓶白金龍，外加一小瓶五加皮。幸好臉未「赤化」，陽陽一如平常，結果「眾人皆醉而我獨醒」，至今憶及，仍自以為豪。返鄉

不到一個月，就和堂兄弟們一塊兒去新竹參加堂姊的婚宴。堂姊夫一家皆很能喝，為了顯示待客之誠，無不使出渾身解數，必欲置親戚於醉鄉。戰事果然慘烈，舉杯一定得乾，同行紛紛「不起」，唯我興致未減，細算一下，至少有二十五大杯紹興酒落肚。應是體能正值顛峰，非但安然無恙，而且留下唯一「活口」。

有一回去頭城玩，好友林矗慧招待甚殷，好酒一一端出。最先是喝台啤，接著是大甕花雕酒、干邑白蘭地、河南狀元紅、山西竹葉青及約翰走路等，佳肴佈滿整桌，空瓶接連取走。大夥兒都有幾分酒意，林伯父為了讓客人喝個痛快，命人去取河南的杜康酒來。一打開瓶蓋，酒香飄滿室，格外的誘人。乾到了最後，清醒者無幾。我實在喝了不少，幸好不怕混著喝，終席依然存活，想來真不簡單。

我並非沒醉過，一共醉了兩回，但皆事出有因。第一次是在炭烤店內飲生啤酒，那天樓上只坐著我和同事兩人，整間煙霧繚繞，呼吸不太順暢。同事心有所感，縷述傷心往事，淚珠簌簌而落，我在旁一面勸，一面喝著「苦酒」，僅二公升即醉，然後趴著就睡，起來已是黎明。第二次是去「菊川」吃日本料理。我那天第一個到，主人殷勤勸酒，空著肚子即喝了兩瓶生啤酒，以及幾大杯南非的紅葡萄酒。他客陸續到來，一直乾個不停；我漸不勝酒力，恍惚進入夢鄉，足足睡上兩個鐘頭，被人叫醒後，才搭車返家。可見心情不好與空腹而飲，都很容易醉，千萬要避免。

大約二十年前，走私盛行，種類繁多，以酒及黃魚最為搶手。市面上看到的，幾乎都是佳釀。在這段時間內，恣意追新尋異、故嘗過的美酒，至少達三百種，為了品評好壞，一一細辨滋味。習慣

上，我每種同樣的酒會一次買個三到五瓶，以備不時之需。在喝過五十種後，即有一己心得。此後，大弟在福清、深圳、昆山等處工作，因得地利之便，常攜回稀罕之酒；再加上自己亦赴港澳多方搜羅，斬獲尤多。另，朋友們知我甚好此道，也常以此當手信饋遺。由於這些機緣，我喝過的各式大陸酒，現已超過七百種，其中又以白酒居多，也對此最具心得。

好酒須配好菜，才能相得益彰，我之所以研究兩者的搭配，肇因與一些新朋友飲酒而起。十八年前，曾在台東的卑南鄉和他們一起喝啤酒，下酒菜只有原味白斬雞和一大碗雞汁。喝時是「隨意」，倒酒自個來，飲罷算酒瓶，不足就得補。八大瓶落肚，菜由熱轉冷，始終未增添，實在難下嚥。經此不快之後，我便潛心此道，一再體會歸納，終於稍有心得。

這本書以各種酒的類別為經，以典故及配菜為緯，所寫全是我以往喝過的酒，雖已相當可觀，但有遺珠之憾。名釀如燕潮酩、玉堂春等，我就沒機會嘗過，一直有心補足。此外，西北（甘肅、新疆）及西南（雲南、青海、西藏）的一些好酒，像吐魯番的葡萄酒、互助頭麴酒、古城大麴、醉明月、靈州大麴等，則因地遠而不易獲得，以致無法品評，只好再度從缺。希望日後能「大展包容量」，廣結酒緣，使各種類型的酒都能補足完備，供飲君子們一窺堂奧。

至於酒與菜的「最佳」組合，原本就是主觀認定，見仁見智。書中的這些，全是我個人的經驗之談。膽敢不揣固陋，在此合盤托出，無非是想借此拋磚引玉，甚盼諸同好在集思廣益後，更能發揚光大，從此傳諸久遠，再造酒林之福。

國家圖書館出版品預行編目

痴酒：頂級中國酒品鑑／朱振藩著 · --一 版 · --
　臺北市：麥田出版：家庭傳媒城邦分公司發
　行，2006【民95】
　　面；　公分 · --（朱振藩談食說藝；8）

　ISBN 986-173-024-9（平裝）

1.酒 - 中國　2.飲食（風俗）- 中國

538.74　　　　　　　　　　　　94024884